D1387720

# Meilensteine der
# ARCHÄOLOGIE

# Meilensteine der
# ARCHÄOLOGIE

## Forscher, Gelehrte, Abenteurer
## entschlüsseln die Geschichte

ENZO BERNARDINI

VERLEGT BEI
KAISER

## REDAKTION UND BILDREDAKTION

*Redaktionsleitung:* Valeria Camaschella
*Redaktionelle Koordination:* Davide Bernardini
*Grafik:* Marco Santini
*Technische Koordination:* Roberto Ghidoli

*Fotos* von DeA Picture Library
unter der Leitung von Ada Mascheroni

*Herausgegeben von* Studio Booksystem, Novara;
*Redaktion:* Angelo Ramella

*Entwurf und Seitengestaltung:* Adriano Tallarini
*Weltkarte:* Renata Besola

*Titel des italienischen Originals:* »Il Libro dell'archeologia«
*Einzig berechtigte Übertragung aus dem Italienischen:* Mag. Maria Schlick

**Deutsche Erstausgabe**

Alle Rechte vorbehalten
Copyright © 2005 by Istituto Geografico De Agostini S.p.A., Novara
Copyright der deutschen Ausgabe © 2006 by Neuer Kaiser Verlag
Gesellschaft m.b.H., Klagenfurt
www.kaiserverlag.com
E-Mail: office@kaiserverlag.com
Kein Teil des Werkes darf in irgendeiner Form (durch Fotografie, Mikrofilm
oder ein anderes Verfahren) ohne schriftliche Genehmigung
des Verlages reproduziert oder unter Verwendung elektronischer Systeme verarbeitet,
vervielfältigt oder verbreitet werden.
Einbandgestaltung: Context St. Veit/Glan
Satz: Context Type & Sign Pink GmbH, St. Veit/Glan
Gesamtherstellung: Gorenjski Tisk, Kranj-Slowenien

# Inhalt

## VORGESCHICHTE UND ALTES ÄGYPTEN

## GRIECHISCHE UND RÖMISCHE ANTIKE

## KULTUREN IN ASIEN UND AMERIKA

## MITTELALTER UND NEUZEIT

# Einführung

Der Mensch hat im Laufe seiner Millionen von Jahren währenden Entwicklung an vielen Orten Spuren hinterlassen, die durch Zeit, Naturereignisse, Umwelteinflüsse, aber auch durch den Menschen selbst teilweise zerstört, verborgen oder begraben wurden. Ab dem 17. Jh. begann man antike Bauwerke und Ruinen zu erforschen sowie ihre Herkunft und die Kulturen, in denen sie entstanden sind, zu rekonstruieren. Durch das Studium alter schriftlicher Quellen konnte man auch Theorien über die kulturellen Beziehungen zwischen den Völkern erarbeiten. Die Archäologie war früher auf die Erforschung des Altertums begrenzt, beschäftigt sich aber heute mit einem Zeitraum vom ersten Auftreten des Menschen bis in die Neuzeit. Nach und nach begann man die Vorgehensweisen zu standardisieren (vor allem bei Ausgrabungen nach vertikalem Schichtprofil) und weitere Spezialisten miteinzubeziehen. Man benötigte Methoden zur genaueren Datierung und zur besseren Konservierung der Fundstücke und erweiterte den Bereich der Studien.

Die Archäologie ist heute eine äußerst komplexe Wissenschaft, welche die materiellen Zeugnisse vergangener Kulturen und Völker, die im Laufe der Erdgeschichte aufeinander gefolgt sind, erforscht. Sie legt Spuren von Siedlungen und Lagerstätten, Ruinen und Gräber, die bislang unter der Erde oder auch unter Wasser waren, frei, bringt aber auch Gegenstände und Kunstwerke ans Licht. Sie vergleicht sehr verschiedenartige historische, kulturelle und geografische Daten und umfasst mit dem Bereich der Industriearchäologie auch die neueste Zeit. Je nach erforschtem Zeitraum wechseln die Vorgangsmethoden und zu Rate gezogenen Wissenschaften. So erfordern prähistorische Ausgrabungen die Hilfe von Anthropologen und von Experten der Fauna und Flora weit zurückliegender Zeiträume, sowie spezielle Datierungssysteme für die jeweiligen Fundstücke; für Ausgrabungen eines antiken Ruinenfelds wird man die Mitarbeit von Kunsthistorikern und Spezialisten für Keramik, Metalle, Glas etc. benötigen. In jedem Fall helfen die gesammelten Daten dem Archäologen, die geschichtliche Bedeutung der mit viel Geduld freigelegten Fundstücke zu interpretieren und so das Wissen über unsere Vergangenheit zu vermehren.

Darin besteht auch die Faszination der Archäologie: unseren Horizont über das vom Menschen in den vergangenen Millionen von Jahren Geschaffene zu erweitern, unseren Wissensdurst zu befriedigen, die Entwicklung des menschlichen Geistes, seine genialsten Taten und seine Irrtümer, zu verstehen, sowie vielleicht auch eine Hypothese darüber abzugeben, in welche Richtung sich unser heutiges Leben entwickeln und wie demnach unsere Zukunft aussehen könnte.

Dieser Band möchte dem steigenden Interesse an diesem Thema entgegenkommen und stellt eine Auswahl von 60 der weltweit repräsentativsten archäologischen Stätten vor – von den meistbesuchten bis zu weniger bekannten, die jedoch von besonderer kultureller Bedeutung sind.
Die in vier Großkapiteln zusammengefassten Einträge sind chronologisch und geografisch geordnet. Der erste Teil umfasst die Vorgeschichte – vom ersten Auftreten afrikanischer Hominiden bis zu den ersten ständigen Siedlungen, in welchen Ackerbau betrieben wurde – sowie die Ausgrabungsstätten Ägyptens und des Nahen Ostens. Der zweite, größte Teil befasst sich mit den klassischen Monumentalbauten der Antike: von den Griechen bis zu den Römern, wobei auch die Etrusker und Kelten nicht fehlen dürfen. Im dritten Teil wird den Kulturen Asiens und Amerikas großer Raum gegeben und schließlich folgt im vierten Teil eine Auswahl von Stätten des Mittelalters und der Neuzeit.
Zahlreiche zusätzliche Texte ergänzen die jeweiligen Artikel, deren besondere Aufmerksamkeit den neuesten Entdeckungen gewidmet wird: den »Hobbits« der indonesischen Insel Flores (kleinwüchsige Menschen, die bis vor 13.000 Jahren auf der Insel lebten, deren Skelett jedoch einem Menschentypus von vor 2 Mio. Jahren vergleichbar war); den Umständen, die den Tod Ötzis, dem Mann vom Similaungletscher, herbeiführten; den Gräbern von Amesbury und Boscombe Down unweit von Stonehenge, die vielleicht Aufschluss über die Erbauer der Steinkreise ergeben; neue Erkenntnisse, die mithilfe einer Computertomografie über die Mumie des Tutanchamun gewonnen wurden; die neu entdeckte Inka-Bergfestung Vilcabamba in den Kordilleren, die nur 35 km südwestlich von Machu Picchu liegt und dieser Stadt sehr ähnlich ist; die Entschlüsselung der »sprechenden Hölzer« in Rongorongo-Schrift von der Osterinsel; die Wikingersiedlung von Anse-aux-Meadows in Kanada, die bereits 500 Jahre vor der Entdeckung Amerikas durch Christoph Kolumbus entstand, und viele andere mehr.
Am Ende des Bandes sind weitere 60 archäologische Stätten kurz zusammengefasst, die das weltweite Panorama vervollständigen. Das Glossar enthält die wichtigsten im Band verwendeten Fachausdrücke der Architektur, aber auch Bezeichnungen verschiedener archäologischer Methoden. Die großartigen Fotografien, die den Text begleiten, gestatten dem Leser, an den Entdeckungen teilzuhaben und die Fundstätten und Meisterwerke der Antike kennen zu lernen.
Die Archäologie lässt die Geschichte und das Leben unserer Vorfahren vor unseren Augen lebendig werden und gestattet uns, Schritt für Schritt, auf einer faszinierenden Reise, ihre Spuren – ob sie von großen Tagen, Reichtum oder Armut künden – zu verstehen.

*Enzo Bernardini*

Oseberg

Ironbridge

Anse-aux-Meadows

Stonehenge

Hallstatt

Alesia

Carnac

Little Bighorn

Altamira

Mesa Verde

Cahokia

Carcassonne

Arles

Tassili n'Ajjer

Tarxien

La Venta

Leptis Mag

Chichén Itzá

Tula

Tenochtitlán

Tikal

Machu Picchu

Cuzco

Osterinsel

Phaistos
Ephesos
Çatal Hüyük
Ebla
Palmyra
Krak
Baalbek
Byblos
Ur
Festungen Israels
phis
ben
ilae
al der Könige
Berenike
Pankrisia
Olduvai-Schlucht

Persepolis
Taxila
Ajanta

Chinesische Mauer
Xi'an

Terra Amata
Finale Ligure
Similaun

Borobudur
Kakadu

Tarquinia
Vergina
Roselle
Athen
Tharros
Rom
Pompeji
Paestum
Epidauros
Olympia   Mykene

# VORGESCHICHTE UND ALTES ÄGYPTEN

»Habe ich dir, o Amun, nicht zahlreiche Denkmäler errichtet,
deine Tempel mit meiner Beute gefüllt?
Dir meinen Tempel der Millionen Jahre geweiht,
dir alles hingegeben?
Dir habe ich sämtliche Länder geschenkt, um deine Opfergaben zu bereichern.
Auf mein Geheiß brachten sie dir zehntausend Tierköpfe und allerlei duftende
Kräuter dar.
Nichts habe ich unterlassen, um dein Heiligtum zu vollenden.
Ich ließ dir einen großen steinernen Pylon errichten,
stellte selbst die Flaggenmasten auf,
holte dir Obelisken aus Elephantine,
habe selbst den Steinträger gespielt …«

Aus dem *Gedicht von Kadesch* von Ramses II., Pharao der 19. Dynastie.

# OLDUVAI-SCHLUCHT, WIEGE DER MENSCHHEIT

*In dieser Schlucht ist man auf zahlreiche fossile Reste und Steinwerkzeuge unserer ältesten Vorfahren gestoßen. Die Fundstücke stammen aus einem Zeitraum, der 1,8 Mio. bis 500.000 Jahre zurückliegt, und machen die Olduvai-Schlucht zum bedeutendsten Fundort prähistorischer Schädel und Knochen von Homininen. Nunmehr haben jedoch neue Funde die Diskussion über die Evolution und die erste Verbreitung des Menschen wieder angefacht.*

**EIN ALTER RISS**
*Die Olduvai-Schlucht gehört zum Great Rift Valley, einem riesigen Grabenbruch, der wegen seiner zahlreichen Vulkane und wunderschönen Seen berühmt ist.*

Die Olduvai-Schlucht ist ein natürlicher Grabenbruch nordwestlich von Arusha im Norden Tansanias. Die fast 15 km lange und mehr als 100 m tiefe Schlucht verläuft zwischen der Serengeti und dem Ngorongorokrater und gehört zum *Great Rift Valley*, dem riesigen Ostafrikanischen Grabensystem, das sich vom Mittleren Osten bis Südafrika erstreckt. Im Laufe viele Millionen Jahre während geologischer Umwälzungen hatten sich in der ursprünglich weiten Ebene Schlamm und Sand der periodischen Wasserläufe sowie Lava und Vulkanasche angesammelt. Diese Ablagerungen wurden später durch einen neuen Fluss, der sich durch die Schlucht grub, wieder ausgewaschen. Heute zeigen die Wände ein perfektes stratigrafisches Schichtprofil, das auch Spuren vom Vorhandensein primitiver Ureinwohner dieser Region enthält – eine ideale Stätte für Archäologen und Paläoanthropologen, deren Forschungstätigkeit bereits reiche Früchte getragen hat.

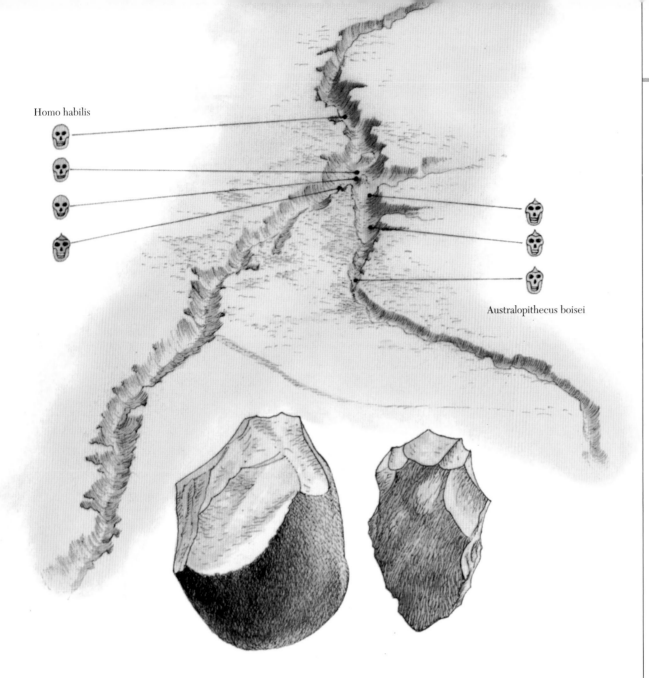

Homo habilis

Australopithecus boisei

**GEBURTSSTÄTTE
DES MENSCHEN**
*Die Fundorte des* Australo-
pithecus boisei *und des*
Homo habilis *in der
Olduvai-Schlucht.*
Unterhalb der geografischen
Skizze: *abgeschlagene
Steinwerkzeuge, die dem*
Homo habilis *zugeschrieben
werden.*

**NUSSKNACKER**
*Die Untersuchung einiger
Schädel-Charakteristika des*
Australopithecus boisei
(unten) *ergab, dass dieser
menschliche Vorfahre eine
äußerst ausgeprägte Kau-
muskulatur besaß – dies
brachte ihm den Kosenamen
»Nussknacker« ein.*

## EVOLUTION DES MENSCHEN IM ÜBERBLICK

*Die Entwicklung des Menschen scheint vor etwa 6,5 Mio. Jahren in Afrika begonnen zu haben. In der
ersten Phase der Evolution machten die Homininen einen beträchtlichen biologischen Wandel
durch. Ihre Anpassung an die aufrechte Haltung und das Gehen auf zwei Beinen führte auch zu
einer Veränderung der Skelettstruktur und einer Zunahme des Gehirnvolumens. Sie entwickelten
auch die Fähigkeit, sich noch besser an neue Umweltbedingungen anzupassen, Ressourcen
besser zu nutzen und immer mehr spezialisierte Geräte herzustellen und zu verwenden. Die
Evolution der Gattung Mensch (Hominisation) kann durch die Unterscheidung
verschiedener Arten und Unterarten und ihrer immer weiter entwickelten Eigenschaften
und Fähigkeiten deutlich gemacht werden. Sie beginnt beim Ardipithecus ramidus,
einem Menschenaffen, der vor 5,8-4,4 Mio. Jahren in Süd- und Ostafrika gleichzeitig mit
einigen Arten des Australopithecus gelebt hat – Australopithecus afarensis (bekanntestes
Fossil der Art ist Lucy), Australopithecus africanus (vermutlicher Vorfahre der Arten
Australopithecus robustus und Australopithecus boisei) und Australopithecus aethiopicus.
Der Homo habilis lebte vor etwa 2,5–1,5 Mio. Jahren. Der Homo erectus tauchte vor
1,7 Mio. Jahren auf und lebte bis vor 100.000 Jahren, als der Homo neanderthalensis und
unser direkter Vorfahre Homo sapiens sapiens in Erscheinung traten und eine Zeit lang
nebeneinander bestehen konnten. Vor etwa 2 Mio. Jahren verbreiteten sich die Homininen in
Europa und Asien. Erst viel später, vor etwa 200.000 Jahren wurde das Sub-Sahara-Gebiet vom
Süden her durch den Homo sapiens bevölkert. Im Nahen Osten traf er dann auf den vermutlich aus
Westeuropa kommenden Neandertaler, der vor 40.000–35.000 Jahren dem Cro-Magnon-Menschen, von
dem wir alle abstammen, weichen musste.*

**HÄUSLICHES LEBEN
VON EINST**
*Das tägliche Leben von
Homininen, die vor etwa
2–3 Mio. Jahren am Fluss
Omo wohnten.*

**GRABUNGSGEBIET**
*In diesem Teil der Olduvai-
Schlucht, der von turmför-
migen Formationen geprägt
ist, wurden auf 1,8 Mio.
Jahre datierte menschliche
Fossilien gefunden.*

Die ersten Grabungen wurden 1910 begonnen. 1913 entdeckte Hans Reck Teile von zwei Skeletten, die dann als »Olduvai-Menschen« bezeichnet wurden. 1930–1986 brachten Louis Leakey, seine Frau Mary und sein Sohn Richard etwa 50 Schädel von »Homininen« ans Licht. Dieser Terminus – Homininen oder »Hominini« – ist ein anthropologischer Begriff für den Tribus »Echte Menschen« innerhalb der Familie *Hominidae* (Menschenaffen). Die Forschungen wurden von Donald Johanson fortgesetzt, der noch weitere Entdeckungen machen konnte. Mit den Fundstätten im nahen Äthiopien (Melka Kunture, Aramis, Ha-

dar, Ablagerungen des Flusses Omo etc.) und in Kenia (Kanapoi), die 3,7 Mio. Jahre alte Überreste von Homininen aufweisen konnten, ist dieses Gebiet in Ostafrika als die Wiege der Menschheit zu bezeichnen. Hier hat sich die Gattung Mensch entwickelt, von hier aus hat sie sich auf den eurasischen Kontinent verbreitet und zahllose Arten und Unterarten hervorgebracht.

## DIE STRATIGRAFISCHEN SCHICHTEN DER OLDUVAI-SCHLUCHT

Das außergewöhnlich regelmäßige Schichtprofil in der Olduvai-Schlucht zeigt im Grundniveau das so genannte *Bed I*, das 1,8 Mio. Jahre zurückreicht. Hier wurde eine ausgedehnte paläontologische Schicht am einstigen Seeufer freigelegt, wo zeitweise Gemeinschaften des *Australopithecus robustus* und des *Homo habilis* gelebt haben. Die fossilen Reste des *Australopithecus robustus* lassen auf eine Körpergröße von 150 cm (männlich) bzw. etwa 1 m (weiblich) schließen. Die Schädel zeigen den typischen Scheitelkamm (*Crista sagittalis*), einen ausgeprägten Wulst über dem Hinterhauptbein und ein kräftiges Unterkiefer. Die robusten Australopithecinen ernährten sich vegetarisch. Der *Homo habilis* (»Geschickter Mensch«) markierte einen großen Fortschritt in der Hominisation: Zahnbogen wie beim *Homo sapiens*, Gehirnvolumen 600–800 ml, Füße und Hände, mit denen Dinge ergriffen und bearbeitet werden konnten. Er stellte die ältesten – heute als »Oldowan« bezeichneten – Steinwerkzeuge her: einfache Splitter und ein- oder zweiseitig abgeschlagene Steine. Mit diesem Werkzeug wurden Elefanten geschlachtet und zerteilt. Der *Homo habilis* wurde bis zu 130 cm groß, wog weniger als 40 kg und war vermutlich die erste Menschenart, die Hütten errichtete.

Die als *Bed II* bezeichnete Schicht entspricht einer Zeit der Klimaveränderung (vor 1,5 Mio. Jahren). Der See trocknete aus und an seiner Stelle erstreckte sich eine Savanne, in der vor 1,2 Mio. Jahren als einzige Homininen-Art der *Homo erectus* lebte.

**WO DIE ZEIT STEHEN GEBLIEBEN IST**
Links: *ein Abschnitt des Omo-Flusses, der durch eine der entlegensten und urtümlichsten afrikanischen Landschaften führt.*
Unten: *Schädel eines* Homo habilis, *der vor 1,8 Mio. Jahren lebte.*

Sein Schädelvolumen betrug bereits 1000 ml, sein Gesicht war flacher, die Schädeldecke höher, die Stirn runder, aber noch immer fliehend. Die Steinbearbeitung dieser als »Acheuléen« bezeichneten Kulturstufe war bereits feiner – man verwendete symmetrisch bearbeitete Steine und eine Art Axt; auch große Säugetiere wurden bereits gejagt.

*Bed III* und *Bed IV* reichen bis in die Zeit vor 500.000 Jahren und zeigen eine weitere Klimaveränderung (größere Trockenheit). Steingeräte sind nunmehr ständig vorhanden. Unweit vom Hauptgrabungsgebiet, in dem eine ständige Besiedlung nachweisbar ist, konnte in Masek, Ndutu und Naisiusu das Vorhandensein eines modernen Menschen vor 17.000 Jahren belegt werden.

## ÜBERRASCHUNGEN DER EVOLUTION: DMANISSI UND FLORES

*2002 stieß die von den Archäologen David Lordkipanidze und Henry de Lumley geleitete Grabungsgruppe auf vier Schädel und weitere fossile Knochen eines Homo erectus oder einer Zwischenform von H. habilis und H. erectus. Der Dmanissi-Mensch hatte ein Körpergröße von 1,4 m und einem Gehirnvolumen von 650 ml, sammelte Pflanzen und jagte Wild, Säbelzahntiger, Giraffen, Pferde, Wölfe, Hyänen und Strauße. Am überraschendsten war jedoch der Fund, den die Archäologen Wahyu Saptomo und Mike Morwood 2004 in der Höhle Liang Bua auf der indonesischen Insel Flores machten. Untersuchungen ergaben, dass es sich um Reste von sieben Personen mit weniger als 1 m Körpergröße und einem Gewicht von etwa 25 kg handelte, die etwa ein Gehirnvolumen von Schimpansen besaßen, und deren Skelett höchstens mit den davor längst ausgestorbenen Australopithecinen vergleichbar war. Die Tatsache, dass diese Menschenart vor 95.000–13.000 Jahren existierte, machten diesen Fund zu einer archäologischen Sensation. Ein fast vollständiges Skelett stammt von einer erwachsenen Frau (sie wurde »Hobbit« getauft), die vor 18.000 Jahren lebte, deren morphologische Eigenschaften aber den Homininen vor 2 Mio. Jahren ähnlich waren. Die Flores-Menschen stellten speziell für die jeweilige Verwendung vorgesehene, relativ fein gearbeitete Werkzeuge her. Ihre Jagdbeute waren Riesenratten und Komodowarane.*
*Jene Funde warfen aber auch viele Fragen auf, da auf der gleichen Insel Steinwerkzeuge aus einer Zeit vor 840.000 bis 650.000 Jahren gefunden wurden, die von aus Java kommenden Gruppen des Homo erectus stammten. Es wird vermutet, dass sich die »Hobbits« von Flores aus jenem 1,80 m großen Homo erectus entwickelt, jedoch außer der Körpergröße viele der ursprünglichen Eigenschaften beibehalten haben.*
*Auch der Homo sapiens kam vor etwa 50.000 Jahren auf die Insel. Sie bewohnten die Insel also gleichzeitig – möglicherweise führte der Konkurrenzkampf zwischen den beiden Arten zum Aussterben des Homo floresiensis.*

**FLORES, INSEL DER »HOBBITS«**
*Blick von der Insel Komodo auf die Insel Flores (im Hintergrund).*

# DIE SIEDLUNGEN VON TERRA AMATA

*Bei einer Notgrabung konnte 1966 der Paläosol (fossiler Boden) eines vor 380.000 Jahren häufig von nomadisierenden Elefantenjägern besuchten Strandes gerettet und erforscht werden. Diese Jäger hatten eine Gesellschaftsordnung, verwendeten Feuer und konnten Hütten errichten.*

Die Stätte mit dem Namen Terra Amata liegt zu Füßen des Ostabhanges des Mont Boron, im östlichen Bereich des Hafens von Nizza. Heute liegt die Stätte 500 m vom Meer entfernt und mitten in einem modernen Wohnviertel. Vor etwa 400.000 Jahren, während der letzten beiden Phasen der Mindel-Eiszeit, war hier jedoch ein breiter, nach Süden gerichteter Sand- und Kiesstrand, in dessen Nähe sich auch eine Quelle befand. Das Meer war damals etwa 26 m höher als heute; die Vegetation bestand aus mediterranen Sträuchern. Der Mont Boron und seine Seitentäler waren von Laub- und Nadelwäldern überzogen; die großen Wälder und das milde Klima boten beste Bedingungen für große Säugetiere (Zwergelefanten, Bären, Steppennashörner, Wildschweine, Rothirsche, Auerochsen, Steinböcke), aber auch für Kaninchen, andere Nagetiere und Vögel wie Königsadler,

Möwen, Rothühner und Käuze. In den Essensabfällen wurden auch Reste von Schildkröten, Goldbrassen und einigen Weichtieren gefunden.

Nachdem das Meer der Mindel-Eiszeit seinen Höchststand erreicht hatte, begann es wieder zurückzugehen, sodass sich über dem prähistorischen Strand Dünen bildeten und die Stätte konservierten. Die vom Team Henry de Lumleys untersuchten stratigrafischen Schichten zeigen 21 Niveaus des Lagers, das regelmäßig im späten Frühjahr bis Sommerbeginn von nomadisierenden Gruppen des *Homo erectus* aufgesucht wurde. Diese Nomaden jagten Elefanten und konnten Werkzeuge aus Steinen, Splittern und Knochen herstellen, die man heute zu den Acheuléen-Werkzeugen des Altpaläolithikums zählt.

## ROTE STEINE UND WERKZEUGE

*Die einzigartigen roten Rhyolithe vom Esterelgebirge (oben). Da man ein aus diesem Stein gefertigtes Werkzeug in Terra Amata fand, nimmt man an, dass seine Bewohner aus jener Gebirgsgegend stammten.*

## ELEFANTENJÄGER

*Die nomadischen Elefantenjäger von Terra Amata bauten jedes Jahr erneut ein Lager, wovon einige Steinmauern erhalten geblieben sind.*

# BEVORZUGTER LAGERPLATZ DER NOMADEN

Wenn die Jäger in Terra Amata Rast machten, errichteten sie ein vorübergehendes Lager. Ihre Hütten hatten einen ovalen Grundriss, waren 7–15 m lang und 4–6 m breit; sie wurden mit Hilfe von Pfählen errichtet, seitlich mit Ästen abgestützt und im Boden fixiert. Das Ganze wurde mit Zweigen abgedeckt und mitunter durch Steinmauern begrenzt. Im Inneren befanden sich Feuerstellen – sie waren leicht abgesenkt und durch Windschutzwände geschützt. Der Boden war entweder mit Schotter oder manchmal auch mit Fellen bedeckt. Ein Teil der Hütte war für die Bearbeitung von Feuer- oder Kalksteinen reserviert. Die Steine wurden am Strand gesammelt und durch Abschlagen bearbeitet. Man fertigte Schaber, Spitzen, Äxte, seltener Faustkeile und Klingen. Eines dieser Werkzeuge war aus rotem Vulkangestein (Rhyolith) gefertigt, das nur im Esterelgebirge südwestlich von Cannes vorkommt. Deshalb nimmt man an, dass die Jäger aus dieser 50 km entfernten Zone gekommen waren. Die Manufakte wurden auch im Freien, am Strand und auf den Dünen der Umgebung bearbeitet.

Die Feuerstellen der Hütten von Terra Amata sind gemeinsam mit jenen von Vértesszöllös in Ungarn und von Choukoutien in China bislang die ältesten, die uns bekannt sind, weshalb ihnen bei den prähistorischen Ausgrabungen in Terra Amata eine besondere Bedeutung zukommt. Das Feuer war Mittelpunkt des Gesellschaftslebens und auch die Räume waren rundherum angeordnet. Im fossilen Boden haben sich Abfälle der Werkzeugbearbeitung und Essensreste erhalten, die auch die Hauptquelle der von den Archäologen gewonnenen Informationen darstellen. Des Weiteren konnte der Abdruck eines rechten Fußes gesichert werden – er ist 24 cm lang und dürfte von einer 1,56 m großen Person stammen. Über der Fundstätte wurde ein Museum errichtet, in dem 90 m² des fossilen Bodens zu sehen sind.

Wenn die Jäger bei ihrem jährlichen Halt in Terra Amata ankamen, errichteten sie ihre Hütten, verließen diese aber nach einigen Tagen Aufenthalt wieder. In den darauf folgenden Monaten zerstörten Wind und Regen die Behausungen und bedeckten sie teilweise mit Sand. Im nächsten Jahr kehrte die Gruppe zurück, errichtete die Hütten von neuem, um nach einigen Tagen wieder zur Jagd aufzubrechen. Dieser Vorgang wiederholte sich alljährlich. Vermutlich gehörten die Besucher von Terra Amata zu einem Nomadenstamm, der entlang der Küste lebte.

**FUSSABDRUCK EINES MENSCHEN**
*Eines der aufregendsten Zeugnisse von der Präsenz des Menschen in Terra Amata war der Abdruck eines rechten Fußes, der vermutlich von einer 156 cm großen Person stammt.*

**DER FOSSILE BODEN VON ISERNIA LA PINETA**
*Bruchstücke von Tierknochen und Kieselsteinen aus dem Altpaläolithikum, die im Paläosol von Isernia La Pineta gefunden wurden.*

## DAS LAGER ISERNIA LA PINETA IN ITALIEN

*1979 kam bei Sprengarbeiten für die Autobahn im Stadtviertel Vasto in Neapel, am Stadtrand von Isernia der fossile Boden eines sehr alten prähistorischen Ortes ans Licht und man fand in einem Gebiet von 20.000 m² zahlreiche Fundstücke. Die sofort eingeleitete Notgrabung ergab, dass vor 780.000–690.000 Jahren eine Gruppe des Homo erectus hier, in der Nähe eines Wasserlaufs, zu dem viele Tiere zur Tränke kamen, ein Lager errichtet hatten. Es herrschte warmes Klima, die Umgebung bestand aus Steppen und Sümpfen, in denen Elefanten, Nilpferde und Büffel lebten, während in den nahen Hügeln Bären, Wildschweine, Hirsche und Damwild anzutreffen waren. Die Jäger festigten den sumpfigen Boden mit Kalktuffblöcken, Knochen und Stoßzähnen erlegter Tiere, um den Hütten mehr Stabilität zu verleihen. Die Behausungen wurden nach Arbeitsbereichen unterteilt: so gab es neben dem Wohnraum eigene Räume zur Steinbearbeitung und zum Schlachten der Beute. Der Gebrauch des Feuers ist nicht nachgewiesen. Der Homo aeserniensis kannte bereits ein organisiertes, gut entwickeltes Gesellschaftsleben, wie auch im Museum direkt über der Fundstätte dargelegt wird.*

17

# DIE HÖHLENBILDER VON ALTAMIRA

*1879 führte die Erforschung einer Höhle zur Entdeckung eines Meisterwerkes, dessen Schöpfer vor 15.000 Jahren gelebt hatten. Die Künstler hatten in einem hinteren Raum einer Höhle ein- und mehrfarbige Tierbilder (vornehmlich von Bisons) gemalt, die vermutlich mit Jagdmagie zu tun hatten. Die Grotte ist auch als »Sixtinische Kapelle der Vorgeschichte« bekannt und wurde von der UNESCO zum Weltkulturerbe erklärt.*

**NACHRICHTEN AUS DEM MAGDALÉNIEN**
Unten: *Eingang der Altamira-Höhle.* Kleines Feld: *Grundriss der Höhle.*

Die Höhle wurde 1868 entdeckt und ab 1875 vom spanischen Naturforscher Marcelino Sanz de Sautuola erforscht. Als er sich 1879 wieder in die Grotte begab, machte ihn seine Tochter Maria mit den berühmt gewordenen Worten »*Mira los toros!*« auf die wertvollen Bilder aufmerksam. Wegen ihres guten Konservierungszustands wurden die Malereien von der akademischen Welt jedoch durchwegs für eine Fälschung gehalten. Erst 1902 wurde die Authentizität der Gemälde offiziell anerkannt. Sie wurden von zahllosen Experten untersucht und erlebten einen derartigen Publikumsandrang, dass die Grotte 1978 vorübergehend und 1997 endgültig geschlossen werden musste. Man fertigte aber unweit

davon eine genaue Kopie der echten Höhle an, die am 17. Juli 2001 vom Königspaar feierlich eröffnet wurde.

Ende der Würm-Eiszeit (vor etwa 15.000 Jahren), im Zeitabschnitt des Magdalénien, lebte in den zahlreichen Höhlen und Felsvorsprüngen der felsigen Landschaft am meerseitigen Ausläufer des Kantabrischen Gebirges in Nordspanien, in der Nähe von Santillana del Mar (Santander), ein Volk von Jägern. In den rundherum liegenden Weiden tummelten sich Pflanzenfresser – sie sicherten das Überleben der vorgeschichtlichen menschlichen Gesellschaft und wurden deswegen auch verehrt und respektiert. Den gemalten Tierfiguren in der Grotte wurde eine magische

Halle der Bisons

Eingang

## KLASSIFIKATION DER PALÄOLITHISCHEN KUNST

Seit prähistorische Kunst – vor allem bekannt durch die Höhlenmalereien von Altamira in Spanien und von Lascaux in Frankreich – die Aufmerksamkeit der Öffentlichkeit erlangt hat, stellt man sich auch Fragen über ihren Zweck: was brachte die Jäger des Jungpaläolithikums dazu, die Höhlen zu dekorieren und mit fabelhaften Tierbildzyklen zu versehen, die mit Gravuren und mitunter auch Reliefs eingefasst wurden? Der französische Archäologe André Leroi-Gourhan versuchte 1965 diese Frage zu beantworten, indem er die Theorie der »Kunst um der Kunst willen« verwarf und den Tierabbildungen einen magisch-religiösen Sinn zuschrieb – nämlich günstige Bedingungen für eine reichliche Jagdbeute herbeizuführen. Er entwarf überdies eine Klassifikation der paläolithischen Kunst, die bis heute vom Großteil der Wissenschaftler gutgeheißen wird.

Die künstlerischen Werke des *Homo sapiens sapiens* erstrecken sich vom Aurignacien (vor 30.000 Jahren) bis zum Magdalénien (vor 15.000–12.000 Jahren). In diesem Zeitraum sind sieben verschiedene Perioden zu erkennen, deren Beginn jeweils mit einem genau definierten Kunststil zusammentrifft. Auf Basis der Entwicklung der Formen teilte Leroi-Gourhan die paläolithische Kunst in vier große Kategorien ein.

• *Kunststil I:* figurativ geometrisch; die gemalten oder eingravierten Zeichen lassen die Objekte erkennen; es sind aber auch nicht interpretierbare (rein geometrische) Linien vorhanden.

• *Kunststil II:* figurativ und synthetisch, also stark vereinfachte Formen von Tieren und Menschen.

• *Kunststil III:* verfeinerter figurativer, synthetischer Stil, größere Formenvielfalt.

• *Kunststil IV:* figurativ analytisch; die Linien entsprechen realistischen Abbildungen. Zu diesem Stil gehören die Höhlenmalereien des mittleren und jüngeren Magdalénien (13.500–10.000 v. Chr.).

Die Figuren gehören in ihrer Gesamtheit zur symbolischen Kategorie der »ideomorphen« männlichen und weiblichen Zeichen. Sie drücken nach André Leroi-Gourhan die »Essenz der Kraft und der Dinge der Natur« aus; »anthropomorphe« Zeichen, meist Gravuren, haben sexuelle Bedeutung und mit Fruchtbarkeitssymbolen und Geheimnissen des Lebens zu tun; »zoomorphe« Zeichen stehen hier mit Jagdmagie im Zusammenhang. Die abgebildeten Tierarten gehören zu vier Gruppen, die manchmal untereinander oder mit anderen Objekten vermischt auftreten.

• Gruppe A: Pferde (mehr als 50 %);
• Gruppe B: Horntiere (Bisons und Auerochsen);
• Gruppe C: Mammuts, Steinböcke und Hirsche (25 %);
• Gruppe D: Katzenartige, Bären und Nashörner.

und religiöse Macht zugeschrieben, die einen günstigen Ausgang der Treibjagden bewirken sollte.

Die Höhle von Altamira (der Name stammt von der großartigen Aussicht, die man vom Gipfel des Hügels über der Grotte hat) hat die Form eines »S« und ist 270 m lang. Die Eingangshalle, die Wohnort eines Jägerstammes war, ist teilweise eingestürzt. Durch einen Gang kommt man in die berühmte »polychrome Halle« von fast rechteckigem Grundriss. Sie ist 18 m lang und 9 m breit, und auf der sehr niedrigen Decke ist die berühmte Gruppe von etwa 20 mehrfarbigen Tieren zu bewundern. Hier sind 15 Bisons in verschiedenen Positionen dargestellt, dazu zwei Hirsche, ein

**ENTLANG EINER FELSLINIE**
*Besondere Bewunderung bei den Felsmalereien von Altamira verdient die Geschicklichkeit, mit der die Künstler die Risse und Vorsprünge im Gestein verwendeten, um Schatten und Konturen zu erzeugen.*

**VON ALTAMIRA NACH LASCAUX**
*Die 1940 entdeckte französische Höhle von Lascaux (Dordogne) ist wie die Altamira-Höhle eine Schatztruhe wertvoller Gemälde* (links).

19

**»PRIMITIVE« MENSCHEN?**
*Rechts: Rekonstruktion der
künstlerischen Tätigkeiten
vor 25.000 Jahren.
Unten: die Gestalt des zu-
sammengekauerten Bisons –
ein Meisterwerk, das
künstlerische Intuition und
großes Geschick des unbe-
kannten Künstlers in der
Verwendung der Farben
und Reliefs verrät.*

Pferd, zwei Wildschweine und der Kopf eines dritten. Von diesem
Saal verlaufen Seitengänge, deren Wände bereits davor mit anderen, einfarbig schwarz gezeichneten Tieren geschmückt worden
waren. Diese Tierfiguren sind entweder voll ausgemalt oder nur
in Konturen gezeichnet: Bisons, Pferde, Ziegen, Wildschweine,
ein Mammut, ein Elch und ein Wolf. Eine noch tiefer liegende
Höhle ist mit sechs fein gezeichneten Hirschköpfen geschmückt.

Weitere, noch nicht eindeutig identifizierte Zeichnungen in der
Form eines Schildes oder Kopfes stellen vielleicht Hütten und
Fallen dar. Außerdem sind Felsgravuren von einigen Tieren und
von Paarungsszenen vorhanden. In der »polychromen Halle« sind
auch menschliche Figuren, vermutlich maskierte Priester, und einige Personen ohne erkennbare Geschlechtsmerkmale zu sehen –
diese Figuren wurden mit etwa 25.000 v. Chr. datiert. Insgesamt
wurden fast 300 Zeichnungen in der Höhle gefunden.

## EIN KULTURELLER MEILENSTEIN
## DER KUNST

Obwohl sie zu verschiedenen Zeiten angefertigt wurden, vermitteln die Malereien auf der Decke der »polychromen Halle« ein
einheitliches Bild eines sehr realistisch abgebildeten Rudels wilder Tiere, die in verschiedenen Haltungen erfasst wurden: die Bisons werden gerade angegriffen, stehen auf und wenden den
Kopf; einer jedoch, das schönste Exemplar, ist am Boden zusam-
mengekauert. Auch die Hirsche (bis über 2 m lang) und das Pferd
sind in Ruhestellung, während sich die Wildschweine im vollen
Lauf befinden. Und doch wurden die Figuren einzeln und vermutlich von verschiedenen Künstlern gemalt, die sorgfältig den
Platz für die jeweilige Zeichnung auswählten und sehr geschickt
die Unebenheiten der Felsoberfläche zu nutzen wussten, um einen dreidimensionalen Effekt zu erzielen. Mitunter wurden ältere
Darstellungen gelöscht oder auch übermalt. Um die Abbildungen
herzustellen, schabte der prähistorische Künstler die dafür gewählte Felsoberfläche ab, kratzte die Umrisse in den Stein und
brachte schließlich innerhalb der Konturen die Farbe auf. Für

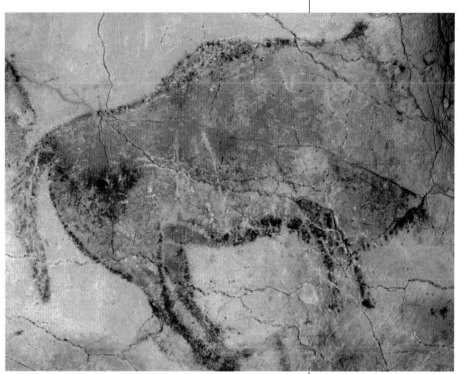

**EINE FRÜHE RENAISSANCE**
*Neben der großartigen Ausdruckskraft der Wandgemälde setzt auch die perspektivische Sicht, welche die Hand der prähistorischen Künstler geleitet hat, in Erstaunen. Bei manchen Tieren, wie der Hirschkuh (links) wurde der spätere Betrachtungswinkel bereits beim Malen berücksichtigt.*

den großen, liegenden Bison in der polychromen Halle wählte man ein natürliches Relief mit kurvigem Rand, der für den runden Rücken und den gehobenen Kopf des Tieres verwendet wurde; den Körper vervollständigte man durch eine geritzte Schraffierung; die Beine sind gefaltet und der Schwanz gehoben, wodurch ein überraschend natürlicher Effekt entsteht. Die Farben entsprechen dem Fell des Bisons und wurden über jenes eines früher gemalten Tieres aufgetragen. So entstand ein Kunstwerk von großer Ausdruckskraft und Harmonie von der Hand eines Künstlers, der den mächtigen Körper des Tieres in einer einzigartigen Komposition erfasste, die tatsächlichen Proportionen beibehielt und dazu noch zahlreiche Details mit einbezog. Durch das Felsrelief und die geschickte Verwendung der Farben verstand es der Künstler darüber hinaus, eine noch plastischere Wirkung zu erzielen. Die Farben wurden aus Eisenoxiden (ocker, gelb, rot, braun, mit violetten und rosa Tönen) und Pflanzenkohle oder Manganoxid (schwarz) hergestellt. Man verrieb die Pigmente zu feinem Pulver oder löste sie in Molke oder Blut auf und brachte die Farbe mithilfe eines Pinsels aus Tierhaaren auf der Felsoberfläche auf. In der Eingangshalle der Grotte fand man kleine Steinbehälter, in welchen Farbsubstanzen aufbewahrt worden waren.

Am Ende des Saales befindet sich eine sehr schöne Zeichnung einer Hirschkuh, die durch das getreu erfasste flinke, grazile Wesen des Tieres hervorsticht: die ängstliche Haltung durch die Anspannung der Schnauze und den nach vor gestreckten Schwanz wurde genau getroffen. Zu erwähnen ist auch, dass der Künstler bei den Proportionen der Hirschkuh bereits die Perspektive des Betrachters mit einberechnete – ein wahres, absolut zeitloses Juwel der Kunst!

## DIE KÜRZLICH ENTDECKTE CHAUVET-HÖHLE

*Am 18. Dez. 1994 unternahm Jean-Marie Chauvet, Angestellter des regionalen Archäologiedienstes Rhône-Alpes die Erforschung eines unberührten Gebietes im Vallon-Pont-d'Arc, Departement Ardèche. Dabei bemerkte er, wie aus einer Felsspalte warme Luft austrat. Einige Tage später kehrte er mit zwei Höhlenforschern zurück, vergrößerte den Spalt und kletterte durch einen 7 m langen engen Stollen in eine Höhle. Vor seinen Augen taten sich ein weiter Raum und Höhlengänge auf, deren Wände im wahrsten Sinne des Wortes mit prähistorischen Tierzeichnungen (Pferde, Bisons, Bären, Wollnashörner, Löwen, Mammuts, Rentiere, Steinböcke, Riesenelche und Katzenartige) übersät waren. Daneben waren auch abstrakte Zeichnungen sowie positive und negative Handabdrücke zu sehen. Das künstlerische Gesamtwerk war von außerordentlicher Vielfalt und Schönheit und zudem gut erhalten. Vor allem fand man am Höhlenboden Gefäße mit Farbresten, deren Analyse zu einer weiteren Überraschung führte: Bei den Farbproben, die für ein Nashorn und einen Bison verwendet wurden, konnte ein Alter zwischen 33.000 und 30.000 Jahren nachgewiesen werden – es handelt sich damit um die ältesten prähistorischen Wandmalereien, die in Frankreich je gefunden wurden.*

# FELSMALEREIEN UND GRAVUREN DES TASSILI

*Mehr als 10.000 Felsmalereien und Gravuren bedecken die Felswände der Hochebenen von Tassili n'Ajjer in der algerischen Sahara. Sie zeugen von den Menschen und Tieren, die hier ab 8000 v. Chr. zu Beginn der Geschichtszeit lebten, als die heutige Wüste noch eine grüne Gartenlandschaft und reich an Wasser war.*

Die Sahara Südostalgeriens besteht aus einer Kette einzelner trockener, felsiger Tafelberge, die mit dem Berg Adrar eine Höhe von 2254 m erreichen. Die beiden Tassili-Hochebenen liegen im Mittel in 1500–1800 m Seehöhe und sind durch eine Landsenke voneinander getrennt; in der Sprache der Berber bedeutet *tassili* »wüstenartige Hochebene aus Sandstein« und *n'Ajjer* »Land der *Ajjer*« – ein Tuareg-Stamm, dessen Angehörige überall in der Region anzutreffen sind. Der Sandstein stammt von marinen Sedimenten aus dem Paläozoikum. Charakteristisch für die großartige, urtümliche Landschaft sind malerische Felsformationen, die vom Wind turmartig modelliert wurden und aus den Sanddünen herausragen.

Im Boden finden sich Spuren alter Wasserläufe, die vor 10.000 Jahren einen ausgedehnten Vegetationsstreifen von Wäldern und Savannen bewässerten. Vor 6000 Jahren eroberte jedoch die Wüste das vormals fruchtbare Land. Aus jener wasserreicheren Zeit sind noch 150 Zypressen der Art *Cupressus dupreziana* nahe Tamrit vorhanden. Auch die Felsgravuren und Felsmalereien des Tassili und weiterer Erhebungen in der Sahara belegen, dass dieses Gebiet einst von Elefanten, Nashörnern, Giraffen, Löwen, Krokodilen und auch von Haustieren wie Rindern, Ziegen und Schafen bevölkert war. Diese Abbildungen sind überdies von hohem künstlerischem Wert und wurden von der UNESCO zum Weltkulturerbe erklärt.

**BILDER AUS DER WÜSTE**
Oben: *die unwirtlichen Weiten der Tassili-Wüste.*
Unten: *Felsmalerei mit einer Jagdszene.*

**BOGENSCHÜTZEN UND RÄTSELHAFTE FIGUREN**
Links: *plastische Darstellung eines laufenden Bogenschützen.*
Rechts: *eine der charakteristischen Rundkopf-Figuren, die zu den fantastischsten und unwahrscheinlichsten Interpretationen geführt haben.*

# GRAVUREN UND MALEREIEN

Die Felsmalereien des Tassili wurden bereits von Herodot im 5. Jh. v. Chr. zitiert, von Heinrich Barth Mitte des 19. Jh.s wieder aufgezeigt und im Zuge zahlreicher Studien untersucht. Der Archäologe Henri Lhote besuchte 1933 erstmals die Region und entdeckte, als er 1956 mit seinen Forschungen begann, 800 Zeichnungen. Auch die italienischen Forscher Paolo Graziosi, Fabrizio Mori (im Tadrart Acasus) und Umberto Sansoni beschäftigten sich mit jenen Felszeichnungen. Die Technik der Gravierung weist zwei Varianten auf – Ritztechnik und Schlagtechnik. Die Malfarben wurden aus Ton und Amalgamerde gewonnen, welche vermischt und mit Milch, Honig und Eiweiß verbunden wurden. Vorwiegend wurden dunkelrote, purpurne, gelbe, grüne, weiße und schwarze Farben verwendet. Schwarz gewann man aus Pflanzenkohle und verbrannten Knochen. Die Größe der Figuren variiert stark – von wenigen Zentimetern bis zu 7 m bei einer gravierten Giraffengruppe. Die Bilder sind unregelmäßig verteilt, wobei auf manchen Wänden bestimmte Objekte konzentriert vorkommen und auch Bilder übermalt wurden.

In einigen verlassenen Felsunterständen (wie bei Sefar) sieht man aus den ersten künstlerischen Phasen neben den genannten Wildtieren mitunter auch riesige rätselhafte Wesen, welche zu den fantasievollsten Interpretationen angeregt haben: Personen mit großen runden Köpfen, wobei jedoch keine Gesichtszüge erkennbar sind. Diese »Rundköpfe«, meist in Weiß mit violettem Rand gemalt, scheinen sich jedoch von der entstehenden magisch-religiösen und symbolischen Ausdrucksweise der schwarzen Bevölkerung herzuleiten, wie sie auch bei den von Männern und Frauen getragenen fein ausgearbeiteten Masken zu beobachten sind.

Der Großteil der Felsenkunst des Tassili ist naturalistisch, besonders während der Hirtenzeit. Die Rinderherden sind in Bewegung dargestellt, daneben Hirten oder Hirtenpaare ne-

ben den Hütten. Auch Szenen von religiösen Prozessionen sowie von laufenden oder kämpfenden Bogenschützen fehlen nicht. Bei Sefar wurde ein großes Bild gefunden, das einen lebhaften Kampf feindlicher Stämme darstellt.

Aus dem letzten Jahrtausend vor Christi Geburt stammen schematische, abstrakte Kunstwerke. Solche, auch als »kubistisch« bezeichnete Abbildungen sind bis zum Beginn des Islam zu finden. Menschliche Figuren werden zuerst durch nebeneinander liegende, gekrümmte Linien und dann durch Dreiecke mit kurzen Anhängseln dargestellt. Häufig sind Verbindungen von Mensch und Pferd, sowie Wagen mit zwei oder vier Rädern, die mitunter von Pferden gezogen werden. Die Darstellung von Kamelen und Dromedaren vervollständigt die große Palette und weist auf den endgültigen Vorstoß der Wüste hin.

**NICHT NUR MALEREIEN**
*Neben vielen Felsmalereien haben sich im Tassili tief in die Felswände eingravierte Figurengruppen erhalten.*

## ZEITDATIERUNGEN DER FELSENKUNST IN DER SAHARA

Die letzten 10.000 Jahre der Geschichte und die klimatischen Veränderungen der Sahara wurden in Tausenden von Felsmalereien und Gravuren dokumentiert, die in den bergigen Gebieten Nordafrikas von Marokko bis Algerien und von Libyen bis Tschad zu finden sind. Um die Fülle und Vielfalt der Zeichnungen besser überblicken zu können, wurde eine chronologische und stilistische Klassifikation der Kunstformen erstellt:

*Jägerzeit oder Bubalus-Zeit:* 8000–6000 v. Chr.
Phase der heute verschwundenen wilden Fauna, darunter der *Bubalus antiquus,* eine Büffelart mit langen Hörnern; es herrschen Felsgravuren vor, gegen Ende auch naturalistische Malereien.

*Archaische Zeit oder Rundkopfzeit:* 6000–4000 v. Chr.
Während der Jungsteinzeit wurden im Tassili n'Ajjer (Algerien) und im Tadrart Acacus (Libyen) neben Tieren auch große menschliche Figuren mit runden Köpfen in vorwiegend gemalten Felszeichnungen dargestellt.

*Hirtenzeit oder Rinderzeit:* 4000–1200 v. Chr.
Die bedeutendste künstlerische Phase, mit naturalistischen Malereien und Gravuren, in welchen die Aufzucht von Tieren geschildert wird.

*Pferdezeit:* 1200 v. Chr. Beginn der Geschichtszeit
Die Kunstform wird abstrakter; Darstellungen von Wagen der Garamanten und stilisierte Personen.

*Kamelzeit:* erstes Zeitalter nach Christi Geburt
Häufig rohe Gravuren der durch das nunmehr ausgetrocknete Land ziehenden Wüstennomaden.

# Felsbilder der Aborigines im Kakadu-Nationalpark

*Der Kakadu-Nationalpark in Nordaustralien wurde – wegen seiner landschaftlichen Schönheit, aber auch aufgrund Tausender von Abbildungen in Höhlen und Felsüberhängen, die von den bereits seit 50.000 Jahren hier lebenden Aborigines angefertigt wurden – von der UNESCO zum Weltkulturerbe erklärt. Eine Besonderheit stellen Abbildungen im »Röntgen-Stil« dar.*

Der Kakadu-Nationalpark erstreckt sich über 614.400 ha im Norden der Stadt Darwin, der Hauptstadt des Northern Territory. Der Park umfasst sehr unterschiedliche Landschaften im Westen des Arnhem Land, dem großen Aborigines-Reservat in Nordaustralien. Im Bereich des Parks, der 1981 zum Weltkultur- und Weltnaturerbe erklärt worden ist, befinden sich Dutzende von Stätten, die bereits vor 50.000 Jahren vom Menschen genutzt wurden, nachdem Gruppen von Jägern und Sammlern aus dem südostasiatischen Raum an der Westküste des Kontinents gelandet waren. Die bedeutendsten archäologischen Stätten mit Felsbildern liegen bei Ubirr, Nourlangie und Nanguluwur.

## Bilder im »Röntgen-Stil« und die Traumzeit

Im Gebiet des Kakadu-Nationalparks befindet sich die größte Ansammlung von prähistorischen Felsbildern in Australien. Die Bilder sind elf verschiedenen Stilrichtungen, die auch untereinander vermischt vorkommen, zuzurechnen; die Objekte sind mitunter mehrmals retuschiert worden, wodurch eine präzise Datierung sehr schwer möglich ist. Bezeichnend ist der so genannte »Röntgen-Stil«, bei welchem Menschen, Tiere und Pflanzen mit sichtbaren Skelettteilen und inneren Organen – wie bei einer Röntgenaufnahme – dargestellt wurden.

**Im Land der Aborigines**
Unten: *Luftansicht von Arnhem Land im nordöstlichen Teil des Northern Territory.*
Rechts: *eine weiße Figur im »Röntgen-Stil«, gemalt vor etwa 4000 Jahren.*
Oben: zwei menschliche *Figuren, die durch ein elliptisches Band vereint sind.*

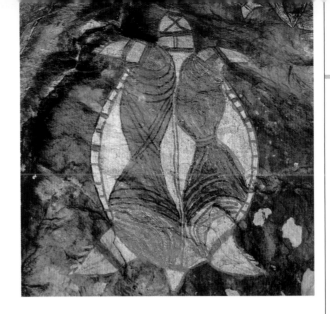

Die Felsmalereien, mitunter auch Gravuren, des Kakadu-Parks, scheinen vor allem mit Jagdmagie, mit religiösen Feierlichkeiten und mit Hexerei im Zusammenhang zu stehen. Sie weisen aber auch auf die Traumzeit: eine ewige Zeit, die neben der Erschaffung der Welt durch die Geister der Vorfahren auch die Jetztzeit und die gesamte Natur umfasst; es ist eine Zauberwelt, die von mythologischen Gestalten bevölkert ist, wie dem Riesenkrokodil Ginga, der Regenbogenschlange Ngalyod (diese Erschafferin der Landschaften lebt versteckt in einer Schlucht), dem Blitzgott Namarrkun, Mimi-Geistern und vielen anderen. Für die Aborigines verkörpern sie »heilige und gefährliche« Gestalten, die nur von wenigen Mitgliedern des Stammes betrachtet werden dürfen. Man muss ihnen Respekt erweisen und, falls die Farbe abgegangen ist, die Gemälde wieder nachmalen, jedoch ohne die Absicht, eine Nachricht für die Nachfahren zu hinterlassen.

Für die Malereien verwendete man Mineralpigmente, die man mit Wasser zu einem Brei verrührte und dann mit Händen oder Stäbchen auf die Wände auftrug. Als mineralischer Grundstoff für die Farbe diente vorwiegend Eisenglanz (rot), Brauneisenerz (gelb und orange), Ocker (rot und gelb), Porzellanerde (weiß) und Manganerz (schwarz).

## CHRONOLOGIE UND KUNSTSTILE

Während des »Prä-Ästuar« (vor 50.000–8000 Jahren), als der Meerwasserpegel niedriger und das Klima trockener war, wurden Felszeichnungen in zahlreichen Kunststilen angefertigt. Die Kunst der Aborigines begann mit einfachen Hand- oder Grasabdrücken, die am Felsen angebracht wurden. Vor etwa 20.000 Jahren waren es große Tiere (Krokodile, Kängurus, Tasmanische Teufel, Ameisenigel und der nunmehr ausgestorbenen Beutelwolf) und menschliche Figuren in naturalistischem Stil. Etwas später malte man kleinere, in scheinbarer Bewegung befindliche Gestalten, Jagdszenen, Frauen mit komplexen Kopfbedeckungen und Objekte wie den Bumerang. In der nächsten Phase werden die Gestalten zarter, in die Länge gezogen und statischer, um dann durch gekrümmte Linien in Menschen oder in Vögel mit Menschengesicht verwandelt zu werden.

Die Periode des »Ästuar« (vor 8000–1500 Jahren) entspricht den Klimaveränderungen: die Flusstäler werden überflutet und von Mangroven überzogen; in den neuen Mündungsgebieten tummeln sich nun Krokodile und Fische. Die Aborigines jagen diese Tiere und bilden sie in drei verschiedenen Stilrichtungen ab. Anfangs sind die Bilder naturalistisch, beispielsweise Menschen, die im Begriff sind, Harpunen zu schleudern, später werden Figuren mittels Bienenwachs auf den Fels aufgebracht. Schließlich, vor 4000 Jahren, tauchen die weißen Figuren im »Röntgen-Stil« auf, die man als »deskriptiv« bezeichnet, da sie vermutlich eine Lehrfunktion für den Stamm hatten – eine detaillierte Angabe der inneren Organe und des Körperbaus, die für die richtige Schlachtung eines Tieres sehr hilfreich war.

In der folgenden Periode, der »Süßwasser«-Zeit, wurde in den feuchten Gebieten das Salzwasser durch Süßwasser er-setzt. Nun wurde eine neue charakteristische Fauna (etwa Spaltfußgänse) dargestellt und die Gestalten im »Röntgen-Stil« wurden dekorativer, vielleicht weil sie mit Geistern von Vorfahren in Zusammenhang standen. Viele dieser Abbildungen betreffen Männer und Frauen mit gespreizten Beinen. Zu dieser Zeit erscheint auch erstmals der Blitz-Mann.

Bilder, die sehr gut datierbar sind, stammen aus der Zeit der »Kontaktaufnahme« mit den britischen Kolonisatoren vor 300 Jahren; sie zeigen die Schiffe, auf welchen die Europäer nach Australien gelangten.

»GEGLIEDERTE« SCHILDKRÖTE
*Auch eine Schildkröte wurde im einzigartigen »Röntgen-Stil« abgebildet, bei dem die inneren Organe zu sehen sind.*

**VERSCHIEDENE KUNSTSTILE**
Unten links: *ein Känguru im naturalistischen Stil.*
Unten rechts: *eine statische und sehr lang gezogene menschliche Figur. Sie gehören zu den ältesten Steinmalereien im Kakadu-Nationalpark.*

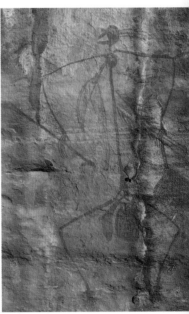

## ARCHÄOLOGISCHE FORSCHUNGEN

*Die archäologischen Untersuchungen, die ab 1929 in Australien vorgenommen und in den letzten Jahrzehnten noch intensiviert wurden, haben ergeben, dass sich die Lebensbedingungen der Eingeborenen jahrhundertelang bis zur Ankunft der Europäer (1788) nahezu kaum veränderten. In ganz Australien hat man bei Grabungen Felsunterstände, Höhlen und Stätten im Freien entdeckt, wo Gräber, Steinwerkzeuge gemäß einer besonderen regionalen Tradition, Essensreste und verschiedene Gegenstände zutage gefördert wurden. Die Datierung der wichtigsten Fundorte umfasst die letzten 40.000 Jahre: Upper Swan bei Perth (vor 38.000 Jahren), Willandra Lakes (vor 35.000 Jahren), Lake Mungo (vor 33.000–26.000 Jahren) und Kenniff Cave (vor 19.000 Jahren). Der Großteil der Stätten enthält auch wertvolle Felsmalereien.*

# DIE MEGALITH-TEMPEL VON TARXIEN

*3600-2500 v. Chr. herrschte auf der kleinen maltesischen Inselgruppe eine außergewöhnliche Kultur, in der etwa 100 Tempel in Megalith-Architektur erbaut wurden. In der Blütezeit dieser Kultur entstand der Tempelkomplex von Tarxien mit zahlreichen runden Formen und Skulpturen.*

Alle prähistorischen Tempel Maltas (nach Schätzungen gab es etwa 100, von denen nur rund 20 erhalten geblieben sind) haben gemeinsame Merkmale. Diese ersten vom Menschen der Jungsteinzeit im Mittelmeerraum errichteten komplexen Bauten spiegeln eine davor nie da gewesene Kreativität und Innovativität wider, als sich benachbarte Völker noch auf einer wesentlich niedrigeren Kulturstufe befanden. Zur gleichen Zeit ereignete sich die Frühphase der

Anlage in Stonehenge (3200–2500 v. Chr.), während die Cheops-Pyramide erst 1000 Jahre später erbaut wurde, als die maltesische Tempelkultur bereits Vergangenheit war. Die Tempelkomplexe wurden von einer gewaltigen Außenmauer, deren Form an ein liegendes »D« erinnert, umgeben. Dafür reihte man große Kalkmonolithen aneinander, die vermutlich auf Steinkugeln befördert und mithilfe geneigter Rampen aufgestellt wurden.

**TRIUMPH DER GEOMETRISCHEN FORMEN**
*Die maltesischen Megalith-Tempel werden von runden Formen dominiert; im Inneren herrschen jedoch quadratische oder rechteckige Kalkplatten vor: Trilithen, Altäre oder steinerne Gabentische mit Ablagefächern.*

**RIND MIT HÖCKER**
*Unten: Tierrelief auf einer Kalkplatte von Tarxien. Es zeigt ein Buckelrind von sehr großen Proportionen.*

**VERGESSENE KULTUR**
Links: *einer der Tempel von Tarxien mit dem gewohnten Spiralmotiv.*
Unten: *eine Amphore. Die beiden Löcher (auf der gegenüberliegenden Seite sind ebenfalls welche vorhanden) dienten als Tragegriffe.*

Die monumentalen Fassaden bildeten ein Halbrund nach innen; die Kammern waren halbkreisförmig in Kleeblattform mit drei bis sechs Apsiden angeordnet, die sich auf einen Gang oder einen gepflasterten Innenhof öffneten. Die Eingänge bestanden meist aus Trilithen oder waren in Megalithblöcke eingeschnitten. Bestimmte Vertiefungen in den Steinen weisen darauf hin, dass einst Holztüren vorhanden waren. In der Anlageform existierten keinerlei Ecken – die runde Form dominierte die Architektur von Ringmauer und Fassade bis zu den Kammern mit Apsis. In den Höfen wurden Zeremonien abgehalten, welche mit einem Tieropfer bei gemeißelten Altären, großen Steinbecken, Gefäßen oder weiblichen Statuen endeten. Die Tempel waren entweder mit einem Kraggewölbe oder mit Holzbalken abgedeckt. Die religiöse Motivation für die Errichtung derartiger architektonischer Meisterwerke, die zu den ersten der menschlichen Geschichte gehören, sind dem Kult um die Große Mutter, Symbol für die Fruchtbarkeit, zuzuschreiben.

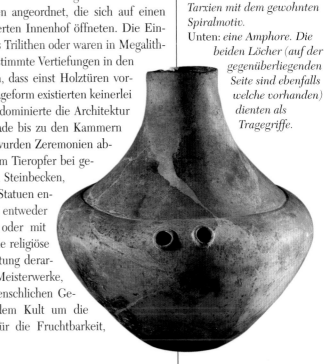

## VORGESCHICHTE MALTAS

*5000–4000 v. Chr.*
Jungsteinzeit. Erste Ansiedlung von aus Sizilien kommenden Menschen auf der Inselgruppe, in der Höhle Ghar Dalam und der Ortschaft Skorba.

*4000–2500 v. Chr.*
Jungsteinzeit–Kupfersteinzeit. Nach den Phasen der Nekropolen Zebbug und Mgarr beginnt die Megalithphase mit den Tempeln von Ggantija (3600–3300/3000 v. Chr.), dem Hypogäum von Hal Saflieni (3300–3000 v. Chr.), Mnajdra, Hagar Qim und Tarxien (3600–2500 v. Chr.).

*2500–1500 v. Chr.*
Bronzezeit. Um 2500 v. Chr., als etwa 10.000 Menschen auf dem maltesischen Archipel lebten, verschwand die Megalith-Kultur. Nach einer Zeit der starken Bevölkerungsabnahme kamen neue Einwanderer auf die Inseln, möglicherweise von der Salentinischen Halbinsel. Sie zerstörten die Tempel, verwendeten Tarxien als Nekropole für Brandbestattungen und führten den Gebrauch von Metallen ein.

*1500–700 v. Chr.*
Bronze- und Eisenzeit. Weitere Einwanderung aus Sizilien und Ansiedlung im befestigten Ort Borg-in-Nadur; nun erscheinen erstmals die »Karrenspuren« – parallele Furchen im Felsboden, die vielleicht durch das Ziehen von Schlitten entstanden sind.

*700–218 v. Chr.*
Eisenzeit. Phönizisch-punische Periode; Ankunft der Römer auf Malta.

HEILIGE BEHÄLTER
Oben rechts: *ein großes
steinernes Becken, welches
in einer Kammer des
mittleren Tempels gefunden
wurde. Es diente möglicherweise als Behälter für die
geopferten Tiere.*
Oben: *Schüssel mit Henkel
und Reliefmuster.*

## EINE AUSGEFEILTE ARCHITEKTUR

Der größte Tempelkomplex der Insel Malta wurde in Paola, südlich der Hauptstadt Valletta, 400 m östlich des Hypogäums von Hal Saflieni errichtet. Die Tempel wurden 1914–1919 von Sir Themistocles Zammit ausgegraben und anschließend von Margaret A. Murray, John D. Evans, Carlo Ceschi und David H. Trump erforscht. Die Außenmauer umschließt vier Gebäude, die in verschiedenen Perioden er-

richtet wurden. Vom ältesten Bau sind im östlichsten Teil der Stätte noch einige Überreste erkennbar. Dieser Tempel gehörte zur Phase Ggantija und hatte ursprünglich fünf Kammern, die möglicherweise mit einem kleinen unterirdischen Raum verbunden waren.

Der Südtempel hat vier Apsiden und eine 34 m lange halbrunde Fassade mit zwei Seitennischen zum Ablegen der Opfergaben. Ein mächtiges Trilith-Portal führt in einen kurzen Gang und zwei einander gegenüberliegende Kammern sowie zu einem mit Kalkplatten gepflasterten Hof. Auf der rechten Seite sieht man auf einem mit Skulpturen sowie spiralförmigen und geometrischen Motiven geschmücktem Sockel den unteren Teil einer massigen Frauenstatue der Göttin der Fruchtbarkeit und des Überflusses – sie muss etwa 3 m hoch gewesen sein. Die dicken Beine und der in Falten gelegte Rock erinnern an die im Tempel von Hagar Qim und im Hypogäum von Hal Saflieni gefundenen Tonstatuen, dicken »Venusstatuen«, welche den Überfluss symbolisierten. Gegenüber, auf einem weiteren mit Spiralmuster dekorierten Sockel, befindet sich ein Altar mit kleiner Nische. Hier wurde ein »heiliger Dolch« aus Feuerstein gefunden, der zum Schlachten der Opfertiere (Schafe, Ziegen, Schweine, Rinder) verwendet wurde. Innerhalb des Altars wurden auch verbrannte Tierreste gefunden. In der linken Kammer waren viele Kalkblöcke mit Spiralen und augenförmigen Motiven verziert, aber auch mit Reliefs, in welchen ein Hammel, ein Schwein und einige Ziegen dargestellt sind. Im Innenhof fällt ein riesiges rundes Kalkbecken auf. Die zweite Hälfte der Anlage wurde nach 2500 v. Chr. von den Invasoren für Brandbestattungen verwendet. Hier befindet sich ein Altar, zu dem man nur über mehrere Kammern gelangt und zusätzlich über einen Kalkblock hinwegklettern muss. Dieser Block ist mit den üblichen Spiralmotiven verziert; in den kleinen Kammern wurden Basreliefs gefunden, auf welchen zwei Buckelrinder (eine lokale, ausgestorbene Art) und ein

OPFERALTAR
*Reich dekorierter Altar aus
dem Tempel von Tarxien.
An diesem Altar wurden
rituelle Tieropfer
dargebracht.*

Mutterschwein, das 13 Ferkel tränkt, dargestellt werden. Vermutlich wurden in diesem Raum die zu opfernden Tiere aufbewahrt. Ein Gang führt zum mittleren Tempel mit sechs Kammern, welche in drei Ovalen paarweise gegenüberliegen. Dieser Bau wurde zuletzt errichtet, wobei die Bauweise gegenüber den bereits bestehenden etwas modifiziert wurde. Ein doppeltes Trilithen-Portal führt in einen geräumigen Hof, in dessen Zentrum sich eine runde, steinerne Feuerstelle befindet. In der ersten Kammer links sind zwei Nischen und ein weiteres riesiges Steinbecken. Der Zugang zu den Nebenräumen wird durch zwei am Boden befestigte Kalkblöcke behindert. Die Blöcke sind mit Augen- und Doppelspiralmotiven verziert, welche sich auf den Steinregalen an der Wand fortsetzen.

Der dritte Tempel, der zweitälteste der Anlage, liegt östlich des mittleren Tempels, hat vier halbkreisförmige Kammern und am Ende des Ganges eine kleine Apsis. Die Tempelwände bestehen aus regelmäßigen, dünnen, senkrecht stehenden Kalkplatten. Der so genannte »Orakelraum« ist durch die beiden Schlitze und ein rundes, rohrartiges Guckloch an der Rückseite der Kammer zu erkennen. Vermutlich sprachen die Priester durch diese Löcher ihre eigenen Orakel oder simulierten die Stimme einer Gottheit.

Der Tempelkomplex von Tarxien erstreckt sich auf 5400 m² und ist von einer breiten Ringmauer mit bis zu 5 m Hohlraum umgeben. Anhand einiger von der Decke erhalten gebliebener Platten konnte nachgewiesen werden, dass Teile des Tempels mit einem kuppelförmigen Kraggewölbe gedeckt waren; an anderen Stellen weisen Brandspuren hingegen auf eine Holzdecke hin. Die raffinierte Architektur die-

ser Tempel, die dicke Statue der »Großen Mutter«, der Überfluss der geometrischen und figurativen Skulpturen sowie weitere Kultgegenstände lassen Tarxien als Zentrum des antiken Megalith-Kultes erscheinen, bevor diese Kultur plötzlich auf rätselhafte Weise verschwand.

## SPIRALENSYMBOL

*Ursprünglich scheint dieses Symbol von der mesopotamischen Kultur zu stammen, wo es ein gedrehtes Horn eines Ziegenbocks, das Sinnbild der Fruchtbarkeit, darstellte. Auf den Keramiken der rumänischen Cucuteni-Kultur taucht das Symbol etwas verändert und stilisiert wieder auf und wird von hier aus weiter verbreitet. Ausgehend von einem »S« drehten sich beide Enden der Spirale mehr und mehr ein, sodass sie sich in ein dynamisches, sich drehendes geometrisches Zeichen verwandelte. Schließlich entwickelten sich auch Hakenkreuze und Kreise, welchen eine abstrakte Bedeutung im Zusammenhang mit dem Universum zugeschrieben wird. Die Spirale von Malta ist harmonisch und reich an Bewegung und kommt einfach mit zahlreichen inneren Schnörkeln oder doppelt in Augenform vor. Generell wird sie als Symbol für die kosmische Bewegung und das Leben an sich interpretiert; die Augen könnten auch signalisieren, dass die Räume dahinter, die nur von Priestern betreten werden durften, vom wachsamen Auge der Gottheit geschützt sind.*

**DIE ÜPPIGKEIT DER GÖTTIN**
Oben: *Fragment einer Statue der Großen Mutter. Die sehr füllige Göttin war Symbol der Fruchtbarkeit und des Überflusses.*

**SPIRALFORM**
*Das Symbol der Spirale kommt in vielen antiken Kulturen vor. Der schneckenförmige Verlauf stand vielleicht für den Kreislauf des Lebens oder die kosmische Bewegung der Sonne.*

# GEHEIMNIS UND ZAUBER VON STONEHENGE

*Das berühmteste Megalith-Monument der Vorgeschichte gilt allgemein als Sonnen- und Mondtempel, aber auch als gut durchdachtes astronomisches Observatorium. Nachdem seine Bauphasen rekonstruiert werden konnten, haben kürzliche Grabfunde in der Nähe der Anlage neue Erkenntnisse über seine Konstrukteure und deren Herkunft gebracht.*

D ie Anlage von Stonehenge wurde im Laufe von 1500 Jahren, etwa 3000–1500 v. Chr., erbaut, wobei man sich über die genaue Datierung nach wie vor nicht einig ist. Es gab drei Bauphasen, die sich ebenso mit verschiedenen Kulturphasen deckten, bis der Tempel jene Form annahm, welche die Archäologen aus den verbliebenen Resten rekonstruieren konnten.

## BAUPHASEN VON STONEHENGE

**EINE LANGE BAUZEIT**
*Mehrere Kulturen und Völker haben dazu beigetragen, im Laufe von 1500 Jahren die rätselhafte Kultstätte von Stonehenge zu errichten, die als wichtigstes prähistorisches Monument Europas gilt.*

### Stonehenge I (etwa 3000–2500 v. Chr.)

Zuerst ebneten jungsteinzeitliche Völker der Windmill-Hill-Kultur bei Salisbury eine kreisförmige Fläche (*Henge;* dieser Begriff wurde von *Stonehenge* abgeleitet) mit einem Durchmesser von 97,5 m ein und umgaben die Anlage mit Wall und Graben. Am Eingang stellte man zwei Monolithen auf und außerhalb des Kreises einen etwa 5 m hohen Sandstein, der wegen seiner Form *Heelstone* (Fersenstein) genannt wird. Spä-

ter grub man am Rand des *Henge* 56 Löcher, die nach ihrem Entdecker Aubrey benannt sind. Diese *Aubrey Holes* wurden in regelmäßigen Abständen angelegt und waren 1 m tief; in einigen wurden Reste von Feuerbestattungen gefunden. In diesem Kreis stellte man vier weitere Monolithen, die *Station Stones* (Stationssteine), als *Sarsen* bezeichnete Sandsteinblöcke, auf. Die vier Sarsensteine wurden so platziert, dass sie ein Rechteck bildeten, und wurden vermutlich für erste astronomische Beobachtungen genutzt.

### Stonehenge II (2500–2100 v. Chr.)

Inzwischen wanderten Zivilisationen der Glockenbecherkultur, die Waffen und andere Gegenstände aus Kupfer verwendeten, ein und gaben der heiligen Stätte die Form eines Megalith-Tempels. Auf den Kreis führte eine 600 m lange und 12 m (mit den

seitlichen Gräben 22 m) breite Prozessionsstraße *(Avenue)* zu, auf der sich auch der *Heelstone* befand, der von der Mitte des Kreises nach Nordosten und bei der Sommersonnenwende genau auf den Sonnenaufgang ausgerichtet war. Nun errichtete man im Zentrum zwei parallele, konzentrische Halbkreise aus Dolerit-Menhiren *(Bluestones* oder »Blausteine«). Insgesamt waren es 80 Blausteine, obwohl ursprünglich 82 Löcher vorbereitet wurden. Dann scheint die Stätte verlassen worden zu sein.

## Stonehenge III *(etwa 2100–1500 v. Chr.)*

In der Bronzezeit, während der dritten und letzen Phase des Baus bekam Stonehenge unter den Stammesführern der kriegerischen Wessex-Kultur schließlich sein monumentales Aussehen. Mithilfe ausländischer Architekten ersetzte man den doppelten Ring aus Blausteinen durch 30 Sarsensteine, die in einem Kreis von 29,5 m Durchmesser aufgestellt wurden. Diese Sandsteinblöcke waren mehr als 4 m hoch und wogen je 25 t (einer war jedoch nur halb so hoch wie die anderen). Auf die vertikalen legte man jeweils 3,2 m lange horizontale Blöcke, sodass sie einen Architrav in Form eines zusammenhängenden Kreises bildeten. Innerhalb des mächtigen Ringes wurden fünf riesige Trilithen errichtet (6,5–7,7 m hoch, mit bis zu 50 t schweren Blöcken), die eine am Boden liegende 4,8 m lange Sandsteintafel, den so genannten *Altar Stone* (»Altarstein«) umschlossen.

Um 1550 v. Chr. errichtete man innerhalb des geschlossenen Kreises aus Sarsensteinen einen weiteren Kreis aus 40 Blausteinen von 70 cm bis 2 m Höhe, die jeweils paarweise gegenüberstanden. Innerhalb der fünf Trilithen wurde ein weiterer Halbkreis aus 19 konisch geformten Blausteinen angelegt; jene

1,83–2,83 m hohen Steine bildeten ein Hufeisen, das sich zur *Avenue* hin öffnete. Außerhalb des Sarsenkreises wurden in zwei konzentrischen Ringen mindestens 1 m tiefe Löcher angelegt. Sie sind heute geschlossen und werden von den Forschern als »Y« (30 Löcher) und »Z« (29 Löcher) bezeichnet; vielleicht dienten sie für Pfosten. Nach 1500 v. Chr. scheint die Anlage von den Erbauern und ihren Nachkommen nicht mehr genutzt worden zu sein; sie wurde im Laufe der Jahrtausende durch die Zeit, aber auch durch den Menschen, teilweise zerstört, bis man im 20. Jh. mit Restaurierungsarbeiten begann.

**ERSTER SOMMERTAG**
Oben: *im Vordergrund der* Heelstone *oder »Fersenstein«. Am Tag der Sommersonnenwende sieht der in der Mitte des Megalith-Kreises (im Hintergrund) stehende Beobachter die Sonne genau über dem Monolithen aufgehen.*

# Ein Aussergewöhnliches Monument

Während seiner etwa eintausendjährigen Verwendung war der Megalith-Tempel von Stonehenge ein genauer Referenzpunkt für die prähistorischen Bewohner der Grafschaft Wiltshire in Südengland, da sie an einem bedeutenden Transitpunkt zwischen der Küste und den Ebenen im Landesinneren lag. Anfangs diente sie vermutlich als Begräbnisstätte, wurde in der Folge aber für astronomische Beobachtungen genutzt. Die imposante Anlage gilt heute als berühmtestes prähistorisches Monument Europas, wozu auch seine Lage und viele Legenden beigetragen haben. Stonehenge liegt inmitten grüner Wiesen der Ebene von Salisbury, das reich an weiteren prähistorischen Stätten ist. Um Stonehenge kursierten ständig Legenden und fälschlicherweise wurde es den Kelten zugeschrieben, die aber erst 1000 Jahre

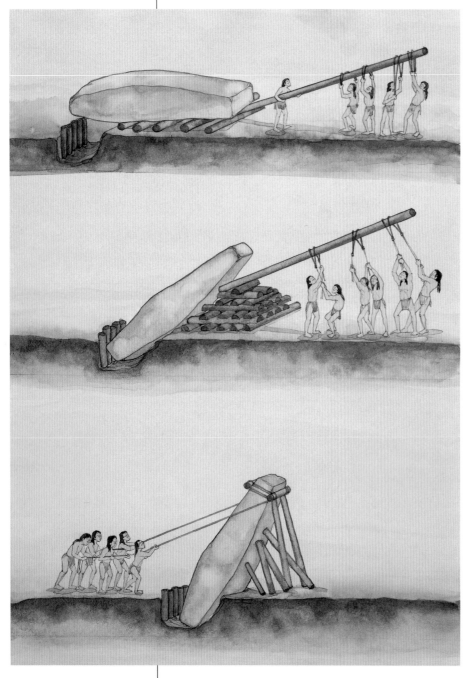

nach der letzten Bauphase lebten. Zweifellos hinterlassen die baulichen Charakteristika der Anlage und die Möglichkeit zur Beobachtung des Sonnen- und Mondzyklus immer noch einen überwältigenden Eindruck.

Wenn der heutige Besucher den *Henge* betritt, befindet er sich inmitten von Stationssteinen, Fersenstein, 17 Monolithen mit sechs Decksteinen des Sarsenkreises, neun Blausteinen des ersten »Hufeisens«, drei großen Trilithen und zwei erhaltenen Monolithen des zentralen Halbkreises, neun weiteren Blausteinen, Altarstein und verschiedenen Fragmenten der Menhirblöcke. Vom monumentalen Eingang ist noch ein am Boden liegendes Fragment, der *Slaughter Stone* (»Schlachtstein«), vorhanden. Trotz der offensichtlichen Veränderungen seit der letzten Bauphase ist Stonehenge auch heute noch äußerst imposant und wirft immer wieder neue Fragen auf.

Vor allem muss man bedenken, dass die Menschen der Jungsteinzeit mit Werkzeugen aus Hirschgeweihen und geschliffenen Steinäxten arbeiteten. Auch als der Gebrauch von Metallen eingeführt wurde, standen die Erbauer der Anlage bei der Gewinnung, beim Transport und der Bearbeitung der Steinblöcke Problemen gegenüber, die auch heute mit Kränen und starken Maschinen nicht ganz ohne Schwierigkeiten gelöst werden können. Der Fersenstein (35 t) stammt vermutlich aus den 50 km weit entfernten Marlborough Hills, die Blausteine von den 220 km entfernten Preseli-Bergen in der Grafschaft Pembrokshire! Von dort wurden die Blöcke auf Rollen bis zur Küste gebracht, dann per Schiff über den Bristolkanal und den Avon flussaufwärts transportiert. Für die letzten 3 km war der Bau einer Straße nötig, die gleichzeitig Verlängerung der Prozessionsstraße war. Architekten, Astronomen, Mathematiker und Steinmetze sorgten dafür, die genaue Position der einzelnen Blöcke festzulegen und sie aufzurichten. Es ist offenbar, dass diese prähistorische Gesellschaft über fähige Baumeister und spezialisierte Handwerker verfügte und es in hohem Maße verstand, große Vorhaben zu organisieren und auszuführen.

**VOR DEM ZAUBERER MERLIN**
*Eine Legende berichtet, dass Stonehenge vom Zauberer Merlin durch magische und esoterische Praktiken errichtet wurde. In Wirklichkeit standen die Steinkreise von Stonehenge zur Zeit des legendären Beraters von König Artus bereits mehr als 2000 Jahre.*

**DER GRUNDSATZ DER FESTIGKEIT**
*Die riesigen horizontalen Steintafeln wurden nicht einfach auf die vertikalen Blöcke gelegt, sondern mittels Zapfenverbindung fixiert.*

# HARMONIE UND FUNKTION

Die Architekten, welche den riesigen Sarsenkreis und die Anordnung der fünf gigantischen Trilithen während der letzten Bauphase entwarfen, zogen nicht nur Symmetrie, Harmonie und Stabilität in Betracht, sondern auch die Ästhetik der Anlage. So wurde die Distanz zwischen den vertikal stehenden Monolithen halb so breit wie die Steine selbst gewählt; nach oben hin verjüngen sich die Steinblöcke etwas, sodass sie oben etwa 20 cm weniger breit sind und so für den von unten schauenden Betrachter noch höher erscheinen. Zudem entspricht die Höhe der vertikalen Trilith-Blöcke der Länge des horizontalen Decksteins. Jeder Architrav ist mittels Zap-fenverbindung mit den darunter stehenden Monolithen ver-bunden. Auf einigen Monolithen konnte man Gravuren ent-decken, die mittels flacher Bronzeäxte (vom Typ wie sie in Ir-land hergestellt wurden) und eines dreieckigen Metalldolchs erzeugt wurden. Auch diese Erkenntnisse bestätigen die vor-geschlagene Chronologie.

Die Art der Restaurierung wurde auch heftig kritisiert, vor al-lem 1919, als nach dem Kauf der Anlage durch den Staat für 6000 Pfund Sterling, von unerfahrenen Arbeitern sechs große Steine errichtet wurden. Auch bei Eingriffen 1959 und 1964 kam Kritik auf, als man die »ursprüngliche« Anordnung nach Stichen und Gemälden von Constable und Turner aus dem 19. Jh. wieder herzustellen versuchte.

# DER TEMPEL ALS ASTRONOMISCHER BEOBACHTUNGSORT

Obwohl es nicht an verschiedensten Theorien über den Verwendungszweck der Anlage von Stonehenge mangelt, sind sich die Wissenschaftler darüber ziemlich einig, dass sie als zwar einfaches, aber sehr durchdachtes astronomisches Observatorium diente. Uneinigkeit herrscht jedoch bei der genauen Bewertung: Handelte es sich nur um eine Berechnung des Sonnenzyklus, also eine Art Kalender, um den Wechsel der Jahreszeiten genau hervorsagen zu können? Dies wäre auch für die Bevölkerung, die Landwirtschaft und Viehzucht betrieb, von großer Bedeutung gewesen. Oder wollte man neben den Tag-und-Nacht-Gleichen und Sonnenwenden auch Mondphasen und Finsternisse bestimmen können?

William Stukeley war der Erste, der eine astronomische Bedeutung der Anlage in Betracht zog. 1740 beobachtete er, dass der *Heelstone* und die *Avenue* nach Nordosten ausgerichtet waren, sodass man vom Zentrum des Kreises bei der Sommersonnenwende am 21. Juni die Sonne direkt über diesem Stein aufgehen sah. Eine neuere Interpretation in dieser Richtung präsentierte Gerald Hawkins 1965 mit seinem Werk *Stonehenge Decoded,* in dem er die Anlage als »steinernen Computer« bezeichnete. Hawkins war überzeugt, dass im astronomischen Observatorium Stonehenge Auf- und Untergang von Sonne und Mond während der Sonnenwenden anvisiert und berechnet werden konnten, wenn man die Schiefe der Ekliptik um 1840 v. Chr. mit einberechnete. Außerdem vertrat er die Ansicht, dass Berechnungen nach einem Kalender mit Mondmonaten von 29,5 Tagen und nach dem etwas mehr als 18 Jahre dauernden Zyklus, nach dem sich Sonnen- und Mondfinsternisse wiederholen, angestellt werden konnten. Ist diese Theorie auch wissenschaftlich fundiert? Neben der Orientierung der *Avenue* und des *Heelstone* sind auch die kurzen Seiten des von den *Station Stones* begrenzten Rechtecks, die parallel zur Zeitachse stehen, am 21. Juni auf den Sonnenaufgang und am 21. Dezember auf den Sonnenuntergang ge-

**DIE »HÄNGENDEN STEINE«**
*Die Faszination von Stonehenge (ursprüngliche Bedeutung: »hängende Steine«) hat die Jahrhunderte überdauert. Der erste Plan der Anlage wurde 1620 vom englischen Architekten Inigo Jones gezeichnet.*

## DIE »BOGENSCHÜTZEN« VON AMESBURY UND BOSCOMBE

*Im Mai 2002 entdeckte ein Forschungsteam des Wessex Archaeology Institute, geleitet von Andrew Fitzpatrick, bei Amesbury, Grafschaft Wiltshire, 4 km südlich von Stonehenge das Grab einer hochstehenden Persönlichkeit, die um 2300 v. Chr., also während der Bauphase II, bestattet wurde. Der nunmehr als »König von Stonehenge« betitelte Leichnam stammte von einem Mann von etwa 35-45 Jahren. Er muss von hohem Stand gewesen sein, da er mit reichen Grabbeigaben beigesetzt wurde: etwa 100 Bogenspitzen, Kupfermesser aus französischen und spanischen Werkstätten, Keramikgefäße, Metall- und Goldgegenstände, darunter ein Haarschmuck – der älteste, der bislang in Großbritannien gefunden wurde. Eine Radioisotopen-Untersuchung der Zähne (die Isotopen aus dem getrunkenen Wasser werden in den Zähnen gespeichert und unterscheiden sich an den verschiedenen Orten der Welt; sie geben Aufschluss darüber, wie die Menschen gelebt haben: ihre Herkunft, die Entfernung zum Meer, Seehöhe, Klima) ergab, dass das Skelett vermutlich einem Stammesführer der Bronzezeit gehörte, der mit großer Wahrscheinlichkeit aus dem alpinen Raum – aus der Schweiz, Österreich oder Süddeutschland – stammte.*

*2003 fanden dieselben Archäologen 800 m von jener Fundstelle entfernt, in Boscombe Down, ein Gemeinschaftsgrab mit sieben Personen, die gleichzeitig mit jener von Amesbury gelebt hatten. Es handelte sich um die Überreste eines Mannes von etwa 40, zwei weiterer von 25–30, einem Jugendlichen von 15–18 und drei Kindern von zwei bis sieben Jahren. Beim ältesten konnte ein Beinbruch festgestellt werden; nach der Schädelform zu schließen waren die Begrabenen miteinander verwandt. Ihre Grabbeigaben bestanden aus Feuersteinwerkzeugen, Pfeilspitzen, einer Knochenspange, dem Eckzahn eines Wildschweines und acht Gefäßen in Glockenbecherform. Die Isotopenuntersuchung der Zähne bekräftigte, dass diese Personen aus Wales stammten, und zwar aus den Preseli Hills, dem Steinbruch, in dem die Doleriten – das Material für die »Blausteine« – abgebaut wurden. Es ist eher unwahrscheinlich, dass die hier begrabenen Personen nichts mit dem Bau des Tempels von Stonehenge zu tun hatten. Die Familiengruppe war vielleicht mit Transport, Bearbeitung und dem Abbau der Blausteine beauftragt. Diese neuesten Erkenntnisse eröffnen interessante Perspektiven über die Errichtung von Stonehenge und die Menschen, welche dies möglich gemacht haben.*

richtet. Die Kreise »Y« und »Z« haben insgesamt 59 Löcher: das Doppelte von 29,5, der Anzahl der Tage im synodischen Mondmonat. Die gleiche Zahl ergibt sich bei den Blausteinen und bei den großen Monolithen des Sarsenkreises, der 30 Steinblöcke enthielt, von welchen aber einer nur halb so hoch war wie die anderen – also wiederum 29,5. Die 56 Aubrey-Löcher ergeben, durch drei geteilt, eine Zahl von etwa 18,6, die etwa jener Zeit an Jahren entspricht, innerhalb der die Schnittpunkte von Mond- und Sonnenbahn einen vollen Umlauf vollzogen haben. Steckt man überdies in die Aubrey-Löcher Pfähle, die Sonne, Mond und Schnittpunkte anzeigen und versetzt diese an bestimmten Tagen, so könne eine Finsternis vorhergesagt werden.

Hawkins' These über die Aubrey-Löcher wurde von den Archäoastronomen Alexander und Archibald Thom bestätigt. Sie wiesen auch darauf hin, dass es gleichfalls möglich war, die natürlichen, 2–13 km entfernt liegenden Erhebungen zu nutzen, um Auf- und Untergang der Sonne während der Sonnenwende sowie des Mondes bei der größten und niedrigsten nördlichen und südlichen Deklination (+29° und –29°) zu beobachten: Coneybury Barrow, Figsburg Ringo, Chain Hill, Langford Camp und Gibbet Knoll. Vonseiten der Skeptiker konnte man hören, dass man an vielen anderen Orten ebenfalls Erhebungen in der Landschaft mit Sonnenwenden, Tag-und-Nacht-Gleichen und der Deklination des Mondes gleichsetzen könnte und dass Stonehenge sich im Übrigen nicht gut für differenzierte astronomische Beobachtungen eignen würde. Schließlich wäre, um eine derartige Menge an Informationen zu vermitteln, die Verwendung einer Schrift und mathematischer Zeichen notwendig gewesen, wobei aber die prähistorischen Völker vermutlich noch keine grafischen Zeichen zum Schreiben verwendeten. Allerdings berücksichtigen die Kritiker nicht, dass beim Bau möglicherweise aus dem Ausland kommende Fachleute mitwirkten, wie kürzlich durch unerwartete Funde bestätigt wurde.

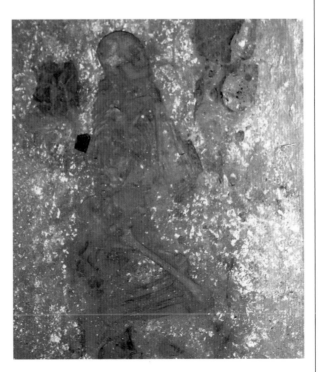

**DAS GRAB DES »BOGENSCHÜTZEN«**
*Der so genannte »Bogenschütze von Amesbury« (links) verdankt seinen Namen den reichen Grabbeigaben, unter welchen sich auch zwei Armschützer für Bogenschützen und etwa 100 Pfeilspitzen befanden.*

# DIE MENHIRE VON CARNAC

*Ab 3500 v. Chr. wurden Tausende Menhire in kilometerlangen parallelen Reihen zur mächtigen, endlosen »steinernen Armee« von Carnac angeordnet – eine der ungewöhnlichsten Megalith-Anlagen, deren Bedeutung nach wie vor im Dunkeln liegt.*

**STEINERNE ARMEE**
*Luftansicht der Megalith-
anlage von Carnac.
Der Zweck dieser sehr
wirkungsvoll in Zeilen
angelegten Steine ist nach
wie vor rätselhaft.*

Die ersten Spuren menschlicher Besiedlung entlang der Küste und auf den kleinen Inseln Teviec und Höedic in der Bucht von Quiberon im Süden der Bretagne gehen auf 10.000 v. Chr. zurück. Die ersten Megalith-Gräber, Dolmen mit hochkant stehenden, häufig mit geometrischen Gravuren dekorierten Steinquadern, entstanden aber erst in der Jungsteinzeit zwischen 5500–4500 v. Chr. In den Gräbern wurden als Grabbeigaben Äxte aus geschliffenem Stein (4000–3600 v. Chr.), Äxte und Dolche aus Kupfer (2300 v. Chr.), regionale armorikanische Keramik (aus den Dolmen von Kerugou, 2500 v. Chr.) und importierte Gefäße in Glockenbecherform gefunden. Ab 4400 v. Chr. begannen sich die vormaligen Fischer der Viehzucht und der Landwirtschaft zuzuwenden (aus dem erhaltenen Blütenstaub konnte man entnehmen,

dass Weizen und Gerste angebaut wurden) und errichteten große Gemeinschaftsgräber mit langen Gängen, die von einem Erdhügel überdeckt wurden *(allées couvertes)*. Während der folgenden Bronzezeit wurde ein Teil der Küstenlinie überflutet, sodass die hier liegenden Dörfer weiter ins Landesinnere verlegt werden mussten und das *Alignement* von Saint-Pierre-Quiberon im Meer versank.

Die grandiosen *Alignements* aus lokalen Granitblöcken, die zu den Stätten transportiert und eng stehend in mehreren regelmäßigen, wie planiert wirkenden Zeilen angeordnet wurden, stammen zeitlich aus mehreren Phasen zwischen 3500 und 2000 v. Chr. Doch wodurch wurde die einfache Bauernbevölkerung dazu inspiriert, eine derartig riesige Megalith-Anlage zu schaffen, die an das Werk von Riesen denken lässt?

## CARNAC IN ZAHLEN

Der bretonische Ort Carnac (»Steinhügel«) ist aufgrund seiner berühmten Steinalleen, seiner Steinkreise *(Kromlechs)*, riesiger einzeln stehender Menhire, Dolmen und Hügelgräber zum Symbol der Megalithkultur geworden. Ausgehend vom größten Hügelgrab, dem *Tumulus* Saint-Michel (122 m lang, 35 m breit und 10 m hoch), kommt man zu einem ovalen *Kromlech* von 107 m Durchmesser, der von 70 etwa 1 m hohen Menhiren begrenzt ist. Daran schließen die *Alignements* an.

*Alignement von Menec (»Ort der Steine«)*
Das *Alignement* ist nach Nordosten gerichtet, etwa 100 m breit und und besteht aus 11-12 parallelen, einst 1170 m langen Steinreihen mit unterschiedlichen Abständen. Insgesamt wurden hier 1099 Menhire aufgestellt, wovon einige 4 m hoch sind und 50 t wiegen. Am Ende dieses Feldes liegen ein weiterer ovaler *Kromlech* mit 90 Menhiren und unter einem Erdhügel ein großer Dolmen.

*Alignement von Kermario (»Ort der Toten«)*
Es ist etwa 240 m vom obigen entfernt und verläuft ebenso nach Nordosten. 1029 Menhire sind ihrer Höhe entsprechend angeordnet, von 6,4 m am Beginn des *Alignements* bis zu nur 60 cm an dessen Ende. Sie verlaufen 1120 m lang in zehn nicht immer parallelen Reihen, die insgesamt eine Breite von 100 m erreichen. Am Ende dieser mächtigen Steinalleen befinden sich das kleine *Alignement* von Le Manio und 39 Menhire des als *Le Quadrilatère* bezeichneten Steinkreises.

**UNVERGÄNGLICHE ZEITZEUGEN**
*Was bewegte eine bäuerliche Gesellschaft dazu, eine derartig gigantische Anlage zu errichten* (oben)?
Unten: *Kermario, »Ort der Toten«.*

*Alignement von Kerlescan (»Ort der Brandbestattung« oder »verbrannter Ort«)*
Diese Steinreihen sind von der Anlage von Kermario durch den als »Riese von Manio« bezeichneten 5,8 m hohen Menhir und im Süden durch den *Tumulus* von Kercado getrennt. Das *Alignement* verläuft 880 m lang fächerförmig in 13 Zeilen und 140 m Breite in nordwestlicher Richtung, wobei die Höhe der Steine von 4 m auf 80 cm abnimmt. Am westlichen Ende liegt ein halbkreisförmiger *Kromlech* mit 39 großen Steinblöcken, deren Achse die Nord-Süd-Richtung anzeigt.

*Alignement von Petit Menec (»kleiner Ort der Steine«)*
Die nach Süden gerichteten Steinzeilen von Le Petit Menec bestehen aus nur noch 100 Menhiren (ursprünglich etwa 250) und sind durch die waldige Umgebung kaum sichtbar.

*Alignement von Kerzerho*
Es liegt bei Erdeven und besteht aus 1129 Menhiren, die in zehn unregelmäßigen Reihen angeordnet sind und sich in 64 m Breite auf 2105 m Länge erstrecken.

Die Anlagen von Le Menec, Kermario, Kerlescan und Le Petit Menec umfassen nahezu 3000 Menhire, die als vier lange Steinalleen in einer Länge von insgesamt 4 km auf 40 ha errichtet wurden. Zusätzliche, heute verschwundene Steinreihen, erstreckten sich westlich von Le Menec über weitere 4 km und verliefen durch die heutigen Pinienwälder und das Weideland von Sainte-Barbe über Plouharnel (hier sind noch einige Spuren vorhanden). Schätzungen zufolge standen auf den ursprünglichen 8 km *Alignements* von Sainte-Barbe bis zum Fluss Crac'h 5000–7000 Menhire.

## VORHERRSCHENDE INTERPRETATIONEN

Bei der Betrachtung der *Alignements* aus der Luft fallen die verschiedenen Hügelgräber und *Kromlechs* auf, welche die verschiedenen Steinreihen-Felder trennen und vielleicht ebenfalls auf verschwundene Gräber hinweisen. Die Hügelgräber stammen aus der Jungsteinzeit, die Datierung der Steinreihen gestaltet sich jedoch schwierig. Die bislang gesammelten Daten deuten auf eine Periode, die nur anfangs mit der Entstehung der Gräber übereinstimmt. Möglicherweise ist ihr Zweck nicht mit dem Totenkult, sondern vielmehr mit den Erfordernissen der Landwirtschaft verbunden. Allerdings fragt man sich, warum eine derart kolossale Anlage errichtet werden musste, wo man auch mit einfacheren Vorrichtungen Sonnenwenden und Tag-und-Nacht-Gleichen bestimmen hätte

können. Die Antwort kam von Archäoastronomen, die sich mit dem Problem genau befasst hatten, darunter Alexander Thom von der Universität Oxford. Bereits vor ihm war festgestellt worden, dass sich die Steinzeilen von Menec nach dem Untergang der Sonne während der Wintersonnenwende richteten, jene von Kermario nach dem Sonnenaufgang während der Sommersonnenwende und die von Kerlescan nach dem Sonnenuntergang während der Tag-und-Nacht-Gleichen. Die nur mehr teilweise oder nicht mehr vorhandenen *Alignements* scheinen die Daten 4. Februar, 6. Mai, 8. August und 8. November anzuvisieren, welche traditionell mit dem Beginn des Wachstums neuer Pflanzen, der Blüte, der Mahd und der Aussaat in Zusammenhang stehen. Allerdings lassen die Verschiebungen, welche die Gestirne in den letzten 5000 Jahren am Himmel vollzogen haben, diese Bewertung wieder in Zweifel ziehen. Mit den 1970–1976 durchgeführten Studien kam Professor Thom zum Schluss, dass in Carnac eine gigantische astronomische Uhr zur Mondbeobachtung geschaffen wurde, um Finsternisse und die Zeiten zum Pflügen und für die Aussaat vorherbestimmen zu können.

## DIE THEORIE VOM MOND-OBSERVATORIUM

Thom stellte vor allem fest, dass die Abstände zwischen den Steinreihen dem Vielfachen des so genannten »Megalithischen Yards« (81,6 cm) entsprachen. Nach diesem Maß sollen viele Megalithbauten erstellt worden sein. Des Weiteren bemerkte er, dass die Richtungsänderungen der Steinzeilen nicht zufällig waren, sondern rechtwinkelige Dreiecke bildeten; solche Dreiecke treten übrigens auch in ovalen Flächen der *Kromlechs* auf, welche die Steinreihen unterbrechen. Schließlich wies er darauf hin, dass die Steinreihen auf Megalith-Monumente der Umgebung gerichtet waren, die während der Wintersonnenwende genau anvisiert werden konnten, wie etwa die *Tumuli* von Gavrinis

**MIT DEN AUGEN DES KÜNSTLERS**
*Carnac in einem Aquarell von Jean-Baptiste Dubret (1768–1848).*

und Le Bono und der Dolmen des *Roche aux Fées.* Vor allem aber sah man auf den *Gran Menhir brisé* (großer zerbrochener Menhir), ursprünglich 20,3 m hoch und 250 t schwer. Er stand in dominierender Position auf der Halbinsel Locmariaquer in der Nähe eines weiteren berühmten Monuments, dem mit Gravuren reich verzierten Dolmen *Table des Marchands.* Der gigantische Menhir war im Umkreis von 13 km zu sehen und war sicherlich der zentrale Referenzpunkt zur Beobachtung von Aufgang und Untergang des Mondes, wobei auch aufgrund der größeren und kleineren Abweichungen von seiner elliptischen Bahn bevorstehende Finsternisse berechnet werden konnten. 1722 zerbrach der Monolith durch Blitzeinschlag oder Erdbeben und liegt nunmehr in vier Teilen am Boden. Um aber die kleinen Schwankungen des Mondes, seine Abweichungen vom Himmelsäquator und die Finsternisse genau messen und bestimmen zu können, erstellte man lange parallele Reihen und »Fächer« aus Steinen, die man durch gedachte Linien mit hohen einzeln stehenden Menhiren, wie dem Großen Menhir *Grand Menhir brisé,* verband. Für uns die spektakulärste Megalith-Struktur der Welt – war es wirklich, was Thom als »Millimeterpapier der Megalithkultur« bezeichnete: ein durchdachtes astronomisches Observatorium zur Mondbeobachtung, ein landwirtschaftlicher Kalender zur Berechnung von Sonnenwenden, Tag-und-Nacht-Gleichen, Mondfinsternissen und anderen Himmelsereignissen? Viele bezweifeln, dass eine prähistorische Gesellschaft, auch wenn sie sehr fortgeschritten war, in der Lage sein konnte, derart komplexe Berechnungen anzustellen. Die meisten Wissenschaftler vertreten die These einer Kombination von Toten- und Naturkult einer bäuerlichen Gesellschaft, wobei astronomische Beobachtungen nicht ausgeschlossen werden, können jedoch den Zweck der weitläufigen *Alignements* nicht erklären. Andere wiederum denken an religiöse Motivationen und einen Kult um die Fruchtbarkeit von Tieren, der sich lange in dieser Region gehalten hat – eine Ansicht, die aber allzu reduktiv erscheint. Vielleicht werden die großen Steine von Carnac ihr Geheimnis für immer bewahren.

**ZWERGE UND RIESEN**
*Die Steine Carnacs haben sehr unterschiedliche Dimensionen – einige wiegen Dutzende Tonnen.*

**»ORT DER STEINE«**
*Das Alignement von Menec (»Ort der Steine«) enthält 1099 Monolithen, die sich in 11–12 Zeilen auf eine Länge von mehr als 1 km erstrecken.*

# Leben und Sterben in den Höhlen von Finale Ligure

*Im Gebiet um Finale Ligure befinden sich etwa 100 Höhlen, die in vorgeschichtlicher Zeit, ab dem Mittelpaläolithikum, von Menschen bewohnt wurden. Zu den wichtigsten Zeugnissen jener Zeit gehören Grabstätten mit reichen Grabbeigaben und jungsteinzeitliche Siedlungen, die sich als kreative Zentren der Keramikherstellung erwiesen.*

**SPEKTAKULÄRES AMBIENTE**
*Auf dem großen Felsbogen über der Arma delle Mànie, der größten Höhle des Finalese, steht eine Häusergruppe in mediterranem Stil.*

Ab Finale Ligure wird die Riviera di Ponente zur Felsküste; die Wände der tief eingeschnittenen Flusstäler begrenzen mehrere Kalkhochflächen, die mit mediterraner Macchia überzogen sind. Hier gibt es auch zahlreiche Höhlen, die jahrtausendelang vielen Generationen vorgeschichtlicher Gesellschaften Schutz boten. Die ältesten Spuren (Altpaläolithikum) wurden bislang in der freien Landschaft gefunden; die ersten bis heute bekannten Gräber und Manufakte aus den Höhlen stammen aus dem Mittelpaläolithikum vom Neandertaler; aus dem Jungpaläolithikum (Ende der Würm-Eiszeit) fand man 20.000 Jahre alte Gräber, dazu noch

Gräber aus der Mittelsteinzeit (etwa 8000 v. Chr.) und der Jungsteinzeit. Während der Jungsteinzeit, etwa 5000 v. Chr., siedelten sich von der Küste ausgehend Bauern- und Hirtenvölker an, die sich über ein weites Gebiet verbreiteten. Diese vitale Phase dauerte weitere zwei Jahrtausende an, wobei die Bewohner ihre Zelte zuerst in Höhlen und später in frei angelegten Dörfern aufstellten. In dieser Zeit setzte sich die Keramikherstellung durch, und es wurden individuelle regionale Formen kreiert. Die chronologisch jüngsten Funde in Höhlen stammen aus der Bronzezeit, in der darauf folgenden Eisenzeit herrschten *Castellieri*, gut befestigte Dörfer, vor,

**ZUFLUCHTSORT DES NEANDERTALERS**
*In der Caverna delle Fate im Val Ponci bei Finale Ligure hat man Reste von Neandertaler-Skeletten (wie das hier abgebildete Unterkiefer) und einen Friedhof von Höhlenbären gefunden.*

deren Eroberung den Römern nicht ohne Mühe gelang. Von den zahlreichen Spuren des Menschen im Finalese, die 100.000 und mehr Jahre zurückreichen, sind manche von außerordentlicher historischer Bedeutung.

## HÖHLEN UND IHRE SCHÄTZE

Der Eingang der Höhle Arma delle Mànie auf der gleichnamigen Hochebene wird von einem spektakulären Kalksteinbogen gebildet, über dem sich eine Häusergruppe in mediterranem Stil erhebt. Im einzigen weiten Höhlenraum sind noch eine Ölmühle und ein Stall verblieben, der bis vor wenigen Jahrzehnten genutzt wurde. Die Erde wurde teilweise abgetragen, um die Böden der benachbarten Äcker und Felder zu verbessern; dadurch gingen alle Schichten bis zum zweiten Abschnitt der Würm-Eiszeit verloren. Archäologische Grabungen haben Steinwerkzeuge mehrerer Kulturen und Reste einer Fauna kalten (vorwiegend Hirsche und Rehe), temperierten und warmen Klimas zutage gefördert und konnten so eine ständige Nutzung der Höhle von vor 50.000–25.000 Jahren nachweisen. Unweit, im tiefen, abgelegenen Val Ponci, liegt auf der felsigen Bergflanke des Picco Peagna die Caverna delle Fate. Sie war von Neandertalern bewohnt, die mit Moustérien-Werkzeugen Jagd auf Steinböcke und Murmeltiere machten. Man fand menschliche Knochenreste, die mit 82.000–75.000 Jahren datiert wurden, zudem stieß man auf einen Friedhof mit Skeletten von gut 1500 Höhlenbären.

Entlang der Küste des Finalese liegt auf dem Capo Caprazoppa, das durch Steinbrucharbeiten schwer in Mitleidenschaft gezogen wurde, die Caverna delle Arene Candide. Sie lag einst hinter einer riesigen weißen Sanddüne (*candida*) direkt am Strand. Heute befindet sie sich aber 86 m über dem Meeresniveau und ist eine wahre »Schatzkiste« der Vorgeschichte Liguriens. In der hellen, sonnigen Höhle (70 x 15 m) mit Blick zum Meer wurden von Generationen von

**ARCHÄOLOGEN BEI DER ARBEIT**
*Bei Grabungen in der Höhle Arma delle Mànie konnten Steingeräte und Reste der Fauna des Mittel- und Jungpaläolithikums sichergestellt werden.*

**TRAUER VOR 10.000 JAHREN**
*Das bewegende Begräbnis
eines Kindes von 6–8 Jahren
vor etwa 8400 v. Chr. Der
Leichnam war mit einem
Mantel aus 400 Eichhörn-
chenschwänzen bekleidet.*

**EINE JUNGSTEINZEITLICHE
SCHÖNHEIT**
*Diese Kultfigur aus Ton aus
der Caverna delle Arene
Candide zeigt die groß-
zügigen Formen der Großen
Mutter, Symbol der Frucht-
barkeit und des Überflusses.*

**DIE BERÜHMTESTE HÖHLE**
*Der Eingang zur Caverna
delle Arene Candide; sie
beherbergte Unmengen von
archäologischen Schätzen
und zahlreiche Gräber, die
zu den bekanntesten der
Vorgeschichte im
Mittelmeerraum gehören.*

Archäologen Ausgrabungen vorgenommen. Man stellte fest, dass die Stätte in den letzten 20.000 Jahren immer wieder bewohnt war und konnte Manufakte und Gräber freilegen. Die unteren Schichten reichen bis zur Epigravettien-Kultur zurück, die sich wahrscheinlich von der französischen Küste hierher ausgebreitet hatte. Gemeinsam mit Steingeräten und Resten einer Fauna kalten Klimas entdeckte man die inzwischen berühmt gewordene Begräbnisstätte des »Giovane Principe«. Die Schichten der jüngeren Mittelsteinzeit (8400 v. Chr.) enthielten etwa 15 Leichname, darunter das Skelett eines Kindes von 6–8 Jahren, das mit einem Mantel aus 400 Eichhörnchenschwänzen und etwa 100 flachen, länglichen, teilweise dekorierten Kieselsteinen bedeckt war. Die folgende Periode der Jungsteinzeit enthält drei weitere Schichten mit reichen Funden. 5000–4000 v. Chr. tauchen die ersten Abdruckkera-

miken, Äxte mit geschliffenen grünen Steinen und Obsidian-Werkzeuge aus Sardinien auf. Spuren von Pfählen weisen darauf hin, dass in der Höhle Zelte und Hütten errichtet wurden. Im Mittelneolithikum (4000–3500 v. Chr.) setzten sich Landwirtschaft und Tierzucht durch. Auch Keramik wurde hergestellt, und zwar Tassen, Krüge, Schüsseln und weitere Gefäße in einer charakteristischen Form mit quadratischer Öffnung *(vasi a bocca quadrata)*, und auch solche, die ausschließlich im Finalese vorkommen, mit vier wie zu Ausgießern erweiterten Ecken. Von hier aus verbreiteten sich Technik und Kultur in weitere Gebiete des oberitalienischen Raumes.

Aus Keramik wurden auch sitzende, nackte Frauenstatuetten mit besonders ausgeprägten Gesäßen und Oberschenkeln gefertigt – Charakteristika der Großen Mutter, der Fruchtbarkeitsgöttin des Mittelmeerraumes. Unter den Fundstücken befanden sich auch wie Kochlöffel aussehende Gegenstände aus Ton, deren Griff hohl war, sodass Luft durchströmen konnte: vielleicht Pfeifen oder Geräte, um Flüssigkeiten zu verabreichen. Die *Pintaderas*, kleine, aus Ton gefertigte Stempel von geometrischer Form mit Griff, wurden mit tief eingeritzten gitterartigen, spiraligen oder punktförmigen Motiven verziert. Vermutlich dienten sie zum Dekorieren des Körpers mit den Zeichen des Stammes, dem man angehörte. Aus dieser mittleren Phase stieß man nur auf etwa zehn Gräber. In der nächsten Schicht (3500–2800 v. Chr.) kommen die Manufakte des vergangenen Zeitabschnitts nicht mehr vor, dafür setzen sich fein gearbeitete und polierte Keramiken durch, die für die Lagozza-Kultur (im Varesotto) typisch sind. Des Weiteren fand man beim Spinnen verwendete Schwungringe und Lochsiebe zum Herstellen von Käse.

Die Caverna della Polléra liegt in der dichten Vegetation des Hinterlandes auf der Pian Marino. Durch den Bogen der Höhlenöffnung, der teilweise eingestürzt ist, kommt man in einen 30 x 18 m großen Raum. Zur hier gefundenen jungsteinzeitlichen Keramik gehören Gefäße in einem lokalen, vielleicht aus dem Süden eingeführten Stil (um 4100 v. Chr.).

Etwas später folgen Formen mit vier ausgießerartig geformten Ecken der quadratischen Öffnung, Kultfiguren, Pfeifen und *Pintaderas*. 50 Gräber lassen auf den häufigen Aufenthalt von Menschen schließen; außerhalb der Höhle wurden aus der Bronzezeit ein Hüttenboden und Materialien von etwa 1500 v. Chr. gefunden, die Einflüsse von Polada- und Terramare-Kultur zeigen. Diese Höhle wurde im 9. Jh. v. Chr. aufgegeben. Auch die vielen anderen prähistorischen Siedlungsspuren in den Höhlen des Finalese umfassen Materialien und Begräbnisstätten, die chronologisch und kulturell ähnlich eingereiht werden können, und reichen bis zur Bronzezeit, ab der die Höhlen nur noch selten genutzt wurden. Während der Eisenzeit lebten die Menschen des Finalese in *Castellieri*, durch Ringwallanlagen aus lose übereinander gelegten Steinblöcken geschützte Bergdörfer, wie Villaggio delle Anime auf dem Rocca di Perti.

**KERAMIKEN DES FINALESE**
*Die jungsteinzeitlichen Völker des Finalese um 3500 v. Chr. fertigten Tonbehälter mit quadratischen oder nahezu kleeblattförmigen Öffnungen an, sowie* Pintaderas (Mitte), *Terracotta-Stempel, die vermutlich für Körperdekorationen verwendet wurden.*

## DER PRINZ VON ARENE CANDIDE

*Besonders beeindruckend war der Fund des Grabes des »Prinzen von Arene Candide« (Giovane Principe) aus dem Jungpaläolithikum in der Caverna delle Arene Candide: das Skelett war leicht nach links geneigt und auf eine rote Ockerschicht gebettet, der Kopf nach Süden gedreht und an die linke Schulter gelehnt; der linke Arm war angelegt, der rechte vom Körper weggestreckt und hielt eine große Klinge aus Feuerstein. Um den Leichnam lagen einige größere und direkt auf ihm kleinere Steine, zahlreiche Muscheln, Schalen von Seeigeln ohne Stachel, gelochte Hirsch-Eckzähne, Plaketten und Anhänger aus Knochen sowie weitere Ornamente. Neben dem Brustkorb befanden sich vier Elchschaufeln mit abgerundeten Handgriffen (unten rechts), sie waren mit einem mittig gelegenen Loch und strahlenartig angeordneten geometrischen Verzierungen versehen; eine der Elchschaufeln lag einzeln auf der linken Seite, die anderen drei lagen zusammen, da sie dem Leichnam vermutlich als Zeichen des Respekts umgehängt worden waren. Das Kind gehörte demselben Rassentypus wie der Combe-Capelle-Mensch an und starb etwa 18.750 v. Chr., vermutlich nachdem es von einem wilden Tier angefallen worden war. Der Kopf war von einer Haube aus Hunderten Meeresmuscheln der Art Nassa neritea (unten links) bedeckt; gebrochenes Unterkiefer und Schlüsselbein sowie die Knochenverletzungen an Schulterblatt und linkem Oberarmknochen wurden als Geste des Mitgefühls mit gelbem Ocker eingefärbt. Das außergewöhnliche Grab ist im Museo di Archeologia Ligure von Genova Pegli ausgestellt; ein Abdruck kann im Civico Museo del Finale in Finalborgo bestaunt werden.*

# ÖTZI, DER MANN AUS DEM EIS

*Der zufällige Fund einer vom Gletschereis der Alpen freigegebenen Mumie auf der
italienisch-österreichischen Grenze von 1991 hat sich für die Wissenschaft als
außerordentlicher Glücksfall erwiesen. Leben und Tod dieses Mannes, der in der Kupferzeit
vor etwa 5300 Jahren gelebt hat, konnten relativ genau rekonstruiert werden.*

**DER EISSARG**
*Der Similaungletscher in
den Ötztaler Alpen (unten)
barg mehrere Jahrtausende
den Leichnam eines Men-
schen aus der Kupferzeit.*

A m 19. Sept. 1991 unternahm das deutsche Ehepaar Simon eine Wanderung unter dem Hauslabjoch in der Si-
milaun-Gruppe ins obere Schnalstal. In 3213 m Seehöhe
stießen sie auf einen mumifizierten und tiefgekühlten Leichnam, der teilweise aus dem Schnee herausragte. Die vom
Fund unterrichtete österreichische Polizei nahm an, dass es
sich um einen Gefallenen des 1. Weltkriegs handle und ließ
den Leichnam in die Innsbrucker Universität bringen, wo
sein wahres Alter festgestellt wurde. Im darauf folgenden Jahr
konnten bei einer kurzen archäologischen Forschung an der
Fundstelle jene Objekte gefunden werden, die jener Mann
bei sich getragen hatte. Nachdem man feststellte, dass sich
der Fundort auf italienischem Boden befand (92,6 m von der

österreichischen Grenze entfernt), wurden die Mumie nach
Bozen in das neue Südtiroler Archäologische Museum gebracht und die von Fachleuten aus der ganzen Welt vorge-
nommenen Studien in Italien fortgesetzt. Die wissenschaftliche und geschichtliche Bedeutung dieses Fundes kann gar
nicht hoch genug eingeschätzt werden: zum ersten Mal hatte
man einen Menschen so vor sich, wie er vor 5000 Jahren gelebt hatte, umgeben von den Dingen, die er im täglichen Leben verwendete. Es ist auch das erste Mal, dass die Medizin
genetisches Material aus dem Blut und dem Gehirn eines so
alten Leichnams zur Verfügung hat. Der Mann aus dem Eis
hat unseren Wissensstand über die europäische Kupferzeit
revolutioniert und ein vollständiges Profil seiner selbst gelie-

**EHRWÜRDIGES ALTER**
*Der vielleicht in einen Hin-
terhalt geratene Mann vom
Similaungletscher starb an
einem Sommertag vor etwa
5000 Jahren. Sein Leichnam
(rechts – so lag er bei der
Entdeckung) erlaubte
erstmals eine genauere
Dokumentation der Lebens-
umstände eines Menschen
aus dieser Zeit.*

fert, sowohl über seine Lebensweise als auch über die grausame Episode, die seinen Tod verursacht hat.

# WER WAR ÖTZI?

Der mumifizierte und nahezu vollständige, 13 kg schwere Körper Ötzis (sein populärer Name, nach dem Fundort, der unweit des österreichischen Ötztals liegt) gehörte einem Mann von 35–40 Jahren. Er war von robuster Statur, 1,62 m groß, lebte etwa 3352–3108 v. Chr. und wog damals 50 kg. Sein Schädel hatte ein Gehirnvolumen von 1500 cm³, die gewellten, kastanienfarbenen Haare waren etwa 9 cm lang und enthielten eine hohe Konzentration von Arsen, Kupfer, Nickel und Mangan – vielleicht ein Hinweis dafür, dass er sich mit Metallbearbeitung oder -suche beschäftigte. Seine Lungen enthielten viel Rauch, an den Rippen waren verheilte Frakturen zu sehen, an Rücken, Nieren, Knie, am rechten Fuß und an der linken Wade waren Tätowierungen angebracht (47 gerade Linien und zwei Kreuze). Der Besitz einer Kupferaxt der Remedello-Kultur weist darauf hin, dass es sich um eine Person von hohem Stand handelte und nicht um einen Hirten, wie zuerst angenommen worden war.

Ötzi verließ sein Dorf zwischen spätem Frühjahr und Sommerende, vielleicht im Juni – wie aus dem Blütenstaub, den man in seinem Darm gefunden hat, zu schließen ist. Ötzis Beklei-

dung zeigt, dass er für eine Wanderung in so großer Seehöhe ausgerüstet war: er trug einen Mantel aus geflochtenem Pfeifengras, eine Jacke aus Fell mit hellen und dunklen Streifen, eine Hose, einen Lendenschurz aus Ziegenfell, Lederschuhe, die mit Heu ausgekleidet waren und eine Bärenfellmütze. Um die Taille hatte er einen Gürtel mit einem Ledersack; darin befanden sich ein Schaber und eine Klinge aus Feuerstein, ein Retuschierstift aus Hirschgeweih (zum Schärfen von Feuersteinklingen), eine Knochenahle und Pilze – zwei Birkenporlinge, die antibiotische Wirkung haben sollen, und Reste eines Zunderschwamms, welcher zum Feuermachen verwendet wird. Zudem trug er einige Schnürchen, ein Knäuel von Pflanzenfasern, eine gelochte Steinscheibe an einem Lederband, die vielleicht als Amulett diente und eine Rückentrage (wovon Reste des Rahmens vorhanden sind) mit sich, sowie zwei zylindrische Behälter aus Birkenrinde, in welchen sich in Ahornblätter eingewickelte Holzkohlenstücke befanden.

Er hatte auch Waffen bei sich: einen etwa 182 cm langen Bogen aus Eibenholz, dem noch die Kerben zum Spannen der Sehne fehlten, einen Köcher mit 14 Pfeilen aus Wolligem Schneeball, wovon nur zwei mit Feuersteinspitzen und Federn versehen waren, einen Dolch mit Feuersteinklinge, Eschenholzgriff und Futteral aus Pflanzenfasern und schließlich ein Kupferbeil mit Eibenholzgriff. Die Kleider waren mit Tiersehnen zusammengenäht und mit Grasfäden ausgebessert; zwei Körner *Triticum monococcum* (Einkorn) weisen darauf hin, dass der Mann aus einer Gesellschaft stammen musste, die Ackerbau betrieb.

# SEIN TOD: TATHERGANG

Die spätere Entdeckung einer 2 cm großen Pfeilspitze unter seinem linken Schulterblatt, gar nicht weit vom Lungenflügel entfernt, löste das Rätsel um den Tod Ötzis. Während seiner letzten Wanderungen in den Bergen geriet er – wie aus den Blutspuren auf seiner Kleidung hervorgeht – in den Hinterhalt von vier Feinden. Es kam zum Nahkampf, in dem er sich hartnäckig verteidigte, wobei ihm aber Wunden auf der rechten Handfläche und am Handgelenk zugefügt wurden. Er konnte sich losreißen und flüchten, wobei er von links unten von einem Pfeil eines Verfolgers getroffen wurde, der sich etwa 20 m links hinter ihm befunden haben muss. Die sehr schmerzhafte Wunde führte zum langsamen Verbluten, wodurch er 6–8 Stunden später verstarb. Nachdem er auf der kleinen Mulde des Similaungletschers angelangt war – wo er auch gefunden wurde –, lehnte er seine Ausrüstung an einen Felsen und lief vor und zurück, um nicht zu erfrieren. Schließlich fiel er jedoch mit dem Gesicht nach unten zu Boden und verstarb so einsam wie er vermutlich auch gelebt hatte. Die Austrocknung bei niedrigen Temperaturen führte zur Mumifizierung; einige Jahrtausende später, während einer klimatischen Erwärmung (vermutlich zur Römerzeit) ging das Eis zurück und der Leichnam lag somit im Freien. Später bildete sich wieder eine Eisschicht, die 1991 erneut aufging – dieses Mal wurde der Körper Ötzis durch einen glücklichen Zufall gefunden und geborgen.

## ÖTZIS LEBENSRAUM

*Der Körper der Gletschermumie vom Similaun wurde zahlreichen Analysen unterzogen. So untersuchte Wolfgang Mueller von der Universität von Canberra in Australien die im Zahnschmelz (die Zähne waren stark abgenutzt, aber ohne Kariesbefall) vorhandenen Isotopen, wie es auch bei den »Bogenschützen« von Stonehenge gemacht wurde. Aufgrund der vom Trinkwasser aufgenommenen Isotopen konnte herausgefunden werden, dass Ötzi in einem der Täler im Süden Südtirols lebte, mehrmals die Alpen überquerte und dass er sich zumeist im Schnalstal und im Umkreis von 60 km, vielleicht auch im Eisacktal und im Pustertal aufhielt. Krumen gemahlener Getreidekörner, die in seinem Darm gefunden wurden, weisen darauf hin, dass er zuletzt wahrscheinlich in einem Dorf in der Nähe von Meran wohnte. Seine letzte Mahlzeit bestand aus einem Brei aus Fleisch, gemahlenen Getreidekörnern (die auch in Spuren gefunden wurden), verschiedenen Gemüsesorten und einer Pflaume. Die Feuersteinwerkzeuge, die er bei sich trug, stammen von den Lessinischen Bergen in der Gegend von Verona, die bereits in der Antike traditioneller Handels- und Tauschort für die südlichen Alpentäler war.*
*Auch die Mörder Ötzis kamen aus derselben Gegend und gehörten vielleicht derselben sozialen Gruppe an.*

**ZWECKMÄSSIGE AUSRÜSTUNG FÜR GROSSE BERGESHÖHEN**
*Rekonstruktion der Kleidung des Ötzi, der sehr gut für eine Wanderung in jenen alpinen Höhen ausgerüstet war.*

# ÇATAL HÜYÜK

*Vor etwa 9000 Jahren wurde in der fruchtbaren anatolischen Ebene von Konya von Ackerbauern eine ständige Siedlung gegründet. Sie entwickelte sich zu einem primitiven, aber sehr originellen Stadtmodell ohne Straßen. Archäologische Grabungen haben bislang nur einen kleinen Teil der Anlage ans Licht gebracht, zeigen jedoch ein beeindruckendes Bild jener Kultur.*

**LEBEN AUF DEN DÄCHERN**
*Die Besonderheit der Stadt Çatal Hüyük ist das Fehlen von Straßen. Die Bewohner mussten auf die Terrassendächer steigen und konnten dann durch »Dachluken« in die Häuser gelangen.*

Çatal Hüyük ist zwar nicht so alt wie Jericho, aber dennoch von ehrwürdigem Alter (etwa 7200–6300 v. Chr.) und eine der ersten anatolischen Städte der Jungsteinzeit. Sie lag am Abhang eines Hügels und entstand auf den Überresten verschiedener aufeinander folgender Ansiedlungen 25 km südöstlich der heutigen Hauptstadt Konya. 1952 entdeckte James Mellaart die Anlage und begann 1958 mit Ausgrabungen, die jedoch höchstens 5 % der Gesamtfläche ausmachten. Er fand 14 verschiedene Siedlungsschichten aus der Jungsteinzeit, aus welchen gefolgert werden konnte, dass die Stadt 5000–7000 Einwohner hatte, die in etwa 1000 wie Bienenwaben dicht an dicht stehenden Häusern wohnten. Es gab keine Türen; in die Häuser kam man nur, indem man über wegnehmbare Holzleitern auf das Dach stieg. Straßen oder Gassen fehlten ganz. Damit auch Licht über die kleinen Fenster in die Häuser gelangen konnte, mussten die Dachterrassen in verschiedenen Höhen angelegt sein. Gemeinsame Höfe mit rechteckigem oder trapezförmigem Grundriss verbanden mehrere Behausungen und waren mitunter auch mit großen Heiligtümern verbunden. Die Einwohner lebten vom Ackerbau, von Rinder- und Schafzucht, in kleinerem Ausmaß auch von der Jagd und vom Sammeln von Früchten. Sie betrieben sehr erfolgreich Handel: sie führten Holz, Obsidian und Farbstoffe ein. Die Familien bestanden aus 5–7 Personen und wahrscheinlich gab es wiederholt Abwanderungen, wenn die Bevölkerungsanzahl zu groß wurde. Die durchschnittliche Lebenserwartung der Männer lag bei 32, der Frauen bei 25 Jahren. In der ersten Hälfte des 7. Jahrtausends v. Chr. wurde die Stadt plötzlich verlassen; die Gründe dafür sind bislang nicht bekannt.

## Typische Häuser und Heiligtümer

Die Häuser wurden aus getrockneten Schlammziegeln gefertigt und jedes Frühjahr erneut mit Gips weiß gefärbt. Es gab nur eine Ebene mit einem einzigen etwa 25–30 m² großen, rechteckigen Zimmer, das mit Strohmatten gedeckt war. In der Mitte befand sich eine Feuerstelle mit hochgezogenen Rändern, daneben ein Ablageplatz für Holz, in den Ecken ein Backofen aus Ton und einige Ablagefächer. Die Betten standen auf zwei erhöhten Plattformen: die größere für die Frauen, die kleinere für die Männer. Wenn der Wohnraum mit keinem Heiligtum verbunden war, wurden in der darunter liegenden Kammer die Gebeine der verstorbenen Familienangehörigen bestattet, welche man in Felle oder Decken wickelte und denen man symbolische Gegenstände zur Seite legte (Stierköpfe oder weibliche Statuetten der Großen Mutter).

Mitunter waren die Wohnungen mit einem größeren Raum, einem Heiligtum, verbunden. Dann wurden dort die Verstorbenen des Stammesverbands bestattet und man verehrte die Götter mit zahlreichen Stierköpfen aus Gips mit echten Hörnern, mit Tierstatuetten (Leoparden, Hammel etc.) aus Gips, Ton oder Stein, sowie mit Statuetten dicker und schwangerer Frauen. Die Wände dieser Heiligtümer waren mit Wandmalereien verziert. Man verwendete rote bis braune, gelbe und schwarze Farbtöne, um wilde Stiere, weibliche Personen, Jagdszenen, Geier, die mit Kadavern gefüttert wurden, und eine Stadtansicht mit dem Blick auf den ausbrechenden Vulkan Hasan Dag im Hintergrund darzustellen.

**EINE GÖTTIN AUF IHREM THRON**
Oben: *Terrakotta-Statuette der Großen Mutter. Die opulenten Formen verherrlichen die weibliche Fruchtbarkeit.*

**HIRSCHJAGD**
*Wandmalerei mit einer Jagdszene. Die Felsmalereien aller Kulturen haben immer wieder die Ereignisse des täglichen Lebens zum Thema.*

### BEMERKENSWERTE FUNDSTÜCKE

*Aus den zahlreichen hier gefundenen Gegenständen konnte man auf das jungsteinzeitliche Leben in Çatal Hüyük schließen. Getreide- und Gemüsereste weisen darauf hin, dass Korn, Gerste, Emmer und Einkorn (zwei heute kaum mehr bekannte Weizenarten), Linsen, Erbsen, Raps (woraus man Öl presste) und Mandeln angebaut wurden. Außerdem sammelte man Honig, Haselnüsse, Pistazien, Eicheln und Beeren. Stofffragmente, in welche die Skelette der Verstorbenen eingeschlagen waren, bestanden aus Leinen oder Wolle. Zahlreiche Tonsiegel mit verschiedenen Mustern – lineare geometrische Motive, Kreise, Schleifen – dienten als Zeichen der verschiedenen Stammesangehörigen und wurden vielleicht auch für dekorative Zwecke verwendet. Unter den Waffen aus Feuerstein und Obsidian (aus dem 200 km von Çatal Hüyük entfernten Acigöl) fallen perfekt gefertigte Dolche mit Holzgriffen und Fellfutteral, Pfeil- und Lanzenspitzen sowie wertvolle Spiegel auf, die ebenso wie Muscheln sicherlich Handelsobjekte waren.*

# MEMPHIS, ERSTE HAUPT-
# STADT DER PHARAONEN

*Die älteste Hauptstadt der Pharaonen blieb lange Zeit das religiöse, politische und wirtschaftliche Zentrum Ägyptens. Die große kosmopolitische Stadt Memphis ist heute von Wüstensand bedeckt; bislang wurden nur wenige Ruinen der Stadt, dafür aber riesige Totenstädte, die sich 40 km entlang des Nil erstrecken, freigelegt.*

Memphis lag am linken Nilufer, dort wo der große Fluss sein Delta zu bilden beginnt, 25 km von der heutigen Stadt Kairo entfernt. Sie soll vom legendären Herrscher und Einiger Ägyptens Menes gegründet worden sein. Nach Herodot ließ dieser einen Deich (die Weiße Mauer) als Schutz vor Nilüberschwemmungen errichten. Aber auch Narmer wird als Urvater der Stadt genannt; ihm wird ebenfalls das Verdienst zugeschrieben, Ober- und Unterägypten vereint zu haben, worauf er eine Stadt mit dem Namen »Waage der beiden Länder« – eben Memphis – gründete. Nachgewiesen ist, dass Memphis während der protodynastischen Zeit und des Alten Reichs (etwa 3000–2000 v. Chr.) rasch wuchs; nach der Verlegung der Hauptstadt nach Theben behielt sie ihre wirtschaftliche und religiöse Bedeutung, da sie den ehrwürdigen Ptahtempel beherbergte: der Schöpfergott Ptah war Beschützer der Stadt und wurde von den heiligen Apis-Stieren verkörpert, welche nach ihrem Tod einbalsamiert und mit Osiris identifiziert wurden.

## DIE STADT

Memphis war eine große kosmopolitische Stadt, die in Papyri aus der Epoche von Ramses II. (1290–1224 v. Chr.) mit etwa jenen Worten bedacht wurde: »Es gibt nichts, das mit Memphis vergleichbar wäre …« Sie war in Stadtteile aufgeteilt, wovon viele von Ausländern wie Phöniziern und Griechen bewohnt wurden, die hier ihren eigenen Kult frei ausüben konnten. Es gab einen blühenden Handel mit Produkten, die auf dem Nil oder auf den Karawanenwegen der Wüste hierher transportiert wurden. Die weit angelegten Totenstädte von Giseh und Dahschur im Westen des Nil lassen erahnen, welches Ausmaß das Stadtgebiet selbst hatte. Heute kann man einen kleinen Teil des antiken Memphis in der Nähe des Dorfes Mit Rahina besichtigen.

Die Überreste von Memphis umfassen im Süden die Ruinen des Ptahtempels mit den Fundamenten innerhalb einer viereckigen Einfriedung. Hier befindet sich das Gebäude, in dem die Apis-Stiere einbalsamiert wurden, und ein angebautes Heiligtum. Außerhalb standen zwei Kolossalstatuen von Ramses II., deren eine – etwa 10 m groß, aus weißem Kalkstein, mit heiterem Gesichtsausdruck – heute in einem Museum aufbewahrt wird. Die zweite Statue wurde nach Kairo transportiert und steht auf dem Bahnhofsplatz.

Im Skulpturenpark neben der Einfriedung sind im Freien, zwischen Palmen und Gärten, die 8 m lange, 4 m hohe und 80 t schwere Alabaster-Sphinx aus der Zeit Ramses' II., sowie weitere Statuen oder Statuenfragmente ausgestellt, die den Pharao darstellten oder ihm gewidmet waren. Daneben befinden sich Säulenstücke, Kapitelle, Altäre und weitere behauene Steinblöcke. An der Südmauer der Einfriedung befindet sich ein kleiner Tempel, der ebenfalls dem Gott Ptah geweiht war; etwas weiter südlich sind Reste des Hator-Tempels und im Osten der Tempel und der Palast des Merenptah zu sehen. Die nördliche Einfriedung der Grabungsstätte umschließt einen kleinen Tempel, den Palast des Apries und einige Nebengebäude.

## DIE TOTENSTÄDTE

Während der 1. Dynastie (etwa 3000–2800 v. Chr.), als die Pharaonen in Abydos in Oberägypten begraben wurden, war Sakkara (2 km von Memphis) Totenstadt für die Beamten des Königs. Ab der 2. Dynastie (etwa 2800–2670 v. Chr.) begann man auch, die Pharaonen hier beizusetzen. Ihre Begräbnisstätten wurden aus Ziegeln und Steinen in Form flacher

ARCHITEKTUR DER
PHARAONEN
*Oben: eine der beiden Statuen von Ramses II. Unten: die für Pharao Snofru errichtete Rote Pyramide.*

Quader mit Kammern und einem Schacht für das Grab (*Mastabas*) errichtet. Pharao Djoser (Regierungszeit etwa 2680–2660 v. Chr.) von der 3. Dynastie ließ sich als Erster in Sakkara vom Architekten Imhotep eine letzte Ruhestätte von besonderer Form errichten: die erste Stufenpyramide aus Steinblöcken, mit einer rechteckigen Grundfläche von 121 x 109 m und 58 m Höhe; darunter befand sich in einem Schacht in 28 m Tiefe die Grabkammer für den Sarg. In der großen Einfriedung im Süden der Pyramide standen verschiedene Gebäude, in welchen religiöse Zeremonien abgehalten wurden.

In der Nekropole von Dahschur (10 km südlich von Sakkara) wurde von Pharao Snofru (etwa 2575–2550 v. Chr.) der 4. Dynastie die so genannte Rote Pyramide in Auftrag gegeben. Ihren Namen hat sie von der Farbe der verwendeten Kalkblöcke; sie war die erste echte, perfekt geformte Pyramide des alten Ägypten. Sie hat Seitenlängen von 220 m und eine Höhe von 101 m und ist nur wenig kleiner als die berühmte, erst später erbaute Cheopspyramide von Giseh. Daneben steht eine zweite, die so genannte rhombische Pyramide oder Knickpyramide, bei der während des Baus, um die Statik zu verbessern, der Neigungswinkel verändert wurde. Sie wurde etwa 2570 v. Chr. fertig gestellt.

In der nicht weit entfernten Nekropole von Meidum ließ Pharao Huni, letzter Herrscher der 3. Dynastie, eine Stufenpyramide errichten, deren Stufen Pharao Snofru ausfüllen und die Pyramide mit Kalkplatten verkleiden ließ, um eine vollständig regelmäßige Form zu erreichen. Die Verkleidung verrutschte jedoch und die Pyramide hat heute die Form eines Kegelstumpfes. Nichtsdestotrotz ist die Bauweise von großer Bedeutung, da die Anlage erstmals mit einer inneren Grabkammer, einer außen liegenden Grabkapelle und einem durch einen Prozessionsweg verbundenen Taltempel versehen ist.

Nach der Verlegung der Königsnekropolen nach Giseh ließen sich die Pharaonen der 5. Dynastie (etwa 2450–2300 v. Chr.) in Sakkara begraben. Neben den neuen Pyramiden entstanden mehrere Tempel für den Sonnengott Re und verschiedene Mastabas. Während der Regierungszeit Ramses' II. wurde die Totenstadt der Apis-Stiere, auch Serapeum genannt, umgebaut.

## ARCHÄOLOGE ALS ZEITVERTREIB

*August Mariette (1821–1881) wurde 1849 als Angestellter des Louvre nach Kairo geschickt, um koptische Papyri zu erwerben. Nachdem er feststellen musste, wie das ägyptische archäologische Erbe ausgeraubt wurde, entschloss er sich, selbstständig zu handeln. Er suchte mithilfe einer Beschreibung Strabos nach dem Serapeum der Apis-Stiere in Memphis, konnte es ausfindig machen und begann mit Grabungen. Er legte die von 134 Sphinxen flankierte Zugangsstraße frei und nach zahlreichen Zwischenfällen gelang es ihm 1851, den Eingang zum Grabmal (unten: die Grabungsarbeiten in einem Stich jenes Jahres), weitere Statuen und Votivdepots mit Hunderten Bronzestatuetten zu finden. Die einbalsamierten Stiere waren in großen Sarkophagen aufgebahrt, die wertvollen Grabbeigaben waren jedoch bereits in der Antike geplündert worden. Mariette stellte dennoch bedeutende Objekte sicher, darunter 1200 Stelen mit Hieroglyphen, die an den Wänden der Grabkammern angebracht waren. 800 Stelen gingen an den Louvre, 400 wurden dem ägyptischen Staat übergeben. Das heutige Museum von Kairo, dessen erster Bestand die Fundstücke des von Mariette gegründeten Museums von Bulaq waren, besitzt noch 30 dieser Stelen.*

**KÖNIGLICHE SPHINX**
Oben links: *die Alabaster-Sphinx mit dem typischen Kopfschmuck der Pharaonen.*
Oben: *die Pyramide von Djoser, das erste Beispiel einer ägyptischen Stufenpyramide.*

# LUXOR UND KARNAK, DIE TEMPEL VON THEBEN

*Theben, das antike Waset, war ägyptische Hauptstadt während des Neuen Reiches und Mittelpunkt des Amun-Kultes. Heute sind noch bemerkenswerte Spuren der beiden Tempelanlagen von Luxor und Karnak vorhanden, die 3 km voneinander entfernt und untereinander durch einen von Sphinxen flankierten Prozessionsweg verbunden sind. Die Tempelbereiche von Theben sind die größten ganz Ägyptens.*

**PROFIL DER GÖTTIN**
Oben: *Statue der Taweret, der Göttin mit dem Nilpferdkopf, aus der Osiris-Kapelle von Karnak.* Unten: *der Hof des Großen Tempels des Amun in Karnak. Im Hintergrund sind die Obelisken von Thutmosis I. und Hatschepsut zu sehen.*

Die von Homer als »hunderttoriges Theben« (*Ilias*, 9. Buch) bezeichnete ägyptische Stadt mit dem Namen Waset lag 670 km südlich von Kairo am Ostufer des Nil. Sie besaß bereits sehr früh ein Heiligtum, berühmt wurde sie jedoch erst ab der 9. Dynastie, als sie sich als Hauptstadt des Neuen Reiches vergrößerte und Zentrum des Kultes um den Schutzgott Ägyptens Amun wurde. Ihre Blütezeit erlebte sie in der 18. und 19. Dynastie (etwa 1550–1076 v. Chr.; die Zeitangaben der ägyptischen Chronologie sind jedoch strittig); auch nach Verlegung der Hauptstadt das Nildelta behielt Waset seine Bedeutung als religiöses Zentrum. Die Stadt wurde 84 v. Chr. von Ptolemaios IX. Lathyros zerstört; er gehörte der griechischen Ptolemäer-Dynastie an, die 305–30 v. Chr. in Ägypten regierte.

Auch heute noch kann man in Theben die Tempel von Karnak und Luxor bewundern. Der Karnak-Tempel, auch »Festung« (oder *Ipet-isut*, »der größte aller Tempel«) genannt, wurde im Laufe von 1600 Jahren mehrmals umgebaut, der Luxor-Tempel, *Ipet-resit* oder »südlicher Harem von Amun«,

liegt 3 km südlich. Jedes Jahr veranstaltete man beim »Opet-Fest« eine prächtige Flussprozession: der Pharao als Verkörperung des Gottes Amun erinnerte an die Vereinigung mit der Königin und die Geburt des göttlichen Kindes, um mit diesem Ritus die Wiedervereinigung des Königs mit seinem göttlichen Ka zu vollziehen. Nahe der Stadt befinden sich im Tal der Könige und im Tal der Königinnen Königsmetropolen mit bemalten Grabanlagen, deren Dekorationen und Grabbeigaben zu den wertvollsten archäologischen Schätzen der Antike gehören. Eine weitere thebanische Königsnekropole liegt bei Deir el-Bahari am linken Nilufer gegenüber von Karnak.

**UNERSCHÜTTERLICHE
WÄCHTER**
*Die beiden Statuen von
Ramses II. wachen vor dem
Sanktuar des Amun-Tempels
in Luxor. Der Obelisk, der
an der rechten Seite stand,
befindet sich auf dem Place
de la Concorde in Paris.*

## DER ÄGYPTISCHE TEMPEL, HAUS DER GOTTHEIT

*In der ägyptischen Vorstellung von der
Entstehung der Welt war der Tempel das
absolut wichtigste heilige Gebäude. An diesem Ort wohnte die Gottheit, die auch
Sinnbild der Schöpfung war, und die man
vom Chaos durch eine Mauer von rohen
Ziegeln trennte. Die Tempel wurden aus
Stein (Sandstein, Kalkstein, Quarzit,
Granit etc.) gebaut, da sie ja ewig bestehen
sollten; sie waren majestätisch und
vollkommen, um auch die Verehrung für
die Gottheit auszudrücken; die tragenden
Säulen imitierten Pflanzenformen, um der
von den Göttern geschaffenen Natur nahe
zu kommen. Der Bauplan sah einen monumentalen Eingangs-Pylon als Symbol für
den Berg vor, durch den die Sonne
(die Gottheit) in die Zeit (den Kosmos)
eintrat; im offenen Hof konnten die Gläubigen die Gottheiten verehren, während zu
Hypostyl, Festsaal und Opfersaal nur der
Pharao und die Priester Zugang hatten.
Nur Pharao und Oberpriester durften in
das Allerheiligste, die Kammer mit der
Götterstatue, eintreten und die vorge-
schriebenen rituellen Zeremonien vollzie-
hen. Die Priester mussten tägliche Wa-
schungen im heiligen See vornehmen, dem
Sinnbild des Lebens und des Urozeans.
Innerhalb des Tempelbereiches gab es auch
Wohnungen für Klerus und Bedienstete
sowie Lagerräume für die eingehobenen
Steuern. Die alten ägyptischen Tempel
waren Machtzentren: der Tempel von
Karnak besaß während der Regierungszeit
Ramses' III. 80.000 Sklaven, fast 500.000
Stück Vieh, etwa 100 Schiffe und einige
Werften. Auch der religiöse Teil und
Arbeiten zur Erhaltung des Tempelkomple-
xes waren sehr arbeitsaufwändig: nach
dem Papyrus Harris waren 20.000 Perso-
nen in Karnak beschäftigt.*

**IN STEIN GEMEISSELT**
*Relief im Hof des Amun-
Tempels in Luxor, der von
Ramses II. im 13. Jh. v. Chr.
erweitert wurde.*

51

# DER TEMPEL VON LUXOR

**DIE MEMNON-KOLOSSE**
Rechts: *die beiden als*
*»Memnon-Kolosse« bekann-*
*ten Statuen, die einst den*
*Eingang des Totentempels*
*von Amenophis III. in*
*Theben flankierten. Die*
*rechte Statue wurde bei*
*einem Erdbeben 27 v. Chr.*
*beschädigt.*

**LICHT UND SCHATTEN**
**EINER KULTUR**
*Die wirkungsvolle*
*nächtliche Beleuchtung des*
*Hypostyls im Amun-Tempel*
*von Luxor lässt die*
*Gedanken zu den Geheim-*
*nissen der alten ägyptischen*
*Kultur schweifen.*

Pharao Amenophis (oder Amenhotep) III. (etwa 1390–1353 v. Chr.) ordnete einen Tempelbau an einer Stelle an, wo bereits Königin Hatschepsut (etwa 1502–1482 v. Chr.) ein Sanktuar hatte errichten lassen. Hatschepsut förderte die Opet-Fest-Prozession, als sie noch am Landweg und noch nicht auf dem Nil stattfand. Der 260 m lange Tempel bestand ursprünglich aus einer Säulenhalle von 14 großen Papyrussäulen von 19 m Höhe und fast 10 m Umfang; die Halle war an zwei Seiten von mit Reliefs verzierten Mauern begrenzt. Zur Zeit des Tutanchamun (etwa 1347–1338 v. Chr.) wurden Gebäude und Dekorationen vervollständigt; über einen Hof, der von einer doppelten Säulenreihe flankiert war, kam man in ein Hypostyl und ins Sanktuar mit der heiligen Barke. Die Anlage wurde unter Ramses II. (etwa 1290–1224 v. Chr.) vergrößert; er ließ einen ersten Pylon (das »große Tor«) errichten: der monumentale Eingang bestand aus zwei »Türmen« – trapezförmige Bauwerke zu beiden Seiten des Portals, deren Reliefs die Schlacht von Kadesch gegen die Hethiter (1284 v. Chr.) zeigten. Im ersten Hof, mit einem Peristyl aus 74 zweireihig angeordneten Papyrussäulen und 16 Pharaonenstatuen, ist auf der Nordseite die Kapelle der thebanischen Göttertriade (Amun, seine Gattin Mut und ihr Sohn Chonsu) aus der Zeit von Königin Hatschepsut erhalten. Gegenüber wurde im 6. Jh. n. Chr. eine byzantinische Kirche und im 13. Jh. die auch heute noch geöffnete Moschee Abu el-Haggag errichtet. Ramses II. widmete der thebanischen Triade auch ein Sanktuar auf einer Plattform innerhalb des Tempels. Vor dem ersten Pylon wurden Kolossalstatuen des Pharaos und zwei Obelisken aufgestellt. Der westlich stehende aus rosa Granit ist

25 m hoch, wiegt 227 t und ist mit Hieroglyphen verziert; der östlich stehende, 22 m hohe und 220 t schwere Obelisk wurde 1836 nach Paris befördert und steht auch heute noch auf dem Place de la Concorde.

Unter Pharao Nektanebos I. (380–362 v. Chr.) aus der 30. Dynastie wurde die 200 m lange Sphinx-Allee angelegt; die Widderköpfe der Sphinxe, welche Amenophis III. entlang der 3 km langen Prozessionsstraße zwischen Luxor- und Karnak-Tempel anbringen ließ, sind hier teilweise durch Menschenköpfe ersetzt.

Nach der Eroberung Ägyptens ließ Alexander der Große (332 v. Chr.) das Sanktuar der heiligen Barke umbauen, um so den Rang eines Sohnes von Gott Amun zu erhalten. In der Römerzeit, etwa 300–500 n. Chr. war der südliche Sektor des Tempels ein Militärlager der *Legio III Diocletiana*; der restliche Teil des Komplexes diente dem Kaiserkult.

# DIE TEMPELANLAGE VON KARNAK

Diese gigantische und ausgedehnteste Tempelanlage Ägyptens ist 300.000 m² groß, die Seitenlängen betragen 550 x 480 m.

**EIN GROSSER HERRSCHER**
*Basaltstatue von Thutmosis III., Pharao der 18. Dynastie, fähiger Feldherr und Förderer zahlreicher architektonischer Werke, die vom Glanz seiner Epoche (etwa 1504–1450 v. Chr.) berichten.*

**DER »SONNENKÖNIG«**
**ÄGYPTENS**
*Amenophis III. (Mitte der Doppelseite, im Relief) wurde mitunter auch als »Sonnenkönig« Ägyptens bezeichnet, da unter seiner Herrschaft prächtige Wohnsitze entstanden.*

## ENTDECKUNGEN GESTERN UND HEUTE

*Die ersten Ausgrabungen am Luxor-Tempel wurden 1885 vom französischen Archäologen Gaston Maspero, dem Direktor des Service des Antiquités Egyptiennes, vorgenommen. Er befreite das Gebäude von der Sandschicht, die zwei Drittel der Oberfläche bedeckte. Zudem entdeckte er in der Nähe Thebens die Nekropole Deir el-Bahari, in der, obwohl sie vom lokalen Grabräuberclan Abd el-Rasul ausgeraubt worden war, noch zahlreiche Schmuckgegenstände verborgen waren. In der Folge drang derselbe Clan in ein Grab ein, das 153 Sarkophage, Mumien bedeutender Pharaonen, darunter Amenophis I., Ramses I., Sethos I., sein Sohn Ramses II. sowie weitere Mumien von Priestern der 21. Dynastie enthielt.*

*1989 führten Experten der Egyptian Antiquities Organization, um die Stabilität der Säulen des Tempelhofes zu prüfen, Sondierungen an der Westseite durch. Dabei stießen sie auf einen Schacht, der 20 Statuen aus der Zeit Amenophis' III. enthielt, die hier von den Priestern versteckt worden waren, um Raub oder Zerstörung zuvorzukommen. Die schönste Statue ist 2 m hoch, aus rotem Quarzit und stellt den schreitenden Pharao mit heiteren und harmonischen Gesichtszügen dar. Sie gilt als Meisterwerk der Skulpturen des Neuen Reiches und ist gemeinsam mit den Statuen der Göttin Hator, des Gottes Atum, der heiligen Schlange und den weiteren 16 Statuen im Museum von Luxor ausgestellt, das auch Skulpturen eines weiteren außergewöhnlichen Fundes enthält.*

*1901 machte der französische Archäologe Georges Legrain einen als Cachette bezeichneten geheimen Lagerraum im Hof zwischen dem siebenten Pylon und dem heiligen See des Karnak-Tempels aus. Die Ausbeute war ohnegleichen: 779 steinerne Statuen und mehr als 17.000 Bronzestatuetten, darunter die großartige Statue von Pharao Thutmosis III.*

**SPHINXE MIT
WIDDERKÖPFEEN**
Oben: *ein Blick auf die
Widderkopf-Sphinxe im
ersten Hof des Karnak-
Tempels.*

Sie umfasst drei Bereiche mit Tempeln von Amun-Re (der größte Tempel), Mut und Month (der vormals in dieser Gegend verehrte Kriegsgott), vier Höfe, zehn monumentale Pylonen, verschiedene kleinere Gebäude und einen unterirdisch vom Nilwasser gespeisten See. Die Anlage wird in Nord-Süd-Richtung von einer geraden Linie durchzogen, welche die Erdachse repräsentiert, und in Ost-West-Richtung von einer weiteren Straße, die dem Lauf der Sonne und ihre Wanderung über den Himmel darstellt. Der ungeheure Komplex erlebte im Laufe von 1600 Jahren zahlreiche Veränderungen – von der 12. Dynastie unter Sesostris I. (etwa 1960–1926 v. Chr.) bis zur 30. Dynastie unter Nektanebos I., der den Großen Tempel des Amun-Re so ausbaute, wie er sich heute präsentiert.

Nektanebos ließ auch den ersten Pylon und eine Zugangsstraße errichten. Der Pylon (113 m breit, jedoch unvollendet) befindet sich vor einem Becken, das durch einen Kanal mit dem Nil verbunden war. So konnten die heiligen Barken am Wasser bis zum Tempeleingang fahren, von wo weg sie dann getragen werden mussten. Die Zugangsstraße ist von Sphinxen flankiert, welche Köpfe von Widdern, den heiligen Tieren Amuns, tragen. Durch das Portal gelangt man in den ersten Hof, wo Sethos II. und Ramses II. zwei Kapellen als Raststationen für die Prozessionsbarken aufstellen ließen. Der zweite Pylon, von Haremhab (etwa 1314–1292 v. Chr.) in Auftrag gegeben, bildet die Fassade und den eigentlichen Eingang zum

Tempel. Von der Ostseite des Hofes, der mit großen Statuen von Ramses II. geschmückt ist, betritt man das Juwel des Tempels, das 5500 m² große Hypostyl. Es besitzt zwei mittlere Reihen aus 12 Papyrussäulen von 22 m Höhe, die das Urmeer darstellen, und seitlich 122 Säulen von 14 m Höhe, welche in zwei Gruppen zusammengefasst sind und robuste Architrave tragen. Die Decke war mit Darstellungen des Himmelszelts geschmückt: Sternbilder, Sterngötter und Tierkreiszeichen. Die Konstruktion des ungewöhnlichen Saales hinterlässt beim heutigen Besucher einen unvergesslichen Eindruck von der Mächtigkeit und Harmonie der ägyptischen Monumentalarchitektur; es erforderte etwa ein Jahrhundert Bauzeit und so mächtige Pharaonen wie Sethos I. und Ramses II., um den Nordflügel fertig zu stellen. Der dritte, von Amenophis III. errichtete Pylon führt zum Kreuzungspunkt der beiden Straßen. Hier ließen die Pharaonen Thutmosis I. und II. vier Obelisken aufstellen, wovon nur noch einer vorhanden ist. Zwischen viertem und fünftem Pylon (Zeit von Thutmosis I.) ließ Königin Hatschepsut in einem kleinen Hypostyl zwei Obelisken errichten, deren Spitze mit Goldbronze verkleidet wurde. Auch hier ist nur einer erhalten, der zweite liegt zerbrochen beim heiligen See, an dessen Ufer Amenophis III. ein Denkmal mit einem riesigen steinernen Skarabäus errichten ließ. Nach dem sechsten Pylon und der Kapelle von Philipp Arrhidaios (323–317 v. Chr.), dem Bruder Alexanders des Großen, kommt

## DAS OPET-FEST

*Alljährlich wurde in Theben im zweiten und dritten Monat der Nilüberschwemmung eine elftägige Flussprozession abgehalten, bei der die heilige Barke flussaufwärts vom Karnak-Tempel zum Luxor-Tempel gebracht wurde, sodass die Prozession beim Westeingang in den Tempelbereich einziehen konnte. Die Feier, die der alljährlich erneuerten Vergöttlichung des Pharaos diente, erforderte eine Reihe magischer Rituale und symbolischer Verkörperungen der thebanischen Göttertriade: Amun (seine Rolle wurde vom Pharao selbst übernommen), Mut und Chonsu. Die heilige Barke führte die Triade zum »südlichen Harem des Amun« in Luxor. Hier, im Geburtssaal (im nördlichen Teil des Tempels) traf Amun die Königin, der vom Gott Thot ihre baldige Mutterschaft angekündigt wurde. Thot befahl daraufhin Chnum-Re, dem Schöpfer des Lebens, die Leibesfrucht gemeinsam mit seinem Ka zu formen, dem Lebenshauch, der sein ewiges Leben sicherte. Die Königin gebar mit Hilfe von Hator, Isis und Nephtys das göttliche Kind, das Amun zum »König der beiden Länder« krönte. Dies war die wichtigste Zeremonie im Luxor-Tempel. Beim Amun-Min-Kamutef-Fest, das dem Fruchtbarkeitsgott Amun geweiht war, begann die Prozession beim Haupteingang des Tempels. Hier wurden auch noch weitere Riten durchgeführt, welche die Vereinigung des Königs mit seinem göttlichen Ka und seine legitime Macht bestätigten.*

man in den weitläufigen Hof des Mittleren Reiches, der durch das »Achmenu« abgeschlossen wird. Es besteht aus einer Gebäudegruppe aus der Zeit Thutmosis' III. (etwa 1490–1436 v. Chr.) mit dem Festsaal, der von zwei Reihen von je zehn Zeltstangensäulen getragen wird. Daneben befindet sich das ebenfalls von Thutmosis III. angelegte »Botanische Zimmer«: die Dekorierung mit exotischen oder fantastischen Pflanzen und Tieren ist eine überraschende und einzigartige Huldigung an die Natur. Ganz in der Nähe war die Nische mit der Götterstatue und ein 31 m hoher Obelisk aus rotem Granit, der 337 n. Chr. nach Rom gebracht wurde und heute auf der Piazza di San Giovanni in Laterano steht.

Außerhalb des Bereiches des Amun-Tempels sind Überreste eines Heiligtums zu sehen, das Amenophis IV. (Echnaton) erbauen ließ, bevor er Theben verließ, um eine neue Hauptstadt in Mittelägypten zu gründen (1348 v. Chr.).

Weiter auf der Nord-Süd-Achse kommt man zum siebenten, achten und neunten Pylon, auf der Westseite ist der Chonsu-Tempel zu sehen. Der zehnte und letzte Pylon führt wieder aus dem Tempelbereich hinaus, von wo aus eine Sphinx-Allee zum Tempel der löwenköpfigen Göttin Mut führt. Hier begann die zum Luxor-Tempel führende Sphinx-Allee mit Widderköpfen, die bei der alljährlichen Prozession zum Opet-Fest durchschritten wurde. Der Tempel des Gottes Month liegt außerhalb der Einfriedung und ist mit dem Nil durch einen Kanal verbunden.

**GROSSES HYPOSTYL**

*Das Hypostyl des Amun-Tempels von Karnak* (oben, auf einem Druck aus dem 19. Jh.) *vermittelt einen majestätischen Eindruck.* Gegenüberliegende Seite, rechts: *Teil des Säulengangs im Mittelschiff, das von zwölf mit Basreliefs geschmückten Papyrussäulen gebildet wird.*

**DIE HEILIGE BARKE**
*Ausschnitt eines Basreliefs aus Karnak, das den Transport der heiligen Barke darstellt.*

# DIE GRÄBER IM TAL DER KÖNIGE

*Pharao Thutmosis I. wählte im 16. Jh. v. Chr. ein felsiges Tal westlich von Theben als seine letzte Ruhestätte. Etwa 500 Jahre lang folgten Herrscher und Adelige des Neuen Reiches seinem Beispiel – heute sind 62 Königsgräber in diesem Tal bekannt, von denen viele, obwohl sie bereits in der Antike ausgeraubt wurden, noch wundervolle Wandmalereien enthalten.*

**DAS ARBEITERDORF**
*Deir el-Medina wurde von Thutmosis I. gegründet, um die beim Bau der Gräber beschäftigten Arbeiter, Handwerker und Künstler zu beherbergen. Die Siedlung war vom 15. bis zum 12. Jh. v. Chr. bewohnt.*

Vielleicht animierte die Pyramidenform des *El-Korn* (»das Horn«), des heiligen Berges der Kobragöttin, welcher vom tiefen Kalksteinteil *Ta sekhet aat* (»die grüne Weide«) in den Himmel ragt, das Tal der Könige (*Biban el-Moluk* oder »Tor der Könige«) als Nekropole zu wählen. Jedenfalls ließen die Pharaonen der 18.–22. Dynastie des Neuen Reiches (etwa 1550–1070 v. Chr.) ihre monumentalen Gräber hier in den Felsen hauen, wobei sie die jeweiligen Totentempel etwas entfernt von den Gräbern im Tal errichten ließen. Die

Totenstadt im Tal der Könige war bereits in der Antike berühmt: 57 v. Chr. beschrieb der Historiker Diodorus Siculus die Gräber als »grandiose Monumente, die nirgendwo anders übertroffen werden können«. 1708–1712 wurde die Königsnekropole vom jesuitischen Forscher Claude Sicard (dem Entdecker des antiken Theben) wiederentdeckt. Nun kamen zahlreiche Reisende sowie Ausgräber und stießen auf die heute weltberühmten Gräber: James Bruce identifizierte das Grab Ramses' II. (1769), Giovanni Battista Belzoni das von Sethos II. (1817), Victor Loret jenes von Amenophis II. (1898) und Howard Carter das wohl berühmteste Grab, nämlich jenes von Tutanchamun (1922). Die erste Vermessung der Grabanlagen wurde von französischen Ingenieuren vorgenommen, die mit Napoleon 1798 nach Ägypten gekommen waren.

Möglicherweise ließen die Pharaonen Ahmose (etwa 1551–1526 v. Chr.), welcher Ober- und Unterägypten wieder vereint hatte, und sein Sohn Amenophis I. (etwa 1526–1505 v. Chr.) bereits die ersten Gräber hier anlegen. Mit Sicherheit ließ sich aber Thutmosis I. (etwa 1505–1493 v. Chr.) hier begraben; der letzte Pharao, der dieser Tradition folgte, war Ramses IX. (etwa 1127–1109 v. Chr.). Nicht nur im Haupttal, sondern auch im Seitental, dem Tal der Affen, wurden Felsengräber angelegt.

Bis heute sind 62 Grabanlagen bekannt, man nimmt aber an, dass noch nicht alle gefunden wurden. Nur etwa 20 enthielten Mumien von Pharaonen; die übrigen wurden entweder aufgegeben oder von Angehörigen der Königsfamilie verwendet. Mitunter wurden die Bauarbeiten abgebrochen, wenn sich der Felsen als ungeeignet herausstellte. Die Gräber wurden bereits in der Antike ihrer Schätze beraubt, sodass viele Pharaonen-Mumien in ein Versteck im Tempel Deir el-Bahari verlegt wurden. Die Grabanlagen bestanden aus tiefen, in Fels gehauenen Gängen; gewöhnlich bestanden sie aus nur einem Korridor, Vestibül und einer durch Pfeiler gestützten Grabkammer. Die Gänge waren häufig durch einen Schacht unterbrochen, um eine Grabschändung zu erschweren. Nicht alle Gräber weisen Malereien auf; die Wanddekorationen betreffen religiöse Themen und Texte aus den *Totenbüchern* – sie hatten den Zweck, den Verstorbenen auf seinem Weg ins Jenseits zu unterstützen.

# DAS GRAB VON SETHOS I.

Das größte und schönste Grab im Tal der Könige wurde vom italienischen Archäologen Giovanni Battista Belzoni am 18. Oktober 1817 gefunden – es gehörte Sethos I. (etwa 1291–1279 v. Chr.), dem Vater von Ramses II. Es ist eine 120 m lange, in den Berg gehauene Anlage mit einer Reihe von Kammern, Gängen und Treppen, die mit herrlichen mehrfarbigen Basreliefs und Wandmalereien geschmückt sind. Die Grabanlage wurde bereits in der Antike von Grabräubern ausgeraubt. Nur ein Alabaster-Sarkophag blieb erhalten – er ist mit Hunderten Figurinen verziert, die entweder aus dem *Totenbuch* stammen oder der Himmelsgöttin Nut gewidmet wurden. Der Sarkophag wurde vom Londoner Sammler John Soane für sein privates Museum erworben. Auf der Decke der Grabkammer ist das Firmament mit Sternbildern und den Dekanen des Tierkreises dargestellt; dadurch sollte die Wanderung des *Ka*, der Seele des Pharaos, zu den Sternen des Himmels begünstigt werden. Auch in weiteren Kammern wurden äußerst wertvolle Wanddekorationen angebracht, die meist das Jenseits betreffen. Der »Saal der Zeichnungen« zeigt an den Wänden nur skizzierte Figuren. Hier sollten eventuelle Grabschänder irregeführt werden und glauben, dass das Grab aufgelassen und nicht fertig gestellt wurde.

## LEBEN NACH DEM TOD

*Wandmalereien, das Jenseits betreffend, in einer der Kammern der Grabanlage Sethos' I. Sein Grab, das als das schönste im Tal der Könige gilt, wurde bereits in der Antike ausgeraubt und bei einer Überschwemmung teilweise zerstört.*

## MEISTGELIEBTE KÖNIGIN

Unten: *Wandmalereien im Grab der Nofretiri. Einer Legende zufolge starb die schöne Königin unvermutet, als sie bei der Einweihung auf der Schwelle des Tempels von Abu Simbel stand, der ihr von ihrem Gatten gewidmet worden war.*

## DAS TAL DER KÖNIGINNEN

*Am südlichen Ende der thebanischen Totenstadt erstreckt sich bei Biban el-Harim das »Tal der Königinnen« (auf ägyptisch auch: Ta Set Neferu, »Ort der Königssöhne«). 1828/29 erforschten die Archäologen Jean-François Champollion und John Gardner Wilkinson erstmals dieses Gebiet, in dem man in der Folge etwa 100 Gräber und Grabschächte entdeckte. Hier waren Königinnen und Angehörige der Königsfamilie der 18.–20. Dynastie des Neuen Reiches zu jener Zeit bestattet worden, in der die Pharaonen ihre Gräber im Tal der Könige errichten ließen. 1904 entdeckte der italienische Archäologe Ernesto Schiapparelli jene Gräber, die aufgrund der Qualität und Vielfalt ihrer Wandmalereien zu den schönsten des Tales gehören, wie das gänzlich ausgeraubte Grab der Nofretiri und von den Söhnen Ramses' III.*

*Das Grab der Nofretiri Mery-en-Mut, der »der allerschönsten, von Mut geliebten«, Gattin von Ramses II., wurde etwa 1270 v. Chr. fertig gestellt. Auf einer Fläche von 500 m² sind wundervolle Wandgemälde in lebhaften, intensiven Farben auf weißem Grund angebracht. Sie bedecken Vorkammer, Vestibül, die zur Grabkammer hinunter führende Freitreppe und die Grabkammer selbst, die von vier ebenfalls bemalten großen Pfeilern gestützt ist. Themen der Gemälde sind religiöse Szenen aus dem Totenbuch; sie zeigen die Königin, wie sie vor den Göttern steht oder tägliche Dinge verrichtet. Die Decke der Grabkammer ist blau mit goldenen Sternen. Das Grab wurde 1992 für die Öffentlichkeit geschlossen.*

*Die Siedlung der mit dem Bau der Grabanlagen in den beiden Tälern betrauten Arbeiter, Deir el-Medina, war 400 Jahre lang bewohnt. Hier stieß man auf unzählige Fundstücke und sehr schöne, in den Fels gehauene Handwerker-Gräber mit Wandmalereien.*

*Der Eingang zum Grab des
Tutanchamun, am Fuße
eines 21 m hohen Hügels.
Um die größeren
Grabbeigaben hineintragen
zu können, wurden Teile des
Zugangs von den Erbauern
zerstört und dann wieder
hergestellt.*

**BUND DER LIEBE**
Unten: *Rückenlehne des
hölzernen Throns von
Tutanchamun; der Pharao
und seine geliebte Gemahlin
Anchesenamun tragen je-
weils nur eine Sandale, ein
Symbol der Treue in guten
und schlechten Tagen.*
Rechts: *Miniatursarkophag
aus der Schatzkammer des
Tutanchamun.*

## DAS GRAB DES TUTANCHAMUN

Das wohl berühmteste antike ägyptische Grab im Tal der Könige hat seine Bekanntheit den Umständen bei der Entdeckung und den außerordentlich reichen Grabbeigaben zu verdanken. Es ist bisher das einzige Pharaonengrab, das in
der Geschichte der Ägyptologie unversehrt mit der gesamten Ausstattung aufgefunden wurde, die im
Übrigen mehr als 2250 Objekte umfasste. Das
weltweite Aufsehen über den Fund nährte auch
die Fantasien über den angeblichen »Fluch des
Pharao«, als mehrere bei der Ausgrabung be-
teiligte Personen starben. Am 28. Nov. 1922 drangen der britische Archäologe Howard Carter, sein Geldgeber Lord Car-
navon, dessen Tochter Lady Evelin und Carters Assistent Cal-
lender zum ersten Mal in das bis dahin unbekannte Grab des
Pharaos Tutanchamun (»lebendes Abbild des Amun«) ein.

Vom Eingangskorridor kamen sie in die Vorkammer, die
bis zum Rand mit Grabbeigaben gefüllt war: drei dekorierte Ritualbetten, vier zerlegte Kutschen, ein
Thron, der mit Blattgold überzogen sowie mit
Glas und Halbedelsteinen verziert war, verschiedene ovale Behälter für Speisen, eine mit
Jagd- und Schlachtszenen bemalte Holzkas-
sette und zwei große Holzstatuen in Lebensgröße (das *Ka* des Pharaos), die zu beiden
Seiten des Eingangs zur Grabkammer pos-
tiert waren. Wandmalereien wurden nur in
der Grabkammer angebracht, sie stellen den
Leichenzug mit dem Pharao, wie er Osiris
und Nut gegenübersteht, den Priester Eje,
Tutanchamuns Nachfolger, und die Sonnenbarke dar. Ein großer, 274 cm langer Quar-
zit-Sarg mit Skulpturen der Schutzgottheiten der Kanopenkrüge (Isis, Nephtys, Selket
und Neith) enthielt weitere drei ineinander
gestellte Sarkophage. Die beiden äußeren
waren aus mit Blattgold überzogenem Holz,
der innere aus massivem Gold und wog
110 kg. Er enthielt die mit Amuletten und
Edelsteinen verzierte Mumie des Pharaos. Auf
dem Gesicht der Mumie lag eine prächtige,
10,23 kg schwere Totenmaske aus purem Gold,
die mit Glas und Edelsteinen geschmückt war.
Diese wertvollen Fundstücke sind heute im Nationalmuseum von Kairo ausgestellt.

Von der Grabkammer kommt man in die Schatzkammer; sie enthielt mehr als 30 Modelle der To-
tenbarke, einen Schrein aus vergoldetem Holz mit
den Kanopenkrügen und vier vergoldeten Statuen
der Kanopengötter, ein Standbild des Anubis auf
einer mit Amuletten gefüllten Kassette, weitere 50
Amulette sowie Kassetten und Koffer mit Stoffen,
Salben, Kosmetikartikeln, Kupfergegenständen
und weiteren täglichen Bedarfsgegenständen.

**IN DER GRABKAMMER**
Links: *Malerei an einer Wand der Grabkammer, dem einzigen Raum mit dekorierten Wänden im Grab des Tutanchamun.*

**RÄTSELHAFTER BLICK**
Oben: *die Totenmaske aus Gold, Lapislazuli, Karneol, Quarz, Obsidian, Türkis und Glas.*

## COMPUTERTOMOGRAFIE FÜR TUTANCHAMUN

*Tutanchamun regierte nur zehn Jahre lang, etwa von 1347–1338 v. Chr. (nach anderen Quellen 1332–1322 v. Chr.), und starb im Alter von 19 Jahren aus ungeklärten Gründen. Er war Sohn von Pharao Amenophis IV. (Echnaton) und Königin Kija und heiratete seine Halbschwester Anchesenamun, die Tochter von Amenophis IV. und Königin Nofretete. Nach einer Röntgenuntersuchung seiner Mumie 1968 vermutete man, dass er an einer angeborenen Fehlstellung der Wirbelsäule litt und entweder durch einen Schlag auf den Kopf oder Vergiftung zu Tode kam. Man nahm an, dass er vielleicht von seinem Nachfolger Eje, der Tutanchamuns Gattin heiratete, ermordet worden war. Am 5. Jan. 2005 wurde die Mumie einer Computertomografie unterzogen – die dabei gemachten 1700 Bilder konnten einige interessante Antworten geben. Tutanchamun war 1,67 m groß und gesund; er verstarb vielleicht an einer Infektion, einer Epidemie oder einem tödlichen Sturz (das Skelett zeigte eine Fraktur am linken Bein oberhalb des Knies, außerdem fehlen das Brustbein und ein Teil des Brustkorbs). Für einen gewaltsamen Tod gibt es keine Beweise, eine Vergiftung kann aber nicht ausgeschlossen werden. Man stellte fest, dass die Entdecker 1922, um die Mumie aus dem Sarkophag, an dessen Harz sie festklebte, zu entfernen, Kopf, Arme und Beine stark beschädigten. Die Verformung der Wirbelsäule rührte nicht von einem angeborenen Gebrechen her, sondern ergab sich während der Einbalsamierung. Die Computertomogramme machten es auch möglich, das Gesicht des Pharaos zu rekonstruieren: Tutanchamun war sehr hübsch und hatte große Ähnlichkeit mit der im Nationalmuseum von Kairo ausgestellten Skulptur, die ihn als Schönheitsgott aus den Blütenblättern einer Lotosblume auftauchend darstellt.*

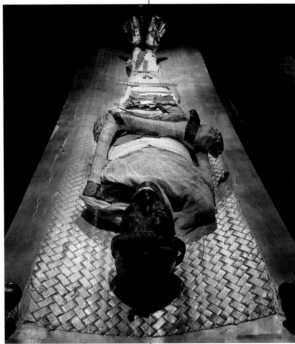

**EINE WERTVOLLE RUHESTÄTTE**
*Tutanchamuns Mumie auf seinem vergoldeten Bett.*

# DIE TEMPEL VON PHILAE

*Auf der an der Südgrenze Ägyptens gelegenen Insel Philae wurden mehrere Tempel errichtet, in welchen die heidnischen Kulte noch bis in die späte Römerzeit ausgeübt werden konnten. Erst 535 n. Chr. wurde der Haupttempel der Göttin Isis in eine christliche Kirche zu Ehren des hl. Stephan umgebaut. Hier wurden auch die letzten Hieroglyphen angebracht.*

**DAS AUGE DES FALKEN**
*Horuskopf aus Philae. Horus war Sohn von Isis und Osiris und der Gott der Voraussicht, symbolisiert durch das scharfe Auge eines Falken.*

**DIE 10.000 NAMEN DER ISIS**
*Relief der Isis aus dem Isistempel. Die Göttin hatte 10.000 Namen, die man in einer Litanei aufsagen konnte.*

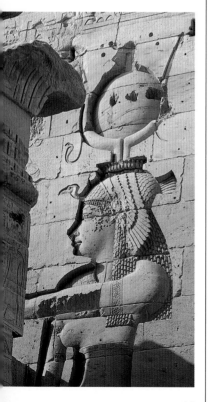

Bei Assuan, auf der Höhe des ersten Nilkatarakts war die Insel Philae die letzte befestigte Grenze der Ägypter vor dem Königreich Nubien. Assuan war ebenso wie die nahe Insel Elephantine Sitz eines stark frequentierten Marktes, Hauptstadt Oberägyptens und Zentrum des Handels mit dem aus Zentralafrika kommenden Elfenbein. Ab der Zeit von Pharao Taharqa (690–664 v. Chr.) und während der Regierungszeit Psammetichs II. (595–589 v. Chr.), Amasis (570–526 v. Chr.) und Nektanebos I. (380–362 v. Chr.) wurde die Insel Zentrum des Isiskultes, der in der Ptolemäerzeit und Römerzeit gepflegt wurde. Das Besondere an dieser Stätte sind nicht nur die Heiligtümer, die nach den im alten Ägypten traditionellen architektonischen Formen errichtet wurden, sondern auch die Tatsache, dass sich ihre Funktion als Zentrum des heidnischen Kultes sehr lange erhalten hat und erst mit dem Edikt von Justinian (535 n. Chr.) verfiel. Hier wurde die letzte religiöse Zeremonie der klassischen ägyptischen Kultur vollzogen, der Isis-Tempel 394 n. Chr. mit den letzten Hieroglyphen geschmückt (nur die Priester von Philae kannten die Geheimnisse der alten Schrift), und hier wurde 452 n. Chr. die letzte Inschrift in demotischer Sprache angebracht. Isis, die Gattin und Schwester des Osiris und Mutter des Falkengottes Horus, wurde hier als Schutzgottheit der Mutterschaft verehrt. Da der Mythologie zufolge Osiris auf der nahe gelegenen Insel Biga begraben lag, begab sich Isis alle zehn Tage an diesen Ort (indem ihre Statue auf der heiligen Barke dorthin gebracht wurde), um am Grab des Brudergemahls den Ritus des Trankopfers und der Totenklage zu vollziehen.

## DIE MONUMENTE VON PHILAE

Ursprünglich war die Insel Philae Raststation der heiligen Barken während der Prozession. Später errichtete man hier einen Amun-Tempel, der zerstört und Ende des 6. Jh.s v. Chr. durch einen Pavillon zu Ehren der Isis ersetzt wurde. Wenig später erbaute man den ersten Tempel, der in der Folge jedoch komplett umgestaltet wurde. Ptolemaios XII. (80–51 v. Chr.) ließ im neuen Isis-Tempel das bereits bestehende Portal in den ersten Pylon einbauen, vor dem zwei Löwenstatuen stehen; auf den Fassaden der beiden Türme befinden sich Basreliefs der Isis und Abbildungen der im Tempel verehrten Göttertriade Isis, Horus und Hathor, wie sie an einer rituellen Tötung von Gefangenen teilnehmen.

Jenseits des Pylons kommt man ins Atrium; im westlichen Teil des Hofes ist das *Mamisi* (Geburtshaus), ein kleiner mit Säulen umgebener Tempel, in welchem die göttliche Mutterschaft der Isis gefeiert wurde. Der zweite Pylon ist ebenfalls mit einer Szene eines Massakers an Gefangenen geschmückt; er steht wegen der Unebenheit des Granituntergrundes nicht in einer Achse mit dem ersten Pylon – diese Tempelanlage ist die einzige Ägyptens, bei welcher die Hauptachse zweimal die Richtung wechselt. Nun folgt das Hypostyl, dessen Säulen noch im 19. Jh. die mehrfarbige Bemalung der großartigen Kapitelle mit Palmblättern und Dolden von Datteln zeigten. Das Allerheiligste besteht aus einem dunklen Raum mit viereckigem Grundriss, dessen Wände mit Basreliefs verziert sind und in dessen Mitte sich ein Sockel für die heilige Barke der Isis befindet. Der Kult der Göttin war mit jenem

**EIN SÄULENWALD**
*Isis-Tempel in Philae, der einzige, der aus der Ptolemäer-Zeit enthalten ist. Die verschiedenen Kapitellformen mit Pflanzenmotiven sollten sicherlich den Papyruswald imitieren, in dem der Tempel stand.*

des Sothis (der Stern Sirius) verbunden, der alljährlich vor der Nilflut auf dem Himmel erschien.

Unweit des Platzes vor dem Tempel befindet sich der Nilometer, ein Gebäude, wo man mithilfe eines Maßstabs den Wasserstand des Flusses ablesen und die jährliche Nilflut vorhersagen konnte. Eine ähnliche Anlage gab es auf der Insel Elephantine, von wo aus die bevorstehende Nilflut in ganz Ägypten angekündigt wurde.

Neben dem Isis-Tempel aus der Ptolemäerzeit liegen weitere kleinere Tempel der Götter Arensnuphis, Hathor und Harendotes. An der rechten Seite ist der elegante Trajan-Kiosk (etwa 100 n. Chr.) zu sehen, ein rechteckiger Portikus aus 14 Säulen mit Kapitellen in Glockenform, welche ein hohes Gebälk, das einst mit einem Holzdach gedeckt war, stützten. Er diente als Raststation für die heilige Barke der Isis.

Auch an der linken Seite befindet sich ein Portikus; er besteht aus 32 Säulen und bildet gemeinsam mit dem ebenfalls säulenbestandenen Pavillon Nektanebos I. einen monumentalen Zugang zum Haupttempel. Im Norden der Insel befinden sich das Tor des Diokletian, ein römischer Augustus-Tempel und etwas unterhalb die koptische Kirche. Die nubische Bevölkerung verehrte auch während der Verbreitung des Christentums weiterhin die Göttin Isis in Philae. Erst 535 wurde der Tempel unter Bischof Theodor in eine Kirche umgebaut, die man dem ersten christlichen Märtyrer Stephanus weihte. Bald darauf wurden weitere christliche Kirchen auf der Insel errichtet.

## DIE RETTUNG PHILAES

*Mit dem Bau des Assuan-Staudamms (1960–1971) wären die Heiligtümer der Insel Philae im Nasser-Stausee versunken. Deshalb wurden 1972–1980 alle antiken Gebäude der Insel abgetragen und die 45.000 Blöcke 500 m nordwestlich der ursprünglichen Stätte, auf der Insel Agilkia wieder aufgebaut. Diese außerordentliche Aktion wurde unter dem Patronat der UNESCO durchgeführt.*

### EINE RASTSTATION FÜR DIE GÖTTIN

*Der nie fertig gestellte Trajan-Kiosk aus dem Jahr 100 n. Chr. war als Raststation für die heilige Barke der Isis und ihre Priester auf dem Weg zur häufig besuchten Insel Biga vorgesehen.*

### SÄULENGANG DES AUGUSTUS

*Der Säulengang des Portikus, den Kaiser Augustus im großen Hof außerhalb des Isis-Tempels errichten ließ.*

# DIE BERGWERKE VON BERENIKE PANKRISIA

*Die Brüder Castiglioni entdeckten auf einer ihrer alljährlichen Forschungsreisen in der Nubischen Wüste die antike Bergbaustadt Berenike Pankrisia, die legendäre »Stadt aus Gold«, aus der die ägyptischen Pharaonen das wertvolle Metall bezogen. Die bereits früher entstandene Stadt erreichte ihre Blüte während der Ptolemäer-Zeit.*

Auch heute noch kann man Archäologie mit dem Abenteurergeist der Pioniere betreiben, obschon wissenschaftliche Strenge und peinlich genaue Arbeit auf dem Studiertisch vonnöten sind. Dies haben die Brüder Angelo und Alfredo Castiglioni und deren Freund Giancarlo Negro bewiesen, als sie in den 80er-Jahren des 20. Jh.s mehrere Forschungsreisen in die Nubische Wüste an der Nordgrenze des Sudan zu Ägypten unternahmen. Sie wollten Beweise für die Existenz der Bergwerke erbringen, die nach alten Geschichtsquellen die Haupt-Goldlagerstätten der Pharaonen gewesen sein sollen.

Im Besonderen suchten sie nach der Stadt Berenike Pankrisia (von *Panchrysos*, »aus purem Gold«) aus den *Naturalis Historia* von Plinius dem Älteren (1. Jh. n. Chr.), die bereits im 1. Jh. v. Chr. von Diodorus Siculus mit jenen Worten erwähnt worden war: »Im äußersten Süden Ägyptens gibt es an der Grenze zu Äthiopien eine Gegend, die sehr reich an Mineralien und vor allem an Goldminen ist, wo mit großer Kraft und Mühe Gold gewonnen wird.«

Die ersten Hinweise bildeten *Alamats*, kleine Steinpyramiden, die als Wegzeichen für die Karawanenstraßen dienten, und Felsgravuren, in welchen auch die Hieroglyphe für Gold vorkam. Die drei Forscher begannen, die Wüste systematisch zu durchkämmen und stießen auf die ersten Bergwerke mit den dazugehörigen, groß angelegten Bergwerkssiedlungen, bestehend aus Hütten mit rundem Grundriss und niedrigen Steinmauern. Hier fanden sie Reste von Mühlsteinen, Mörsern und Stößeln aus Granit mit Quarzfragmenten und

**EINE ANTIKE LANDKARTE**
*Auf dieser Landkarte aus der Zeit Sethos' I. kann man den Verlauf des* Wadi Allaqi *(in Form einer S-Kurve) sehen.*

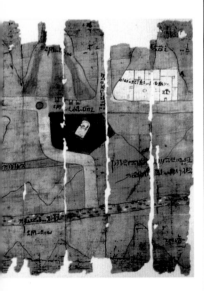

**STADT AUS GOLD**
Rechts: *einer der runden Türme der Festung von Berenike Pankrisia; Radiokarbonmessungen zufolge wurde er mit etwa 740 v. Chr. datiert.*

**VERTEIDIGUNGSANLAGEN**
Links: *Ruinen der zur
Verteidigung der Stadt
errichteten Kastelle, bei
welchen auch Spuren einer
Restaurierung im Mittel-
alter zu sehen sind.
Oben: ein Spielwürfel aus
Bronze, der in den Ruinen
gefunden wurde.*

Spuren von Goldpulver. Diese sehr alten Geräte fand man in
den einstmals saisonal Wasser führenden und heute ausgetrockneten *Wadis* – sie dienten zum Waschen des Goldquar-
zes, um das Gold zu extrahieren. Man errichtete auch Däm-
me, um das während der alljährlich starken Regenfälle
anschwellende Wasser im Flussbett zu halten.

Im Februar 1989 kam die Forschergruppe ins ausgetrocknete Bett des *Wadi* Allaqi in der Nubischen Wüste und machten eine große Entdeckung: die Stadt Berenike Pankrisia.

## DIE BERGWERKSSTADT BERENIKE PANKRISIA

Die Stadt erschien den Entdeckern wie ein städtisches Bal-
lungsgebiet, das sich 3 km dem *Wadi* entlang erstreckte.
Parallel zum ehemaligen Wasserlauf verlief eine 5 m breite
schnurgerade Straße. Zur Verteidigung der Stadt entstanden
in der Zeit des größten Glanzes der Stadt während der Ptolemäer-Zeit (3.–1. Jh. v. Chr.) zwei Kastelle; man konnte jedoch
bei den Mauerresten auch ältere Schichten ausmachen.

Entlang der Hauptstraße im Zentrum der Stadt lagen ständige Behausungen von Bergarbeitern und ihren Familien sowie von jenen, die das gewonnene Gold bearbeiteten. Außen
herum befanden sich Hütten der Saisonarbeiter, welche den
bei den früheren Forschungsreisen gefundenen sehr ähnlich
waren. Die Stadt konnte 10.000 Einwohner beherbergen; dazu gehörten auch Verwaltungsbeamte und die Soldaten der
Garnison in den beiden Kastellen. Von beiden quadratisch
angelegten Kastellen (26 m Seitenlänge) sind noch die 6 m
hohen Außenmauern vorhanden; ein vollständig erhaltener
Teil mit zwei Türmen an den Seiten des Eingangs wurde im
Stil der griechisch-römischen Festungen jener Zeit erbaut.
Im Inneren der Kastelle wurden Säcke mit Goldstaub und
Lebensmittelvorräte für die Bevölkerung aufbewahrt. Un-
weit der Stadt liegen die Goldbergwerke, eine Reihe von
Schächten und Stollen, die den Goldquarzadern folgten und
bis in 50 m Tiefe reichten.

### GOLDGEWINNUNG

*In den Bergwerksstollen erhitzte man die
Wände aus Goldquarz mit Feuer, woraufhin man mithilfe von Stöcken und anderem
Werkzeug Blöcke herausschlug. Die Blöcke
wurden nach außen transportiert und nun
zerkleinert; nachdem man sie auf dem
Rücken von Eseln in die Stadt gebracht
hatte, vertraute man sie Frauen und alten
Männern an, die das Material mit dreh-
baren Mühlsteinen und Mörsern zu Pulver
verrieben. Dann wurde der Staub ge-
waschen, die schwereren Goldanteile
blieben nach dem Waschen übrig und
konnten eingesammelt werden. Nun wurde
der Goldstaub zu Barren oder Ringen
verschmolzen. Schließlich wanderte das
Endprodukt durch das Niltal in die
Schatzkammern der Pharaonen.*

**DIE WIEDERENTDECKUNG
VON BERENIKE**
*Giancarlo Negro und die
Brüder Castiglioni machten
eigentlich nur eine »Wiederentdeckung« Berenikes.
Die Ruinen wurden bereits
1832 von Linant de Belle-
fonds ausgemacht, der aber
ihren archäologischen Wert
nicht erkannte.*

# DIE FESTUNGEN ISRAELS

*Megiddo und Masada – symbolische Orte des israelischen Widerstands gegen Eindringlinge: Megiddo ist die heilige Stadt Kanaans und die in der* Apokalypse *zitierte militärische Hochburg von König Salomon, und Masada die Festung von Herodes am Toten Meer, wo einst 960 zelotische Hebräer den Freitod wählten, um nicht in die Hände der Römer zu fallen.*

**FUNDSTÜCK AUS MEGIDDO**
Oben: *ein Keramiksockel mit Tierfiguren und Sphinxen aus Taanach in der Nähe von Megiddo.*

In der *Apokalypse* (16,16) ist nachzulesen, dass sich am Ende der Welt die guten und die schlechten Mächte in der Schlacht von Armageddon, dem »Berg von Megiddo« gegenüberstehen werden. Dieser Ort an strategisch wichtiger Position entlang der Via Maris in der Jesreel-Ebene, südöstlich des Berges Karmel in Palästina, war um 3300 v. Chr. ein einfaches kanaanäisches Kultzentrum; aus dieser Zeit ist ein runder Altar erhalten. Die Stadt wurde 1479 v. Chr. von Pharao Thutmosis III. erobert; im 10. Jh. v. Chr. war sie eine der Reichsstädte von König Salomon, der sie befestigen und mit Wohngebäuden sowie Unterkünften für Kavallerieabteilungen ausstatten ließ; während der »Zeit der Geteilten Reiche« wurde sie noch ein letztes Mal verstärkt. Der Verfall begann 609 v. Chr., als Pharao Necho hier König Josua besiegte, und setzte sich unter den Babyloniern und Persern fort. 300 v. Chr. war die Stadt nach 3000-jähriger Geschichte zu einem kleinen, nahezu unbewohnten Dorf geworden.

Die während des 20. Jh.s unternommenen Grabungen förderten 20 übereinander liegende Schichten zutage, welche die gesamte Geschichte Megiddos ab dem Chalkolithikum abdecken. Durch ein Zangentor gelangt man auf den *Tell* mit den Ruinen (Tell el-Mutesellim bei Afula); vom großen freien elliptischen Platz aus eröffnet sich das Panorama der Ebene von Askalon und der rundum angeordneten Berge. Ein kanaanäischer Altar in der Nähe von Grottengräbern aus derselben Zeit (2500 v. Chr.) ist zur aufgehenden Sonne ausgerichtet; zudem sind ein runder unterirdischer Silo für die Aufbewahrung von Getreide aus der Zeit der assyrischen Invasion (743 v. Chr.) und ein großer »Schützengraben« mit Überresten eines Wohngebäudes zu sehen, in welchem eine Kassette mit wertvollem Elfenbein aus Kanaan gefunden wurde. Es handelt sich um 382 in bemerkenswerter Handarbeit gearbeitete, mit 1550–1150 v. Chr. datierte Stücke aus Kanaan, Ägypten, Assyrien und Anatolien, die als Dekor für

**MIT ALLEM KOMFORT**
*Die Lager des Palastes von Herodes dem Großen an der Nordseite des Masada-felsens. Die königliche Wohnstätte war auch mit zentralbeheizten Thermen ausgestattet.*

**UNEINNEHMBARE FESTUNG**
*Die Hochebene, auf der sich
Masada befand – der Name
bedeutete auf hebräisch
»Festung«.*

Möbel oder für verschiedene Gebrauchsgegenstände dienten – ein Bestätigung der wirtschaftlichen Bedeutung dieser Stadt. Am Südabhang des *Tell* befinden sich Reste des Königspalastes und der so genannten Ställe des Salomon, die in Wirklichkeit aus der Zeit des israelischen Königs Ahab (9. Jh. v. Chr.) stammten und Platz für 490 Tiere sowie Kriegswagen boten. Daneben befindet sich ein Schacht mit einer Treppe, die durch einen 62 m langen, in den Fels gehauenen Tunnel zu einer Quelle außerhalb der Festung führt.

## MASADA, FESTUNG DES GROSSEN OPFERS

Die meistbesuchte israelische archäologische Stätte hat ihren Ruhm der außergewöhnlichen Lage auf einem Felsen über dem Toten Meer zu verdanken. Sie wurde gegründet, um die Straße nach Jerusalem zu sichern; besonders erinnert man sich jedoch an die Tragödie, die ihren Fall 73 n. Chr. besiegelte, als 960 Zeloten den Freitod wählten, um nicht in die Hände der Römer zu fallen. Die Festung Masada wurde von Herodes dem Großen 103 v. Chr. am Rand einer Hochebene errichtet. Sie erstreckte sich auf 6 km² und lag 400 m über der darunter liegenden Ebene. Die Festung wurde mit einer 5 m hohen Mauer und etwa 40 mehr als 20 m hohen Türmen umgeben, um den großartigen Palast des Herodes zu schützen, der in drei Ebenen an der Nordseite des Felsvorsprungs angelegt war, und enthielt auch einige kleinere Gebäude. Nach der Eroberung Jerusalems durch die Römer (70 n. Chr.) belagerten 10.000 Soldaten der *Legio X* des Kaisers Titus die als uneinnehmbar geltende Festung, die sich seit 66 n. Chr. in der Hand zelotischer Hebräer befand. Die Römer schlugen unterhalb der Festung ein Lager auf, errichteten einen Wall sowie eine 70 m hohe Rampe und konnten die Festung nach drei Jahren einnehmen. Als er sah, dass die Einnahme unmittelbar bevorstand, setzte der Zelotenführer Elazar ben Yair die Stadt

in Flammen und befahl einen Massensuizid mit dem Schwert, um nicht in die Sklaverei verschleppt zu werden. Nur zwei Frauen und einige Kinder, die sich in einer Felshöhle versteckt hielten, konnten sich retten. Die Eroberer nahmen Besitz von der Festung, die sie bis in die byzantinische Zeit halten konnten.

1964 begann der Archäologe Yigael Yadin mit Grabungen, bei welchen Reste der in der Ebene liegenden römischen Militärlager und Katapultsteine gefunden wurden; um sich dem Aussehen der ursprünglichen Festung wieder anzunähern, wurden auch einige Sektoren rekonstruiert. Aus der Zeit der Zeloten ist noch eine Synagoge erhalten, die mit Mosaikfußböden versehenen Bäder stammen aus der Römerzeit. Heute kann man den Berg in mühsamem Aufstieg über einen Saumpfad erklimmen, aber auch mit der Seilbahn erreichen; oben eröffnet sich ein außergewöhnlicher Ausblick auf das Tote Meer und die Wüste von Judäa, besonders bei Sonnenaufgang und Sonnenuntergang. Masada ist zum Symbol für die Unabhängigkeit Israels geworden: Auch heute noch begeben sich die Militärrekruten an diesen Ort, um den Treueschwur zu vollziehen und zu versprechen, dass Masada niemals fallen wird.

# DIE PHÖNIZISCHE STADT BYBLOS

*Die älteste phönizische Stadt entstand aus einer Siedlung des 6. Jahrtausends v. Chr., die sich vor 5000 Jahren dank ihrem blühenden Holzhandel zu einer Stadt entwickelte und enge Beziehungen zum alten Ägypten hatte. Bei Grabungen wurden einige Tempel und eine Königsnekropole mit wertvollen Grabbeigaben gefunden.*

**GOLD AUS DEM TEMPEL**
Oben: *Goldvase mit geometrischen Motiven und einer weiblichen Figur, gefunden im Tempel der Obelisken (unten).*

Die Ruinen der antiken Stadt Byblos (oder Gubla) und heutigen libanesischen Küstenstadt Dschubail liegen 37 km nördlich von Beirut auf einem Felskap, das in der Küstenebene durch die Mündung zweier Täler begrenzt wird. Am Rand der Ebene erhebt sich das Libanon-Gebirge, das mit immergrünen Zedernwäldern überzogen ist; Zedern waren in der Antike für die Herstellung von Schiffen, Wagen, Dächern und Statuen sehr gefragt. Archäologische Grabungen wurden an dieser Stätte ab 1860 von Ernest Renan vorgenommen, dem Vater der Phönizierforschung. 1920 wurden die Ausgrabungen von weiteren französischen Archäologen fortgesetzt und in den letzten Jahren von libanesischen Forschern abgeschlossen. Man fand in bis zu 12 m hohen Schichten, die sich vom 6. Jahrtausend v. Chr. bis heute angesammelt haben, eine 10 ha große Bergsiedlung. Das einfache Dorf der Jungsteinzeit entwickelte sich im 3. Jahrtausend v. Chr., noch etwas vor der ägyptischen Herrschaft, zu einer Stadtanlage. Im 14./13. Jh. v. Chr. war Byblos politisch von Ägypten abhängig und unterhielt auch in der Folge enge Handelsbeziehungen mit diesem Land. Später kam die Stadt in den Einflussbereich der Assyrer, an die sie Holz, Stoffe und Purpur als Tribut zahlen musste. Während dieser Zeit erreichte Byblos seine größte Ausdehnung. Später wurde sie dem Perserreich einverleibt und musste sich während der hellenistischen Zeit Alexander dem Großen ergeben (333 v. Chr.). Nach der Eroberung durch die Römer (64 v. Chr.) erlebte die Stadt eine Zeit großen Wohlstandes, während der viele Gebäude erneuert wurden.

## VOM DORF ZUR STADT

Die jungsteinzeitlichen Schichten von Byblos enthalten Spuren von Hütten mit niedrigen Außenmauern, gestampftem Boden oder Kalkboden und Strohdächern. Etwas abseits fand man Gräber mit einigen Grabbeigaben (darunter eine steinerne Kultfigur). Ende des 4. Jahrtausends v. Chr. war eine erste städtische Struktur festzustellen – Häuser mit rechteckigem Grundriss, die in mehrere Bereiche unterteilt waren, ein mit Pfosten gestütztes Gebälk trugen und mit Holz gedeckt waren. Im Laufe des folgenden Milleniums setzte sich die Stadtentwicklung fort. Es entstand ein sechseckiger Ring aus robusten Steinmauern mit Bollwerken und monumentalen Toren, der den Hügel der Akropolis umgürtete. Zwischen den Häuserblöcken, die sich zu zentralen Höfen öffneten, verliefen Straßen. Ein tiefer Schacht (die heilige Quelle) sicherte die Wasserversorgung. 2800 v. Chr. wurde der Tempel der Baalat Gebal, der »Frau von Byblos« errichtet – einer lokalen Gottheit, die eine Version von Isis-Hathor oder der kanaanäischen Göttin Astarte war. Nach der lokalen Legende war der Körper des Osiris vom Meer an den Strand von Byblos gespült worden, wo ihn seine Gattin Isis fand. Eine Stele aus dieser Zeit zeigt Baalat Gebal mit großen Hörnern, welche wie bei den klassischen ägyptischen Darstellungen die Sonnenscheibe tragen. Der Tempel hat einen trapezförmigen Grundriss und ist in verschiedene Bereiche unterteilt. In der Tempelanlage wurden mehr als 40 Depots mit Votivgaben gefunden; die Objekte, darunter Steinfiguren von Personen oder Tieren und weitere Opfergaben im ägyptischen Stil, wurden in Tonkrügen aufbewahrt.

2600 v. Chr. wurde die Tempelanlage erweitert, indem man einen Teich vor dem Tempeleingang anlegte und neben dem

### DIE STADT DER PHÖNIZIER

*Überreste von Wohnstätten aus der frühen Bronzezeit im Gebiet des antiken Byblos. Es gab enge Verbindungen der Stadt mit der ägyptischen Kultur, der sie nicht zuletzt ihren Namen – byblos (»Papyrus«) zu verdanken hat.*

### ZUM SCHUTZ DES KÖNIGLICHEN LEICHNAMS

*Unten: Kalkstein-Sarkophag des phönizischen Königs Ahiram mit einer seinem Sohn zugeschriebenen Inschrift, die eventuellen Grabschändern droht.*

ersten einen zweiten Tempel errichtete. Dieser bestand aus zwei in L-Form angeordneten Teilen und war vielleicht dem Kult einer männlichen Gottheit gewidmet, die von manchen Autoren als Adonis identifiziert wurde. Das Heiligtum und die gesamte Stadt wurden von den Amurritern zwischen 2300 und 2200 v. Chr. zerstört.

**WERTVOLL BEKLEIDET**
Unten: *eine der mit Blattgold überzogenen Bronzestatuetten aus dem Tempel der Obelisken.*

## VON DEN ÄGYPTERN ZU DEN RÖMERN

Ende des 3. Jahrtausends v. Chr. wurde anstelle des L-förmigen Tempels der so genannte Tempel der Obelisken errichtet. Im Tempelhof stellte man, wie bei den religiösen Stätten im alten Ägypten, einen großen steinernen Obelisken auf; rundherum ordnete man 30 kleinere Obelisken und große Krüge an, in welchen sich das Wasser für die rituellen Waschungen befand. Auch hier fand man unter den Votivgaben wertvolle Gegenstände, wie etwa die berühmten stilisierten Bronzestatuetten, die mit Blattgold überzogen waren und die typische phönizische Kopfbedeckung trugen.
Die Beziehungen mit den ägyptischen Pharaonen verstärkten sich besonders während der 18. Dynastie (etwa 1551–1306 v. Chr.), als der phönizische Stadtstaat einen hohen Grad an Wohlstand erreichte. Es gelang ihm, eine relative Unabhängigkeit von den Assyrern und später von den Persern zu erreichen, welche Byblos mit neuen Festungsanlagen ausstatteten. Nach der Eroberung durch die Römer wurde die Stadt mit beachtenswerten Monumenten geschmückt und quer durch die Akropolis eine breite, mit Säulen flankierte Straße angelegt. Der Tempel der Baalat Gebal wurde wieder aufgebaut und Basilika, Nymphäum und Theater errichtet. Das Theater und der Tempel der Obelisken wurden während der Grabungen von Ernest Renan abgetragen und an einem anderen Ort wieder aufgestellt, um die archäologischen Forschungen fortsetzen zu können. Auf der antiken Festung errichteten die Kreuzfahrer im 12. Jh. ein Kastell.

### KÖNIGSNEKROPOLE

*Die engen kulturellen Beziehungen zwischen Byblos und Ägypten treten bei der Untersuchung von neun Krypten zutage. Diese bestanden aus tiefen vertikalen Schächten, deren Grabkammer den Sarkophag und reiche Grabbeigaben enthielt – Schmuck sowie Objekte phönizischer (Waffen) und ägyptischer Herkunft (Gefäße aus Obsidian und Gold, Schmuckkästchen, Spiegel, Skarabäen etc.). Vor allem sticht der Sarkophag von König Ahiram hervor, der von vier Löwen getragen wird und eine phönizische Inschrift – ein göttlicher Fluch gegen eventuelle Grabschänder – aus dem 13.–10. Jh. v. Chr. sowie Basreliefs mit Huldigungsszenen für den Herrscher zeigt; kulturelle Einflüsse aus Ägypten und dem anatolisch-syrischen Gebiet sind erkennbar.*

# UR IN CHALDÄA, HEIMAT ABRAHAMS

*Ur, die Heimat Abrahams, des biblischen Stammvaters der Hebräer, wurde um 2100 v. Chr. unter Urnammu zur Hauptstadt des Sumererreiches. Aus dieser Zeit sind die großartige Zikkurat sowie Überreste von Tempeln und Palästen erhalten. Die Königsgräber der Nekropole sind noch älter und stammen von der 1. Dynastie.*

**DEKORATION EINER HARFE**
*Kopf eines Stieres, der eine Harfe im Besitz der Königin Puabi schmückte.*

Die einstige Stadt Ur lag im Süden Mesopotamiens am Euphrat, etwa 20 km im Südwesten von Nasiriya, und war von blühenden Weinbergen und Obstgärten umgeben. Heute ist der große Fluss etwa 10 km von den Ruinen entfernt, die sich auf einer Fläche von 63 km² in der sandigen irakischen Wüste erstrecken. »Und Abraham zog aus Ur, der Stadt der Chaldäer, um in das Land Kanaan zu gehen« heißt es in der Bibel (*Genesis* 11,31); die Bekanntheit des Ortes steht mit der Reise des Urvaters in das Gelobte Land in engem Zusammenhang, seine Identifizierung durch die Archäologen ist jedoch wesentlich jüngeren Datums. Sir Charles Leonard Woolley (1880–1960) unternahm 1922–1934 zwölf Ausgrabungen, in welchen er die Hauptgebäude der Stadt und die Nekropole freilegen konnte. So gelang es ihm, die Geschichte der Stadt von seiner Zeit als einfaches Dorf und der Ubaid-Periode (etwa 4000 v. Chr.) an zu rekonstruieren. Über den ältesten Spuren der Siedlung lag eine dicke Schicht aus Flussschlamm, die Woolley fälschlich der Sintflut zuschrieb. Darüber folgten Schichten, die reich an

Keramikfunden waren. Hier fand man außer Gräberfeldern die bislang älteste bekannte Töpferscheibe (etwa 3500 v. Chr.), Keramiken aus der Zeit von Uruk (3500–3100 v. Chr.), und noch weitere Keramiken in einem benachbarten Dorf, wo auch Brennöfen (3100–2900 v. Chr.) gefunden wurden. Diese Funde ermöglichten eine Neuschreibung der Geschichte der mesopotamischen Kultur von der Eroberung durch König Sargon von Akkad (2350 v. Chr.) bis zur Behauptung der 3. Dynastie von Ur (2112–2004 v. Chr.). Begründer dieser Dynastie war Urnammu, der »Mann der Göttin Nammu«, der das Sumererreich auf die gesamte Region zwischen den beiden Flüssen bis nach Ebla in Syrien und nach Byblos am Mittelmeer ausdehnte. Urnammu ließ Ur als Hauptstadt des Reiches neu gestalten, die damals 30.000 Einwohner beherbergte. Nach dem Ende der 3. Dynastie und der Eroberung der Stadt durch Elamiter und Babylonier (1740 v. Chr.) wurde Ur von Nebukadnezar, Nabonid und Kyros umgebaut, bevor sie ihren endgültigen Niedergang erlebte.

**KOSTBARER HELM**
*Goldhelm des Königs Meskalamdug (2500 v. Chr.); er war gleichzeitig Schutz und Symbol der Herrschaft.*

**ARCHÄOLOGE BEI DER ARBEIT**
*Charles Leonard Woolley leitete die Grabungen, bei welchen die Ruinen der antiken Chaldäerstadt freigelegt wurden.*

**DIE MÄCHTIGE ZIKKURAT**
*Das Hauptgebäude der antiken Stadt: die größte Zikkurat, die bis heute gefunden wurde.*

## DIE ANTIKE STADT UND DIE ZIKKURAT

Noch vor den Grabungen Woolleys hatte man bereits auf dem Hügel von al-Ubaid die Reste eines um 2500 v. Chr. zerstörten Tempels, Keramiken im Stil der lokalen Tradition, Statuenfragmente und mit Intarsien verzierte Holzsäulen gefunden. Woolley setzte die Grabungen auf dem Hügel fort, wo man Stierstatuen und Inschriften fand, welche die Richtigkeit der bereits länger bekannten sumerischen Königsliste (in einer Keilschrifttafel) bestätigte. Dann widmete er sich dem größten Bauwerk der Stadt, der mächtigen Zikkurat, einer abgestuften Pyramide von viereckigem Grundriss, die von einem kleinen Tempel gekrönt war, zu dem lange, steile Treppen führten. Anfangs (4. Jahrtausend v. Chr.) existierte eine einfache Konstruktion, die dem Mondgott Nanna als »irdisches Haus« dienen sollte. Während der Herrschaft des Urnammu (2112–2095 v. Chr.) wurde die Zikkurat auf einem mit einer Einfriedung umgebenen Erdwall neu errichtet. Sie wurde aus rohen Ziegeln gebaut und von einer 2 m dicken Schicht gebrannter und mit Bitumen verbundener Ziegel überzogen. Die Wände der 21 m hohen, in drei Ebenen (Grundfläche 58 x 40 m) angelegten Zikkurat waren leicht nach außen gebaucht. Die mittlere Zugangstreppe war in die Fassade eingeschnitten und traf sich auf der ersten Terrasse mit zwei an den Wänden verlaufenden Seitentreppen, die vom Tempelhof kamen.

Der erste babylonische König, Nabonid (556–539 v. Chr.) verwandelte die Zikkurat in einen Turm mit sieben Ebenen. Die Einfriedung schloss direkt an den monumentalen Komplex an und schloss den weiträumigen Hof des Mondgottes Nanna, Lagerräume des Tempels, ein Archiv, einen Tempel von quadratischem Grundriss mit Kapellen des Götterpaares Nanna und Ningal und schließlich den großen Tempel der Ningal mit einer Seitenlänge von 80 m ein. Der große Tempel und das etwas weiter weg liegende Königsmausoleum wurden von den Elamitern 2006 v. Chr. zerstört.

Der vermutliche Königspalast, genannt *Ekhursag* (»Haus des Berges«), wurde im Südosten der Stadt errichtet.

**STANDARTE VON UR**
*Kriegsszenen auf der Standarte von Ur, die im British Museum in London aufbewahrt wird.*

**AUS DEM GRAB DER KÖNIGIN**
Rechts: *Statuette eines aufrecht stehenden Ziegenbocks aus Gold und Lapislazuli aus dem Grab von Königin Puabi.*

### SCHÄTZE DER TOTENSTADT

*16 der 2000 Schachtgräber der Nekropole wurden aufgrund des Reichtums der Grabbeigaben (allerdings waren nur zwei Gräber unzerstört) Herrschern oder hohen Würdenträgern des Sumererreiches der 1. Dynastie (2600–2400 v. Chr.) zugeschrieben. Unter den Fundstücken fällt besonders die berühmte Standarte von Ur, ein kleiner Holzgeldschrank, auf, an dessen vier Seiten sich Paneele mit Mosaiken aus mit Bitumen eingepassten Lapislazuli, Kalksteinen und Muscheln befinden. An der ersten Längsseite (48 x 20 cm) sind in drei Ebenen Kriegsszenen abgebildet: Soldaten und von Onagern (Wildeseln) gezogene Wagen. Auf der anderen Längsseite befinden sich Bilder des Friedens mit Episoden von Banketten und der Überreichung von Geschenken. Auf den Schmalseiten sind Symbole und Blumenmotive abgebildet.*

*Im größten der Königsgräber von Ur, dem Grab von Königin Puabi (2500 v. Chr.) wurden entlang des Zuganges zur Totenkammer die Überreste von 74 Personen – Priestern, Dienern und Soldaten – gefunden, die der Herrscherin auch ins Jenseits folgen mussten. Die Königin selbst war mit Gold, Perlen und Edelsteinen bedeckt; auch die Getöteten trugen wertvolle Gewänder, Schmuck und mitunter auch Musikinstrumente. Unter diesen befand sich eine wundervolle Harfe, die mit einem goldenen Stierkopf geschmückt war, und Statuetten aus Gold und Lapislazuli, wovon ein aufrecht stehender Ziegenbock besonders hervorsticht.*

# DIE ENTDECKUNG DES REICHES EBLA

*Der legendäre Stadtstaat des Nahen Ostens wurde vom italienischen Archäologen Paolo Matthiae entdeckt und hat nunmehr sein monumentales Ausmaß und seine Geschichte enthüllt. Besonders bedeutend war der Fund von 17.000 Keilschrifttafeln von 2300 v. Chr., die eine Fülle von Informationen bieten.*

**DIE WOHNUNG DES HERRSCHERS**
*Königspalast von Ebla: im Vordergrund der Audienz-saal. Das prächtige Gebäude wurde um 2400–2300 v. Chr. errichtet.*

Ebla lag in der syrischen Wüste, 55 km südlich von Aleppo, an der Stelle des heutigen Ortes Tell Mardikh. Um 2300 v. Chr. befand sich hier ein großer Stadtstaat, der es durch den Handel mit dem gesamten Nahen Osten in Konkurrenz mit Akkad zu großem Wohlstand gebracht hatte. Ebla wurde in ägyptischen, mesopotamischen und anatolischen Quellen zitiert, schien aber lange Zeit trotz wiederholter Suche nicht auffindbar. 1926 folgte der amerikanische Archäolo-

ge William Foxwell dem Weg Abrahams ins Gelobte Land und machte eine Rast in Tell Afis, wo ebenfalls später Ruinen gefunden wurden, erkannte aber in den niedrigen Hügeln von Tell Mardikh kein Indiz für eine weitere, im Wüstensand verborgene Siedlung. Ende der 50er-Jahre stießen Bauern zufällig auf ein offensichtlich für Kultzwecke verwendetes Basaltbecken, das Reliefs einer von einem Herrscher durchgeführten rituellen Zeremonie sowie an den Seiten Köpfe und

Tatzen von Löwen zeigte – ein frühsyrisches Objekt, das mit 19. Jh. v. Chr. datiert wurde. Ab 1964 wurden hier archäologische Forschungen der römischen Universität unter Paolo Matthiae vorgenommen. Bereits bei den ersten Grabungen hatte man das Gefühl, den richtigen Ort gefunden zu haben; die Bestätigung kam 1968, als man den Torso einer Basaltstatue aus dem 20. Jh. v. Chr. fand, dessen akkadische Keilschrift-Tontafel sich auf eine Schenkung des Herrschers von Ebla, Ibbit-Lim, an den Tempel der Göttin Ischtar bezog. Die folgenden Ausgrabungen brachten den gesamten westlichen Sektor der antiken Stadt zum Vorschein. Dazu gehörten die befestigte Akropolis und der darunter liegende Stadtbereich. Es handelte sich etwa um ein Zehntel der gesamten Stadt, die in elliptischer Form auf 60 ha in einer 1100 m langen Nord-Süd-Achse angelegt und von einem Wall aus gestampfter Erde umgeben war.

Die große Überraschung ereignete sich 1975, als man in den Archiven des Königspalasts 17.000 Keilschrifttafeln in der ältesten bekannten semitischen Schrift, in »Eblaitisch«, fand, die eine Fülle von Informationen lieferten. Gemeinsam mit den Monumentalgebäuden, den Tempeln und Wohnhäusern der Stadt, gelten sie als eine der größten archäologischen Sensationen des 20. Jh.s.

**AUS DEM SAND AUFGETAUCHT**
Oben: *Reliefs eines großen Gefäßes aus Ebla.*
Links: *Fragment einer Tasse mit Menschenkopf.*
Unten links: *Keilschrifttafeln.*

## »DATENSPEICHER« IN KEILSCHRIFT

*Die vollständig oder in Fragmenten erhaltenen Tontafeln von 2300 v. Chr. betreffen zwei Bereiche: ein Teil der Inschriften gehörte zum Archiv – Dokumente der königlichen Verwaltung und Buchhaltung, Handelsabkommen und andere Verträge, gesetzliche Normen und Schriftstücke, die mit staatlicher Organisation, religiösen Strukturen und den Vorrechten des Herrschers zu tun hatten; der andere Teil gehörte zur Bibliothek – literarische Texte sowie Kultur- und Geschichtsquellen der Stadt. Dabei fand man auch eine Art Wörterbuch von 1500 Stichwörtern mit Übersetzungen ins Sumerische, wodurch man das Eblaitische entschlüsseln konnte, die Sprache, die dem Ugaritischen, Phönizischen, Hebräischen und Arabischen vorausging. Der Umstand, dass sich dieses außergewöhnliche Erbe so gut konserviert hat, war paradoxerweise ein Brand, den die Akkader 2250 v. Chr. bei der Zerstörung des Königspalastes legten – dadurch wurden die Tontafeln gebrannt und für die Ewigkeit erhalten. Die politische Organisation Eblas sah an der Spitze den König (en) und die Königin, ihnen zur Seite stand der Ältestenrat (abba), dessen Mitglieder den Titel eines lugal hatten. Alles wurde von der Zentralgewalt kontrolliert, die religiöse Autorität war sekundär. Die Wirtschaft Eblas basierte auf Ackerbau (Weizen, Gerste, Wein und Öl), Viehzucht und Handwerk (Stoffe und Metallgegenstände), ihr Reichtum stammte jedoch vor allem vom ausgedehnten Handelsnetz, das die Stadt durch Karawanenwege mit Syrien, Palästina und Mesopotamien verband. Handel wurde von staatlichen Beamten (kas) und von privaten Händlern (damkara) betrieben, die in den eblaitischen Handelskolonien im Ausland auch befestigte Stützpunkte errichteten. Die Geschäfte wurden entweder durch Tausch oder durch Bezahlung mit Geld (der fixe Umtauschwert mit Gold war 5:1) abgewickelt. Verkauft wurden vor allem Wolle, Stoff, Edelsteine, halbbearbeitetes Metall und fertige Metallprodukte, Holzgegenstände und auch Sklaven. Der größte Teil der Tafeln betraf internationale Handelsverträge. Einer der Verträge bezog sich auf die Schaffung eines eblaitischen Handelszentrums in der Stadt Assur um 2350 v. Chr., von wo aus ein zweites Netz von Karawanenwegen in die Region des oberen Tigris und nach Mittelostanatolien führte.*

**DIE VERLORENE STADT**
*Ebla hatte die übliche
Stadtstruktur der Antike,
mit einer Akropolis, die vom
Hügel aus über dem Stadt-
gebiet in der Ebene thronte.
Im 7. Jh. v. Chr. wurde die
antike Stadt verlassen blieb
bis zu ihrem Wieder-
auffinden 1968 unentdeckt.
Rechts und unten: zwei Fotos der Ausgrabungsstätte.*

## VOM DORF ZUM STADTSTAAT

Die Anfänge Eblas liegen im 4. Jahrtausend v. Chr., als auf dem Kalkhügel von Tell Mardikh in einem kleinen Dorf der Jungsteinzeit Bauern und Hirten wohnten. Eine einfache stadtartige Struktur entwickelte sich etwa ein Jahrtausend später. 2500 v. Chr. war Ebla Sitz eines blühenden Stadtstaa-

tes, der politische und wirtschaftliche Macht über ein weites Gebiet zwischen Aleppo im Norden und Hama im Süden ausübte, also beinahe über das gesamte Gebiet des heutigen Syrien. 2400–2300 wurde die innere Organisation verstärkt und ein Königspalast errichtet, in welchen nunmehr die wertvollen Tontafeln gefunden wurden. Um 2300 v. Chr. eroberte und zerstörte König Sargon von Akkad die Stadt, die für einige Jh.e verlassen wurde, bis man sie unter der Herrschaft des Gudea aus der Lagasch-Dynastie wieder aufbaute. Während der Zeit des Hammurabi von Babylonien und seiner Dynastie (1894–1594 v. Chr.) erreichte Ebla wieder große Bedeutung, wurde aber nach einer Phase der wirtschaftlichen und sozialen Krise 1600 v. Chr. von den Hethitern endgültig zerstört. Die imposanten Ruinen der Stadt zeugten noch Jahrhunderte nach ihrem Untergang von ihrem Glanz: Pharao Thutmosis III. (1490–1436 v. Chr.) ließ, nach dem er die Ruinen der Stadt bei einem Feldzug in den Nahen Osten zufällig gesehen hatte, den Namen Ebla in einen Pylon des Karnak-Tempels einmeißeln.

## DIE MONUMENTE
## DER ANTIKEN STADT

Der elliptische Erdwall, der die Stadt umschloss, war durch drei befestigte Monumentaltore aus der Zeit Hammurabis unterbrochen. Das Haupttor lag nach Südwesten in Richtung Damaskus, nahe dem unteren Stadtteil. Es bestand aus zwei getrennten Eingängen mit zwei viereckigen Verteidigungstürmen, die durch einen 21 m langen Mittelteil verbunden waren. Dieser bestand aus riesigen Kalkstein- und Basaltblöcken und führte zu mit Zinnen versehenen Außenterrassen, die eine Beobachtung in alle Richtungen erlaubten. Die beiden anderen Tore öffneten sich nach Nordwesten in

Richtung Aleppo und nach Nordosten zum Euphrat-Tal. Nahe dem Südwestabhang der über der Stadt thronenden Akropolis fand man Mauerreste von Tempeln, die dem Kult der königlichen Ahnen und des Gottes der Unterwelt Reschef dienten. Am gegenüberliegenden Hang erstreckt sich der große Königspalast, der einst mit seinen 3500 m² Grundfläche den südlichen Teil und den Südwesthang des Hügels einnahm. Ein großes Portal und eine lange Stiege führen zu den Wohnräumen des Herrschers; an den Seiten befinden sich der 5,3 x 3,5 m große Saal des Palastarchivs, in dem sich mehr als 4000 Jahre lang die berühmten Tontafeln erhalten haben, und gegenüber ein kleiner Archivsaal. Thronsaal und Audienzhof gehören ebenfalls zu den wichtigsten Räumen.

Zu Füßen der Akropolis, im westlichen Teil der Stadt, liegen Ruinen des Großen Tempels; er war der Göttin Ischtar geweiht, 33 m lang, 20 m breit und hat mächtige, 6 m tiefe Steinfundamente. Am Gipfel des Hügels, der über eine Freitreppe erreichbar ist, stand ein zweiter Ischtar-Tempel über dem Königspalast; er war in drei nebeneinander liegende Bereiche gegliedert.

Im Nordwesten der Stadt liegt in der Ebene ein weiterer heiliger Bereich, der ebenso dem Ischtar-Kult gewidmet war – das »Monument P 3« der Archäologen: es bestand aus einer erhöhten Terrasse, war 52,5 m lang, 42 m breit und ursprünglich 10–15 m hoch; die Außenmauern waren leicht nach innen geneigt und hatten keine Öffnungen; der Innenhof diente als Gehege für einige Löwen, die heiligen Tiere der Göttin. Im Zentrum des Grabungsgebiets im unteren

Stadtbereich (der erst zuletzt ausgegraben wurde) stieß man auf einen zweiten Königspalast, der unmittelbar nach der Zerstörung der Stadt durch die Akkader errichtet wurde.

Die Wohnbezirke Eblas bestehen meist aus Häusern mit quadratischem oder rechteckigem Grundriss mit Vorhalle und offenen Kammern, die auf einen Innenhof gehen. Die Grabbeigaben der Königsnekropole (1825–1750 v. Chr.) umfassten Keramiken, Statuetten aus Stein oder Metall, Schmuck und Ornamente aus Gold, Silber und Mosaiksteinen. Die Materialien waren großteils importiert, eine Bestätigung für den damaligen Wohlstand Eblas.

**GÖTTIN DER FRUCHTBARKEIT**
*Rechts: Alabasterstatuette der Göttin Ischtar, der ein Tempel an der Westseite der Akropolis geweiht war.
Oben: Goldhalsband mit Anhängern aus einem Grab, das in einer natürlichen Höhle unter dem Westpalast gefunden wurde.*

**DER »WEISSE STEIN«**
*Ebla lag auf einer Hochfläche, dessen Kalksteinfelsen auch für den Bau von Häusern verwendet wurde. Der Name der Stadt bedeutet in der lokalen Sprache »weißer Stein«.*

# PERSEPOLIS, HAUPT-STADT DER ACHÄMENIDEN

*Persepolis wurde von Darius I. dem Großen gegründet und von seinen Nachfolgern ausgebaut. Nachdem 331 v. Chr. Alexander der Große die Stadt eroberte, wurde sie verlassen. Von den prächtigen Palästen sind noch Ruinen mit herrlichen Basreliefs erhalten, welche von der ruhmreichen Vergangenheit berichten.*

**MONUMENTALER EINGANG**
*Das Tor aller Völker (5. Jh. v. Chr.) war der Zugang zur prächtigen, von Darius I. dem Großen in Auftrag gegebenen Hauptstadt.*

**HERREN EINES UNENDLICHEN REICHES**
*Basrelief mit Darius I. auf seinem Thron. Sein Herrschaftsgebiet umfasste den heutigen Iran, Ägypten, Syrien, Mesopotamien (den heutigen Irak) und Gebiete Kleinasiens.*

Persepolis, vom griechischen »Stadt der Perser«, lag im Zentrum des heutigen Iran, auf der Hochebene Marv Dasht, am Fuße einer Gebirgslandschaft 60 km nordöstlich von Schiras in der Provinz Fars. Sie war eine der Hauptstädte des Perserreiches, gemeinsam mit Susa Winterhauptstadt und mit Ekbatana Sommerhauptstadt. Nach Justinian und Diodor gab es hier bereits im 9. Jh. v. Chr. eine kleine Siedlung, die Gründung der Stadt wird aber erst mit 518 v. Chr. unter Darius I. dem Großen angegeben. Der Perserkönig aus der Achämenidendynastie beherrschte ein riesiges Gebiet, das sich von Ägypten bis zum Indus erstreckte, und gründete eine Hauptstadt, um die Macht des Reiches hervorzustreichen. Die Stadt wurde im Laufe des folgenden Jh.s von seinen Nachfolgern noch weiter ausgebaut. Ein Jahr nach der Niederlage von Darius III. gegen Alexander den Großen (331 v. Chr.) wurde Persepolis angezündet und geplündert. Nach Plutarch waren 20.000 Maulesel und 5000 Kamele erforderlich, um die Reichtümer abzutransportieren. Danach wurde die Stadt nicht mehr aufgebaut und jahrhundertelang wusste man nicht einmal mehr, wo sich ihre Ruinen befanden. Erst um das Jahr 1000 werden sie in einem Dokument zitiert und 1622 vom römischen Reisenden Pietro Della Valle beschrieben. Die ersten archäologischen Grabungen wurden 1931–1939 unter der Leitung des deutschen Archäologen Ernst Herzfeld im Auftrag des Orientinstituts der Universität von Chicago durchgeführt.

## DIE EINSTIGE HAUPTSTADT

Persepolis wurde auf einer weiten Hochebene zu Füßen des Kuh-e Rahmat auf einer rechtwinkelig angelegten, 15 m erhöhten Terrasse von 455 x 300 m errichtet. Um diese Fläche legte man mächtige Mauern an, die über eine doppelläufige Freitreppe mit Stufen aus Steinblöcken erreicht werden konnten. Durch ein monumentales Portal gelangte man zu den prächtigen Königspalästen, deren riesige Säle von zahlreichen Pfeilern getragen wurden und mit wundervollen Basreliefs rituellen Charakters geschmückt waren.
Der von Xerxes I. 486–465 v. Chr. errichtete prächtige Haupteingang, das »Tor aller Völker«, bestand aus einem quadratischen Innenraum von 25 m Seitenlänge mit vier 16 m hohen Säulen, deren Kapitele mit Voluten und Figuren von Tierungeheuern geschmückt waren. Der Westeingang der Treppe wurde von zwei gigantischen geflügelten Stieren mit Menschenköpfen bewacht, die aus den Türpfosten herauszutreten schienen; ein ähnliches fantastisches Paar flankierte den Ausgang an der Ostseite.
Das Südportal führte zum wichtigsten der königlichen Gebäude, der Apadana, dem Audienzsaal der Achämenidenherrscher. Der Bau wurde 515 unter Darius begonnen und 465 v. Chr. von seinem Sohn Xerxes fertig gestellt, wie die

## RELIEFS AM STIEGENAUFGANG ZUR APADANA

*Die Darstellungen in den Reliefs der Brüstung und des Fundaments (2,6 m) der beidseitigen Rampe zur Apadana zeigen ein Bild eines geordneten, mächtigen und gut organisierten Reiches, dem von den tributpflichtigen Nationen Unterwürfigkeit und Verehrung entgegengebracht werden. An der Innenfassade (Nordseite) ist auf Höhe jeder einzelnen Treppenstufe ein Soldat der »10.000 Unsterblichen«, dem aus Meder- und Perserabteilungen bestehenden Spezialkorps des Königs, zu sehen. An der Außenfassade (Ostseite) erscheint die feierliche Prozession von 23 Delegationen der 28 Nationen des Achämenidenreiches, wie sie dem Herrscher, dem »König der Könige« ihre Tribute darbringen. Ihre Herkunft ist entweder am Kostüm, an den Geschenken oder den Tieren, die ihnen folgen, zu erkennen, wie das Buckelrind der Babylonier, die Widder aus Kilikien, die Kamele aus Baktrien, die Elefantenstoßzähne aus Äthiopien und so fort. Neben Vertretern dieser Nationen sind auch Ägypter, Meder, Elamiter, Armenier, Assyrer, Ionier, Skythen, Lyder, Inder, Thraker und Araber dargestellt; die Waren umfassen auch Waffen, Geschirr, Stoffe, Schmuck, Tierfelle und lebende Tiere (neben den bereits genannten auch Esel, Löwen und Stiere). In der Mitte der Treppenanlage befindet sich über einer Sonnenscheibe der Gott Ahura Masda und an einer Seitenrampe eine Szene, wie ein Löwe einen Stier von hinten anfällt.*

vier Inschriften am Mauerfundament in den Ecken des Gebäudes bestätigen. Im riesigen quadratischen Innenraum von 75 m Seitenlänge standen in sechs Reihen 72 Säulen (wovon nur noch 13 erhalten sind) von 20 m Höhe; der Raum war an drei Seiten mit Portiken umgeben, die ebenfalls mit Säulen ausgestattet waren. Die Säulen sind kanneliert und stehen auf hohen Sockeln aus umgekehrten Lotosblüten, die Kapitelle tragen Löwen-, Hund- und Stiermotive. Säulen, Querbalken, Portale waren ebenso wie Holzdecke und Reliefs mit lebhaften Farben bemalt, die Türen mit Bronze und Gold überzogen. Dieser Raum und die Doppeltreppe am Eingang werden als bedeutendste Werke der Monumentalkunst der Achämeniden betrachtet. In den Ecken der Apadana standen vier quadratische Türme, die ebenfalls mit Reliefskulpturen geschmückt waren.

**SO VERGEHT DIE HERRLICHKEIT DER WELT**
*Erbaut, um den unvergänglichen Ruhm eines Reiches zu zeigen, erlebte Persepolis nicht einmal das 2. Jh. seiner Gründung: 330 v. Chr. wurde die Stadt von Alexander dem Großen zerstört und nie mehr aufgebaut.*

**ÜBER DIE ANTIKEN TREPPEN**
*Zugangstreppe zur Apadana. Die Reliefs zeigen einen Zug von Soldaten und einen Stier, der von einem Löwen angefallen wird.*

**DER PALAST DES DARIUS**
*Überreste des auf einem mehr als 2 m hohen Sockel errichteten Darius-Palastes, zu dem eine breite Freitreppe führt.*

# WEITERE BAUWERKE VON PERSEPOLIS

Die Apadana und der Palast von Darius I. wurden unter dessen Herrschaft errichtet, Erweiterungen stammten von Xerxes und Artaxerxes III. Die Gebäude standen auf einem 2,5 m hohen Podium und konnten über eine Freitreppe erreicht werden, die mit Dienerfiguren und an der Fassade mit Reliefs von Soldaten der »10.000 Unsterblichen« dekoriert war. Der Bereich war in einen rechteckigen Zentralraum mit 12 Säulen und Privaträume des Königs unterteilt. Pfeiler und steinerne Gesimse an Fenstern und Türen imitierten den ägyptischen Stil; die Reliefs zeigten das tägliche Leben von Hof und König, Diener, die ihn mit einem Schirm vor der Sonne schützen und die Fliegen verjagen, Gebrauchsgegenstände und eine Kampfszene mit einem Fabeltier.

Im daneben gelegenen Palast des Xerxes ist ebenfalls ein großer Saal (mit 36 Säulen) zu sehen, vor dem sich ein Atrium mit 12 Säulen und ein großer Hof befinden. Dahinter war ein dem Feuerkult geweihtes Sanktuar; die Reliefs zeigen die üblichen Motive – den von seinen Dienern umgebenen Herrscher. Weiter südlich liegt der Harem, vermutlich Wohnort der Konkubinen des Königs. Wo heute das Mu-

seum von Persepolis steht, waren wahrscheinlich früher die Wohnanlagen der Reichsbeamten. Vor der Osttreppe der Apadana stand ein Verbindungsgebäude zwischen dem östlichen und westlichen Bereich der Terrasse, der Tripylon, der, wie der Name bereits ankündigt, aus drei Portalen bestand. Das südliche führte zu den Privaträumen des Palastes, das östliche verband den Palast mit den angrenzenden öffentlichen Gebäuden und das Nordportal mit dem L-förmigen Hof mit Blick auf die Apadana. Ein zentral gelegener quadratischer Saal mit vier Säulen diente möglicherweise der Versammlung des Militärrates. Ein Relief stellt Xerxes in schreitender Haltung dar, wie er von Schirm- und Wedelträgern begleitet wird.

Die Monumentalität von Persepolis drückt sich besonders im Hundert-Säulen-Saal aus, der unter Xerxes I. begonnen und unter Artaxerxes I. vollendet wurde. Er ist von quadratischem Grundriss (70 m Seitenlänge) und enthielt den Thron von Xerxes I.; zehn Reihen von je zehn Säulen trugen die 4600 m² große Decke. Die Reliefs stellen Xerxes unter einem Baldachin sitzend oder beim siegreichen Kampf gegen Fabeltiere dar; Würdenträger, Gesandte und Untertanen sind in weiteren Szenen zu sehen, die perfekt und detailge-

**DIENER DES KÖNIGS**
Unten: *Relief auf der Freitreppe zum Darius-Palast mit Dienern, die Speisen herbeitragen.*
Unten rechts: *der riesige Hundert-Säulen-Saal, in dem der Thron Xerxes' I. stand.*

treu ausgearbeitet sind. Zu beiden Seiten des nördlichsten der acht Tore befanden sich Skulpturen von zwei riesigen Stieren. Dahinter waren noch weitere Gebäude, deren größtes das Schatzhaus mit dem Archiv und Waffenarsenal des Reiches war. Hier wurden Hunderte Keilschrifttafeln sichergestellt, die interessante Informationen preisgaben: den Bau der Paläste und die Kosten, den an Steuern eingenommenen Betrag, vorgeschriebene religiöse Zeremonien und die Korrespondenz mit den Statthaltern der Satrapien, in die das Reich unterteilt war. Holzsäulen, die das Gebäude stützten, waren mit vergoldetem Stuck überzogen.

Die Arbeiterbehausungen lagen in der Ebene südlich und westlich der Terrasse.

**MEISTER DER BILDHAUEREI**
*Dieses Kapitell zeigt die hohe Kunst der Bildhauerei im Perserreich während der Achämeniden-Dynastie.*

**KÖNIG IM SCHATTEN**
*Mitte: Dieses Relief am Tripylon zeigt Xerxes mit einer Gruppe von Dienern, die ihn mit einem Sonnenschirm schützen.*

## KÖNIGSGRÄBER

*Darius I. beschloss, sein Grab im Tal am Kuh-e-Rahmat, 5 km nordwestlich von Persepolis anlegen und die Grabkammer in die Talsohle einer hohen Felswand hauen zu lassen. Die Außenfassade wurde von Scheinsäulen mit Tierkopf-Kapitellen gebildet; ein darüber liegendes Relief zeigte den König auf einem Sockel vor dem Altar des heiligen Feuers, wie er die Sonnenscheibe des Ahura Masda anbetet. Rundherum stehen 23 Vertreter der Nationen des Reiches und Scharen von Soldaten der »10.000 Unsterblichen«. Das Begräbnisritual wurde im Freien vollzogen, auf der Terrasse des Atriums vor dem Grab – dies könnte eine Erklärung sein, warum man in Persepolis, mit Ausnahme des bescheidenen Sanktuars hinter dem Xerxes-Palast, keine Kultstätten errichtete.*

*Andere sehr ähnliche Königsgräber nahmen die letzten Hüllen von Xerxes, Artaxerxes I. und Darius II. auf. Das Grab von Artaxerxes II. wurde hingegen in den Persepolis gegenüber liegenden Berghang gehauen.*

*Unten: die Gräber von Darius (rechts) und Xerxes.*

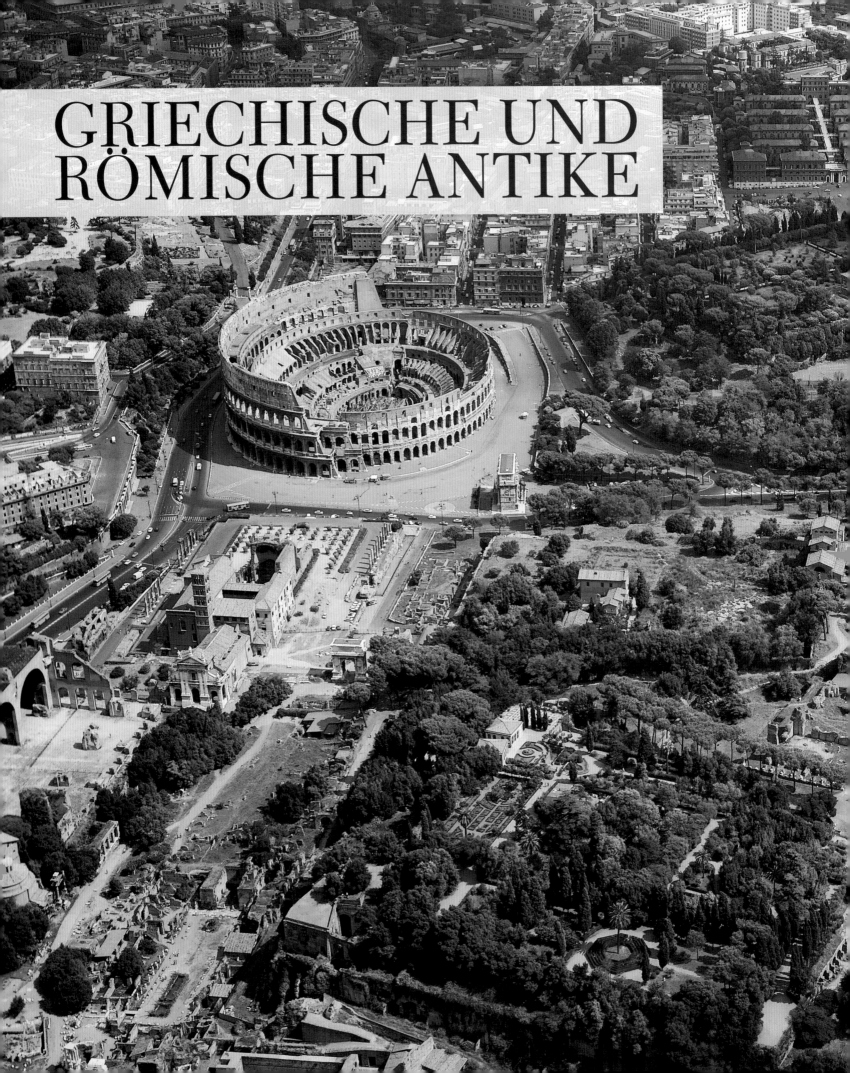

# GRIECHISCHE UND RÖMISCHE ANTIKE

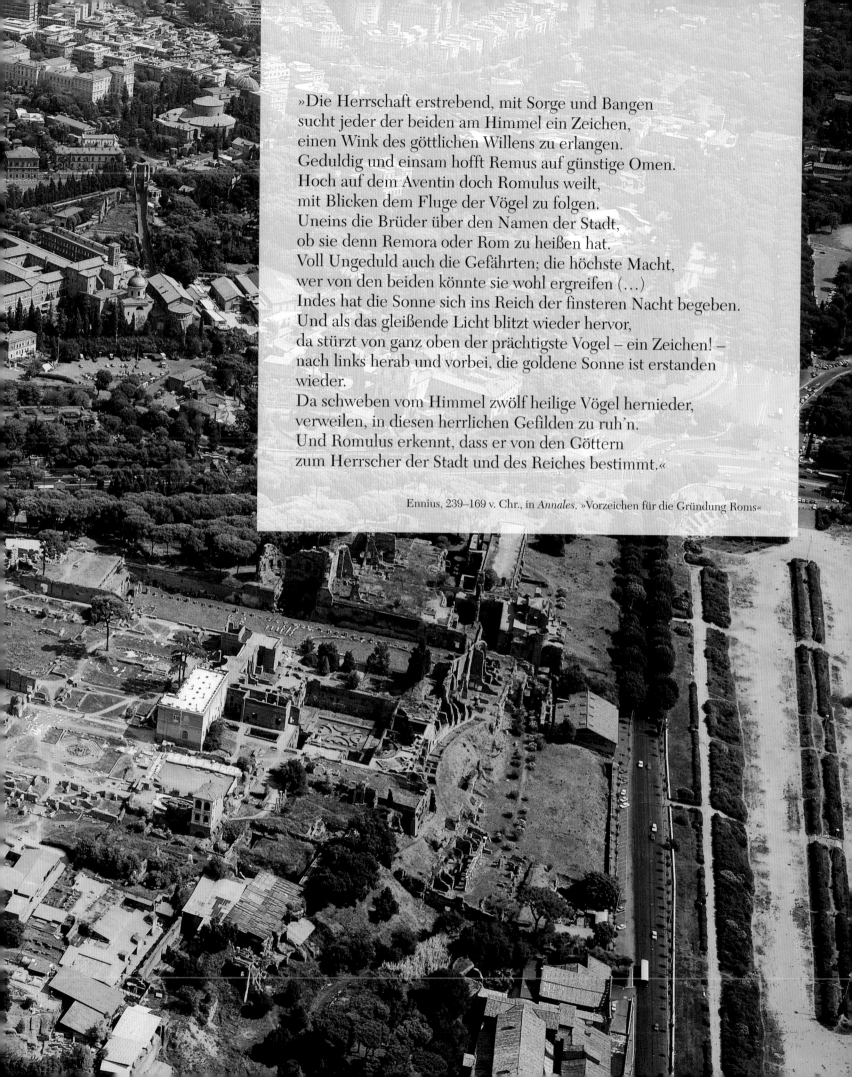

»Die Herrschaft erstrebend, mit Sorge und Bangen
sucht jeder der beiden am Himmel ein Zeichen,
einen Wink des göttlichen Willens zu erlangen.
Geduldig und einsam hofft Remus auf günstige Omen.
Hoch auf dem Aventin doch Romulus weilt,
mit Blicken dem Fluge der Vögel zu folgen.
Uneins die Brüder über den Namen der Stadt,
ob sie denn Remora oder Rom zu heißen hat.
Voll Ungeduld auch die Gefährten; die höchste Macht,
wer von den beiden könnte sie wohl ergreifen (…)
Indes hat die Sonne sich ins Reich der finsteren Nacht begeben.
Und als das gleißende Licht blitzt wieder hervor,
da stürzt von ganz oben der prächtigste Vogel – ein Zeichen! –
nach links herab und vorbei, die goldene Sonne ist erstanden
wieder.
Da schweben vom Himmel zwölf heilige Vögel hernieder,
verweilen, in diesen herrlichen Gefilden zu ruh'n.
Und Romulus erkennt, dass er von den Göttern
zum Herrscher der Stadt und des Reiches bestimmt.«

Ennius, 239–169 v. Chr., in *Annales*, »Vorzeichen für die Gründung Roms«

# RUINEN UND SCHÄTZE MYKENES

*Die Mykener hatten in der griechischen Kultur der Bronzezeit (1600–1100 v. Chr.), die auf die Minoische Zeit folgte, eine tragende Rolle inne. Ihre für Krieger-Aristokratien typisch angelegte Stadt war von einer zyklopischen Ringmauer umgeben, teilweise sind auch Schacht- und Kuppelgräber mit reichen Grabbeigaben aus Gold erhalten geblieben.*

Im trockenen, kalkigen Hügelgebiet von Argolis im Nordosten des Peloponnes, das bis zur Küste mit ihren zahlreichen natürlichen Häfen reicht, lag Mykene, von steilen Gipfeln und Talschluchten begrenzt. Auf einem schmalen Felssporn, 30 km südwestlich von Korinth, mit Abstürzen an beiden Seiten blickte es auf die Ebene von Argos und den Golf von Nauplion. Durch die strategisch günstige Lage konnte die Stadt nur vom Westen her erreicht werden. Die ersten Siedlungsspuren gehen auf die Jungsteinzeit zurück; während der mittleren Bronzezeit (1900–1700 v. Chr.) wanderten jedoch achaiische Stämme ein, die sich mit der lokalen Bevölkerung vermischten. Auf diese Zeit geht auch der »Grabzirkel B« zurück, der die Gebeine eines einzigen Familienklans enthält.

1841 unternahm die Griechische Archäologische Gesellschaft die ersten wissenschaftlichen Grabungen, bei welchen das Löwentor freigelegt wurde. 1868 besuchte Heinrich Schliemann, der die Grabungen in Troja abgeschlossen hatte, erstmals die Ruinen von Mykene und begann hier 1874 mit Ausgrabungen. Er legte einen Teil der Befestigungen frei und fand in den fünf Königsgräbern, dem so genannten »Grabzirkel A«, äußerst wertvolle Grabbeigaben wie die berühmte Goldmaske. 1867 wurde auch ein sechstes Grab entdeckt. 1880–1892 nahm die Griechische Archäologische Gesellschaft die Grabungen unter der Leitung von Christos Tsountas wieder auf. Er erforschte den Königspalast, einige Wohngebäude und einen Teil der Totenstadt. 1919–1966 unternahm die Britische Schule von Athen weitere Forschun-

**WACHENDE LÖWEN**
*Die Umgebungsmauer der Akropolis. Im Hintergrund das Löwentor, das nach den beiden aufrecht stehenden Löwen (Detail) so benannt wurde.*

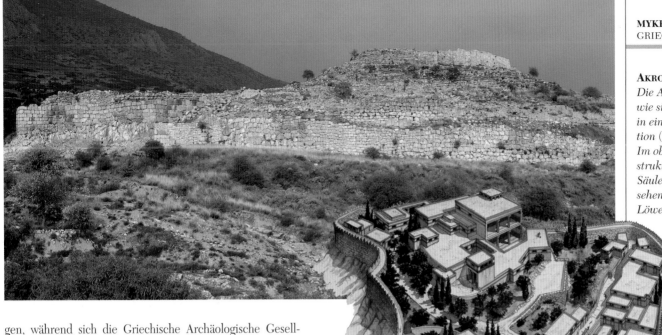

**AKROPOLIS**
*Die Akropolis von Mykene, wie sie sich heute zeigt und in einer Modellrekonstruktion (unten).*
*Im oberen Teil der Rekonstruktion ist der auf roten Säulen gestützte Palast zu sehen und ganz unten das Löwentor.*

gen, während sich die Griechische Archäologische Gesellschaft mit der Restaurierung einiger Gebäude befasste. Nach der Entdeckung des »Grabzirkels B« (1953) griff die Griechische Gesellschaft auch wieder direkt in die Grabungen ein.

# DIE RUINEN MYKENES

Die Stadt war von einer mächtigen doppelten Ringmauer umgeben. Der erste Ring, eine vieleckige Mauer in Zyklopentechnik ohne jegliches Verbindungsmaterial (erste Hälfte des 14. Jh. v. Chr.) diente der Verteidigung der Anhöhe. Um 1250 v. Chr. wurde der Ring erweitert und mit zwei Zugängen versehen, dem berühmten Löwentor und dem Nordtor; zusätzlich gab es noch zwei geheime, gut versteckte Schlupfpforten. 18 m unterhalb des Nordtores war eine Quelle mit einer unterirdischen, mit Steinen abgedeckten, über Stufen erreichbaren Zisterne. Dieser wertvolle Wasservorrat wurde etwas später ebenfalls in den Verteidigungsring einbezogen, der dadurch eine Länge von mehr als 1 km erreichte und der Verteidigung eines Gebietes von 30 ha diente.

Der Trilith des Löwentors besteht aus zwei vertikalen Tragsteinen und einem mächtigen Architraven. Darüber befindet sich in der dreieckigen Fläche zwischen den Querbalken eine Steinplatte mit einem Relief, auf dem zwei aufrecht stehende Löwen (nach manchen Wissenschaftlern auch Löwinnen) dargestellt sind, die ihre Vorderbeine auf einen in der Mitte stehenden Altar mit einer Säule stützen. Jenseits des prächtigen Eingangs führt eine Rampe zum »Grabzirkel A« (1600 v. Chr.); die Gräber liegen am äußeren Mauerring und sind von einer hohen ringförmigen Mauer umgeben, die oben von einer Doppelreihe paralleler Megalithblöcke abgeschlossen wird. Die sechs Königsgräber enthielten die Gebeine von neun Männern, acht Frauen und zwei Kindern, sowie reiche Grabbeigaben aus Gold und Edelsteinen, darunter die bekannten Totenmasken aus Gold, welche die Gesichter der Verstorbenen wiedergeben. Heinrich Schliemann schrieb sie Agamemnon, Atreus, Klytämnestra und weiteren Personen aus den Erzählungen Homers zu, der Datierung der Gräber nach (16./15. Jh. v. Chr.) kann dies aber keinesfalls richtig sein.

## MYKENISCHE KULTUR

*Die Mykener (die Achäer der Ilias) siedeln sich um 2000 v. Chr. am Peloponnes an und führen die indoeuropäische Sprache und ihre charakteristischen Keramiken in Südgriechenland ein. Ab 1600 v. Chr. setzt sich eine politisch-militärische Aristokratie durch, die befestigte Siedlungen (Mykene, Tiryns und Pylos) errichtet. Ihre Paläste können auch mit jenen der minoischen Städte wetteifern, von deren Kultur sich die Mykener inspirieren lassen. Um 1400 v. Chr. besetzen die Mykener die Insel Kreta und zerstören die kretischen Städte. Während ihrer 200 Jahre lange dauernden Seeherrschaft im Ägäischen Meer und im Mittelmeer können sie Reichtum und Macht erringen. Mykene erlebt zahlreiche Einfälle und Brände, wonach die Stadt immer wieder aufgebaut wird; der Niedergang der Stadt beginnt nach dem Kriegszug nach Troja, bei dem König Agamemnon das griechische Heer anführte. Nachfolgende Migrationswellen und Einfälle von Dorern (1100 v. Chr.), die bereits Eisenwaffen besitzen, führen zur Zerstörung Mykenes. Auf den Ruinen der Stadt wird eine neue Ansiedlung errichtet, deren Bewohner eine wechselvolle Geschichte erleben, bis die neue Siedlung von den Argonauten zerstört und im 3. Jh. v. Chr. endgültig verlassen wird.*

**MYKENISCHE KUNST**
Unten: *Kopf einer Sphinx aus bemaltem Stuck.*
Unten links: *Dolche aus Gold und Niello (schwarze Metalllegierung aus Kupfer, Silber und Blei) aus dem 16. Jh. v. Chr.*

**KÖNIGSGRÄBER**
*»Grabzirkel A« mit
Königsgräbern innerhalb
der Stadtbefestigung.*

**BLUTRÜNSTIGE KÖNIGIN**
*Schliemann gab jedem Grab
in Mykene einen Namen aus
Homers Epen.
Unten: das »Grab der
Klytämnestra«, die der Le-
gende nach ihren Gatten
Agamemnon ermordete, da
dieser ihre gemeinsame Toch-
ter Iphigenie geopfert hatte.
Ganz unten: eine Totenmaske.*

Beim Grabzirkel A befinden sich auch ein Kulttempel, bestehend aus zwei Räumen und einem Opfertisch, und das Haus
der Idole, in dem einige Tonstatuetten gefunden wurden.
Vor hier führt eine Rampe zur Akropolis, wo die Ruinen des
Königspalasts und auch Teile des ersten Stockwerks mit den
königlichen Wohnräumen zu sehen sind. Im Zentrum stand
das rechtwinkelig angelegte *Megaron*, das aus drei Teilen bestand: einem äußeren Vestibül mit Rückwand und zwei Säulen, einer inneren Vorkammer und dem Hauptsaal (11,5 x
13 m); um die Feuerstelle in der Mitte waren vier Säulen angeordnet, der Thron stand an einer der mit Fresken bemalten Wände. Diese Einteilung wurde auch später bei den
klassischen griechischen Tempeln übernommen. Auf den
Ruinen des Königspalastes wurde im 7. Jh. v. Chr. ein Athene-Tempel errichtet. Das Haus der Säulen weiter im Osten
war Wohnstätte der Goldschmiede, Handwerker und Diener
des Königs. Die Wohngebäude des antiken Mykene lagen in
ungeordneter Weise an den Abhängen des Hügels und teilweise auch außerhalb der Mauer, wie das Haus des Wein-
händlers und das Haus des Ölhändlers, in dem 11 Vasen und
30 Krüge mit Öl – alle versiegelt – gefunden wurden.

## THOLOSGRÄBER

Der Grabzirkel B befindet sich außerhalb der Ringmauer. Er
besteht aus 24 Gräbern – 14 Schachtgräbern und 10 Kuppel-
gräbern. Sie sind älter als jene im Grabzirkel A und waren,
nach den Grabbeigaben zu schließen, die letzten Ruhestätten
von hohen Würdenträgern und Adeligen. Weiter südlich, an
der Eingangsstraße zu den Grabungen, befindet sich das
schönste und mächtigste der königlichen Tholosgräber. Das
allgemein als »Schatzhaus des Atreus« oder »Grab des Agamemnon« (der Sohn des Atreus) bezeichnete Grab wurde
um 1250 v. Chr. in das Tuffgestein des Hügels gehauen. Ein
offener, 36 m langer und 6 m breiter Gang (*Dromos*), dessen
Wände aus großen Steinblöcken bestehen, führt zur Ein-
gangsfassade und einem 5 m hohen und 3 m breiten recht-

eckigen Tor, über dem ein ausladender dreieckiger Block auf einem Architrav (aus zwei mehr als 120 t schweren Monolithblöcken bestehend) thront. Der große runde Innensaal hat einen Durchmesser von 14,5 m und ist 13,2 m hoch. Seine schön gearbeitete *Tholos*-Abdeckung besteht aus 34 Reihen immer weiter nach innen stehender quadratischer Blöcke, die den Eindruck einer Kuppel hervorrufen. Zu beiden Seiten des Eingangs standen Säulen aus grünem behauenem Stein und über dem Architrav befand sich ein Paneel mit einem Spiralmotiv, das sich auch auf den Bronzeplatten im Inneren der Grabanlage wiederholte. Die Kuppel ragte aus der Erde heraus, war mit weißem Ton überzogen und von einer Einfassungsmauer umgeben.

Weitere, kleinere Tholosgräber wurden mit Namen aus Homers Epen versehen: das Grab der Klytämnestra (neben dem Löwentor), des Ägisth, des Epano-Phournos, der Panagitsa, des Orest und des Kato-Phournos.

**»GRAB DES AGAMEMNON«**
*Die Grabanlage ist wegen der äußerst reichen Grabbeigaben auch als »Schatzhaus des Atreus« (ein weiterer Name Pausanias) bekannt. Unten: das Innere der Grabanlage mit Kraggewölbe.*

**SIEGEL EINES RINGES**
Seitenmitte: *Siegel eines Ringes aus den Ruinen Mykenes; es stellt eine Kultszene dar.*

## KÖNIGSBEGRÄBNIS

*Das Begräbnis eines mykenischen Herrschers, dessen Tholosgrab schon zu seinen Lebzeiten ständig in Ordnung gehalten wurde, verlief nach einem genau festgelegten Ritual. Wenn der König starb, bereitete man eine Grube in der Grabkammer und einen Scheiterhaufen in der Nähe des Eingangs vor. Bei der Ankunft des Leichenzuges wurden die wenigen Personen, denen es erlaubt war, die Grabanlage zu betreten, von einem Priester durch einen langen Gang in den großen runden Innenraum geführt. Der mit einem Zeremonialgewand bekleidete Leichnam des Königs wurde gemeinsam mit Machtinsignien, Waffen und Grabbeigaben (Goldschüsseln, Ringe, Statuetten, Schilde, Waffen, Lebensmittel, Getränke, Kleidung) in die Grube gelegt. Der Priester ergriff ein Schwert, verbog es und legte es zu den übrigen Grabbeigaben, als Zeichen, dass die frei gewordene magische Macht des Schwertes noch bereit wäre, für seinen Herrn zu kämpfen. Sobald der Leichnam bedeckt war, wurde mit den Opferungen begonnen: zuerst die Pferde, welche die Bahre gezogen hatten, dann Widder, Ochsen, Hunde und schließlich seine treuesten Diener und mitunter auch die Gattin – sie hatten alle das Vorrecht, ihren Herrn ins Jenseits zu begleiten. Tierkadaver und Leichname wurden in der Seitenkammer untergebracht und nun konnte man mit der Leichenfeier beginnen, indem man Tiere auf dem Scheiterhaufen briet und Wein aus Bechern ins Feuer goss. Nach den letzten rituellen Sprüchen des Priester verließen die Anwesenden das Grab, die große Bronzetür wurde wieder verschlossen und der Eingang zum Dromos bis zum nächsten Begräbnis zugemauert.*

# DIE AKROPOLIS VON ATHEN

*Der Baukomplex der Akropolis von Athen ist zum Sinnbild der klassischen griechischen Kunst und Kultur geworden. Zur Akropolis gehören die Propyläen, das Erechtheion, der Tempel der Athene Nike, der mächtige Parthenon und weitere Bauten, die 447–406 v. Chr. errichtet und mit wundervollen Skulpturen geschmückt wurden.*

**PERIKLES-BÜSTE**
*Römische Marmorkopie einer Perikles-Büste. Der große Politiker setzte sich stark für den Wiederaufbau des Parthenon-Tempels ein.*
Unten: *Akropolis bei Nacht.*

Der Kalksteinhügel der Akropolis (»Stadt auf dem Hügel«) von Athen erhebt sich mehr als 150 m über der attischen Ebene. In Ost-West-Richtung misst er 320 m, in Nord-Süd-Richtung 156 m und weist rundherum nahezu senkrecht abfallende Felswände auf, mit Ausnahme des Westhanges, der zwar ebenfalls steil, aber zugänglich ist. Aufgrund seiner wundervollen, natürlich geschützten Lage war der Hügel bereits in der Jungsteinzeit bewohnt und wurde in mykenischer Zeit (15./14. Jh. v. Chr.) ein Königssitz. Um 1270 v. Chr. wurde eine erste Ringmauer in Zyklopenbauweise errichtet, von der noch einige Spuren vorhanden sind. Sie war 760 m lang, 10 m hoch und 4–6 m breit. Aufgrund der Bauweise wird sie den legendären Pelasgern, der Urbevölkerung Attikas, zugeschrieben. Die Königsresiden-

zen wurden nach dem Einfall der Dorer verlassen; zu Beginn des 6. Jh.s v. Chr. wurde das *Megaron* des Königspalastes zu einem Tempel der Siegesgöttin Athene Polias umgebaut. Um 520 v. Chr., der Zeit der Tyrannis, legte man vom Stadtviertel Kerameikos zur Akropolis die Heilige Straße an und errichtete ein einfaches Propylon. Nach 490 v. Chr. (dem Jahr des Sieges von Marathon) ebnete man den südlichen Teil der Bergspitze ein, um einen grandiosen Tempel zu errichten. 480 v. Chr. führte der Einfall der Perser unter Xerxes zur vollständigen Zerstörung aller Bauwerke auf der Akropolis. Auf Initiative von Themistokles und Kimon wurde das Terrain weiter nivelliert und die Ringmauer erweitert, sodass sie nun einen Bereich von 262 x 136 m umfasste. Bei dieser Gelegenheit legte man die von den Persern »entweihten« Sta-

**STADT DES KEKROPS**
*Rekonstruktion der Akropo-
lis in einem Stich aus dem
19. Jh. Das Herz der griechischen Hauptstadt ist
auch unter dem Namen
Kekropia bekannt, da nach
manchen Legenden Kekrops
als Gründer der Stadt gilt.*

tuen und Gebäudefragmente in einen Graben (»Perserschutt«), wo sie während der Grabungen 1886 entdeckt wurden. Ab 447 v. Chr., zu Beginn der Herrschaft des Perikles,
wurde die Akropolis radikal erneuert, sodass ein Kultzentrum der Göttin Athene und gleichzeitig ein kulturelles Sinnbild des griechischen Volkes entstand.

**GOTT DER TRAGÖDIEN**
*Das Dionysos-Theater
wurde im 5. Jh. v. Chr. am
Nordhang der Akropolis
errichtet. Im Februar und
März wurden zu Ehren
des Gottes Tragödien
aufgeführt.*

### RUND UM DIE AKROPOLIS

*Der Akropolis-Hügel war von natürlich ge-
wachsenen Stadtquartieren umgeben, die
bis in die Römerzeit erhalten blieben. Im
Nordwesten erstreckte sich in der Ebene
bis zum Hügel Kolonos Agoraios die Agora,
Handels- und Verwaltungszentrum. Im
Süden lag das Dionysos-Theater aus dem
5. Jh. v. Chr., das aber später neu errichtet
und durch den Portikus des Eumenes mit
dem Odeon des Herodes Attika aus der Römerzeit verbunden wurde. Im Nordwesten
befindet sich die Anhöhe mit dem The-
seion, einem dem Gott Hephaistos geweihten dorischen Tempel und im Westen der
Areopag-Hügel mit dem Sitz der Blutge-
richtsbarkeit und der Volksversammlung.
Den besten Blick auf die Akropolis hat man
vom Musenhügel oder Philopappos aus.*

**PROPYLÄEN**
*Freitreppe und die Propyläen, der vom Architekten Mnesikles entworfene monumentale Aufgang zur Akropolis.*

**DIE GÖTTIN DES SIEGES**
*Der neben den Propyläen liegende Tempel der Athene Nike zeigt klare ionische Stilelemente, wie die Kapitelle mit den charakteristischen Voluten.*

## PROPYLÄEN

Der Zugang zur Akropolis beginnt beim Beulé-Tor (benannt nach französischen Archäologen, der es 1852 ausgrub) von 267 v. Chr. Bald danach kommt man zu den Propyläen, dem 437–432 v. Chr. im Westteil des Felshügels vom Architekten Mnesikles errichteten monumentalen Zugang zum Tempelbereich. Die Bodenunebenheiten wurden durch Stützmauern, Freitreppe und eine S-förmig verlaufende Rampe überbrückt, die am Ende des ersten Teiles der Heiligen Straße die Besucher bis vor die Propyläen führte. Die Fassade des lang gezogenen Vestibüls, in dessen Mitte zwei Reihen von je drei ionischen Säulen standen, war an den Seiten über Stufen erreichbar. Die Torwand des Mittelbaus wurde von fünf Toren unterbrochen, jenseits der Torwand befand sich ein *Pronaos* aus dorischen Säulen. Neben den Propyläen öffneten sich zwei Flügel: der nördliche führte zur Pinakothek, einen rechteckigen Raum für Gemälde; davor, auf dem Eingangsplatz wurde in der Römerzeit (27 v. Chr.) ein Monument für den Feldherrn Agrippa, Schwiegersohn des Augustus, errichtet. Auf der gegenüberliegenden Seite war vermutlich ein der Pinakothek ähnlicher Raum, der als Vestibül für den Tempel der Athene Nike diente.

Pausanias beschrieb einen oberhalb der Propyläen gelegenen Platz an der Heiligen Straße, wo die gespendeten Statuen neben der riesigen Bronzeskulptur der Athene Promachos (»die in erster Reihe kämpft«) von Phidias aufgestellt wurden. Die 7,5 m hohe Athene-Statue zeigte die Göttin mit korinthischem Helm, Lanze und Schild und wurde zerstört, um sie nicht 1203 während der Besetzung durch die Kreuzfahrer an Konstantinopel ausliefern zu müssen. Hier standen auch eine Statue der Athene von Praxiteles, die beiden Statuen des Phidias – Apollo Parnopios und Athene Lemnia – sowie die Bronzegruppe Athene und Marsyas von Myron. Diese Statuen wurden vermutlich mit anderen Bronzeskulpturen in der Chalkothek westlich des Parthenons aufbewahrt.

## ATHENE-NIKE-TEMPEL

Als Ort für diesen Tempel wählte man das südwestliche Bollwerk der mykenischen Mauer, von der neben den Propyläen noch ein Teil erhalten ist. Der Nike-Tempel wurde 432–421 v. Chr. aus Pentelischem Marmor nach einem bereits 30 Jahre früher entworfenen Plan des Kallikrates erbaut. Der äußerst elegante Bau, der keinen *Pronaos* besitzt, weist jeweils eine Reihe ionischer Säulen an Vorder- und Rückseite auf; über dem Architrav verlief ein heute nur mehr bruchstückhaft vorhandener Fries mit Szenen aus den Perserkriegen sowie Kampfszenen mit Amazonen und Giganten. Die Terrasse mit dem kleinen Tempel war an drei Seiten durch eine Brüstung gesichert, die unten mit wertvollen Nike-Reliefs (teilweise erhalten), möglicherweise vom Bildhauer und Phidias-Schüler Kallimachos, geschmückt wurde.

# PARTHENON-TEMPEL

Von den Propyläen führt die Heilige Straße auf den Gipfel
der Anhöhe mit dem Tempel der Stadtpatronin Athene Parthenos. Nachdem man 490 v. Chr. das Fundament (22 Lagen von Steinblöcken, die fast 11 m in die Erde reichen)
und die unteren Säulentrommeln (sechs an den Quer- und
16 an den Längsseiten) hergestellt hatte, wurde das Gebäude 480 v. Chr. von den Persern zerstört. 460 v. Chr. begann
der Architekt Kallikrates erneut mit der Planung und Fort-
führung des Baus, der 450 v. Chr. beim Tod Kimons unterbrochen wurde. 447 v. Chr. betraute Perikles den Architekten Iktinos mit den Arbeiten, überließ Kallikrates aber die
Gesamtleitung und beauftragte den Bildhauer Phidias mit
der Ausführung der dekorativen Elemente. Beim Panathenäenfest 438 v. Chr. erfolgte die Einweihung des Tempels.
Der Bau besteht vollständig aus Pentelischem Marmor, dessen Farbton bei dem hier herrschenden Licht und beim
Hell und Dunkel der Säulenkannelüren und Reliefskulpturen einen prächtigen Anblick bietet. In Norden ruht der
Tempel direkt auf dem Felsen, im Süden auf einem zuvor
angelegten Sockel von 72,5 x 34 m. Der Tempel selbst ist
69,56 m lang und 30,87 m breit. Er ist ein klassischer Perip-
teros-Tempel (die Säulen stehen von der Wand der *Cella* getrennt), hat an der Fassade acht dorische Säulen, zeigt aber
erstmals auch wiederkehrende Elemente des ionischen Stils.
An den Längsseiten wurden 17, an den Breitseiten acht Säulen angeordnet; sie sind 10,43 m hoch, haben an der Basis

**SÄULEN, DIE
JAHRTAUSENDEN TROTZTEN**
*Der Parthenon ist ein
bewundernswertes
Meisterwerk von Harmonie
und architektonischer
Feinheit. Der Tempel ist der
Göttin Athene Parthenos
(»Jungfrau«) geweiht.*

1,9 m, oben 1,48 m Durchmesser und weisen jeweils 20 scharfkantige Kannelüren auf.

Iktinos wandte zahlreiche Kunstgriffe an, um die Perspektive für das menschliche Auge zu verbessern und die Symmetrie und Harmonie des Tempels noch vollkommener erscheinen zu lassen. Trotz wiederholter Anschläge im Laufe der Jahrhunderte (so explodierte mit der letzten venezianischen Granate 1687 das hier befindliche türkische Pulverlager) ist der Parthenon zur Gänze erhalten geblieben und gilt als Symbol der griechischen Kunst und Architektur. Die architektonischen Feinheiten des Tempels sind legendär: Iktinos korrigierte alle horizontalen Linien, angefangen von den drei Stufen des Fundaments, die nach oben gewölbt sind, sodass die oberste Stufe in der Mitte um 7 cm höher ist; diese Wölbung wiederholt sich beim Fries und bei den Säulen, die zusätzlich eine leichte Schwellung aufweisen.

Der *Pronaos* des Tempels (der Raum zwischen den Säulen an der Vorderseite und der *Cella*) ist verkürzt, ebenso der hintere Teil, der als Schatzraum diente. Die an drei Seiten von dorischen Säulen umgebene *Cella* ist hingegen sehr weitläufig, da sie Platz für die 12 m hohe Statue der Athene Parthenos bieten musste. Diese Votivstatue, ein chryselephantines Werk (aus Gold und Elfenbein) von Phidias, wurde 438 v. Chr. fertig gestellt und ist verloren gegangen. Vorhanden ist nur noch der 6,5 x 2,6 m breite Sockel; das Gewicht der teilweise abnehmbaren Goldverkleidung wurde mit 1140 kg berechnet. Im kleineren, von vier ionischen Säulen gestützten Saal der Jungfrauen wurde die alte Holzstatue der Göttin aufbewahrt. Das Dach war mit Marmorplatten gedeckt und die vier Ecken des Gebäudes mit Löwenköpfen geschmückt. An der östlichen Längsseite hängte man vermutlich die von Alexander dem Großen im Krieg erbeuteten Schilde auf.

Der Tempelschmuck wurde von Phidias und seinen Schülern 432 v. Chr. fertig gestellt. Am Ostgiebel war in 4 m Höhe die »Geburt der Athene« (verloren gegangen) und am

**PARTHENON-FRIESE**
*Der Parthenon war innen und außen von Friesen geschmückt, die mythologische Szenen darstellten.*

Westgiebel der »Kampf zwischen Athene und Poseidon um den Besitz Attikas« dargestellt. Rund um das Dachgebälk verlief ein dorischer Fries aus 92 farbigen Metopen (je 1,3 x 1,27 m), die an der Ostseite »Kampf zwischen Gut und Böse«, »Gerechtigkeit und Ungerechtigkeit«, »Zivilisation und Barbarei«, an der Südseite »Zentaurenkampf«, an der Westseite »Amazonenkampf« und an der Nordseite den »Kampf um Troja« zeigten. Der 160 m lange und aus 1 m hohen und mehr als 4 m langen Paneelen bestehende ionische Fries der *Cella* war der heiligen Prozession beim Panathenäenfest sowie sportlichen, musikalischen und deklamatorischen Wettkämpfen gewidmet, die zur Feier des Geburtstags der Göttin an den neun letzten Augusttagen stattfanden. Zu sehen ist ein Festzug und die Überreichung des vergoldeten Peplos an Athene durch vier Kinder – sie waren meist 7–11 Jahre alt, stammten aus adeligen Häusern und waren ausgelost worden, um der Göttin zu dienen. 19 Paneele befinden sich noch an der Westseite der *Cella*, 35 im Akropolis-Museum, 75 im British Museum in London und die restlichen sind verloren gegangen.

## ERECHTHEION

Der zuletzt verwirklichte Bau der Akropolis, ein der Athene Polias geweihter Tempel, wurde 421–406 v. Chr. errichtet und geht auf die Konzeption von Philokles oder Kallikrates zurück. Die Römer nannten ihn Erechtheion (»Schüttler«), nach dem mythischen schlangenbeinigen König Erichthonios, der hier bereits lange Zeit gemeinsam mit Kekrops als Stammvater der Athener verehrt wurde. In diesem an der Nordkante der Anhöhe unterhalb des Parthenons gelegenen Tempel wurden mehrere Gottheiten verehrt. Er war im ionischen Stil erbaut, umfasste einen *Pronaos* mit sechs Säulen und im östlichen Teil die *Cella* der Athene Polias, wo ihr

**ANMUTIGE KARYATIDEN**
*Die Karyatidenhalle hat ihren Namen von den sechs Mädchenstatuen, die das Dach des Portikus tragen.*

**AM HEILIGSTEN ORT**
*Das Erechtheion (oben links) lag auf dem heiligsten Platz der Akropolis, wo bereits lange vorher religiöse Zeremonien gefeiert wurden.*

hölzernes Ebenbild aufbewahrt wurde, und an der Außenseite den Altar. Die an der Westseite liegenden Heiligtümer standen wegen der Neigung des Geländes auf verschiedenen Ebenen und dienten der Verehrung Poseidons, Hephaistos, Erichthonios' und Kekrops. Als Zugang diente ein Portikus im Norden, neben dem der heilige Ölbaum der Athene wuchs und wo Abdrücke von Poseidons Dreizack im Felsen zu sehen waren. Über dem grauen Marmorsockel zeigten die Hochreliefs der weißen Marmorfriese Ausschnitte aus dem Leben Erichthonios' und religiöse Riten.

An der Südseite erhebt sich die großartige Karyatidenhalle: sie wird von sechs anmutigen, mit dem in viele Falten gelegten ionischen Chiton gekleideten Mädchen getragen – ein wundervolles Werk, das dem Phidias-Schüler Alkamenes zugeschrieben wird. Die feierliche Grazie der Statuen und ihre statische Kraft verleihen dem bereits durch seine Struktur und die Notwendigkeit, die Niveauunterschiede auszugleichen, ungewöhnlichen Monument eine besondere Eleganz, dessen Form sich mit keinem Monument der griechischen Antike vergleichen lässt.

Weitere Gebäude, die sich auf der Akropolis befanden: an der südlichen Kante das Brauronion, ein der Jagdgöttin Artemis geweihtes Sanktuar; an der Nordmauer das Haus, in dem die athenischen Kinder den heiligen Peplos der Athene webten; neben dem Erechtheion das Pandroseion, Kultstätte der Tochter des Kekrops; und schließlich die Heiligtümer von Zeus Polilaeus und Pandion, der Altar der Athene und neben dem Belvedere der Tempel von Rom und Augustus. Fast alle diese Bauten wurden zerstört.

## AKROPOLIS-MUSEUM

*Es liegt im südöstlichen Teil der Akropolis und bietet eine der bedeutendsten Sammlungen griechischer Kunst im strengen klassischen Stil (480–450 v. Chr.). Im linken Flügel sind Fundstücke des 6. Jh.s aus dem »Perserschutt« aufgestellt; im rechten Flügel sind Figuren vom Giebel des archaischen Athene-Polias-Tempels und architektonische Fragmente der klassischen Bauwerke zu sehen. Darunter befinden sich ein beträchtlicher Teil des Parthenon-Frieses mit der Prozession beim Panathenäenfest sowie der zwölf Gottheiten auf dem Olymp, Schmuckfragmente des Erechtheions und 28 Platten der Balustrade des Athene-Nike-Tempels, mit der köstlichen Darstellung »Nike, eine Sandale lösend«. Auch zahlreiche Frauenstatuen (korai) können bewundert werden: eine Peplos-Kore (530 v. Chr.), die 2 m hohe Antenor-Kore (525 v. Chr.), ein Koren-Kopf (520 v. Chr.) und die »leidende Kore« (500 v. Chr.). Des Weiteren sind ein Ephebe von Kritios oder seiner Werkstatt, der Rampin-Reiter (560–550 v. Chr.) und der Moschophoros (ein kouros ein Kalb tragend, 570 v. Chr., im Bild links) vorhanden. Darüber hinaus birgt das Museum noch weitere sehr dynamische und ausdrucksvolle Skulpturen.*

# MYTHOS OLYMPIA

*Das grandiose Sanktuar von Olympia mit seinen Tempeln, Monumenten, Sportstätten und Empfangsgebäuden war 776 v. Chr. bis 393 n. Chr. Austragungsort der Panhellenischen Spiele. Athleten, die hier gewannen, war unvergänglicher Ruhm gewiss. Der heilige Bereich galt als unantastbar und während der Spiele wurden in ganz Griechenland eventuelle Feindseligkeiten unterbrochen.*

**GÖTTERSKULPTUREN**
Rechts: *Kalksteinkopf
der Hera.*
Unten: *Hermes und
Dionysos als Knabe, eine
Marmorskulptur des
Praxiteles aus dem Hera-
Tempel.*
Foto unten rechts: *das
Stadion.*

Ende des 2. Jahrtausends v. Chr. bestand in Elis (im Nordwesten des Peloponnes), 18 km vom Meer entfernt, im flachen Tal am Zusammenfluss von Alpheios und Kladeos, innerhalb sanfter bewaldeter Hügel bereits eine besondere Kultstätte. Ab etwa 1000 v. Chr. gab es ständige Siedlungen am Kronos-Hügel und dem darunter liegenden mit Pinien und Macchia bestandenen als Altis (»Wäldchen«) bezeichneten Hain. Die Altis stand unter göttlichem Schutz und war regelmäßiger Treffpunkt der rundum wohnenden Stämme, die hier friedlich zusammenkamen und für diese Zeit eventuelle Kriege und Streitereien unterbrachen. Der Ursprung des hier gefeierten Zeremoniells lag weit zurück und hatte auch Initiationscharakter. Dazu gehörten einige Wettkämpfe, die von den Dorern dem Göttervater Zeus (vielleicht auch der Erdgöttin Gaia) gewidmet wurden und danach den Ort Olympia nannten.

Der Erfolg der Spiele und die Teilnahme aller hellenischen Völker und der griechischen Kolonien alle vier Jahre ab 776 v. Chr. unter Einstellung aller Feindseligkeiten machte das Heiligtum von Olympia zu einem bedeuten-

den religiösen und politischen Zentrum, das mit zahlreichen Gebäuden und Kunstwerken geschmückt wurde. Sein Niedergang begann 393 n. Chr. mit dem Dekret von Kaiser Theodosius, der im Zuge der Abschaffung der heidnischen Kulte auch die Spiele unterband. Die Stätte wurde im 5. Jh. n. Chr. aufgelassen und erst 1723 von Bernard de Montfaucon wieder entdeckt. Nach Ausgrabungen durch französische Wissenschaftler setzten deutsche Archäologen die Forschungen fort. Sie erhielten 1875 die Grabungskonzession und leiten nunmehr mehr als 130 Jahre lang die archäologischen Forschungen in Olympia.

## ERSTE MONUMENTE

Das Zentrum der ursprünglichen heiligen Stätte der Altis war das Grab des Helden Pelops mit Einfriedung und *Propylon*. Ein Zeus-Altar, um den man die Opfergaben legte, und eine Straße vervollständigten die einfache Struktur

**TEMPEL DES ZEUS**
*Im Zeus-Tempel* (links: die Ruinen) *befand sich eine Kolossalstatue des Gottes, die zu den Sieben Weltwundern gezählt wurde.*

des Heiligtums. Der erste Tempel wurde 600 v. Chr. errichtet: das der Göttin Hera gewidmete Heraion mit sechs Säulen an der Fassade und einem Ring massiver dorischer Holzsäulen, die später durch Steinsäulen ersetzt wurden; der obere Teil des Tempels bestand aus Ziegeln. Vormals hatte der Tempel nur einen *Pronaos* und eine *Cella*, dann erfolgte ein Zubau an der Rückseite, der ebenfalls mit Säulen umgeben war. Im Inneren standen eine mit mythologischen Darstellungen geschmückte Truhe aus Zedernholz und die Hermes-Statue mit Dionysos als Knabe, nach Pausanias ein Werk des Praxiteles. Außerdem wurden hier zahlreiche Opfergaben siegreicher Athleten, Politiker und vermögender Adeliger, welche die Spiele besuchten, aufbewahrt. Der Tempelschmuck bestand aus bemaltem Terrakotta. Später entstanden das Prytaneion, ein Gebäude mit quadratischem Grundriss für die Aufbewahrung des heiligen Feuers, wo auch die Siegesfeiern stattfanden, und das Buleuterion, bestehend aus zwei Sälen mit Apsiden, wo die Athleten ihren Eid schworen und der Olympische Rat seinen Sitz hatte.

## DER TEMPEL DES ZEUS

Das größte religiöse Gebäude im Bereich, der Zeus-Tempel, wurde mit der Kriegsbeute von Elis finanziert und 470–456 v. Chr. vom Architekten Libon errichtet. Dieser Tempel, ein wertvolles Beispiel der dorischen Architektur in Griechenland, war das größte Gebäude Olympias: mit sechs Säulen an den Querseiten und 13 an den Längsseiten maß er 28 x 68 m und war 20 m hoch. Die 34 als Stützen dienenden Säulen hatten einen Durchmesser von 2,25 m und waren 11 m hoch. Sie ruhten auf einem dreistufigen Fundament, bestanden aus lokalem Muschelkalk und waren mit Stuck überzogen. Das Dach war mit Marmorplatten gedeckt und das Regenwasser konnte über 102 Traufen in Form von Löwenköpfen abfließen. Die dreischiffige *Cella* beherbergte die außergewöhnliche 12 m hohe Goldelfenbeinstatue »Zeus, auf dem Thron sitzend«. Sie wurde vom Bildhauer Phidias 440–430 v. Chr. geschaffen und war eines der Sieben Weltwunder. Die Giebeldekoration und die Metopen aus der Hand eines anonymen Künstlers sind ein großartiges Meisterwerk aus der Zeit des Übergangs vom Strengen zum Klassischen Stil; ein Teil ist im Archäologischen Museum von Olympia zu se-

hen. Am Ostgiebel war eine Szene vor dem Rossewettkampf zwischen Pelops und Oinomaos, am Westgiebel der Kampf zwischen Zentauren und Lapithen, der von einer riesigen Apollofigur dominiert wurde. Die zwölf Metopen zeigen die Taten des Herakles. Im Tempel wurden auch zahlreiche Opfergaben gefunden, wozu ein etruskischer Thron gehörte.

## OLYMPISCHE LEGENDEN

*Nach der Legende stand für die Gründung des Sanktuars nicht nur der Zeuskult Pate. Herakles, Träger des heiligen Ölzweigs, soll die Spiele zu Ehren des Pelops initiiert haben. Jener Held besiegte König Oinomaos beim Wagenrennen, heiratete dessen Tochter Hippodameia und führte im Land wieder Gerechtigkeit und Menschlichkeit ein (in »Peloponnes«, der »Insel des Pelops« ist sein Name erhalten). Herakles (unten: im Kampf gegen den Zentauren Nessos) soll es auch gewesen sein, der dem Helden Pelops einen Tempel und die Einfriedung des heiligen Bereiches der Altis errichtet hat. Der Fluss Alpheios trägt den Namen des Flussgottes, der sich unsterblich in die Nymphe Arethusa in der griechischen Kolonie Syrakus verliebt hatte, und auch Hera, die Gattin des Zeus, wurde hier verehrt.*

**DER BESTE SOLL GEWINNEN!**
*Eingang zum Stadion, in
dem vom 8. Jh. v. Chr. bis
zum 4. Jh. n. Chr. alle vier
Jahre die berühmten
Panhellenischen Spiele
stattfanden.*

**HERA-TEMPEL UND
NYMPHÄUM**
Mittleres Bild: *der Hera-
Tempel und auf der rechten
Seite das Nymphäum des
Herodes Atticus aus dem
2. Jh. n. Chr.*

# WEITERE MONUMENTE

Westlich der Einfriedung auf einer künstlich angelegten Terrasse zu Füßen des Kronos-Hügels waren zwölf kleine Tempel ohne Anten oder *Pronaos*, die so genannten *Thesauroi* (Schatzhäuser) der Stadtstaaten Sybaris, Sikyon, Kyrene, Selinus, Gela, Megara, Byzantion, Metapontum, Syrakus, Epidamnos und von zwei weiteren nicht identifizierter Städten. Die *Thesauroi* waren Zeus geweiht und dienten der Aufbewahrung von Opfergaben. Unter der Terrasse befanden sich 16 Zeusstatuen, die aus den Einnahmen durch die Geldstrafen finanziert werden konnten, welche den Athleten auferlegt wurden, die durch Betrug zu gewinnen versuchten. Zwischen den Heiligtümern und einem langen Portikus (330–320 v. Chr.) mit 44 dorischen Säulen befand sich ein Durchgang zum Stadion. Die Rennbahn aus gestampfter Erde war 192 m lang und von breiten Graswällen umgeben, wo 45.000 Besucher Platz fanden. Die einzige Tribüne war den Kampfrichtern und der obersten Demeter-Priesterin vorbehalten, der einzigen Frau, die bei den Wettkämpfen zugegen sein durfte. Im 4. Jh. v. Chr. verlegte man das Stadion außerhalb der Einfriedung neben die Pferderennbahn.

Im heiligen Bezirk von Olympia befand sich auch das *Metroon* (etwa 300 v. Chr.) mit einfachem Säulengang, es war der Göttin Kybele geweiht und diente vermutlich in der Römerzeit dem Kaiserkult. Das *Philippeion* mit rundem Grundriss im ionischen Stil und korinthischen Säulen im Inneren ließ Philipp II. von Makedonien 338 v. Chr. errichten; fertig gestellt wurde es unter Alexander dem Großen, der fünf von Leochares gefertigte Goldelfenbeinstatuen hier aufstellen ließ. Das *Nymphäum* des Herodes Atticus von 160 n. Chr. hat ebenfalls einen runden Grundriss; das *Leonidaion*, eine der ersten Luxusherbergen, bot im Inneren ein Peristyl und außen einen ionischen Säulengang, Gärten und Brunnen – es war für die privilegierte Schicht dieser Zeit gedacht und von einem gewissen Leonidas von Naxos um 330 v. Chr. gespendet worden. Im Komplex befanden sich auch die Priesterwohnungen, Bäder, Thermen, die große *Palästra* mit quadratischem Grundriss, das *Gymnasion* neben dem Säulenportikus der Werkstatt des Phidias.

**KÜNSTLERWERKSTATT**
Unten links: *die Werk-
statt des Phidias, wo der
berühmte Bildhauer
unter anderem die große
chryselephantine Zeus-
Statue fertig stellte.*

**PALÄSTRA UND GYMNASION**
Unten rechts: *die Palästra,
in der ebenso wie im Sta-
dion Wettkämpfe stattfan-
den. Die Athleten konnten
im Gymnasion trainieren,
einem offenen, mit Säulen
umgebenen Platz.*

## OLYMPIADEN IN DER ANTIKE

*Die Spiele wurden alle vier Jahre, insgesamt 294-mal, in Olympia ausgetragen. Sie fanden einen Monat nach der Sommersonnenwende statt und dauerten, zumindest ab 475 v. Chr., fünf Tage. Boten kündigten die Spiele in allen Städten und in den griechischen Kolonien an; während dieser Zeit wurde überall ein heiliger Waffenstillstand eingehalten. Die Wettkämpfe fanden im Stadion und in der Palästra statt. Der älteste Bewerb war ein Wettlauf über eine Länge der 600 Fuß (192 m) langen Rennstrecke; 724 v. Chr. führte man einen Lauf über die doppelte Strecke (hin und zurück) ein und vier Jahre später über Strecken von 7–20 Längen. Der Pentathlon (Fünfkampf: Diskuswerfen, Speerwerfen, Weitsprung, Wettlauf und Ringen) geht auf 708 v. Chr. zurück. Beim Ringen durften alle Körperteile angegriffen werden und wer es schaffte, den Gegner dreimal zu Boden zu bringen, war Sieger. Der Boxkampf wurde 688 v. Chr. eingeführt: man durfte nur mit den mit Stoff (ab dem 4. Jh. v. Chr. mit Leder) umwickelten Händen und nur auf den Kopf schlagen, Gewichts- oder Zeitbeschränkungen gab es nicht. Pankration (ab 648 v. Chr.) war eine Mischung aus Ring- und Boxkampf, alle Schläge waren erlaubt, Bisse jedoch nicht. Der Pferdesport umfasste Wagenrennen (ab 680 v. Chr.) mit zwei oder vier Pferden und Reiten (ab 648 v. Chr.). Bei den Wagenrennen wurden 48 Runden (9216 m) oder mehr gefahren; der Kutscher war der einzige Athlet, der einen ärmellosen Chiton tragen durfte; alle anderen Sportler waren nackt. Der Sieger wurde mit einem Olivenkranz gekrönt. Zweite und dritte Plätze oder Rekorde wurden nicht gewertet.*

**DABEI SEIN IST ALLES**
Oben: *Bronzekopf eines Ringkämpfers aus Olympia.*
Andere Bilder dieser Seite: *Gefäßmalereien mit Szenen verschiedener Wettkämpfe bei den Olympischen Spielen. Man feierte nur den Sieger jeder Disziplin, die zweiten und dritten Plätze wurden nicht prämiert.*

## DAS ENDE OLYMPIAS

Nach der Eroberung Griechenlands durch Rom wurde Olympia von den Truppen Sullas (86 v. Chr.) geplündert. Augustus und Nero schätzten jedoch die Anlage und restaurierten sie. Olympia hatte zwar seine politische Rolle verloren, konnte jedoch seine religiöse und sportliche Bedeutung erhalten. Als 330 n. Chr. die Hauptstadt des Römischen Reiches nach Konstantinopel verlegt wurde, brachte man viele Kunstwerke Olympias in die neue Hauptstadt, die leider verloren gegangen sind. Nach dem Edikt des Theodosius, in dem das Ende der Wettkämpfe befohlen wurde, und der Invasion der Goten war der rasche Niedergang Olympias nicht mehr aufzuhalten. Im 5./6. Jh. n. Chr. wurde die Stätte verlassen. Erdbeben, der Flussschlamm des Kladeos und Bergstürze des Kronos-Hügels begruben die Anlage langsam und ließen sie der Vergessenheit anheim fallen, nicht jedoch die Aufzeichnungen Pausanias'. 1723 gelang es einem französischen Kunstschriftsteller, die Ruinen und eine der faszinierendsten und berühmtesten Stätten der Geschichte wieder zu entdecken.

# DAS THEATER VON EPIDAUROS

*Die Stadt Epidauros beherbergte nicht nur das viel besuchte Heiligtum des Äskulap, sondern auch das schönste Theater der griechischen Antike. Es wurde um 350 v. Chr. von Polyklet dem Jüngeren erbaut und weist eine hervorragende Akustik auf, sodass auch der leiseste Ton im ganzen Zuschauerraum gehört werden kann.*

**DAS GESICHT DER TRAGÖDIE**
Oben: *Tragödenmaske aus Terrakotta aus dem 4. Jh. v. Chr.*
Unten: *die Sitzreihen des herrlichen Theaters, das von Polyklet dem Jüngeren errichtet wurde.*

Epidauros lag an der Westküste des Saronischen Golfes, 32 km nordöstlich von Nauplia in Argolis und wurde im 6. Jh. v. Chr. bekannt, als viele Menschen zum Heiligtum des Äskulap, dem Gott der Heilkunst, pilgerten. Die Anlage wurde 146 v. Chr. von den Römern zerstört. Sie umfasste einen dorischen Äskulap-Tempel, einen Artemis-Tempel und die *Tholos* (360–330 v. Chr.). Jener Rundtempel war ursprünglich von korinthischen Säulen eingefasst und diente vielleicht den Pilgern, die während des Schlafes auf eine göttliche Botschaft warteten oder aber dem Aufenthalt der heiligen Schlangen des Äskulap. Darüber hinaus befanden sich hier kleine Tempel, ein Stadion, ein Gymnasion für sportliche Wettkämpfe, eine große zweistöckige Unterkunft mit 160 Zimmern und weitere kleine Gebäude. Das Schmuckstück von Epidauros war jedoch das Theater, das Mitte des 4. Jh.s v. Chr. am bewaldeten Ostrand des heiligen Bereiches errichtet wurde.

## THEATERBAU

Die Feiern und Wettkämpfe (*Asklepieia*) wurden zu Ehren des Heilgottes alle vier Jahre in seinem Sanktuar in Epidauros wiederholt. Ab 395 v. Chr. wurden neben sportlichen auch musikalische und deklamatorische Wettbewerbe durchgeführt. Sie fanden auf einem hölzernem Podest statt, das sich bald als unzureichend herausstellte und man befand, dass ein richtiges Theater mit Mauern vonnöten wäre, das aus dem

**HIERARCHIE DER SITZPLÄTZE**

*Die Einteilung des Zuschauerraums in Ränge entstand aus der Notwendigkeit, für verschiedene soziale Schichten unterschiedliche Plätze zu bieten. Die drei unteren Sitzreihen um die Orchestra waren Priestern, Beamten, Würdenträgern und Ehrengästen vorbehalten. Diese Sitze waren 33 cm hoch und mit Rückenlehne und Aussparungen für Sitzkissen versehen. Auch die letzte Reihe des unteren Ranges besaß Rückenlehnen. Der obere Rang, der für das Volk vorgesehen war, hat 43 cm hohe Stufen ohne Rückenlehnen. Alle Sitzstufen haben im hinteren Teil eine Vertiefung für die Füße des Zuschauers aus der darüber liegenden Reihe. Man weiß heute nicht, welche Stücke – ob Tragödien, Satiren oder Komödien – hier aufgeführt wurden.*

Reichtum des Sanktuars finanziert werden konnte. Der Bau wurde dem Architekten Polyklet dem Jüngeren aus Argos anvertraut, der bereits damals für seine Statuen, die er für die Olympiasieger gefertigt hatte, und für seinen wunderschönen Rundtempel (*Tholos*) in Epidauros berühmt war. Die Arbeiten begannen 350 v. Chr. Als idealen Platz für das Theater wählte Polyklet den sanft geneigten Nordosthang des Bergs Kynortion. Er wies eine natürliche, steile Hangmulde auf, blickte auf das darunter liegende Äskulap-Heiligtum und bot Schatten während der Spiele. Nach einer weiteren Anpassung des Geländes schaffte man aus einem nahen Steinbruch weiße Kalksteinblöcke herbei, die dann behauen und nach Maß eingepasst wurden. Der erste Theaterbau konnte 6500 Zuschauer fassen, nach einer Erweiterung im 2. Jh. v. Chr. fanden 14.000 Personen Platz. Größe und Aussehen der *Cavea* sind bis heute nahezu gleich geblieben.

## EINTEILUNG DES THEATERS

Das Theater von Epidauros besteht aus einer *Cavea* (Zuschauerraum) mit 55 im Halbkreis angelegten Sitzreihen und ist horizontal durch einen 1,9 m breiten Zwischengang (*Diazoma*) in zwei Ränge geteilt. Der untere Rang hat 34 Stufen und ist durch 13 Treppenläufe in zwölf vertikale Sektoren unterteilt, der obere Rang besteht aus 21 Sitzreihen und 22 Sektoren, die über 23 Treppenläufe erreichbar sind. Am oberen Rand der *Cavea* verläuft ein 2,1 m breiter Gang.

Der Halbkreis des Zuschauerraums grenzt an die kreisförmige *Orchestra* von 20,28 m Durchmesser, die des Weiteren durch eine Mauer und teilweise durch einen abgedeckten Graben, durch den das Regenwasser abfließen kann, eingefasst ist. In der Mitte der *Orchestra* befand sich ein runder Dionysos-Altar (*Thymele*) für das Zeremoniell vor den Aufführungen. Die Luftlinie zwischen dem Altar und der obersten Zuschauerreihe betrug 59 m, der Höhenunterschiede 22,56 m. Der Orchesterraum war für Tänze und für den Chor reserviert. Zu den Sitzrängen kam man von unten, und zwar durch zwei monumentale Seitentore aus Tuffgestein (eines der beiden Tore wurde rekonstruiert), die mit den Stützmauern der *Cavea* und dem Orchesterraum verbunden waren.

Die Bühne (*Skene*) ist nicht erhalten geblieben. Wahrscheinlich bestand sie aus einem *Logeion* (Sprechplatz) aus zwei Ebenen mit rechteckigem Grundriss, dessen Höhe in etwa dem mittleren Zwischengang der *Cavea* entsprach. Der davor befindliche, 3–4 m breite Teil, das *Proskenion* mit 18 durch Architrave verbundenen ionischen Säulen und drei zur hinteren *Skene* offenen Türen war 26 m lang und 3,5 m hoch. Möglicherweise gab es auch ein nicht mehr als 2,5 m breites Dach, auf dem die Schauspieler rezitierten (nach anderen Quellen war jedoch das *Proskenion* der Ort der Rezitation). Den seitlichen Bühnenabschluss bildeten zwei Flügel, wo die beweglichen Bühnenteile aufbewahrt wurden und von wo aus zwei Rampen zum *Proskenion* führten.

Das in Proportion und Form äußerst harmonische Theater ist auch perfekt in die Landschaft eingepasst. Sein besonderer Wert besteht jedoch in der Akustik – so erzählte man, dass einst bei einer Vorstellung in der Mitte der *Orchestra* ein Geldstück zu Boden fiel, was im gesamten Zuschauerraum zu hören war. Auch heute, nachdem man die Aufführungen nach mehr als 2300 Jahren wieder aufgenommen hat, brauchen die Schauspieler nicht laut zu sprechen, da bereits ein Flüstern von allen Zuschauern gut gehört werden kann.

**DIE *THOLOS* UND DER HEILIGE BEREICH**
Oben links: *Überreste der Tholos, deren einstige Nutzung noch nicht eindeutig geklärt ist; vielleicht beherbergte sie die heiligen Schlangen des Gottes.*
Oben: *Rekonstruktion des Heiligtums von Epidauros.*

**ÄSKULAP UND DAS THEATER**
Unten: *Statue des Äskulap aus Epidauros. Gemäß den »homerischen Hymnen« entstand der Äskulap-Kult an diesem Ort.*
Unten links: *Gefäßmalerei mit einer Szene der »Orestie« von Aischylos.*

**KERAMIK AUS KRETA**

*Herrliche Beispiele der kretischen Keramik aus dem 18. Jh. v. Chr.: eine Vase (oben) und ein Krug mit schrägem Ausgießer und Spiraldekoration aus dem Palast von Phaistos (unten).*

**VORRÄTE DES KÖNIGS**

*Die großen Krüge aus dem Palast von Phaistos dienten der Aufbewahrung von Öl und anderen Lebensmitteln.*

# DER PALAST VON PHAISTOS AUF KRETA

*Während der Bronzezeit zählte das kretische Phaistos zu den wichtigsten Zentren der minoischen Kultur. Sein prächtiger Königspalast ist seit einem Jahrhundert Objekt von Grabungen italienischer Archäologen, die Mauerreste, viele Keramiken und den rätselhaften »Diskos von Phaistos« ans Licht gebracht haben.*

Die Stadt Phaistos lag auf einem Hügel über der Messara-Ebene an der Südküste Kretas; eine Straße führte zum Hafen Kommos und auch nach Knossos. Ab der Jungsteinzeit gab es hier eine Siedlung, die es während der Zeit der minoischen Kultur zu Wohlstand brachte; obwohl die Stadt sehr bald vom benachbarten Gortyn zerstört wurde, gab man sie erst in der byzantinischen Zeit auf. Nach der Legende wurde die Stadt von Phaistos, dem Sohn des Herakles, gegründet. Hier soll auch König Rhadamanthys, der Bruder des Minos, seinen Palast gehabt haben. Die Ruinen wurden 1850 von einem britischen Reisenden gemeldet und gegen Ende des Jh.s von Antonio Taramelli identifiziert. 1900 begannen systematische Grabungen der italienischen archäologischen Mission unter der Leitung von F. Helbherr und L. Pernier, die später von der Italienischen Archäologischen Schule von Athen weitergeführt wurden. In den letzten Jahrzehnten unternahm man auch ausgedehnte Forschungen in Agia Triada und an anderen Fundorten der Insel. In Phaistos konnten Reste eines weiten Gebäudekomplexes aus Mittelminoischer Zeit gefunden werden. Er war bei einem Erdbeben zusammengestürzt, woraufhin man auf seinen Ruinen weitere Gebäude errichtete, die nach der Zerstörung durch die Mykener nicht mehr aufgebaut wurden. Ein Jahrhundert genauester Forschungen erbrachten die chronologische Datierung der Mauerreste sowie zahlreiche Funde: Keramiken im so genannten Kamares-Stil aus regionalen Werkstätten mit feinen und fantasievollen mehrfarbigen Dekorationen mit Voluten, Blumen- und Spiralmotiven (Schüsseln mit Ausgießern, Krüge, kleine Vasen und Mischkrüge), Keramiken von anderen Schulen mit naturalistischen Pflanzen- und Krakenmotiven und schließlich eher stilisierte Keramikmalereien.

## PALÄSTE VON PHAISTOS

Die ersten Königsresidenzen von Phaistos wurden auf einer früheren jungsteinzeitlichen Siedlung und einem Dorf aus

der Vorpalastzeit errichtet. Einige architektonische Charakteristika können dem Mittelminoischen Stil zugeordnet werden: ein gepflasterter Platz im Westen, eine Hauptfassade mit zahnartig ineinander greifenden Vorsprüngen und Vertiefungen, Steinbänke an den Wänden sowie meist mit alabasterfarbenen Gipsplatten gepflasterte, mit Stuck überzogene, mitunter sogar dekorierte Fußböden. Mit den aufgefundenen Keramikfragmenten konnte der Bau auf etwa 1800 v. Chr. datiert werden. Nach der ersten Zerstörung durch ein Erdbeben wurde der Palast auf gleiche Weise wieder errichtet, fiel jedoch abermals einem Erdbeben zum Opfer. Der so genannte »Erste Palast« stammt aus der zweiten Hälfte der Mittelminoischen Zeit. Er wurde auf den Ruinen früherer Paläste erbaut, hatte einen monumentalen Eingang, eine gestufte, nach Westen gerichtete Fassade, einen gepflasterten Innenhof mit Säulen und einen großen, mit Stufen begrenzten Vorplatz. Auch dieser Bau wurde durch ein Erdbeben zerstört (etwa 1700–1650 v. Chr.).

Vom »Zweiten Palast« sind bedeutend mehr Überreste vorhanden, die auch vom hohen künstlerischen Niveau der minoischen Architektur zeugen. Er wurde nach der Nivellierung des Hügels rund um den früheren Platz in einem rechtwinkeligen Schema angelegt. Ein Monumentaleingang führte zu einer Freitreppe und dem Propylon; an der Westseite des Hofes befand sich eine große Halle mit Säulen, die mit Alabaster verkleidet waren, dahinter einige Gebäude, die kultischen Zwecken dienten, und Lagerräume, wo in großen Krügen (Pithoi) Öl und andere Lebensmittel aufbewahrt wurden. Im südwestlichen Sektor lagen Werkstätten und Räume für die Dienerschaft. Die wichtigeren Räumlichkeiten befanden sich an den Ost- und Westseiten: sie waren in zwei Ebenen angelegt und umfassten den Minoischen Saal, das Megaron der Königin, dessen Alabaster-Fußböden mit Fresken verziert waren, und das Königszimmer; beide Räume waren mit Bädern ausgestattet. Im nördlichen Sektor befanden sich Räume mit fixen Herdstellen, die bereits zum »Ersten Palast« gehört hatten, und eine Esplanade mit einem Ofen zum Legieren von Metallen. Die endgültige Zerstörung des Komplexes zwischen 1450 und 1400 v. Chr. ereignete sich vermutlich beim Einfall der Mykener auf die Insel.

**PALASTLEBEN**
*Für die minoische Kultur war der »Palast« das Zentrum des Volkes und jeglicher Aktivität.*
Links: *Blick auf die Ruinen des Palastes von Phaistos.*
Oben: *die Lagerräume.*
Oben links: *die große Freitreppe am Eingang.*

## DER »DISKOS VON PHAISTOS«

*In den mit Feuerstellen ausgestatteten Räumen an der Ecke des »Ersten Palastes« fand der Archäologe Luigi Pernier am Abend des 3. Juli 1908 einige Keramikfragmente aus der Mittelminoischen Zeit (etwa 1550 v. Chr.), aber auch eine vollständige Tonscheibe mit einem Durchmesser von 16 cm. Sie ist an beiden Seiten mit Schriftzeichen bedeckt, die spiralförmig von außen nach innen verlaufen. Insgesamt ist der Diskos mit 241 Stempeleindrücken beschriftet, die auf rohem Ton angebracht wurden. Zwischen den Zeichen befinden sich Linien, als wollte man die Worte eines Satzes trennen. Viele Stempelzeichen treten wiederholt auf: insgesamt wurden 45 verschiedene Zeichen verwendet, die Teile des Körpers, Waffen, Tiere und Dinge des täglichen Gebrauchs darstellen. Bisher wurde eine einfache Silbenschrift ausgemacht (jedes Zeichen entspricht einer Silbe), jedoch in einer Sprache, die nach wie vor unbekannt ist, und nicht entziffert werden konnte, da man auch keinen Zusammenhang mit den anderen Schriften dieses Gebiets (Linear A und B) herstellen konnte. Wenn man auch die Figuren und einige Objekte der regionalen Tradition erkennen konnte, so erscheint doch die Kleidung fremdländisch für Kreta.*

# DAS GRAB PHILIPPS II.
# IN VERGINA

*Die antike Stadt Aigai in Westmakedonien war die erste Hauptstadt der Argeaden-Dynastie und erlebte im 4. Jh. v. Chr. eine Zeit großen Wohlstands. Zwischen den Dörfern Vergina und Palatitsa wurde ein großes Gräberfeld entdeckt, in dem auch das monumentale Grab Philipps II. identifiziert werden konnte.*

Die Ausgrabungszone des antiken Aigai liegt am Rande der weiten Makedonischen Ebene am Fuß des Pieria-Gebirges im Norden Griechenlands, 75 km von Saloniki entfernt. Die Region war ab der Bronzezeit von Phrygerstämmen und ab Beginn des 7. Jh.s v. Chr. von Makedoniern bewohnt. Ende des 4. Jh.s v. Chr. ließ Philipp II. (382–336 v. Chr.), Vater Alexanders des Großen, nachdem er ganz Makedonien und die nördliche Ägäis erobert und Thessalien unter seinen Schutz gestellt hatte, einen prächtigen Königspalast errichten, auch wenn die Hauptstadt bereits nach Pella verlegt worden war. Weitere bedeutende Bauten waren der Tempel der Eukleia und das Theater, in dem der Herrscher ermordet wurde. Nach

der von Philipp II. eingeleiteten Periode des Wohlstands wurde Aigai von den Römern erobert und war dem Niedergang geweiht; vermutlich wanderten seine Bewohner in das benachbarte Dorf Palatitsa aus.

Die ersten archäologischen Grabungen wurden 1861 vom französischen Archäologen Léon Heuzey vorgenommen; er grub einige Teile des Palastes aus und entdeckte die Hügel der Nekropole. 1938–1940 wurden die Forschungen unter Konstantinos Rhomaios und ab 1952 unter der Leitung von Manolis Andronikos fortgeführt. Andronikos entdeckte die drei Königsgräber des großen Grabhügels mit dem Grab Philipps II.

**GLANZ AM HOF PHILIPPS II.**
Rechts: *Ruinen des Königspalasts von Vergina.*
Mitte links: *ein Salbgefäß aus Silber aus dem Grab Philipps II.*
Oben links: *Goldüberzug des Köchers aus dem Besitz des Herrschers.*

98

# DIE TOTENSTADT

Die Nekropole von Aigai umfasst eine Fläche von 1 km² zwischen den heutigen Dörfern Vergina und Palatitsa und birgt 300 bis zu 1 m hohe Grabhügel mit einem Durchmesser von 15–20 m. Sie stammen aus einer Periode zwischen Eisenzeit und hellenistischer Zeit, also zwischen 1000–700 v. Chr. und 200 n. Chr. Einige Grabhügel enthalten ein einzelnes Grab, andere bis zu 15 Gräber derselben Familie. Die Verstorbenen wurden fast alle durch Erdbestattung beigesetzt und mit Grabbeigaben bedacht, die vorwiegend aus Schmuck für die Frauen, Waffen für die Männer sowie importierten Keramiken bestanden. Bei Palatitsa entdeckte man auch vier Monumentalgräber aus dem 4./3. Jh. v. Chr., die mit Kalksteinblöcken und Fassaden im ionischen Stil gearbeitet waren; teilweise blieben auch gemalte Figuren erhalten. Am äußeren Rand des Gräberfelds stieß man 1962 auf einen großen Grabhügel mit einem Durchmesser von 110 m und 12 m Höhe sowie einer Senke in der Mitte und begann 1975 mit den Ausgrabungen. Nachdem einige Stelen und Keramiken aus dem 4. Jh. v. Chr. zutage gefördert wurden, entdeckte man unter der Erde neben zwei Seite an Seite liegenden Monumentalgräbern einen Raum, der vermutlich als unterirdisches Sanktuar gedient hatte, und ein drittes, etwas abseits liegendes Grab. Das kleinere, sogenannte »Persephone-Grab« (3,05 x 2,09 m) hatte keine Zugangstür und war bereits in der Antike ausgeraubt worden. Es war mit herrlichen Fresken, welche verschleierte Frauen und die Szene vom Raub der Persephone darstellten, sowie mit einem Fries mit Blumenmotiven und Greifen geschmückt; es konnte auf etwa Mitte des 4. Jh.s. v. Chr. datiert werden. Das 6,35 x 5 m große »Prinzengrab« enthielt das Grab eines 16-jährigen Jungen und äußerst reiche Grabbeigaben, bestehend aus Silbergeschirr, einem Golddiadem, zwei vergoldeten Bronzegamaschen und Elfenbeinreliefs. Die Vorkammer war mit einer Szene eines Pferderennens bemalt.

# DAS GRAB PHILIPPS II.

Das Hauptgrab des großen Grabhügels besteht aus einem in zwei Räume geteilten, verputzten und mit Tonnengewölben gedeckten Komplex. In der Mitte der Fassade mit angedeutetem Portikus befindet sich eine mit Beschlägen versehene Marmortür, die von zwei dorischen kannelierten Halbsäulen und zwei rechtwinkeligen Lisenen flankiert wird. Darüber ist ein breiter bemalter Fries mit Metopen und Triglyphen und ein Band mit sehr ausdrucksvollen Jagdszenen zu sehen. In der Vorkammer (3,36 x 4,46 m Grundfläche, 5,30 m Höhe) enthielt ein kleiner Sarkophag eine quaderförmige Urne aus massivem Gold, dessen Deckel das sechzehnstrahlige makedonische Sonnensymbol schmückte und in dem verbrannte menschliche Überreste aufbewahrt waren. Auf dem Fußboden lag ein Diadem, ein Goldkranz, ein mit Gold und Silber überzogener Brustschmuck, zwei Goldbronzegamaschen und, angelehnt an der Tür zur zweiter Kammer, ein prächtiger Goldköcher mit getriebenen Reliefs, welche die Plünderung Trojas darstellten. Andronikos schrieb die Gebeine Kleo-

patra, der letzten Gefährtin Philipps II., zu (verheiratet war Philipp mit Olympia).

In der zweiten Kammer (4,46 x 4,46 m) befand sich in einem Marmorsarkophag ein Ossarium aus massivem Gold (11 kg), auf dessen Deckel ebenfalls der sechzehnstrahlige Stern von Vergina abgebildet war; der Miniatursarg enthielt Gebeine, die Philipp II. zugeschrieben wurden, und eine Blumenkrone mit Eichenblättern und Eicheln. Der äußerst reiche Schatz in dieser Kammer umfasste zahllose Objekte: einen mit Leder überzogenen und mit Gold, Silber, Elfenbein und Glasstücken verzierten Paradeschild; einen Lederpanzer mit Verzierungen aus Gold; Helm, Schwert, Gamaschen und Pfeilspitzen; Silbergeschirr für die Begräbnisfeier und Bronzegegenstände. Eine Reihe kleiner Skulpturen, die vermutlich ein inzwischen aufgelöstes Holzbett schmückten, weisen sehr ähnliche Züge auf wie zu seinen Lebzeiten entstandene Abbildungen Philipps II., seiner Gattin und seines Sohnes Alexander dem Großen als Kind, der ihm 336 v. Chr. auf den Thron nachfolgte. Alle Gegenstände aus dem Grab wurden mit 350–325 v. Chr. datiert und bestätigen zumindest die chronologisch richtige Zuordnung des Grabes durch Manolis Andronikos.

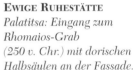

**EWIGE RUHESTÄTTE**
*Palatitsa: Eingang zum Rhomaios-Grab (250 v. Chr.) mit dorischen Halbsäulen an der Fassade.*

**URNE UND DIADEM**
Links: *Goldurne aus dem Grab Philipps II.; sie enthielt die Asche des großen Feldherrn.* Oberhalb: *ein Diadem, das vermutlich Kleopatra, der letzten Gefährtin des Herrschers, gehörte.*

99

# GRIECHISCHE TEMPEL VON PAESTUM

*Sie war Kolonie des griechischen Sybaris, dann Zentrum der Lukaner und wurde schließlich unter dem Namen Paestum zur römischen Kolonie – von der antiken Siedlung am Golf von Salerno sind großartige Tempel aus der Zeit von 540–450 v. Chr. und Nekropolen mit zahlreichen bemalten Grabmälern erhalten geblieben. Das bekannteste ist wohl das Grab des Tauchers, das im lokalen archäologischen Museum zu bewundern ist.*

Das Gebiet von Paestum wurde bereits ab dem Jungpaläolithikum, um 15.000 v. Chr., bevölkert. Während der Kupfersteinzeit (2800–2300 v. Chr.) gab es bereits ständige Siedlungen, in welchen die Gaudo-Kultur entstand; etwa im 9. Jh. v. Chr. wanderten Stämme ein, welche die Villanova-Kultur mitbrachten. Ende des 7. Jh.s v. Chr. gründeten Griechen aus Sybaris in der fruchtbaren Sele-Ebene (in der heutigen Gemeinde Capaccio südlich von Salerno) eine Kolonie, der sie zu Ehren des Meeresgottes den Namen »Poseidonia« gaben. Die Stadt wurde mit drei Tempeln und weiteren öffentlichen Gebäuden ausgestattet; man prägte Geld und erfreute sich großen Wohlstandes. Um 400 v. Chr. wurde die Stadt von den Lukanern eingenommen, die sie »Paistom« nannten und sich mit den Griechen vermischten. 273 v. Chr. traten die Römer an ihre Stelle, gründeten ihrerseits eine römische Kolonie mit dem Namen »Paestum«, der sie ein hohes Lebensniveau und eine relative Autonomie garantieren konnten. Mit der Fertigstellung der Via Popilia (130 v. Chr.), die Capua und Reggio Calabria verband, ohne Paestum zu berühren, verfiel die Stadt langsam. Im 6. Jh. n. Chr. war sie, auch aufgrund vieler Malariaerkrankungen, fast vollständig verlassen, worauf 880 noch Sarazeneneinfälle folgten. Nachdem die Tempel bereits im 18. Jh. von den Erdschichten freigelegt waren und man im 19. Jh. erste Restaurierungen durchgeführt hatte, erfolgten ab 1907 die ersten archäologischen Grabungen. Das Heiligtum an der Sele-Mündung wurde 1934 entdeckt, die Kupfersteinzeit-Nekropole von Gaudo 1943 ausgegraben und 1951 wurde mit systematischen Forschungen begonnen. Nun wurden die Tempel in mehreren Etappen restauriert und die Grabungen auch auf das Stadtgebiet und seine Umgebung ausgedehnt. 1969 wurde das Grab des Tauchers entdeckt und das 1952 eingeweihte Museum von Paestum füllte sich nach und nach mit den Fundstücken.

## DIE ANTIKE STADT

Um das in der Ebene liegende Paestum verlief eine fast 5 km lange mächtige Ringmauer aus Kalksteinblöcken, die im 4. Jh. v. Chr. errichtet wurde und vier monumentale Stadttore besaß. Die Struktur der griechischen Stadt – ein Straßennetz mit rechteckigen Wohnblöcken – wurde in der Römerzeit mit streng rechtwinkelig verlaufenden Achsen (*Cardo* und *Decumanus*) versehen. Sie erstreckten jedoch nicht auf den ältesten, zentralen Teil, wo 540–450 v. Chr. drei dorische Tempel entstanden waren, die von den Wissenschaftlern an-

**DER GÖTTIN HERA GEWEIHT**
Rechts: *Hera-Tempel II (oder Poseidon-Tempel) bei Sonnenuntergang. Ursprünglich konnte man das Dachgeschoss über zwei Stiegen erreichen.*
Oben: *Das in Paestum gefundene Gefäß zeigt Dionysos, dem akrobatische Kunststücke vorgeführt werden.*

fangs als »Basilika«, »Poseidon-Tempel« und »Ceres-Tempel«
bezeichnet wurden. Zwischen dem Forum und der Porta Aurea im Norden wurde 520–500 v. Chr. ein unter dem Erdni-
veau liegender Raum in den Felsen gegraben. Er hatte zwei
Dächer, jedoch keinen Eingang und war vielleicht ein *Heroon*, ein unterirdisches, dem vergöttlichten Helden der
Stadt gewidmetes Heiligtum. Später entstanden das *Buleuterion* (4. Jh. v. Chr.) für Ratsversammlungen, Friedenstempel,
Kapitol und römisches Amphitheater. Die Privathäuser stammen aus der Römerzeit, wurden jedoch auf älteren Mauern
errichtet. Im Norden Paestums, in der Nähe der Sele-Mündung, entstand zwischen 570 und 500 v. Chr. ein Heiligtum,
das Hera Argiva geweiht war, bestehend aus zwei Tempeln
und einigen *Thesauroi* (»Schatzhäuser«) zum Aufbewahren
der Weihegeschenke.

## DIE GRIECHISCHEN TEMPEL

Die beiden dorischen Tempel der griechischen Erd- und
Fruchtbarkeitsgöttin Hera wurden Seite an Seite unweit der
Stadtmauer in der Ost-West-Achse der Stadt angelegt. Der
Hera-Tempel I (540–530 v. Chr.), auch als »Basilika« bezeichnet, ist der ältere der beiden Tempel. Der aus regionalen
Kalksteinblöcken bestehende Bau ruht auf einem Fundament
(*Stylobat*) von 25 x 55 m. An den Querseiten bilden neun, an
den Längsseiten 18 Säulen einen einfachen Säulenumgang,
der einen den gesamten Umfang umlaufenden, mit Metopen
und Triglyphen geschmückten Architrav trägt. Im Inneren
befindet sich die *Cella*, die in der Mitte durch eine Zeile von
sieben Säulen in zwei Schiffe geteilt ist. Diese ungewöhnliche
Zweiteilung deutet vielleicht darauf hin, dass im Tempel zeitweise sowohl Hera als auch Zeus verehrt wurden. Das Atrium
hinter der *Cella* weist nicht den übliche *Opisthodomos*, eine
symmetrisch zum *Pronaos* angelegte Säulenhalle, auf, sondern ein *Adyton*, einen unzugänglichen Raum.
Der Hera-Tempel II oder Poseidon-Tempel ist das größte religiöse Gebäude Paestums und gut erhalten. Er entstand
460–450 v. Chr. nach dem Vorbild des Zeus-Tempels von
Olympia, obgleich er etwas länger ist und sechs Säulen an den
Querseiten sowie 14 (anstatt 13) an den Längsseiten aufweist.

**STEINERNE ZEUGEN**
Oben: *Die Porta Sirena ist
eines der vier Tore der
Stadtmauer von Paestum.*
Links: *Fassade des Posei-
don-Tempels.*
Oben links: *Paestum in
einem Stich aus den 19. Jh.*

**DER ÄLTESTE TEMPEL**
Unten: *Der große Hera-
Tempel I, auch als »Basilika« bekannt, ist das älteste
religiöse Gebäude Paestums
(6. Jh. v. Chr.).*

**ATHENE-TEMPEL**
*Der ursprünglich als
Ceres-Tempel bezeichnete
Bau war in Wirklichkeit
der Göttin Athene
geweiht, wie aus den
zahlreichen hier gefunde-
nen Athene-Statuetten
geschlossen werden kann.*

Der Tempel steht auf einem Fundament von 24 x 60 m; als Baumaterial wurde Kalkstein von schöner dunkelgelber Farbe aus einem lokalen Steinbruch verwendet. Die harmonischen Proportionen, die Architektur und die 24 Kannelüren (anstatt 20) der Säulen entsprechen dem Strengen Stil in der griechischen Kunst. Die *Cella* ist durch zwei Reihen von sieben dorischen Säulen in drei Schiffe geteilt; ursprünglich war der Tempel mit Stuck verziert und bemalt. Das Gebälk ist mit einer Reihe von Metopen geschmückt, die auch an den Achsen der Säulen und an den Zwischenräumen weiterlaufen. Durch die tiefen Gesimse der *Tympanona* entsteht trotz der beträchtlichen Dimensionen des Baus ein eleganter und fast schwereloser Eindruck.

Der Athene-Tempel, vorher auch als »Ceres-Tempel« bezeichnet, liegt weiter nördlich jenseits des römischen Forums und dem zur Zeit der Römischen Republik und in der Kaiserzeit errichteten Wohnviertel. Er wurde 510–500 v. Chr. auf einer Plattform von 13 x 31,5 m errichtet und zeigt eine Vermischung mehrere Stile: die Säulen des *Pronaos* sind ionisch, die 34 Säulen der *Peristase* dorisch. Auch dieser Tempel zeichnet sich durch die harmonischen Formen und die Ausgeglichenheit von horizontalen und vertikalen Elementen aus. Sämtliche Säulen und der Architrav sind erhalten geblieben; die *Tympanona* und die Friese der Querseiten wurden restauriert, die *Cella* wurde im Mittelalter beim Umbau in eine Kirche zerstört.

**ARCHAISCHE ARCHITEKTUR**
*Die Kapitelle mit sehr
flacher Deckplatte beim
Athene-Tempel sind ein Ele-
ment des archaischen Stils.*
Oben: *ein Relief des*
Pronaos.

# DER TEMPEL AN DER SELE-MÜNDUNG

An der einstigen Sele-Mündung (heute 2 km vom Meer entfernt) stand etwa 9 km nördlich von Paestum ein Heiligtum, das der Legende nach von Jason, dem Helden mit dem Goldenen Vlies und Anführer der Argonauten, gegründet wurde. Der Zusatz »Argiva« des Hera-Heiligtums wurde möglicherweise von dem von Jason geführten Schiff Argos übernommen. Das Sanktuar bestand aus einem kleineren und einem größeren Tempel. Der kleine Tempel, vielleicht ebenfalls ein *Thesauros* (570–560 v. Chr.), befand sich neben einigen kleineren archaischen Gebäuden; er war mit Metopen dekoriert, deren Themen die Mythen des Herakles und ein Troja-Zyklus waren. Die zehn Metopen des großen Tempels (etwa 500 v. Chr.) stellten einen heiligen Tanz dar. Der Komplex verlor nach und nach seine Bedeutung und wurde nach Beschädigungen durch ein Erdbeben (62 n. Chr.) endgültig aufgelassen. Aus den Ruinen konnte seine Funktion nicht restlos rekonstruiert werden.

**JASON, DER ARGONAUT**
*Der von Plinius und Strabo überlieferten Legende zufolge landete Jason an der Sele-Mündung und errichtete hier ein Sanktuar. Oben: Marmorrelief eines römischen Sarkophags aus dem 2. Jh. v. Chr., das den Helden zeigt, wie er das Goldene Vlies ergreift. Links: Dekoration einer Grabplatte aus dem 4. Jh.*

## ARCHÄOLOGISCHES MUSEUM VON PAESTUM

*Das Museum zeigt mit seinen vielen außergewöhnlichen Fundstücken die kulturelle und künstlerische Entwicklung, die in Paestum und seiner Umgebung stattfand. Das antike griechische Poseidonia hat Statuen, Weihegeschenke aus Ton, Tondekorationen und aus Griechenland eingeführte Keramiken hinterlassen, zu welchen auch eine attische Amphore im schwarzfigurigen Stil von 510–500 v. Chr. mit einer Darstellung der Einführung des Herakles in den Olymp gehört. Aus dem Heroon, dem unter dem Forum liegenden Grabmal oder Heiligtum, stammen acht Bronzegefäße. Die Gräber der Nekropole aus dem 5. und 4. Jh. v. Chr. bargen bemalte Kalksteinplatten – ein seltenes und wertvolles Zeugnis griechischer Wandmalerei. Die gemeißelten Metopen des großen Tempels im Heiligtum der Hera Argiva vervollständigen die archaischen dekorativen Kunstwerke der im westlichen Europa errichteten griechischen Tempel.*

*Schmuckstück des Museums ist die Reihe bemalter Steinplatten aus dem Grab des Tauchers aus der südlichen Nekropole von Tempa del Prete. Dabei handelt es sich um ein Steingrab von 480–470 v. Chr. aus vier aufrecht stehenden Steinplatten und einer horizontalen Deckplatte. Hier war ein Adeliger gemeinsam mit einer Lyra, einer attische Vase und zwei Salbengefäßen aus Alabaster bestattet worden. Auf Verputz angebrachte Malereien zeigen eine Reihe einzelner männlicher halbnackter, auf Speisesofas (klinai) ruhender Figuren. Die Platten an den Querseiten stellen zwei hinter einem Flötisten einhergehende Gäste dar, die entweder gerade zum Fest kommen oder nach Hause gehen (eine Szene mit deutlichem etruskischem Einfluss), und einen Diener, der gerade in einem großen Krug Wein mischt. Auf jeder der Platten an der Längsseite sind Festszenen entweder mit einer einzelnen oder zwei Personen (einem Erwachsenen und einem Jüngling) zu sehen, die eine leidenschaftliche Haltung einnehmen, Weinbecher in die Höhe halten oder Kottabos (unten) spielen; bei diesem Spiel ging es darum, einen Teller mit den im Weinglas verbliebenen Resten zu treffen. Diese Szenen wurden als Allegorie auf die Leichenfeier interpretiert, bei der sich, unter dem Einfluss von Wein, die Freunde näher kommen und ihre eigene Freude am Leben zeigen, von dem der Verstorbene nun ausgeschlossen ist. Die berühmteste Szene, sie befindet sich an der Deckplatte, zeigt einen Taucher, wie er sich von einem Sprungbrett stürzt (rechts), vermutlich eine Anspielung auf den Übergang vom Leben in das Jenseits. Die äußerst fein gearbeiteten Bilder zeichnen sich durch die Ausdruckskraft der Figuren und die Harmonie der Komposition aus.*

# ETRUSKISCHE GRÄBER VON TARQUINIA

*Vom antiken Tarquinia, einer bedeutenden etruskischen Stadt im Norden Latiums, sind zahlreiche Monumente und vor allem die Monterozzi-Nekropole erhalten geblieben. In 62 der insgesamt etwa 6000 unterirdischen Gräber sind wundervolle Malereien verschiedener Stilepochen (7.–2. Jh. v. Chr.) enthalten – vorwiegend Bilder von Festmahlen, mythologischen Szenen und von Spielen, die zu Ehren der Verstorbenen veranstaltet wurden.*

**HELLENISTISCHES
TARQUINIA**
Oben: *ein Helm der Eisen-
zeit aus Tarquinia.*
Unten: *der Akropolis-
Hügel, auf dem sich ein
großer Tempel, genannt
»Altar der Königin«,
befand.*

Das antike Tarquinia lag auf dem Colle della Civita links des Marta-Flusses, 45 km südwestlich von Viterbo, mit Blick auf die Tyrrhenische Küste. Die ersten Ansiedlungen in diesem Gebiet gehen auf die Villanova-Kultur im 9./8. Jh. v. Chr. zurück. Die etruskische Stadt *Turchuna* oder *Tarchna* entstand im 7. Jh. v. Chr. während der als *Orientalizzante* bezeichneten Epoche, als man begann, auf einem parallel zum Colle della Civita verlaufenden Hügel die Monterozzi-Nekropole anzulegen.

Die freundschaftlichen Handelsbeziehungen mit dem nahen Rom entwickelten sich während der Zeit der Könige von Tarquinia in eine Hegemonie. Nach der legendären Vertreibung von Tarquinius Superbus (509 v. Chr.) und nach einer Zeit des Bürgerkriegs (358–351 v. Chr.) erlebte die Stadt eine Krisenzeit, die in der Folge durch eine neuerliche kulturelle und po-

litische Blütezeit, jedoch unter Abhängigkeit von Rom, überwunden werden konnte. Nach der Niederlage als Mitglied des Italischen Bundes bei Sentinum (295 v. Chr.) verbündete sich Tarquinia mit Rom, dem es mehrmals seine Treue bewies; als Lohn dafür wurden die Einwohner Tarquinias zu römischen Bürgern erklärt (90 v. Chr.) und die Stadt konnte sich auch in der Kaiserzeit eines beträchtlichen Wohlstands erfreuen. Im 5. Jh. n. Chr. ist Tarquinia als Bischofssitz belegt. Nach Einfällen von Barbaren und Sarazenen im 9. Jh. n. Chr. zogen die Einwohner auf den Colle di Corneto um, wo das Tarquinia des Mittelalters und der Neuzeit entstand.

## DIE ANTIKE STADT

Vom etruskischen Turchuna sind auf dem Colle della Civita, vor einer natürlichen Höhle, wo im Rahmen ritueller Handlungen Opfergaben dargebracht und Feuer entzündet wurden, Reste einer primitiven Kultstätte aus dem 10. Jh. v. Chr. erhalten geblieben. Der Fund einiger Gräber von Erwachsenen, Kindern und Neugeborenen lässt an rituelle Menschenopfer denken. Die erste Ringmauer aus Kalkblöcken geht auf das 4. Jh. v. Chr. zurück. In hellenistischer Zeit, im 4. und 3. Jh. v. Chr. stand auf der Akropolis ein mächtiger, als »Altar der Königin« bezeichneter Tempel, wovon noch das gewaltige Fundament (35,55 x 77,15 m) und Spuren einer dreischiffigen *Cella* und eines tiefen *Pronaos* erhalten geblieben sind. Am Giebel befand sich ein wunderbares Hochrelief aus bemaltem Terrakotta mit einem Paar geflügelter Pferde, die fast vollplastisch herausgearbeitet wurden (heute im Museum von Tarquinia) – ein Meister-

**GRÄBER FÜR JEDEN
GESCHMACK**
*Die Nekropolen Tarquinias
umfassen Gräber verschie-
denen Stils.*
Rechts: *ein Teil der Monterozzi-Nekropole.*

werk der hellenistischen Tonplastik aus dem 4. Jh. v. Chr. Die Basis des danebenliegenden, mit »Alpha« bezeichneten Altars ist nach dem darunter liegenden Sarkophag ausgerichtet, vielleicht das Grab des legendären Tarchon.

## DIE MONTEROZZI-NEKROPOLE

Auf dem gegenüberliegenden Hügel liegt, südöstlich vom heutigen Tarquinia, in einer Länge von 6 km und einer Breite von fast 1 km die vom 7.–2. Jh. v. Chr. angelegte Totenstadt mit mindestens 6000 unterirdischen Gräbern verschiedener Stilrichtungen. Viele Grabanlagen bestehen aus einem kurzen, absteigenden Gang *(Dromos)*, einer unterirdischen Kammer und einem flachen kegelförmigen Hügel (*»monte rozzo«* bedeutet »plumper Hügel«). Das Innere wurde ähnlich dem zu Lebzeiten bewohnten Haus gestaltet, mit angedeutetem Satteldach und Firstbalken *(Columen)*; Türen, Pfeiler, Giebel und Architrave wurden in 62 Gräbern zur Gänze und in weiteren teilweise bemalt. Nur in 2 % der herrschaftlichen Gräber sind die Malereien erhalten geblieben. Die komplexeren Anlagen haben ein mit einer oder zwei Grabkammern verbundenes Atrium.

Die bemalten Objekte stellen, je nach Epoche in unterschiedlichen Stilrichtungen und nach künstlerischen Vorlieben, Kultur und Alltagsleben jener Zeit dar. Es gibt Szenen von Festlichkeiten, Gastmahlen, Spielen und Tänzen zu Ehren der Verstorbenen, Episoden aus der Mythologie, Tierfiguren, erotische Szenen und auch, als sich die griechischen Glaubensvorstellungen und die entsprechende Auffassung vom Tod durchsetzen, Darstellungen von Dämonen der Unterwelt.

Die Etrusker glaubten an eine Welt im Jenseits und waren überzeugt, dass der Geist des Verstorbenen im Grab weiterleben würde. Deswegen gab man dem Toten Gegenstände

**DIE PFERDE DES TEMPELS**
Oben: *das mächtige Fundament des Tempels »Altar der Königin«.*
Rechts: *zwei geflügelte Pferde, welche den Giebel des Tempels zierten.*

**DER RICHTER**
Unten: *Sarkophag von Laris Pulenas, genannt »der Richter«. Die Reliefs des unteren Teils zeigen den Verstorbenen mit einigen Göttern.*

## DER MYTHOS VON TARQUINIA

*Der Legende nach war im 13. oder 12. Jh. Tarchon, Bruder oder Sohn des Tyrrhus und Verbündeter des Äneas im Krieg gegen Turnus und Latinus, gerade beim Pflügen, als ihm aus einer Furche Tages, ein Kind mit dem Antlitz eines Greises, erschien. Tages riet ihm, den Willen der Götter durch Eingeweideschau, durch Beobachtung von Vogelflug und Blitzeinschlag, also der Hauptelemente der etruskischen Gottheiten, zu befragen. Tarchon wurde nicht nur als Mittler zwischen Menschen und Göttern, sondern auch als Begründer des etruskischen Zwölfstädtebunds betrachtet. Nach Herodot war er auch Anführer der von Lydien in Kleinasien an die tyrrhenische Küste ausgewanderten Stämme; dies würde die Thesen von der Urheimat des etruskischen Volkes im Osten bestätigen. Dionysios von Halikarnassos vertrat hingegen die Ansicht, dass die Etrusker bodenständiges Volk in Latium waren. Heute tendiert man eher zu einer Lösung in der Mitte: vermutlich entstand die etruskische Kultur durch das Zusammentreffen von Villanova-Stämmen und Immigranten aus Anatolien.*

mit, die ihm zu Lebzeiten lieb waren; die Wandmalereien erinnerten an seinen Charakter, seine Vorlieben und an Dinge, die ihm das jenseitige Leben leichter gestalten würden.

Die Wissenschaftler sehen in diesen außergewöhnlichen künstlerischen Darstellungen vor allem typische Elemente der mediterranen und orientalischen Malerei, die direkten oder indirekten Einflüssen der griechischen Kunst ausgesetzt war. Grabmalereien sind zwar auch aus anderen Gebieten der etruskischen Kultur vorhanden, in Tarquinia hat diese Tradition aber eine besondere Dimension und einen außerordentlichen Charakter angenommen. Der anerkannte Experte für die etruskische Kultur, Massimo Pallotino, bezeichnete die Malereien von Tarquinia als »erstes Kapitel der italienischen Malkunst«. Die Monterozzi-Nekropole ist seit 2004 Weltkulturerbe der UNESCO.

## BEMALTE GRÄBER

Unter den ältesten Gräbern (7./6. Jh. v. Chr.) zeigt das Grab der Stiere im griechisch-orientalischem Stil mit stilisierten

naturalistischen Elementen die Szene aus der *Ilias*, in welcher Achill dem Sohn von König Priamos, Troilos, auflauert. Zur Periode 550–500 v. Chr. gehören das Grab der Jagd und Fischerei sowie die Gräber der Auguren, der Jongleure und der Löwinnen. Szenen von Festen mit Tanz und Musik in der Gegenwart von Frauen geben eine lebhafte Stimmung vom täglichen Leben der Etrusker wieder; Episoden mit Spielen und sportlichen Wettkämpfen zu Ehren der Verstorbenen zeigen, welche athletischen Übungen den Jugendlichen jener Zeit beigebracht wurden. Das Grab des Barons ist mit einem schönen Fries geschmückt, das Reiterfiguren und eine Abschiedsszene einrahmt; hier ist ein Übergang von der archaischen griechischen Kunst zum Strengen Stil zu beobachten. Das wundervolle Grab der Leoparden hat seinen Namen von den beiden hintereinander stehend abgebildeten Tieren am Giebel, berühmt ist es aber wegen der mit großer Leichtigkeit und Eleganz dargestellten Bankettszenen und

**GRAB DER JONGLEURE**
Rechts: *Detail der Malereien aus dem Grab der Jongleure aus der zweiten Hälfte des 6. Jh.s.*

**GRAB DER STIERE**
Unten: *Szene, als Achill Troilos, dem Sohn von König Priamos, auflauert, aus dem Grab der Stiere.*

**GRAB DES BARONS**
Rechts: *Detail aus dem Fries, welches das Grab des Barons schmückt; die Benennung des Grabes geschah zu Ehren von Baron von Stackelberg, der es im 19. Jh. entdeckte.*

**GRAB DES
MENSCHENFRESSERS**
*Profil einer Frau mit eleganter Frisur: eine Abbildung der Velia aus der Familie Velcha, aus dem Grab des Menschenfressers. Es ist ein Meisterwerk der etruskischen Malerei.*

dem Tänzer, der dem Flötisten einen Becher reicht. Die Darstellungen gehören zum Strengen Stil und stammen aus 490–470 v. Chr.

Dem 4. Jh. v. Chr. wurde das Grab des Menschenfressers zugeordnet, das aus zwei getrennten Grabkammern besteht. In der ersten Kammer malte vermutlich ein griechischer Künstler eine Szene mit mehreren Personen der mächtigen Familie Spurinna. Köstlich ist das Bildnis der Velia aus der Familie Velcha – es gilt als eines der ausdrucksvollsten Werke der etruskischen Malerei. In der zweiten Kammer befindet sich eine Darstellung des Jenseits: hier tummeln sich furchteinflößende Dämonen (*Tuchulcha* mit dem Gesicht eines Geiers und den Ohren eines Esels) und mythologische Helden – vielleicht eine neue Weltsicht, die mit dem begonnenen Niedergang der etruskischen Macht einherging. Das jüngste der bemalten Gräber von Tarquinia ist jenes des Typhon aus dem 2. Jh. v. Chr., als die etruskische in der römischen Kultur aufgegangen war.

Heute kann man etwa 20 der bemalten unterirdischen Gräber besuchen, die an der Oberfläche durch »Häuschen« geschützt sind, damit kein Regenwasser eindringen kann. Einige Gräber wurden mit transparenten Türen verschlossen (um weitere Beschädigungen bei den Besichtigungen hintanzuhalten), sodass die mit Kaltlichtlampen beleuchteten Malereien von außen betrachtet werden können, ohne dass sich direkt bei den Gemälden Temperatur und Luftfeuchtigkeit verändern. Im Etruskischen Nationalmuseum im Palazzo Vitelleschi wurden vier Gräber mit den originalen Wandmalereien, welche abgenommen worden waren, rekonstruiert (Gräber der drei Klinen, der Rennwagen, der Olympiaden und der Schiffe). Die großartigen Szenen von beim Begräbnis veranstalteten Festmahlen und Spielen wurden griechischen oder griechisch beeinflussten Künstlern des 6./5. Jh.s v. Chr. zugeschrieben.

**MALEREIEN UND
KERAMIKEN**
*An der Rückwand des Grabes der drei Klinen ist ein Bankett dargestellt, an den Seitenwänden sind Musiker und Tänzer zu sehen.*
Unten rechts: *etruskisch-korinthische Amphore von 590–580 v. Chr.*

## ENTDECKUNGEN UND GRABUNGEN

*Das Interesse an den bemalten Gräbern von Tarquinia war bereits während der Renaissance vorhanden: einer der bekanntesten Künstler dieser Zeit, Michelangelo, machte in einem Brief eine Skizze der Figur mit dem Kopf des Aita (dämonischer Gott der Unterwelt) aus dem Grab des Menschenfressers II. In den folgenden Jahrhunderten wurden die unterirdischen Gräber von Gelehrten und Reisenden besucht. Die ersten ernsthaften Forschungen wurden aber erst im 19. Jh. unter Anleitung des seit 1828 tätigen Istituto di Corrispondenza Archeologica von Rom durchgeführt. Die Entdeckungen häuften sich und es wurde in später zu Bestsellern gewordenen Reiseberichten, wie* The Cities and Cemeteries of Etruria *von George Dennis von 1848, darüber berichtet. Einige Malereien in schlechtem Zustand wurden einer einfachen Restaurierung unterzogen; andere Wandmalereien wurden ab 1949 durch Abnahme gerettet, vor allem nachdem infolge der Prospektionen der Fondazione Lerici (1950–1960) das Vorhandensein zahlreicher weiterer Gräber festgestellt wurde. Durch systematische Forschungen der Sopraintendenza Archeologica dell'Etruria Meridionale konnten weitere Gräber gefunden werden, wie das bemalte Grab der Blauen Dämonen (1985).*

# SALZBERGWERKE VON HALLSTATT

*Während der Eisenzeit wurde in einem Gebiet der österreichischen Bundesländer Ober-österreich und Salzburg Steinsalz aus Bergwerken gewonnen und damit Handel betrieben. Hier entwickelte sich die keltische Hallstatt-Kultur und es entstand ein Gräberfeld mit mehr als 3000 Gräbern, deren reiche Grabbeigaben aus zahlreichen Metallgegenständen bestanden.*

**AUSSTATTUNG DER BERGLEUTE**
*Die Hauptausstattung der Bergleute von Hallstatt: eine hohe, schmale Rückentrage für den Transport des Salzes und eine Bronze-Spitzhacke mit Stiel aus Zwergkiefer.*

Der liebliche Ort Hallstatt (*hall* ist das keltische Wort für »Salz«) liegt am westlichen Ufer des gleichnamigen Sees im Salzkammergut, 50 km südöstlich der Stadt Salzburg. Bekannt wurde der Ort durch seine Salzbergwerke, die von den Kelten in zwei Phasen während der Eisenzeit (900–600 und 600–500 v. Chr.) genutzt wurden. Hier entstand die so genannte Hallstatt-Kultur, die sich durch die Technik ihrer Metallbearbeitung auszeichnete und Waffen, wie lange Eisenschwerter (Phase I) und kurze Eisenschwerter oder Dolche (Phase II), herstellte. Solche Waffen wurden in Kriegergräbern des ausgedehnten Hügelgräberfeldes mit mehr als 1200 Gräbern von beerdigten oder eingeäscherten Verstorbenen gefunden. Der Reichtum der Grabbeigaben zeugt vom Wohlstand, den Salzabbau und Salzhandel den Bewohnern beschert haben. Auch in der weiteren Umgebung im nördlichen Österreich, in Böhmen und Bayern, wo befestigte Bergdörfer und Nekropolen entstanden, wurde Salzhandel betrieben und die Hallstatt-Kultur weiter verbreitet, deren Einfluss in einem großen Gebiet Europas vom Atlantik bis zum Balkan nachgewiesen werden konnte.

Die Gegend von Hallstatt wurde ab 1700 v. Chr. besiedelt, erlangte aber erst um 1000–400 v. Chr. wirtschaftliche Bedeutung. Um 100 v. Chr. blühte die Wirtschaft nochmals auf, als die keltischen Völker der zweiten Phase der Eisenzeit oder La-Tène-Zeit, die auf die Hallstatt-Zeit folgte, ihre Energie erschöpften. 1846 entdeckte Johann Georg Ramsauer (Leiter des Salzbergwerks, das in geschichtlicher Zeit weiter genutzt wurde) die große Nekropole. Die in den zwei darauf folgenden Jahrzehnten durchgeführten Grabungen konnten aufgrund der Grabbeigaben Informationen über Leben, Kleidung und Wirtschaft der Kelten in den vier Jahrhunderten der europäischen Frühgeschichte liefern.

## SALZBERGWERKE

Ursprünglich, in den letzten Jh.n des 2. Jahrtausends v. Chr. gewannen die Hallstatt-Bewohner das Salz aus salzhaltigem Wasser. Um 1000 v. Chr. begann man, Steinsalz aus den Bergwerken des Heidengebirges zu gewinnen. Hier wurde

**ARBEIT IM BERGWERK**
*Im Salz blieben zahlreiche Gegenstände und Werkzeuge der Bergleute erhalten: Spitzhacke und Schaufel* (unten), *eine lederne Kopfbedeckung und ein Holzbehälter* (rechts).

nacheinander an drei verschiedenen Standorten mit unterschiedlichen Technologien Salz abgebaut: in der Nordgruppe 1000–800 v. Chr., in der Ostgruppe 750–450 v. Chr. (aus dieser Zeit stammt auch das große Gräberfeld) und in der Westgruppe erst Ende 1. Jh. v. Chr. bis Beginn 1. Jh. n. Chr.; die Ausbeutung der Bergwerke dehnte sich noch auf die folgenden Jh.e aus.

Am einträglichsten war das Bergwerk der Ostgruppe. Von der Oberfläche aus wurden 450 schräge Schächte gegraben, bis man nach 50–70 m auf Steinsalzlager stieß. An deren Ende wurden nun horizontale Gänge entlang der Salzadern geführt, und von hier aus wiederum seitliche Stollen zur Förderung des Salzes. Als Werkzeuge wurden Bronze-Spitzhacken mit rechtwinkelig geformten Stielen aus Zwergkie-

fern verwendet, mit welchen man Rillen in die Wand schlug, sodass das Salz scheibenweise herausgehoben werden konnte. Im Bergwerk hinterlassene Gegenstände aus organischen Materialien wurden durch das Salz konserviert, sodass auch Stiele von Spitzhacken, Kleidungsreste aus verschiedenen Stoffen, Teile von Pelzen, Schuhe, Kopfbedeckungen und einige Fackeln geborgen werden konnten.

600 v Chr., mit dem Beginn des Salzabbaus am Dürrnberg bei Hallein, das nur 15 km von Salzburg entfernt und noch günstiger lag, verringerte sich die Förderung in Hallstatt. Entscheidend für den Niedergang war dann im 4. Jh. v. Chr. ein enormer Erdrutsch, der bis zu 120 m tief in die Schächte und Gänge eindrang und die Salzförderung nahezu endgültig zum Erliegen brachte.

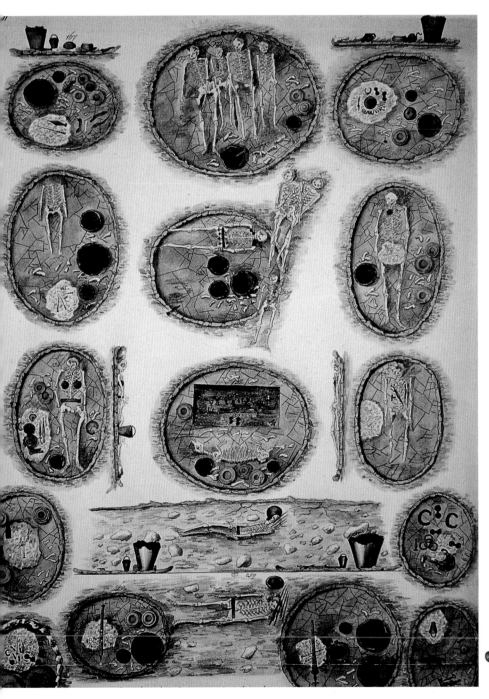

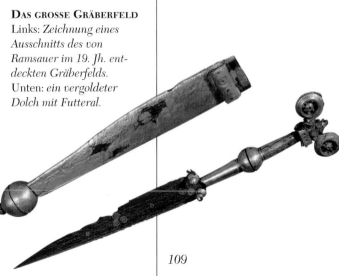

### DIE NEKROPOLE VON HALLSTATT

*Das große Gräberfeld von Hallstatt wurde 750–450 v. Chr. verwendet. Die Begräbnisse fanden in kleinen, in der Erde liegenden, mit Holz ausgekleideten Grabkammern (2–9 m²) statt, die mit Steinen umgeben und mit Erdhügeln bedeckt wurden. Die Toten wurden mit Kleidern und Waffen bestattet; die Grabbeigaben umfassten Gegenstände und Lebensmittel für die Reise ins Jenseits: Fleisch samt Messer zum Schneiden, Getränke in Strohflaschen oder Metallgefäßen (importierter Wein in den Fürstengräbern, vergorener Beerensaft in den gewöhnlichen Gräbern) und Becher. In den Kriegergräbern der Endphase wurden zweirädrige Streitwagen, Helme, Schwerter, Dolche und Lanzen aus Eisen gefunden. Im Allgemeinen stammten die Objekte aus lokaler Metallbearbeitung: mit Tierfiguren im keltischen Stil dekorierte Broschen, Armbänder, Fibeln mit verschiedenen Ornamenten; weiters fand man importierte griechische und etruskische Keramiken, Bernstein aus dem Baltikum, Certosa-Fibeln, Gurte, Schwertscheiden etc. Die Nekropole von Hallein (550–300 v. Chr.) enthielt 320 Gräber mit ähnlichen Grabbeigaben.*

**DAS GROSSE GRÄBERFELD**
Links: *Zeichnung eines Ausschnitts des von Ramsauer im 19. Jh. entdeckten Gräberfelds.*
Unten: *ein vergoldeter Dolch mit Futteral.*

# DAS KELTISCHE
# *OPPIDUM* VON ALESIA

*Das befestigte Bergdorf Alesia bei Dijon ist durch die Schlacht der römischen Legionen
Caesars mit dem gallischen Heer unter König Vercingetorix bekannt geworden, der hier
52 v. Chr. besiegt wurde. Von der gallisch-römischen Stadt Alisiia sind bemerkenswerte
Mauerreste und Objekte erhalten, die im örtlichen Museum ausgestellt sind.*

**DIE HAUPTSTADT DER
MANDUBIER**
*Bei Ausgrabungen in der
Nähe von Alise-Sainte-Reine
in Burgund stieß man
auf Überreste des antiken
Alesia.*

Das antike Alesia war ein befestigtes Bergdorf am Mont-Auxois in Burgund, in der Nähe des heutigen Dorfes Alise-Sainte-Reine, 50 km nordwestlich von Dijon (Côte d'Or). Das *Oppidum* von Alesia war Hauptstadt der Mandubier, deren Gebiet sich bis zu den Ländern der Sequaner im Osten und der Haeduer im Süden erstreckte. Die einfache Siedlung war im Süden und Norden durch steile Felswände geschützt, an den anderen Seiten errichtete man Barrieren aus mit Eisenklammern verbundenen Holzstämmen und einem darüber liegenden Erdwall sowie Mauern aus lose zusammengesetzten Steinen. Die Bewohner lebten von der

Landwirtschaft, jedoch war auch die Herstellung und Bearbeitung von Bronze sehr bedeutend, die auch in der Römerzeit fortgesetzt und von Plinius dem Älteren erwähnt wurde. Einige Phasen der Belagerung Caesars und der von Vercingetorix verlorenen Schlacht konnten rekonstruiert werden. Bei Grabungen entlang des Verteidigungswalls der Römer (er konnte mithilfe von Infrarotaufnahmen aus der Luft ausgemacht werden) konnte man die Position der Römerlager feststellen und Metallspitzen von Wurfspießen, Speeren und Pfeilen, Wurfgeschosse und Kugeln finden. Fundstücke aus den ersten von Napoleon III. veranlassten Ausgrabungen

**ERINNERUNG
AN DIE ALTEN GALLIER**
Oben rechts: *Bronzevase
aus dem 1./2.Jh. n. Chr. aus
Alesia, mit einer Widmung
an keltische Gottheiten.*
Oben links: *der Giebel der
Venus-Kapelle.*

(1861–1865) sind im Museum von Saint-Germain-en-Laye ausgestellt; die folgenden archäologischen Forschungen (1906–1985) brachten große Mengen an Materialien zutage, die man im regionalen Museum besichtigen kann, um das seit kurzem ein großer archäologischen Park mit vielen Rekonstruktionen und Animationen entstanden ist.

Nach der Übernahme durch Rom nahm die Stadt den Namen *Alisiia* an und behielt seine Rolle als Hauptstadt (nunmehr gallisch-römisch) bis Ende des 4. Jh.s n. Chr. Zu dieser Zeit sind auch die ersten christlichen Einflüsse, wie die Errichtung einer Basilika, nachweisbar.

## DIE GALLISCH-RÖMISCHE STADT

Im Zentrum der Stadt lag das mehrmals umgebaute Hauptsanktuar. Um 20–10 v. Chr. wurde vor dem Tempel eine Säulenhalle mit rechteckigem Grundriss errichtet, die mit Reliefs geschmückt wurde und in der eine gallische Inschrift in griechischen Buchstaben erhalten ist. Dieser Bau wurde wie das Forum und das Theater von lokalen Würdenträgern in Auftrag gegeben, deren Namen in die mit wertvollen Skulpturen geschmückte Fassade eingemeißelt sind. Auffällig ist der Giebel der Venus-Kapelle über der Nische mit der

### WER WAREN DIE KELTEN?

*Von der 1000-jährigen Präsenz der Kelten in Europa ab dem 8. Jh. v. Chr. zeugen heute Überreste von Siedlungen und archäologische Fundstücke in einem ausgedehnten Gebiet vom Balkan bis zu den Britischen Inseln. Die Kelten waren kriegerische Stämme, die sich unter der Führung von Fürsten oder Kriegshelden in allen gemäßigten Zonen Europas verteilten. Zwischen dem 5. und 1. Jh. v. Chr. erfolgten mehrere große Wanderbewegungen, als Stämme aus ihrer Heimat Schweiz, Burgund und Süddeutschland in die angrenzenden Regionen emigrierten. Sie fielen in der Poebene und auf der Apenninenhalbinsel ein (Plünderung Roms 386 v. Chr.) und stießen bis Griechenland vor, wo sie versuchten, den Schatz Delphis an sich zu reißen. Nach vorübergehendem Aufenthalt im Pariser Becken, im Rheinland und in Böhmen nahmen sie ihre blutigen Wanderungen wieder auf und stießen mit den Römern zusammen, die im 2. und 1. Jh. v. Chr. gemeinsam mit den Germanen das keltische Gebiet beträchtlich einengten. Vercingetorix (rechts: das ihm gewidmete Denkmal auf dem Mont-Auxois) war der letzte Kriegsheld, der sich für die Unabhängigkeit der Kelten einsetzte, die nach ihrer endgültigen Niederlage 52 v. Chr. dem Sieger ein beträchtliches Erbe an Kultur und Traditionen übergaben. Heute wissen wir, dass die Kelten den Wein und den Reichtum ihrer Nachbarn liebten und dass die blutrünstigen Krieger die Macht mit ihren Frauen teilten. Dieses Volk brachte Poeten sowie meisterhafte Handwerker hervor und seine Druiden gaben das Wissen ihrer Vorfahren durch mündliche Überlieferung weiter. Die Handwerker waren äußerst geschickt im Schmieden von Metallen sowie bei der Herstellung von Waffen und Geschirr; sie stellten jedoch auch Schmuck mit feinen geometrischen Motiven, Menschen-, Tier- oder Fantasiefiguren, Streitwagen und Geld her. Die Kelten bildeten nie eine größere politische Einheit, hatten keine öffentlichen Institutionen und definierten zu keiner Zeit die Grenzen eines Staatsgebiets. Sie waren ein Volk »ohne Gesetz und ohne Angst«, das sich bis heute einen legendenhaften Nimbus bewahrt hat.*

## BELAGERUNGS- UND VERTEIDIGUNGSANLAGEN

Eine Revolte der Gallier unter ihrem Anführer Vercingetorix, dem König der Arverner, zwang Caesar, 52 v. Chr. nach Gallien zurückzukehren. Die Gallier erlitten bei Gergovia in der Nähe von Dijon eine Niederlage; 80.000 Mann flüchteten in das *Oppidum* von Alesia, wo sie durch zahlreiche Belagerungswerke des römischen Heeres eingeschlossen wurden. Vercingetorix gelang es jedoch noch, bei verbündeten gallischen Stämmen Verstärkung anzufordern.

In *De bello gallico* (VII, 68–90) beschreibt Caesar den Verlauf der Belagerung und der drei Tage dauernden Schlacht. Caesar, der über ein Heer von 10 Legionen (50.000–60.000 Mann) verfügte, ließ um den Mont-Auxois einen inneren Belagerungsring errichten: einen tiefen Graben mit senkrechten Wänden, daneben zwei kleinere Gräben, wovon einer mit Wasser aus einem nahen Wildbach gespeist wurde. Dann ließ er einen Erdwall und eine 12 Fuß hohe Mauer mit Brüstung und Holztürmen errichten, die zusätzlich durch große Häufen von Brombeer- und anderen Sträuchern geschützt wurden. Dann ließ er vor den Gräben fünf Reihen von zugespitzten, nach außen gerichteten Pfählen anlegen, und davor acht sich kreuzende Reihen von Vertiefungen, auf deren Boden mit Feuer gehärtete zugespitzte Stangen gesteckt und die mit Sträuchern abgedeckt wurden. Noch etwas weiter weg kam eine Reihe einen Fuß (29,6 cm) langer Spieße mit Eisenhaken.

Nach Abschluss dieser mächtigen Anlage gegen einen Ausfall der Belagerten stellte Caesar einen zweiten, 14 Meilen (etwa 20 km) langen, äußeren Ring auf, um Angriffe der von Vercingetorix zu Hilfe gerufenen Gallier abwehren zu können. Das eigene Heer positionierte Caesar in der Mitte, nachdem er sich mit Lebensmitteln für einen Monat versorgt hatte.

## DIE SCHLACHT VON ALESIA

Die herbeigeeilte gallische Verstärkung von 150.000 Mann unter König Commius lagerte auf den Hügeln rund um Alesia und verständigte die Belagerten durch laute Schreie von ihrer Ankunft. Das in Alesia eingeschlossene Heer sah dies als Signal für einen Ausbruchsversuch und versuchte mit Hilfe von Gitterwerken und Leitern die Gräben und Mauern zu überwinden. Die Schlacht zwischen den beiden Heeren dauerte von Mittag bis Sonnenuntergang, als die römische Reiterei die Gallier dazu zwang, erneut in die Stadt zu fliehen. Während der Nacht griffen die Gallier unter Commius, ebenfalls mit Gitterwerken, Leitern und Harpunen versehen, den äußeren Ring der Römer an, während Vercingetorix mit den Seinen von innen vorstieß. Die Römer konnten anfangs beide Vorstöße durch Wurfgeschosse und durch Verwirrung der Gegner abwehren, und griffen mit Speeren und Belagerungsmaschinen an. Bei Tagesanbruch begannen die Gallier, sich zurückzuziehen. Vercingetorix, dem jedoch bewusst war, dass eine Niederlage das Ende der Unabhängigkeit Galliens

**GALLISCH-RÖMISCHES ALESIA**
Oben: *Eimer aus Holz und Eisen mit Kette.*
Oben rechts: *Statue der Muttergottheit mit einem Schoß voller Früchte.*

**DER SIEGER**
*Büste Julius Caesars aus grünem Schiefer mit Augen aus Marmor. Der große Feldherr zwang nach der Belagerung Alesias Vercingetorix zur Aufgabe.*

Statue der Göttin, weitere erhaltene Reliefs zeigen die Kapitolinische Triade (Jupiter, Juno und Minerva) und einen der Dioskuren.

Der Seitengang des Forums barg mehrere Marmor- und Bronzestatuen, wovon nur Fragmente erhalten sind. Die bekannte Bronzestatuette des »Sterbenden Galliers« stammt von einer Reiterstatue des Kaisers.

Der rekonstruierte Haupttempel war ein großer Bau mit quadratischem Grundriss, Portiken auf drei Seiten und einem Jupiter geweihten Heiligtum in der Mitte; ab Ende des 2. Jhs. n. Chr. wurden hier auch orientalische Götter, wie Kybele, verehrt. Die Metallarbeiter hatten ein eigenes Zunfthaus, das so genannte Monument des Ucuetis (ein keltischer Schutzgott).

Außerhalb der Stadt, bei einer Quelle im Osten des Mont-Auxois, befand sich ein Heiligtum der regionalen Gottheit Moritasgus; es wurde durch einen Apollo-Tempel ersetzt, in dem Votivgaben in Stein und Bronze mit Inschriften gefunden wurden.

Zahlreiche Privathäuser besaßen kleine unterirdische Heiligtümer, in welchen man Statuen von Gottheiten fand, die mit der Landwirtschaft und lokalem Handwerk in Zusammenhang standen, wie die Muttergöttin Epona. Das Gräberfeld wurde rund um die Anhöhe angelegt. Die Urnengräber waren von außen durch Grabsteine und steinerne Stelen kenntlich gemacht; den Urnen wurden die gewohnten Grabbeigaben, bestehend aus Haushaltsgegenständen und persönlichem Schmuck, beigegeben.

bedeutete, und dass außerdem die Nahrungsmittelvorräte ausgingen, befahl seinem General Vercassivelaunus, mit 50.000 Mann einen letzten, verzweifelten Angriff zu versuchen.

Die überraschten Römer hatten nunmehr mit Schwierigkeiten zu kämpfen; Caesar schickte General Titus Atius mit seinen Truppen an jene Stelle, wo der Feind durchzubrechen drohte, und ließ mehrere Kohorten mit Schwertern antreten. Die Römer erwiesen sich als siegreich, die zurückgedrängten Gallier wurden von der Reiterei verfolgt und zum Großteil getötet. Die Überlebenden flohen erneut in die Stadt Alesia. Vercingetorix berief eine Versammlung ein, erklärte sich als verantwortlich für die Niederlage, übergab sich Caesar und lieferte alle Waffen aus. Er wurde als Gefangener nach Rom gebracht und in den Mamertinischen Kerker geworfen, wo er sechs Jahre später auf Befehl Caesars von einem Sklaven ermordet wurde.

**VOM ALLTAGSLEBEN**
*Einige Knochenlöffel aus der gallisch-römischen Stadt, die gemeinsam mit weiteren Haushaltsgeräten im regionalen archäologischen Museum ausgestellt sind.*

**SITZ DER ZUNFT**
Unten: *Reste des Portikus des Ucuetis-Monuments, das Sitz der Metallarbeiter-Zunft war.*

# DAS KOLOSSEUM, SYMBOL ROMS

*Das Kolosseum war das größte im antiken Rom erbaute Amphitheater und ist heute trotz der durch die Zeit und den Menschen erlittenen Beschädigungen ein majestätisches Symbol des Römerreiches und seiner Geschichte. Nach 2000-jährigem Bestehen weiß man heute nahezu alles über seine Konstruktion und ehemalige Funktion.*

**AUF NEROS KÖNIGSRESIDENZ**
*Das Kolosseum wurde von Vespasian in Auftrag gegeben und anstelle des stagnum Neronis errichtet, einem künstlichen See, den sich Kaiser Nero zur Verschönerung seiner Residenz angeeignet hatte.*
Oben: *Gladiatorenhelm.*

Der dem Wahnsinn Neros zugeschriebene (jedoch unbewiesen) furchtbare Brand 64 v. Chr., der 10 der 14 Stadtviertel Roms schwer beschädigte, gab dem Kaiser die Gelegenheit, sich eine neue Residenz, die *Domus Aurea*, anstelle der vorherigen *Domus Transitoria* zu errichten. Das Gebiet des neuen Königspalasts war 80 ha groß und umfasste den Palatin-Hügel und Teile des Esquilin und des Caelius mons. Nero eignete sich auch die in der Mitte liegende Senke mit künstlichem See an, wo er seine Palastgärten anlegen ließ. Der Brand hatte das 29 v. Chr. von Titus Statilius Taurus auf eigene Kosten errichtete Amphitheater und gleichfalls die aus Holz erbaute Arena Neros auf dem Marsfeld

zerstört. Daher sah man eine große Dringlichkeit darin, der Stadt im Hinblick auf die Leidenschaft der Römer für Gladiatorenkämpfe ein massives Amphitheater aus Stein zu schenken.

## ZWECK UND GESCHICHTE DES BAUS

Nach dem Selbstmord Neros 68 n. Chr. kam die Flavier-Dynastie auf den Thron. Ihr erster Kaiser, Vespasian, ließ den See inmitten der Palastanlage Neros trockenlegen und die Senke einebnen, da hier das *Amphitheatrum Flavium*

entstehen sollte; mit dem Bau wurde 72 n. Chr. begonnen. Nach der Trockenlegung des Gebietes war es vor allem wichtig, die Stabilität des geplanten riesigen Baus sicherzustellen. Dafür errichtete man 6 m tiefe Fundamente aus Travertinpfeilern, über welchen eine dicke Betonbasis aufgetragen wurde. Dann teilte man die Facharbeiter in vier unabhängige Mannschaften, deren Arbeit von mehreren gleichzeitig wirkenden Architekten (unbekannt; möglicherweise Rabirius, der bereits für Nero tätig war) koordiniert wurde. Um den Bau nicht übermäßig zu belasten, verwendete man Ziegel, unterbrach die Außenwand durch Bögen (auf drei Stockwerken angeordnet) und errichtete Tonnengewölbe im Inneren, wodurch man eine statisch schlanke und sehr ästhetische Konstruktion erzielte. Die Fassade wurde mit vorgefertigten Travertinblöcken verkleidet, die durch 3,5 kg schwere, mit geschmolzenem Blei versiegelte Eisenklammern zusammengehalten wurden. In den Bögen wurden Statuen aufgestellt, die unteren Stufen des Zuschauerraums mit Marmor und die oberen mit Ziegeln verkleidet. Die Decken waren aus Beton.

Das *Amphitheatrum Flavium* wurde ein Jahr nach Vespasians Tod (79 n. Chr.) von seinem Sohn und Nachfolger Titus eingeweiht und mit 100-tägigen Spielen eröffnet. Zu den ersten Spektakeln gehörten eine Naumachie, eine nachgestellte Seeschlacht, wofür die Arena geflutet werden musste, sowie Kämpfe zwischen Gladiatoren und wilden Tieren (nach dem Historiker Svetonius wurden mindestens 5000 Tiere geopfert). Kaiser Domitian verlegte die Naumachien in ein anderes Gebäude entlang dem Tiber, sodass man unter der Arena verschiedene Kellerräume anlegen konnte, deren abnehmbare Holzdecken mit Sand bedeckt waren. Im Keller befand sich außer Tierkäfigen eine komplizierte Bühnenmaschinerie mit Falltüren, Rampen und Aufzügen für Gladiatoren und Raubtiere.

## DAS ÄUSSERE

Ihren Namen verdankt die Arena vermutlich der einstigen, auf dem Platz davor stehenden 30 m hohen Bronzestatue des als Sonnengott gekleideten Nero, die als »Koloss des Nero« bezeichnet wurde; die Bezeichnung »Kolosseum« für den imposanten elliptischen Bau mit 537 m Umfang und nahezu 50 m Höhe ist erstmals in Dokumenten des 8. Jh.s n. Chr. nachgewiesen. Der mächtige äußere, mit Travertin verkleidete Ring weist drei Stockwerke mit jeweils 80 Bögen und ein viertes Stockwerk (*Attika*) mit rechteckigen Fenstern auf, zwischen welchen sich ursprünglich abwechselnd vergoldete Bronzeschilder und korinthische Lisenen befanden. Die Bögen sind von Pilastern mit Halbsäulen eingerahmt, die zu ebener Erde im dorischen, im zweiten Geschoss im ionischen und im dritten Geschoss im korinthischen Stil gestaltet sind. Die Bögen sind 4,2 m breit, ihre Höhe beträgt 7,05 m im Erdgeschoss und 6,45 m in den anderen beiden Stockwerken. Die Pilaster selbst sind 2,4 m breit. Auf der obersten Ebene wurden in dafür vorgesehe-

nen Konsolen und Löchern Mastbäume angebracht, um das *Velarium*, das schattenspendende Sonnensegel aus großen dreieckigen Tüchern, aufziehen zu können. Dazu wurden 100 Seesoldaten der Flotte von Misenum herangezogen. An den äußersten Enden des Amphitheaters waren die beiden Haupteingänge, der Zugang zum Zuschauerraum erfolgte jedoch durch zahlreiche Bögen und symmetrische Radialgänge und -treppen, die eine Evakuierung von 20.000 Zuschauern in 10 Minuten erlaubten.

### DAS KOLOSSEUM IN ZAHLEN

Grundfläche: 19.000 m²
Höhe: 48,5 m
Anzahl der äußeren Bögen: 240 (3 x 80)
Äußere Länge: 188 m
Äußere Breite: 156 m
Länge der Arena: 86 m
Breite der Arena: 54 m
Äußerer Umfang: 537 m
Gesamtlänge der Sitzreihen: 30.000 m
Neigung der *Cavea*: 37 Grad
Höhe des Sockels rund um die Arena: 3,6 m
Sitzplätze: etwa 50.000
Stehplätze: etwa 5000
Anzahl der Eingänge für die Zuschauer: 160
Balken des *Velariums*: 240
Travertin: 100.000 m³
Eisen: 300 t
Beton: 414.000 t
Bauzeit: 2 Jahre (78–80 n. Chr.)
Zeit für Fertigstellungsarbeiten: 2 Jahre (81/82 n. Chr.)

**PRUNK UND VERFALL**
*Das Kolosseum wurde bis Anfang des 5. Jh.s n. Chr. für Gladiatorenkämpfe verwendet. Der darauf folgende Zerfall der Holzkonstruktionen wurde 801 durch ein Erdbeben noch verschärft, als zahlreiche Säulen des oberen Portikus einstürzten.*

**KOLOSSEUM ALS GELD**
*Abbildung des Kolosseums auf einer römischen Münze des 3. Jh.s n. Chr.*

## DAS INNERE

Die Zuschauerreihen im Amphitheater waren durch horizontale Absperrungen in fünf Ränge unterteilt, die den verschiedenen sozialen Klassen entsprachen. Die unteren Reihen waren für die Senatoren reserviert, deren in Marmor eingemeißelte Namen auch heute noch zu lesen sind; in den obersten Sitzreihen *(summa cavea)* nahmen die Frauen Platz und die noch darüber liegende Terrasse war für die untersten Klassen vorgesehen. Alle Zuseher von den etwa 50.000 Sitzplätzen und den etwa 5000 Stehplätzen hatten freien Blick auf die ganze Arena – es gab keine Sichtbehinderungen. Das Publikum konnte die Plätze durch ringförmige Gänge und 160 Zugänge *(vomitoria)* erreichen. Das durch einen unterirdischen Gang erreichbare, in der Mitte der Längsachse gelegene Podium war für Kaiser, Vestalinnen und Konsuln reserviert; auf der gegenüberliegenden Seite befand sich die Loge des Stadtpräfekten. Die *Cavea* war durch einen 3,6 m hohen Sockel von der Arena getrennt. Im Zwischenraum konnten bei Spektakeln mit wilden Tieren zum Schutz der Zuseher robuste Eisengitter aufgezogen werden, zusätzlich standen immer Bogenschützen bereit. Unter der 86 x 54 m großen Arena waren in vier parallel zur Längsachse des Amphitheaters verlaufenden Reihen etwa 50 Lastenaufzüge aufgestellt. Wenn die Aufzüge mittels Gegengewichten betätigt wurden, öffne-

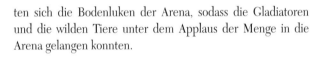

ten sich die Bodenluken der Arena, sodass die Gladiatoren und die wilden Tiere unter dem Applaus der Menge in die Arena gelangen konnten.

## ZERFALL UND RETTUNG

Die letzten Gladiatorenkämpfe im Kolosseum fanden 438 n. Chr. und die letzten Tierhetzen 523 n. Chr. statt. Danach begann eine lange, vorerst nur die Holzteile betreffende Periode des Zerfalls. Durch ein Erdbeben 801 stürzten mehrere Säulen der *Cavea* ein, im 9. Jh. verwandelte die Familie Frangipani das Theater zu einer privaten Festung. Unter dem Pontifikat von Innozenz IV. (1243–1254) wurde das Kolosseum Besitz der Kirche. 1349 stürzten bei einem weiteren Erdbeben Tausende Travertinblöcke zu Boden, die dann für den Bau neuer Gebäude verwendet wurden. Das Kolosseum wurde zu einem riesigen Steinbruch; aus seinen Materialien wurden die Stiege des Petersdoms, die Palazzi Farnese, Barberini und Venezia, das Senatsgebäude und der Ripetta-Hafen erbaut. Diese Ausbeutung endete erst 1744, als Papst Benedikt XIV. die Arena zur geweihten Märtyrerstätte erklärte. Die ersten Restaurierungen wurden von Papst Pius VII. 1808 veranlasst, weitere Maßnahmen wurden unter Architekt Valadier 1828–1852 vorgenommen. Bis heute wurden immer wieder Grabungen und Restaurierungen durchgeführt; durch die kürzliche Rekonstruktion von Teilen des Holzbodens können im Kolosseum nunmehr auch wieder Aufführungen stattfinden.

**DAS BAUWERK IM DETAIL**
Rechts: *Arena und Zuschauerreihen.*
Unten: *ein Detail des Mauerwerks, das die Anordnung der Ziegel zeigt* (opus spicatum).

**AUS DEN RUINEN DES KOLOSSEUMS**
*Rechts: Der Palazzo Farnese war eines der großen römischen Gebäude, für dessen Errichtung Baumaterial vom Kolosseum verwendet wurde.*

**UNTER KAISERLICHEM BLICK**
*Zirkusspiele im Beisein des Kaisers in einem Elfenbein-Diptychon aus dem 5. Jh. n. Chr.*

## SPEKTAKEL IN DER ARENA

*Die in der Arena kämpfenden Gladiatoren (rechts: ein Mosaik des 4. Jh.s) waren die gefeierten Helden ihrer Zeit; sie wurden in vier in der Nähe des Kolosseums liegenden Kasernen, Schul- und Trainingsgebäuden in einem harten Training zum Töten ausgebildet. Nur von einem der vier Gebäude, dem Ludus Magnus (1933 entdeckt) sind Reste erhalten; es wurde zur Zeit Domitians errichtet, hatte einen rechteckigen Grundriss, einen großen Innenhof (90 x 65 m) und war von einem Portikus mit 315 Säulen umgeben. Ein unterirdischer Gang verband den Bau direkt mit der Arena. Sehr beliebt war auch die Jagd auf Raubtiere (Löwen, Tiger, Panther, Bären), aber auch auf andere Tiere: unter anderem erinnert eine Episode von einem Damhirsch, der sich bis zu den Füßen von Kaiser Domitian retten konnte und dann verschont wurde. Auch Frauen traten als Gladiatoren oder Jäger auf; so jagte eine gewisse Mevia aus einer angesehenen römischen Familie als Einzelperson in der Arena ein Wildschwein. Des Weiteren wurden Kämpfe zwischen Gladiatoren und wilden Tieren, aber auch zwischen verschiedenen Tieren ausgetragen. Darüber hinaus gab es Schauspiele mit grandiosen Bühnenbildern, es wurden Mythen und Volkssagen, wie etwa jene des Orpheus aufgeführt, der zum Ton seiner Lyra nachgestellte Felsen und Bäume anlockte, die mittels der im Keller untergebrachten Maschinerie bewegt wurden.*

*Da Grausamkeit und Schrecken offensichtlich äußerst gefragt waren, wurden im Kolosseum auch öffentliche Exekutionen durchgeführt.*

# POMPEJI, DIE VERSCHÜTTETE STADT

*79 n. Chr. setzte ein Vesuvausbruch dem Leben der Einwohner Pompejis während ihrer täglichen Arbeit ein jähes Ende und begrub die Stadt zur Gänze unter Vulkanasche. Bei den Grabungen stieß man auf nahezu vollständig erhaltene Privathäuser und Werkstätten, wodurch das Alltagsleben jener Zeit relativ genau rekonstruiert werden konnte.*

**BESTIARIUM VON POMPEJI**
*Oben: ein goldener Armreif in Form einer Schlange, der bei den Grabungen gefunden wurde.*
*Unten: ein berühmtes Mosaik aus dem Haus des tragischen Poeten, das einen Hund in drohender Stellung und den Schriftzug »Cave canem« (»Hüte dich vor dem Hund«) trägt.*

Das Gebiet von Pompeji war bereits ab dem 3. Jahrtausend v. Chr. besiedelt und beherbergte in der Bronzezeit (19.–16. Jh. v. Chr.) ein Dorf und ein Gräberfeld. Vermutlich waren es die hier heimischen Osker, die Ende des 7. Jh.s v. Chr. die erste Siedlung am Südhang des Vesuvs, auf einem Sporn aus Tuffgestein an der Mündung des Flusses Sarno, gründeten. Einige Jahrhunderte lang wurde ihre Entwicklung von den Etruskern kontrolliert und ihre Kultur von den nahen griechischen Kolonien Kyme und Neapolis beeinflusst. Um 425–400 v. Chr. fielen die aus den Bergen kommenden Samniter in die Stadt ein, die sich dann mit der lokalen Bevölkerung vermischten. Nun entstanden neben dem ursprünglichen, unregelmäßigen Kern rechtwinkelige Häuserzeilen; außerdem legten die Samniter zwei Foren mit öffentlichen Gebäuden an und errichteten eine elliptisch verlaufende Ringmauer. An den Privathäusern kann man sehen, dass Pompeji durch den Handel mit landwirtschaftlichen Produkten und durch Handwerkstätigkeit zu großem Wohlstand gekommen war. 91 v. Chr. verbündete sich Pompeji mit den Bundesgenossen und verlangte von Rom die zugesprochenen Bürgerrechte; 80 v. Chr. wurde die Stadt von Sulla belagert, der sie nach seinem Sieg zu einer Kolonie für römische Veteranen machte: *Cornelia Veneria Pompeianorum.*

**AM FUSS DES VULKANS**
*Rechts: Überreste des Jupiter-Tempels (auf der linken Seite des Fotos) und des Ehrenbogens im Norden des großen Forums. Im Hintergrund ist der Vesuv zu sehen.*

Sie verwandelte sich rasch in eine blühende römische Stadt, es entstanden neue öffentliche Gebäude, gepflasterte Straßen, Wasserleitungen und Brunnen, Geschäfte und Werkstätten, Wohnungen und prächtigen Privatvillen, die mit Fresken und Statuen geschmückt wurden. Pompeji wurde am 5. Februar 62 n. Chr. von einem starken Erdbeben erschüttert, das schwere Schäden verursachte; die Restaurierungsmaßnahmen waren noch im Gange, als sich der alles zerstörende Ausbruch des Vesuvs am 24. August 79 n. Chr. ereignete.

## DER AUSBRUCH DES VESUVS

Die Beschreibung des Ereignisses verdanken wir zwei Briefen von Plinius dem Jüngeren, welche dieser 106 n. Chr. an Tacitus geschrieben hat. Beim Vulkanausbruch, der Pompeji zerstörte, starb der berühmte Naturwissenschaftler und Kommandant der Seeflotte von Misenum beim Versuch, die Überlebenden vom Strand von Stabiae zu bergen (denn auch Herculaneum und Stabiae waren von der Katastrophe betroffen). Der Ausbruch dauerte vier Tage und begrub die Stadt Pompeji unter einer 5–7 m dicken Schicht aus Bimsstein, Asche und Schlamm, die Zerstörung und Tod brachte; die Menschen, die sich zum Meer retten konnten, fielen den giftigen Gasen zum Opfer.

Noch dramatischer als die eingestürzten Gebäude wirken bei der Besichtigung heute jene Skulpturen, welche die Menschen zu ihrem Todeszeitpunkt darstellen. Es sind Gipsabdrücke jener Hohlräume, die entstanden, als die sterbenden Bewohner Pompejis von Asche und Gestein so fest umschlossen wurden, dass die Konturen ihrer Körper und ihrer Kleidung erhalten geblieben sind. Das Besondere an jenen Ausgrabungen ist aber vor allem, dass eine ganze blühende und aktive Stadt mitten in einem Augenblick des täglichen Arbeitslebens konserviert wurde. Pompeji ist heute die bekannteste und weltweit am meisten besuchte archäologische Stätte, die davon zeugt, wie eine römische Stadt organisiert war, wie die öffentlichen Einrichtungen beschaffen waren und welche Funktionen sie hatten, wie die Bewohner lebten, welcher Beschäftigung sie nachgingen, wie ihre Häuser aussahen und wie sie geschmückt und mit Hausrat ausgestattet waren – ein außergewöhnliches und einzigartiges Zeugnis von vor fast 2000 Jahren, das die UNESCO zum Weltkulturerbe der Menschheit erklärt hat.

**VIA DI MERCURIO**
*Die Via di Mercurio. Am Ende der Straße befindet sich einer der Türme des Befestigungsringes der Stadt Pompeji (Merkurturm).*

**EINFÜHRUNG IN DIE MYSTERIEN**
*Der betrunkene Dionysos, Detail aus einem Glaspaneel im Haus des Fabius Rufus.*

## BESCHREIBUNG PLINIUS DES JÜNGEREN

*»... Es war bereits seit einer Stunde Tag, aber das Licht war noch matt und unbestimmt; die Gebäude ringsum waren durch die Erdstöße schon derart beschädigt, dass in diesem zwar offenen, aber doch engen Hof der Einsturz der Mauern eine große Gefahr darstellte. Da entschlossen wir uns endlich, die Stadt zu verlassen. Eine unendlich große Menschenmenge schloss sich uns an, jenem Instinkt der Furcht gehorchend, der es für klüger hält, fremder Einsicht zu gehorchen als der eigenen. Ein endloser Zug flüchtete und stieß vorwärts (...) Das Meer schien sich selbst aufsaugen zu wollen und wurde durch das Erdbeben gleichsam zurückgedrängt. Der Strand hatte sich verbreitert und viel Seegetier bedeckte den trockengelegten Sand. Auf der anderen Seite öffnete sich eine schreckliche schwarze Wolke, zerrissen durch plötzliche Feuerausbrüche, die Blitzen gleich aufloderten (...) Später senkte sich die Wolke herab und bedeckte das Meer. Sie umgab Capri, entzog die Insel unseren Blicken und verbarg das Vorgebirge von Misenum (...) Da regnete es Asche, wenn auch noch nicht sehr viel. Ich wandte mich um. Eine dicke Qualmwolke, die wie ein reißender Strom über die Erde dahinschoss, folgte uns drohend (...) Da umhüllte uns bereits die Nacht, nicht eine mondlose oder von Wolken verdunkelte Nacht, sondern eine Finsternis eines geschlossenen, lichtlosen Raumes. Man hörte das Heulen der Frauen, das Gewimmer der Kinder, die Schreie der Männer. Die einen riefen nach ihren Kindern, andere nach ihren Eltern, wieder andere nach ihren Frauen und Männern. Die einen jammerten über sich selbst, die anderen über das Unglück der Ihren. Aus Angst vor dem Tod riefen manche nach ihm. Viele hoben die Hände zu den Göttern, groß war die Zahl derer, die glaubten, die letzte, die ewige Nacht sei hereingebrochen ...«*

**Plinius der Jüngere, Brief an Tacitus, Buch VI, 20**

VORRÄTE IM WEINKELLER
*Das Haus mit dem Krypto-*
*portikus hat seinen Namen*
*von einem gedeckten Gang,*
*der – wie die vorhandenen*
*Weinamphoren zeigen – als*
*Lagerraum genutzt wurde.*

**EIN AMULETT**
**ÜBER DEM EINGANG**
Seitenmitte: *ein Amulett aus*
*weißem Marmor von der*
Casa del Citarista. *Kleine*
*Skulpturen wie diese*
*wurden über den*
*Hauseingängen als*
*Glücksbringer angebracht.*

**GEPFLASTERTE STRASSEN**
*Die Straßenpflasterung von*
*Pompeji ist ausgezeichnet*
*erhalten. Die großen Stein-*
*blöcke in der Mitte dienten*
*den Fußgängern, um die*
*Straße bei heftigen Regen-*
*fällen leichter überqueren*
*zu können.*

# ARCHÄOLOGISCHE GRABUNGEN

Die Grabungen wurden am 30. März 1748 von Karl III. von Bourbon eingeleitet und dauerten nahezu ununterbrochen ein Jahrhundert lang an, wobei die wichtigsten öffentlichen Gebäude der Stadt freigelegt wurden. 1793 fand man eine Inschrift, die bestätigte, dass es sich bei den Überresten um die Stadt Pompeji handelte. Anfangs war man eher auf der Suche nach Kunstwerken, um die bourbonischen Kollektionen zu bereichern. Ab 1860 begannen unter der Leitung von Giuseppe Fiorelle systematische Ausgrabungen; dazu teilte man einen Bereich von 86 ha zur besseren Übersicht in neun Sektoren (*regiones*) ein, indem man sich nach zusammengehörigen Häuserblöcken (*insulae*) richtete. Man restaurierte die ersten Gebäude, öffnete die Stätte gegen Bezahlung von Eintrittsgeldern für die Öffentlichkeit und fertigte Gipsabdrücke der Opfer an. Nach 1924 wurde bei Grabungen und Studien unter Amedeo Maturi die Via dell'Abbondanza, das Haus des Menander, die Mysterienvilla und das Gräberfeld außerhalb der Porta Nocera entdeckt. Die Grabungen werden auch heute, nach mehr als 250 Jahren, gemeinsam mit Konservierungs- und Restaurierungsarbeiten noch fortgesetzt, die vor allem nach erneuten Erdbebenschäden 1980 notwendig wurden. Besonders bedeutend war die Entdeckung des Hauses von Julius Polybius und die letzten Teile der *Regio VII* im Norden des Forums; hier fand man Mauerreste aus dem 6. Jh. v. Chr. und aus hellenistischer Zeit (3. Jh. v. Chr.), die auf ein damals wesentlich größeres Stadtgebiet als bisher angenommen hinweisen; überdies stieß man auf die ältesten bisher gefundenen Fresken (*Casa del Naviglio*). Nicht genau geklärt ist das Datum der Katastrophe, denn einigen Indizien zufolge könnte der Ausbruch nicht, wie bisher angenommen, am 24. August, sondern am 23. November 79 n. Chr. stattgefunden haben. Auch Funde von im Herbst geerntetem Obst, Hinweise auf die eben abgeschlossene Ernte (Maischereste, Amphoren mit Wein etc.) und auch die Kleidung der Opfer deuten darauf hin.

# DIE RÖMISCHE STADT

Der Mittelpunkt des religiösen, politischen und wirtschaftlichen Lebens in Pompeji war das Forum Civile, ein langer, schmaler gepflasterter Platz, der mit Säulen und einer Mauer umgeben war. Kapitol und Kurie lagen an den beiden Enden, dazwischen reihten sich die anderen Gebäude auf: die Basilika, Sitz des Tribunals und Ort für geschäftliche Treffen; der gedeckte Markt (*Macellum*); das Gebäude der Venus-Priesterin Eumachia, das vielleicht auch Sitz der mächtigen Weber- und Färberzunft oder auch Sklavenmarkt war; der dem Genius des Kaisers geweihte Vespasian-Tempel; das Heiligtum der Laren, der Schutzgeister der Stadt; der Jupiter-Tempel (150 v. Chr.) auf einem Podium in der Mitte des Platzes; und schließlich der Apollo-Tempel. Der Apollo-Tempel stammte aus der Samniter-Zeit, wurde im 2. Jh. v. Chr. umgebaut und bestand aus einem Peristyl mit 48 korinthischen Säulen. Die Bronzestatue der Gottheit war vor einer der Längsseiten platziert. Die Säulenreihe rund um den Platz hatte dorische Säulen und darüber eine Galerie im ionischen Stil.

Das kleinere Forum Triangolare auf der Akropolis des Samniter-Viertels war ebenfalls mit Säulen und Mauer umgeben und mit den im 4. Jh. für die Tempel der *Magna Graecia* typischen architektonischen Elementen geschmückt. Davor lag eine Einfriedung, die vermutlich dem legendären Gründer der Stadt, Herkules, geweiht war. Das Theater, vor dem sich ein Portikus aus dem 3./2. Jh. befand, wurde zur Zeit des Augustus erweitert; die *Cavea* für 5000 Zuschauer war nach griechischem Schema an einem natürlichen Hang angelegt. Im Odeon aus dem 1. Jh. v. Chr., einem kleinen gedeckten Theater, fanden musikalische Aufführungen statt. Hinter den Theatern befanden sich das nach dem Erdbeben 62 n. Chr. auf einem hohen Sockel vollständig wieder aufgebaute und von vier Portiken umgebene Isis-Heiligtum, der Tempel des Zeus Meilichios und die Samnitische Palästra, wo man eine der seltenen Osker-Inschriften und eine Kopie des Doryphoros von Polydoros gefunden hat. Das

Amphitheater der Stadt, das älteste (80 v. Chr.) aus der Römerzeit erhaltene, liegt ganz im Südosten Pompejis an der Stadtmauer. Es besitzt keine Kellerräume und konnte von außen über mehrere doppelläufige Treppen erreicht werden. Es war mit einem *Velarium* (Sonnensegel) ausgestattet und konnte 20.000 Zuschauer aufnehmen. Neben dem Amphitheater entstand zur Kaiserzeit die Große Palästra. Die Thermen umfassten drei Komplexe: die Stabianer Thermen (4. Jh. v. Chr.), die Forumsthermen (80 v. Chr.) und die in der Kaiserzeit errichteten *Terme Centrali*. Die Ringmauer aus der Samniter-Zeit war 3220 m lang und hatte acht Tore.

Die Straßen Pompejis konnten nahezu intakt ausgegraben werden. Sie waren mit großen vieleckigen Lavasteinen gepflastert, hatten Gehsteige und zum leichteren Übergang für die Fußgänger erhöhte Steinplatten an den Kreuzungen, wo sich meist auch ein Brunnen befand. An den Straßen waren neben Wohnhäusern auch zahlreiche Geschäfte und Lokale, wie Färbereien und Wäschereien (*fullonicae*), kleine Handwerksstätten, größere Werkstätten zur Bearbeitung von Stoffen und

Wolle, Bäckereien, Mühlen, Gaststätten (*cauponae*), eine Art Schnellimbissstätten (*thermopolia*), Spielsalons (*tabernae lusoria*) und Bordelle. Viele Läden hatten ebenerdig eine Verkaufsstelle, während sich die Wohnräume des Besitzers im oberen Stockwerk befanden. Viele Fassaden zeigen auch kommerzielle, politische oder persönliche Werbeaufschriften. Die Nekropole lag außerhalb der Porta Ercolanense (Via dei Sepolcri) und entlang der Straßen, die von der Stadt wegführten.

**AMPHITHEATER UND THERMEN**
*Das Amphitheater* oben links *hat eine elliptische Form und ist 140 m lang.* Oben: *die Forumsthermen.*

**DER GOTT MIT PFEIL UND BOGEN**
*Kopie des Apoll als Bogenschütze vor dem Portikus des ihm geweihten Tempels. Das Original befindet sich im Nationalmuseum von Neapel.*

**FORUM UND SCHNELLKÜCHE**
Unten, mittleres Foto: *Reste der herrlichen Kolonnade, die das Forum umgab.* Links: *ein* Thermopolium. *Dies waren Verkaufsstellen für warme Speisen, die in den in der Theke eingelassenen Tongefäßen vorbereitet waren.*

# PRIVATHÄUSER

In bescheidenen Behausungen und prächtigen Villen wurde eine Fülle von Informationen über das Leben der Bewohner Pompejis gefunden. Ausgehend vom samnitischen (oder italischen) Modell des 4./3. Jh.s v. Chr. mit tuskanischem Atrium und massiver Fassade kann man bis zum Römerhaus Mitte des 1. Jh.s n. Chr. die gesamte Entwicklung im Wohnungsbau verfolgen. Auch die erhalten gebliebenen Kunstwerke, Möbel und Haushaltsgegenstände sind authentische Indikatoren der Gebräuche, des Reichtums und der sozialen Klasse der Hausbesitzer. Die ausgegrabenen Häuser wurden nach gefundenen Kunstgegenständen, dem Namen der Besitzer oder auffälligen ästhetischen Eigenschaften mit Namen versehen.

Das römische Herrenhaus war meist nach einem bestimmten Schema aufgebaut. Die rechteckige Grundfläche war mit-

### HERRENHÄUSER
Unten: *ein oecus (Empfangssaal) mit vier Säulen und reich geschmückten Wänden.*
Rechts: *das* Impluvium *im Haus des Fauns, wo sich auch die Statuette des tanzenden Fauns befand, die hier durch eine Kopie ersetzt ist.*

unter sehr groß (bis zu 3000 m²) und von einer hohen Mauer umgeben, ein Zugang war nur beim Haupteingang (*fauces*) und der kleinen zweiten Eingangstür möglich. Der zentrale Raum (*Atrium*) hatte in der Mitte des Daches eine Öffnung (*impluvium*). Daneben lagen die Schlafzimmer (*cubicula*), vor dem Eingang die Räume des Hausherrn (*tablinum*), die häufig mit dem Esszimmer (*triclinum*) und der Küche verbunden waren. In größeren Häusern gab es noch einen zweiten Teil, wo um einen Säulengang (*Peristyl*) mit Garten (*viridarium*) und Brunnen weitere Zimmer, Empfangsräume (*oeci*), ein offener Speisesaal und Bäder angeordnet waren.

Die künstlerische Ausgestaltung der vornehmeren Häuser bestand aus mitunter sehr qualitätsvollen Wandmalereien, Marmor- und Bronzekopien griechischer Statuen (Apoll, Artemis, Epheben etc.), Porträts aus der Römerzeit und Mosaikfußböden. Im Haus des Fauns stieß man 1831 auf das größte bis heute aus der klassischen Antike gefundene Mosaik, die »Schlacht von Issus« aus dem 2./1. Jh. v. Chr.

### ERQUICKENDES WASSER
*Brunnen gab es sowohl in den Thermen als auch in privaten Häusern* (links).

### ZWEIFARBIGES MOSAIK
Rechts: *das Atrium im Haus des Paquius Proculus mit Mosaik. Jedes Feld ist von einem schwarzen Band umgeben, das ein Dekorationsband aus weißen und schwarzen Dreiecken einrahmt.*

**MALEREIEN UND MOSAIKE**
Links: *eines der bekanntesten Beispiele der Malerei aus Pompeji: Szene des Dionysos-Kults in der Mysterienvilla, das die Geißelung eines Mädchens darstellt.*
Rechts: *Ausschnitt aus einem mehrfarbigen Mosaik des Großen Brunnens im nach ihm benannten Haus.*

In den Häusern fand man Schmuck, Möbel, Glas, Werkzeuge, Geschirr, Hausrat und viele weitere Gegenstände. Besonders luxuriös waren die Patriziervillen in der Vorstadt, die mit großen Gärten, Exedras, Galerien und Peristylen umgeben waren. Äußerst interessant waren auch die ländlichen Bauernhäuser. Symbol Pompejis ist die Mysterienvilla aus dem 3. Jh. v. Chr., die im 1. Jh. v. Chr. zur prunkvollen Residenz und wenige Jahre vor dem Vulkanausbruch ein Landwirtschaftsbetrieb wurde. Berühmt ist vor allem der große Salon, dessen Wände auf zinnoberrotem Grund mit 29 Figuren natürlicher Größe Szenen aus der griechischen Mythologie darstellen. Die Malereien stammen von etwa 60–30 v. Chr. aus der Hand eines kampanischen Künstlers, der hier seine großen Fähigkeiten als Maler und Farbmischer bewiesen hat. Die Darstellungen zeigen die bedeutendsten Momente eines Initiationsritus der Dionysischen Mysterien, deren Details jedoch weitgehend unbekannt sind.

## STILE DER WANDMALEREIEN IN POMPEJI

Die Wandmalereien in den Häusern und Villen Pompejis wurden vom deutschen Wissenschaftler August Mau in vier Stile eingeteilt:

*1. Stil oder Mauerwerkstil*
Durch mehrfarbige Stuckmalerei wurde die Illusion einer Marmorverkleidung mit hohen Sockeln erzeugt (200–80 v. Chr., Haus des Fauns und Haus des Sallust).

*2. Stil oder Architekturstil*
Illusionistische Architekturen und Landschaften wie beim 1. Stil auf Stuck, bemalter Hintergrund, große Wandbilder mit Figuren in vergrößerter Darstellung (80–25 v. Chr., Haus der Silbernen Hochzeit, Mysterienvilla).

*3. Stil oder Ornamentalstil*
Mythologische Themen, schematische mehrfarbige ornamentale Verzierungen, wobei die mit Verzierungen gerahmten Bilder in einfarbig bemalte Wände eingefügt sind (25 v. Chr.–60 n. Chr.; Haus des Lucretius Fronto und des Caecilius Iucundus).

*4. Stil oder Fantasiestil*
Rückkehr zu üppigen Dekorationen und fantasievollen Szenografien mit Landschaften am Meer, blühenden Gärten, phantastischen Architekturen (besonders nach 62 n. Chr.; Haus der Vettii, Haus des Goldenen Armreifs, Haus des Octavius Quartio).

**DIE HÄUSER VON FRONTO UND SALLUST**
Unten: *Malereien im Haus des Lucretius Fronto im Ornamentalstil, der durch in einfarbige Flächen eingefügte Gemälde charakterisiert ist.*
Unten links: *Gemälde im Haus des Sallust, das Aktaion, der von den Hunden zerrissen wird, da er Diana im Bade überrascht hat, darstellt.*

# DIE ETRUSKISCH-RÖMI-SCHE STADT RUSELLAE

*Auf einem Hügel der toskanischen Maremmen lag die Stadt Rusellae, umgeben von einer zyklopischen Ringmauer. Heute sind hier noch Spuren der einfachen etruskischen Siedlung und markante Überreste aus der Römerzeit, wie das Forum, öffentliche Gebäude und das zuletzt errichtete Amphitheater zu sehen. Die Fundstücke werden im Museum von Grosseto aufbewahrt.*

**EHRENVOLLE TOGA**
Unten: *Statue eines Mannes
mit Toga (1./2. Jh. n. Chr.)
aus der Basilika der Bassi.*

Vom alten Villanova-Dorf und der späteren etruskischen und römischen Siedlung Roselle (*Rusellae*) zeugen heute die mächtigen und ausgedehnten Ruinen auf einer Felsformation mit Blick auf die Ebene von Grosseto (die Hauptstadt ist 9 km entfernt). Die Ortschaft lag am südöstlichen Rand des einstigen und später ausgetrockneten Prile-Sees (oder *Prelius*), gegenüber der Rivalin Vetulonia, und beherrschte den Unterlauf des Ombrone und die Straßen, die ins Hinterland von Etrurien führten.

Das umliegende Gebiet wurde ab der Kupfersteinzeit bewohnt; im 9./8. Jh. v. Chr. befand sich auf dem nahe gelegenen Poggio Moscona eine Siedlung der Villanova-Kultur, von der Reste von Hütten und einigen Gräbern erhalten sind. Die Stadt Rusellae lag auf zwei Bergspitzen und der dazwischen liegenden Senke und war von einer Ringmauer umgeben. Bis zur Eroberung durch die Römer (294 v. Chr.) war es eine blühende etruskische, von Lucumonen (Etrusker-Fürsten) beherrschte Stadt; ab 89 v. Chr., als römisches *Municipium*, wurde sie restauriert und vergrößert. Wegen der Malariagefahr verließen im Mittelalter die Bewohner die Stadt und der Bischofssitz wurde 1138 in das heutige Grosseto verlegt. Die archäologischen Grabungen haben gezeigt, dass das durch die etruski-

sche Mauer eingefriedete Gebiet nie zur Gänze bebaut war und dass man erst in hellenistischer Zeit begann, das unebene Gebiet zu terrassieren und zu planieren.

## ETRUSKISCHES RUSELLAE

Auf der zwischen den beiden Hügelkuppen liegenden Senke, wo später das römische Forum entstand, befanden sich im 7. Jh. v. Chr. einige Häuser aus rohen, getrockneten Lehmziegeln, die zu den ältesten bisher in Italien gefundenen gehören. Eine große rechteckige Einfriedung umfasste einen runden, vermutlich öffentlichen Bau von 5 m Durchmesser. Weitere Bauten aus dieser Zeit lagen, verbunden durch eine

### ETRUSKISCHE MAUERN VON RUSELLAE

*Die Stadt ist von einer mächtigen Mauer umschlossen, die im Laufe der Zeit mehrmals umgebaut und verstärkt wurde und die man auch heute noch in ihrem nahezu gesamten Verlauf von 3200 m sehen kann. Der älteste Teil (aus dem 7. Jh. v. Chr., Zeit des Orientalizzante) lag auf dem nördlichen Abhang. Als Basis verwendete man Steinblöcke, worauf man rohe Ziegel setzte; im folgenden Jahrhundert wurde ein Mauerring aus riesigen Eisenkalkblöcken, von denen einige mehr als 200 t wogen, darüber gesetzt. Die Mauer war durchschnittlich 7 m hoch, unten 2,3 m und oben 2 m breit. Am Ostabhang der Stadt besteht ein Teil der Mauer aus vieleckigen Steinblöcken von beeindruckender Größe, an den anderen Seiten befinden sich regelmäßigere Blöcke aus dem 6. Jh. v. Chr.; nur im westlichen Teil aus dem 4. Jh. v. Chr. liegt das Fundament aus Steinblöcken direkt auf Lehm auf, wobei auf einer Zwischenschicht aus Steinen wiederum große Blöcke aufgebracht wurden (rechts). Die Ringmauer von Rusellae – sie zählt heute zu den bedeutendsten Überresten der Etruskerzeit – hatte vier (vielleicht auch sieben) Tore, die aus mehreren Richtungen von den in der Ebene verlaufenden Straßen erreicht werden konnten.*

gepflasterte Straße, auf dem östlichen Hügel; diese Gebäude waren entweder mit Ton verkleidete Steinbauten, bestanden zur Gänze aus rohen Ziegeln oder waren in gemischter Technik errichtet worden. Am südlichen Hügel entstand Ende des 6. Jh.s v. Chr. ein Viertel mit Handwerksstätten, das bis zum 1. Jh. v. Chr. seine Funktion beibehielt; Schächte, Zisternen und Kanalisation sicherten Wasserversorgung und Abfluss. In der Nähe der Mauer stieß man auf ein archaisches Gebäude, verzierte Terrakotten und ein Depot von Opfergaben mit Fragmenten attischer Gefäße im schwarzfigurigen Stil und Buccherovase.

# RÖMISCHES RUSELLAE

Als Rom die Stadt eroberte und zur Kolonie machte, begann man mit Umbauten im Bereich des Forums; es wurde eingeebnet, mit mächtigen Mauern gestützt und im 1. Jh. n. Chr. mit Travertinplatten gepflastert. Wegen der Hanglage fehlen

in Rusellae die gewohnten Kreuzungen mit *Cardo* und *Decumanus*, anstatt dessen verläuft eine einzige gepflasterte Straße am südlichen Rand entlang zu einem der Stadttore. Die *Basilica Civile* mit rechteckigem Grundriss war mit Portikus und Säulen versehen und mit dem Augusteum verbunden; in diesem, dem Kaiserkult geweihten Tempel wurden 14 Statuen von Mitgliedern der julisch-claudischen Familie gefunden. Daneben befand sich ein kleiner Tempel und das Haus der Mosaike, ein typisches Haus aus 80–60 v. Chr. mit Mosaikboden, das später als Schmiedewerkstätte diente. Die Basilika der Bassi auf dem Abhang war vermutlich Vertretungssitz einer mächtigen regionalen Familie. Die Thermen (1. Jh. n. Chr.) lagen östlich des Forums; im 5./6. Jh. n. Chr. wurde in der ausgedehnten Anlage eine dreischiffige christliche Kirche errichtet. Am Gipfel des Nordhügels stand in der Kaiserzeit ein kleines Amphitheater (38 x 27 m), von dem die beiden mit Tonnengewölben gedeckten Eingänge erhalten sind; die Sitzreihen wurden später abgetragen und als Baumaterial verwendet.

**WOHNUNGEN UND THERMEN**
Unten: *ein aus mehreren Zimmern bestehendes Wohnhaus von Rusellae.*
Oben links: *Blick von den Ruinen der Stadt auf die Ebene.*

**EIN FUSSBODEN WIE EIN TEPPICH**
Unten: *Detail des Fußbodens im Haus der Mosaike (1. Jh. n. Chr.).*
Unten links: *einer der beiden Eingänge des Amphitheaters.*

125

# DIE PUNISCH-RÖMI-SCHE STADT THARROS

*Das in herrlicher Lage an der westlichen Küste von Sardinien gelegene Tharros war phönizische, punische und dann römische Hafenstadt. Aus allen drei Epochen sind bemerkenswerte Reste erhalten geblieben, öffentliche Gebäude, Privathäuser und Gräberfelder. Besonders bedeutend war die Produktion von Schmuck, Skarabäen und Amuletten.*

**STADT ZWISCHEN LAND UND MEER**
*Die Halbinsel Sinis wird fast rundum vom Mittelmeer umspült, das schon so manche Ruinen von Tharros verschlungen hat.*

Tharros entstand im 8. Jh. v. Chr. unter den Phöniziern am äußeren Abhang der kleinen Halbinsel Sinis, die den Golf von Oristano im Nordwesten abschließt und eine strategisch günstige Position an den Schiffswegen zwischen den afrikanischen Küstenstädten und Spanien bietet. Auf den Höhen des schmalen Fels- und Sandstreifens des Capo San Marco lag bereits im 2. Jahrtausend v. Chr. eine Nuragher-Siedlung, von wo aus Handel mit den Mykenern betrieben wurde; zur Verteidigung diente der Nuraghe (Turmbau) Baboe Cabizza an der Südspitze. Unweit von hier sind phönizische Überreste eines Hafens, eines kanaanäischen Tempels und eines archaischen Gräberfelds erhalten geblieben. Nach 509 v. Chr. nahmen die Karthager Sardinien in Besitz, lösten die Phönizier ab und gründeten an der Ostküste des Kaps (heute steht hier ein spanischer Turm), vor dem Nordwestwind geschützt, ihre Stadt. Sie widmeten sich dem Schiffsverkehr und dem Handel und schmückten die Stadt mit Monumentalbauten und prächtigen Privathäusern. Nach der römischen Eroberung 238 v. Chr. wurden, ohne die alten Anlagen zu zerstören, neue Bauten aus dunklem Basalt errichtet, die sich von den punischen Mauern aus hellen Sandsteinblöcken abheben. Die Stadt war bis 1070, als der Bischofssitz nach Oristano verlegt wurde, bewohnt.

Die von den Engländern 1851 begonnenen archäologischen Grabungen wurden 1956 unter der Leitung der *Sopraintendenza Archeologica* von Cagliari wieder aufgenommen; man legte Teile der alten Stadt frei, von der jedoch noch große Bereiche auf ihre Erforschung warten.

**VON DEN PHÖNIZIERN GEGRÜNDET**
Oben: *phönizische Büste aus dem 5. Jh. v. Chr.*
Rechts: *Panoramablick auf die Ruinen von Tharros.*

**SCHMUCK, SKARABÄEN UND AMULETTE**

*Ab dem 5. Jh. v. Chr. blühte in Tharros die handwerkliche Produktion von Schmuck, Skarabäen und Amuletten. Gold- und Silberschmuck gab es als Ohrringe mit einem oder zwei Anhängern in Form von Ringen, Mondsicheln, Vögeln, Glocken, Tropfen oder Kreuzen; Armreife waren mit ägyptisch-phönizischen Motiven dekoriert; Halsketten waren einfach oder in Filigranarbeit hergestellt und mit Anhängern versehen. Die Ringe trugen eingefasste Steine oder wurden als Siegel verwendet. Die den Ägyptern heiligen Skarabäen wurden aus grünem Jaspis, emailliertem Glas oder Halbedelsteinen gearbeitet und mit Darstellungen punischer oder orientalischer Götter oder ihrer Symbole verziert. Auch Amulette durften bei den punischen Begräbnissen auf Sardinien nicht fehlen. Sie waren aus Glas, Knochen, Stein oder Talkum und hatten die Gestalt von ägyptischen Gottheiten, Tieren oder Körperteilen. Tharros wurde in kurzer Zeit Produzent und Exporteur dieser fein gearbeiteten Objekte für den gesamten Mittelmeerraum.*

# PUNISCHES THARROS

Die punische Stadt wurde von zwei durch einen Wassergraben getrennten Mauern aus Basaltblöcken geschützt. Auf demselben Hügel war ein *Tophet*, eine einzeln stehende Kultstätte mit Altären, wo religiöse Zeremonien gefeiert wurden, deren Höhepunkt die Opferung von Kindern zu Ehren der Göttin Tanit oder des Gottes Melkart war. Die Urnengräber mit der Asche der Kinder wurden durch Grabsteine und gemeißelte Stelen markiert. Zu diesem Heiligtum führte in der Römerzeit eine breite, steile und schnurgerade Straße (*Cardo*). Das bedeutendste Gebäude der Punierzeit steht am *Decumanus*, der zum Strand führt, der Punische Tempel mit dorischen Halbsäulen, der auch *Monolitico* genannt wird. Er stammt aus dem 4./3. Jh. v. Chr., als die Stadt ihre Blütezeit erlebte. Im Zentrum einer weiten Einfriedung steht ein großer Sandsteinblock, dessen Dekorationen aus griechischen und ägyptischen Elementen der hellenistischen Zeit, mit kannelierten dorischen Halbsäulen und Pilastern, bestehen. Oberhalb errichteten im 2./1. Jh. v. Chr. die Römer ein Sanktuar mit Zugang zu einer Zisterne mit zwei Löwenskulpturen. Daneben befindet sich ein semitischer Tempel mit drei Tabernakeln und einem Schacht für Opfergaben. Am Abhang unter dem spanischen Turm steht ein kleiner Tempel mit punischen Inschriften; er wurde zur Kaiserzeit mit *Cella*, Altar und einer Freitreppe versehen. Die meist zweigeschossigen Privathäuser aus lokalen Sandsteinblöcken umfassten zwei bis sechs zum Hof hin offene Räume und waren jeweils mit Zisterne oder Schacht versehen. Die Geschäfte hatten breite Türschwellen und im Innenraum Theken und Gefäße aus Basaltstein.

# RÖMISCHES THARROS

Die Römer behielten den punischen Grundriss der Stadt bei; die Hauptstraßen pflasterte man mit Basaltplatten, ließ jedoch in der Mitte einen Abflusskanal offen. Der Punische Tempel wurde umgestaltet und der Platz des semitischen Tempels mit einem Mosaik versehen. Tharros bekam zwei große Thermen an der der Küste zugewandten Stadtgrenze. Die größeren Thermen bestanden aus drei auf Terrassen angelegten Ebenen; heute sind davon noch zwei kannelierte Marmorsäulen erhalten. Im Norden der Thermen sieht man die Überreste eines frühchristlichen Baptisteriums aus dem 5. Jh. v. Chr. Die punische Totenstadt wurde kurze Zeit weiter verwendet, dann jedoch ein neues Gräberfeld im Norden angelegt, wo sich heute die Kirche San Giovanni di Sinis befindet.

**ALTES GESCHMEIDE**
Oben: *Goldanhänger aus phönizischen Werkstätten des 7. Jh.s v. Chr.*
Oben links: *die beiden verbliebenen Säulen der westlichen römischen Thermenanlage.*

**DIE KLEINEREN THERMEN**
*Auch die Thermen im östlichen Stadtteil stammen aus der Römerzeit.*

# RÖMISCHE DENKMÄLER VON ARLES

*Das antike Arelate im Süden Frankreichs, römische Kolonie und Hauptstadt Galliens, wurde mit großartigen Bauwerken geschmückt, die teilweise bis heute erhalten geblieben sind, wie das nach wie vor für Aufführungen genutzte Amphitheater aus dem 1./2. Jh. n. Chr., das Antike Theater, der Kryptoportikus unter dem Forum, der Zirkus, die Thermen und die Nekropolen.*

**VON DER ARENA ZUR FESTUNG**
*Im Mittelalter wurde das Amphitheater von Arles zur Festung ausgebaut und beherbergte mehr als 200 Häuser. Die beiden Türme an der Außenmauer erinnern noch an jene Funktion einer Verteidigungsstellung.*

Arles liegt am linken Rhoneufer, knapp unterhalb der Teilung des Flusses in zwei Arme, welche die Camargue einschließen. Die antike Stadt lag in *Gallia Narbonensis*, der ältesten römischen Provinz in Gallien, deren Gebiet der heutigen Provence entsprach. Ursprünglich war hier ein keltisches Dorf, das vom griechischen *Massilia* (Marseilles) aus kolonisiert wurde; 49 v. Chr. machte es Julius Caesar zum Dank für die Hilfe bei der Eroberung Galliens zur römischen Militärkolonie *Arelate Sextanorum* und begünstigte die wirtschaftliche Entwicklung. Unter Augustus wurde die Stadt, die sich auf 40 ha erstreckte, mit Gebäuden geschmückt und zum Vorbild für andere romanisierte Städte Galliens, von denen Nîmes besonders hervorgehoben werden kann. Im 4. Jh. n.

Chr. fand in dem vom Dichter Ausonius als »gallisches Rom« bezeichnete *Arelate* eines der ersten kirchlichen Konzile (314) statt; als die Stadt zur Kaiserresidenz wurde, ließ Konstantin die großartigen Thermen errichten und machte Arles zur Hauptstadt Galliens. Sie war eines der ersten Zentren des Christentums, musste Invasionen der Westgoten (476), der Sarazenen und Normannen über sich ergehen lassen; 879 wurde Arles Hauptstadt des Königreichs Burgund und 1251 unter Karl von Anjou mit der Provence vereint.
In der gesamten Altstadt und bei allen antiken Gebäuden wurden archäologische Grabungen durchgeführt. Derzeit sind Grabungen im Bereich des Zirkus, in der dritten Thermenanlage und der Lices-Esplanade im Gange, wo Reste von

zahlreichen Vorstadtvillen mit Mosaiken freigelegt werden konnten. Das Archäologische Museum weist eine reiche Palette von Fundstücken auf.

## RÖMISCHE BAUWERKE

Arles weist auch heute noch die von Augustus erstellte Stadtstruktur mit rechtwinkelig angelegten Straßen auf. Das bekannteste Gebäude ist das Amphitheater (*les Arènes*) aus der Flavier-Zeit, das auf einer Felsplattform im hügeligen Stadtviertel Hauture errichtet wurde. Das 80 n. Chr. eingeweihte Bauwerk ist 136 m lang, 108 m breit und 21 m hoch. Die *Cavea* ist nach außen in zwei Ebenen mit je 60 mit Kalkplatten verkleideten Arkaden angelegt; die 34 Zuschauerreihen wurden in vier Ränge unterteilt und konnten 20.000 Personen fassen. Seit 1830 werden in der Arena (40 x 69 m) Stierkämpfe veranstaltet. Im Mittelalter wurde das Amphitheater zu einer Festung umgebaut und beherbergte 212 Häuser und zwei Kapellen. 1825 wurden diese späteren Einbauten wieder abgerissen; dabei ging die Attika des Amphitheaters verloren und der Zuschauerraum ist nunmehr auf 12.000 Personen beschränkt.

Das 5200 m² große Forum wurde 30–20 v. Chr. gleich nach der Gründung der römischen Kolonie erbaut und unter Tiberius noch vergrößert, der rundum vier mit Galerien verbundene monumentale Portiken errichten ließ. Heute ist vom Forum nichts mehr vorhanden oder von modernen Gebäuden überbaut. Da für die Nivellierung gigantische Erdbewegungen erforderlich waren, errichtete man unterhalb einen Kryptoportikus in Hufeisenform (Länge 89 m, Breite 59 m) aus drei Doppelgalerien. Die luftigen, hellen Gänge waren mit Tonnengewölben gedeckt und wurden von Arkaden und Pilastern gestützt. Möglicherweise wurden die Bögen als Lagerräume für Lebensmittel und andere Waren genutzt, vielleicht aber auch im Sommer als kühle Wandelgänge.

Das Antike Theater wurde 20–10 v. Chr. unter Augustus als Kopie des Marcellus-Theaters in Rom fertig gestellt. Die halbkreisförmige Struktur zeigt von außen drei übereinander liegende Arkadenreihen, die 102 m breite *Cavea* faßte auf 33 ansteigenden Sitzreihen (nur teilweise erhalten) 10.000 Zuschauer. Von der hohen majestätischen Theaterwand, die mit zahlreichen Statuen (die Kolossalstatue von Augustus ist im Museum ausgestellt) geschmückt war, sind nur noch zwei Säulen übrig. 1651 wurde hier die großartige Marmorstatue der »Venus von Arles« (heute im Louvre) gefunden, die vielleicht von einem Werk des Praxiteles inspiriert war; bemerkenswert

## DIE NEKROPOLE DER ALYSCAMPS

*Die Nekropole der elysäischen Gefilde wurde in Dantes Inferno und von den Malern Van Gogh und Gauguin verewigt; sie besteht aus einer schnurgeraden langen Baumallee, die beidseitig von Sarkophagen (unten) flankiert wird und an deren Ende die romanische Kirche Saint-Honorat steht. Die Sarkophage wurden aus lokalem Kalkstein und nahezu ohne Dekorationen (mit Ausnahme einiger Symbolfiguren) gefertigt; die wenigen Inschriften sind nicht mehr lesbar. Die schönsten Exemplare (Chrysogonus und Psyche) sind im Museum ausgestellt. Die äußerst romantische Nekropole wurde durch die Gräber des Märtyrers Saint-Genest und der ersten Bischöfe von Arles berühmt. 1040 wurde die Prioratskirche zur unumgänglichen Etappe auf dem Jakobsweg.*

ist auch die Aphrodite-Büste vom Ende des 1. Jh.s v. Chr. Außerhalb der römischen Stadt entstand 149 n. Chr. der große Zirkus; hier wurden Wagenrennen, mitunter auch nachgestellte Schlachten und Jagdspiele aufgeführt. Er war 450 m lang, 101 m breit und faßte 20.000 Zuschauer. In der Mitte des Pistenkerns befand sind eine Mauer, die *Spina*, die mit Skulpturen und einem schönen Obelisken dekoriert war. Bei Grabungen wurde bisher das westliche Ende mit Teilen der halbrunden Außenmauer und Zuschauerreihen freigelegt, über welchen das 1995 eröffnete *Musée de l'Arles e de la Provence Antique* errichtet wurde.

### RUINEN DES ANTIKEN THEATERS
*Von der Bühnenwand des Antiken Theaters von Arles (1. Jh. v. Chr., oben links) stehen nur noch zwei Säulen.* Orchestra *und* Cavea *sind hingegen gut erhalten.*

### RÖMISCHE MUTTERGOTTHEITEN
*Römisches Sargrelief aus Arles mit einer Szene aus dem Prometheus-Mythos.*

129

# DAS HELLENISTISCH-RÖMISCHE EPHESOS

*Dieses Juwel der hellenistischen Welt beherbergte das viel besuchte Artemis-Heiligtum und war in der Folge Zufluchtsstätte Marias und Johannes des Evangelisten. Die Ruinen der anatolischen Stadt Ephesos sind heute aufgrund der großartigen Stadtanlage und der vielfältigen, reich ausgestatteten Bauwerke berühmt.*

**STADTGRÜNDER UND THEATER**

Oben: *römische Statue aus dem 2. Jh. n. Chr.; sie stellt Androklos, den Gründer von Ephesos, dar.* Unten: *das Amphitheater. Es stammt aus hellenistischer Zeit und wurde in der Römerzeit, im 1./2. Jh. mehrmals umgestaltet.*

Das antike Ephesos liegt in Kleinasien an der Mündung des Flusses Kaystros, in der Nähe der türkischen Stadt Selçuk am Ägäischen Meer. Einer Legende zufolge wurde Ephesos um 1000 v. Chr. von ionischen Kolonisten unter ihrem Führer Androklos, dem Sohn des athenischen Königs Kodros, gegründet; 550 v. Chr. wurde die Stadt vom Lydier-König Krösus erobert, der eine neue Siedlung beim Artemis-Heiligtum anlegte. Nach einer Zeit der Herrschaft der Perser fiel sie Alexander dem Großen zu; dessen Nachfolger, Lysimachos von Thrakien, verlegte die damals in versumpftem Gebiet liegenden Wohnbezirke abermals, schuf ein rechteckiges Straßennetz und umgab die Stadt mit einer 8 km langen Ringmauer. Der Streit der hellenistischen Könige um die Stadt wurde von Rom zugunsten des Königs von Pergamon (133 v. Chr.) entschieden, der sie zur Hauptstadt der Provinz *Asia* machte und sie mit prächtigen Bauwerken schmückte. Sie hatte 250.000 Einwohner und gehörte zu den reichsten Städten der Antike. Später war sie auch ein bedeutendes Zentrum der Christenheit – der erste Bischof, Timotheus I., wurde vom hl. Paulus, der hier zwei Jahre lang den christlichen Glauben gepredigt hatte, eingesetzt; auch Johannes der Evangelist, der sich gemeinsam mit Maria hier niedergelassen haben soll, verbrachte die letzten Jahre seines Lebens an die-

sem Ort. 431 tagte in Ephesos das 3. Ökumenische Konzil, das Maria den Titel einer Gottesgebärerin zuerkannte. Nach der Zerstörung durch die Goten wurde die Stadt wieder aufgebaut (jedoch kleiner, wie an der Ringmauer aus dem 6./7. Jh. n. Chr. zu sehen ist) und erlebte nochmals eine Blütezeit. 655 wurde sie von den Moslems erobert, worauf Ephesos verfiel und im 10. Jh. verlassen wurde.

**DAS ARTEMISION, EIN ZER-
STÖRTES MEISTERWERK**
*Die Stätte, wo einst der
Artemis-Tempel stand. Es
galt als eines der Sieben
Weltwunder und wurde
Opfer des Brandstifters
Herostratos, der mit seiner
Tat in die Geschichte
eingehen wollte.*

# DAS ARTEMISION

Der Artemis-Kult war mit der Verehrung der Göttin Kybele (auch sie war eine Göttin der Fruchtbarkeit und des Wachstums) verbunden und wurde von der lokalen Bevölkerung, die sich mit ionischen Kolonisten vermischt hatte, ab dem 8. Jh. v. Chr. praktiziert. Anfangs erbauten die beiden Völker nur einen bescheidenen Tempel; nach der Eroberung der Stadt finanzierte der wegen seines Reichtums legendäre König Krösus den Bau eines riesigen Heiligtums (115 x 55 m), des Artemision. An drei Seiten errichtete man zwei, an der Westfassade drei parallele Säulenreihen. Der Tempel fiel einer Brandstiftung durch Herostratos zum Opfer, der damit in die Geschichte eingehen wollte. Der Sage nach soll Alexander der Große in der Brandnacht geboren worden sein; jedenfalls ließ er 344 v. Chr. den Tempel und damit eines der Sieben Weltwunder der Antike wieder aufbauen. Die Maße (111 x 51 m) waren nahezu identisch mit denen des abgebrannten Tempels; gestützt wurde er durch 127 Säulen von 18 m Höhe, deren untere Teile vom berühmten Bildhauer Skopas stammen sollen. Das Artemision war mit großen Statuen geschmückt, wozu auch eine Kolossalstatue der Göttin gehörte, deren Oberkörper zum Zeichen der Fruchtbarkeit mit Brüsten übersät war. 263 n. Chr. wurde das Heiligtum von den Goten dem Erdboden gleichgemacht und später nur noch teilweise wieder aufgebaut. Im 6. Jh. wurden die Säulen abgetragen und nach Konstantinopel gebracht; heute sind nur noch Spuren der Tempelfundamente vorhanden.

**BIBLIOTHEK UND
WEISHEIT**
Links: *die Celsus-Bibliothek
aus dem 2. Jh. n. Chr.*
Unten: *Sophia, die Personi-
fizierung der Weisheit, eine
der Statuen an der Fassade.*

## AUSGRABUNGEN

*Die vorwiegend vom Österreichischen Ar-
chäologischen Institut durchgeführten archäologischen Forschungen sind nach wie
vor im Gange. Davor, 1863–1874, hatte
der Engländer J. T. Wood Ausgrabungen
durchgeführt und den Artemis-Tempel, ein
Stadttor und die Prozessionsstraße entdeckt. Die österreichischen Archäologen
wirkten 1894–1913 in Ephesos und setzten
die Erforschung des Grundrisses der Stadt
und der Hauptbauten 1926–1935 fort;
1954 wurden die Grabungen wieder aufgenommen, wobei man sich sowohl für antike
öffentliche als auch für private Bauten in-
teressierte. Die Fundstücke sind vor allem
im Museum von Selçuk, und in kleinerem
Ausmaß in den Museen von Izmir, London
(British Museum) und Wien aufbewahrt.*

**DIE GROSSARTIGE
ARKADIANE**
*Der blendend weiße
Kalkstein der Arkadiane.
Diese Hauptverkehrsader
verband die Hänge von
Pion und Koressos mit
dem Hafenviertel von
Ephesos.*

**AM FUSS DES HÜGELS**
*Wandmalereien und
Mosaike in einem der
so genannten
»Hanghäuser« aus der
Römerzeit.*

## STRASSEN UND BAUWERKE

Von den übrigen Bauten der hellenistisch-römischen Stadt ist jedoch überaus viel erhalten geblieben, angefangen von der Prachtstraße, die nach Kaiser Arcadius, der sie 400 n. Chr. rekonstruieren ließ, den Namen Arkadiane erhielt. Die 500 m lange, mit weißen Kalksteinplatten gepflasterte Straße war von den Hängen des Pion und Koressos, wo das Theater stand, bis zum Hafen von Säulenportiken flankiert. Dort mündete sie in die quadratische Agora, die ebenfalls an allen vier Seiten mit Portiken umgeben war. Unter Kaiser Hadrian wurde eine neue, größere Agora (200 x 240 m) angelegt und mit Marmor verkleidet. Heute kann man diese Prachtstraße

auf dem noch originalen Pflaster, gesäumt von antiken, 2000 Jahre alten Säulen und Statuen, durchwandern.

Das hellenistische Theater vom 3. Jh. v. Chr. wurde unter Nero wieder aufgebaut und kann 24.000 Zuschauer fassen. Es ist in gutem Erhaltungszustand und wird auch heute noch für Konzerte und Aufführungen genutzt. Weitere Straßen wurden ebenfalls mit Portiken, Brunnen und Nymphäen geschmückt. An der Straße aus der Römerzeit, die zur oberen Agora führt, liegen bedeutende Bauwerke, wie der Hadrian-Tempel mit *Pronaos* und zwei Mittelsäulen, die einen Bogen tragen, das *Buleuterion* (Sitz der Ratsversammlungen) und die Terrasse des Domitian-Tempels.

Die archäologischen Grabungen 1970–1978 konzentrierten sich auf die Kreuzung mit der Theaterstraße in der Nähe der Agora, wo die großartige Celsus-Bibliothek aus dem 2. Jh. n. Chr. wieder aufgebaut wurde. Den Zugang zum eleganten Gebäude bildet eine Freitreppe. Die Säulen sind in zwei Ebenen angebracht, wobei in den Nischen des Erdgeschosses zwischen den vier Doppelsäulen an der Fassade allegorische Frauenstatuen aufgestellt sind. Die Bibliothek wurde von Tiberius Julius Aquila zu Ehren seines Vaters Tiberius Julius Celsus Polemaeanus (unter Trajan Senator von Ephesos) errichtet, dessen Sarkophag im Unterbau aufgestellt wurde. Unweit davon ist das Mazäus-Mithridates-Tor aus augustinischer Zeit.

Zu den weiteren Bauwerken gehören das Odeon, ein überdachtes Theater, das Serapeum aus dem 2. Jh. n. Chr. (ein großer achtsäuliger Tempel), das Vedius-Gymnasion, das Stadion und verschiedene Thermenanlagen. Bei kürzlichen Grabungen entlang der Arkadiane wurden zwei Wohnblocks mit römischen Privathäusern aus dem 1. Jh. n. Chr. freigelegt, die von den österreichischen Archäologen aufgrund ihrer Lage am Fuße eines Hügels als »Hanghäuser« bezeichnet wurden. Sie zeigen das gewohnte Schema mit Peristyl, Wandmalereien, Mosaikfußböden und Marmorverkleidungen.

**HADRIAN-TEMPEL**
Links: *der Hadrian-Tempel
mit seinem aus einem
Mittelbogen bestehenden
charakteristischen Giebel.*

**DAS HERZ DES ÖFFENT-
LICHEN LEBENS**
*Die obere Agora von Ephe-
sos wird im Norden von der
dreischiffigen Basilika aus
dem 1. Jh. n. Chr. begrenzt.*

# CHRISTLICHE KIRCHEN UND FRIEDHÖFE

Als eines der Zentren der Christenheit birgt Ephesos zahlreiche antike Kirchen, von denen zwei von besonderer Bedeutung sind: die Marienkirche und die Johanneskirche. Die
Marienkirche oder Konzilskirche wurde auf einer 265 m
langen und 30 m breiten hellenistischen Kolonnade aus dem
2. Jh. n. Chr. errichtet, die möglicherweise gedeckt war und
entweder als Wandelgang oder Markthalle diente. In diesen
Säulengang waren zwei gegenüberliegende Basiliken mit
symmetrischen Apsiden eingebaut. Die östliche wurde teilweise in eine dreischiffige Kirche umgebaut, in der 431 das
Konzil von Ephesos abgehalten wurde. Noch bedeutender ist
die Johanneskirche, die im 4. Jh. auf dem vermutlichen Grab
des Apostels entstand und im 6. Jh. von Justinian als grandiose byzantinische Kirche neu errichtet wurde.
Der Gräberkomplex der »Sieben Schläfer«, der im 5./6. Jh.
auf einer Nekropole der Römerzeit entstand, umfasst eine
Kirche sowie Säle und Grabkammern, die mit Bodenmosai-
ken und Fresken geschmückt sind. Bemerkenswert ist auch
das Mausoleum von Belevi.

## HEIDENTUM UND CHRISTENTUM

*Ephesos ist auch die Stadt vieler Heiliger. Johannes dem Evangelisten,
jenem Apostel, der das vierte Evangelium und die »Geheime Offenba-
rung« (Apokalypse) verfasste, soll der sterbende Jesus seine Mutter
anvertraut haben. Nach der Kreuzigung sollen Johannes und Maria nach
Ephesos gezogen sein und dort den Rest ihres Lebens verbracht haben.
Der tatsächliche Aufenthalt Mariens scheint sich durch eine 1891
gemachte Entdeckung eines am Hügel befindlichen Gebäudes bestätigt zu
haben, wie es zuvor von einer deutschen Seherin beschrieben worden
war. Dieser Bau in die Form einer Kapelle war einst Ziel von Wallfahrten
am 5. August, an dem die Auferstehung Mariens gefeiert wurde. 1967
wurde Ephesos auch von Papst Paul VI. besucht. Der hl. Paulus soll sich
auf seiner dritten Reise nach Kleinasien, auf dem Weg von Damaskus
nach Ephesos, nach einer Vision zum Christentum bekehrt haben. Er
erreichte die Stadt Ephesos um 25 n. Chr., wo er zwei Jahre lang den
christlichen Glauben verkündete. Er soll Wunderheilungen vollbracht
haben und war sehr geachtet; nicht jedoch von den Händlern, die fürch-
teten, dass er den Verkauf von silbernen Abbildern der heidnischen
Statuen des Artemision verbieten würde. Sie organisierten daher einen
Volksaufstand, bei dem sich Tausende Bürger im Theater versammelten
und Sprüche wie »Groß ist Artemis von Ephesos« skandierten. Ausschrei-
tungen konnten von den Behörden nur mit Mühe verhindert werden und
der hl. Paulus musste die Stadt verlassen.*

**DAS CHRISTLICHE EPHESOS**
Links: *Die Sieben-Schläfer-
Grotte verdankt ihren Namen
einer Legende, nach der sieben aufständische Christen,
die von Decius verfolgt
wurden, in einer Grotte ein-
schliefen und erst 100 Jahre
später wieder aufwachten.
Rechts: Ruinen der Johan-
neskirche. Nach Auffassung
der Kirche lebte Johannes
der Evangelist die letzten
Jahre bis zu seinem Tod in
Ephesos.*

# RÖMISCHE TEMPEL VON BAALBEK

*Die antike Stadt Baalbek in der Bekaa-Ebene enthält mit seinen grandiosen Bauten im hellenistischen Stil den größten Tempelkomplex des Römischen Reiches. Hier befand sich auch eines der berühmtesten Orakel seiner Zeit.*

**DIE SÄULEN DES JUPITER-TEMPELS**
*Von den 19 ursprünglichen Säulen an der Längsseite des Tempels von Jupiter Heliopolitanus haben nur sechs die Zeiten überdauert. Im Vordergrund ist ein Fragment eines Frieses mit Löwenkopf zu sehen, der als Wasserablauf diente.*

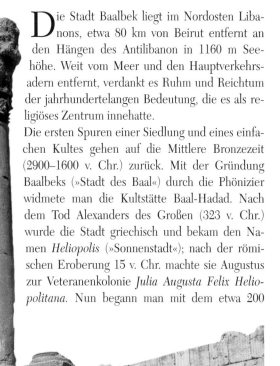

Die Stadt Baalbek liegt im Nordosten Libanons, etwa 80 km von Beirut entfernt an den Hängen des Antilibanon in 1160 m Seehöhe. Weit vom Meer und den Hauptverkehrsadern entfernt, verdankt es Ruhm und Reichtum der jahrhundertelangen Bedeutung, die es als religiöses Zentrum innehatte.

Die ersten Spuren einer Siedlung und eines einfachen Kultes gehen auf die Mittlere Bronzezeit (2900–1600 v. Chr.) zurück. Mit der Gründung Baalbeks (»Stadt des Baal«) durch die Phönizier widmete man die Kultstätte Baal-Hadad. Nach dem Tod Alexanders des Großen (323 v. Chr.) wurde die Stadt griechisch und bekam den Namen *Heliopolis* (»Sonnenstadt«); nach der römischen Eroberung 15 v. Chr. machte sie Augustus zur Veteranenkolonie *Julia Augusta Felix Heliopolitana*. Nun begann man mit dem etwa 200

Jahre lang währenden Bau der riesigen, der Göttertriade Jupiter, Merkur und Venus geweihten Tempelanlage. Das Orakel von Baalbek wurde auch von Kaiser Trajan befragt, bevor er 115 n. Chr. seinen Feldzug gegen die Parther durchführte. Im 13. Jh. wurden Teile der Tempel abgetragen, um islamische Bauten errichten zu können; es sind jedoch noch Spuren der Mauer und eines römischen Aquädukts vorhanden. 1759 wurden die Reste von einem Erdbeben schwer beschädigt. Nachdem sie während des libanesischen Bürgerkriegs etwa 20 Jahre lang von der Hisbollah besetzt waren, sind sie seit kurzer Zeit wieder für den Tourismus geöffnet.

## BESICHTIGUNG

Der archäologische Tempelbereich erstreckt sich auf 270 m Länge und 120 m Breite. Eine breite Monumentaltreppe führt zu den Propyläen, dem von 12 Säulen gestützten Eingang; danach kommt man zuerst in einen sechseckigen und dann in einen großen rechteckigen Hof (135 x 120 m), der an drei Seiten von einem Säulenportikus gesäumt wird. In der Mitte erhebt sich ein turmartiger Altar, an der Westseite des Hofes befindet sich die Zugangstreppe zum Tempel des Jupiter Heliopolitanus. Er steht auf einem mächtigen Sockel aus gigantischen Monolithblöcken, die jeweils 800–1200 t wiegen, und wurde etwa 60 n. Chr. von den Römern im korinthischen Stil errichtet. Der gigantische Tempel (90 x 50 m) selbst war ein *Pseudodipteros*, was besagt, dass die 54 äußeren Säulen in einiger Entfernung von den beiden Säulenreihen an der *Cella* standen; an der Fassade befanden sich 10 Säulen. Heute sind nur noch sechs der 19 Säulen an der südwestlichen Längsseite vorhanden; sie sind 20 m hoch und bestehen jeweils aus drei Trommeln. Im prächtigen Inneren führte im hinteren Teil der *Cella* eine Freitreppe auf ein Podium mit Baldachin, auf dem sich die Kultstatue der Gottheit befand.

Von der Südseite des Jupiter-Tempels geht man zum gut erhaltenen Bacchus-Tempel (oder Merkur-Tempel); dieser ist vom Typ eines *Peripteros*: ein einfacher Säulenkreis mit 42 Säulen, 15 an der Längs- und acht an der Breitseite. Der Bacchus-Tempel entstand etwa 150 n. Chr. und weist als Zugang ebenso wie der Jupiter-Tempel eine Freitreppe auf, die zum *Pronaos*, zum monumentalen Eingang und zur *Cella*

**EIN WIEDER ENTDECKTER TEMPEL**
*Links: Der Venus-Tempel war in die mittelalterliche Stadt eingebaut worden, bei den Grabungen konnte jedoch die ursprüngliche Anlage freigelegt werden.*

**VENUS VON BAALBEK**
*Diese kostbare, als »Venus von Baalbek« bekannte Bronzestatuette stammt aus dem 3. Jh. v. Chr. und wurde bei den Grabungen gefunden.*

führt; sie besitzt eine Kassettendecke und die Wände sind mit Reliefverzierung geschmückt – ein Musterbeispiel römisch-syrischer Kunst.

Etwa 100 m von den anderen beiden Tempeln entfernt, entlang dem im Mittelalter überbauten *Decumanus maximus* der römischen Stadt, befand sich – zur Vervollständigung der Triade – der elegante Venus-Tempel. Der runde Tempel stammte aus der ersten Hälfte des 3. Jh.s n. Chr. Aufgrund der Außendekoration mit Muscheln und Tauben wurde er Venus zugeschrieben, war in Wirklichkeit aber der Göttin Fortuna von *Heliopolis* geweiht. Die Zugangstreppe führte zu einem viersäuligen *Pronaos;* die *Cella* hatte einen Durchmesser von 9 m und wurde von 14 kleinen Säulen gestützt, die Außenseite war durch fünf Nischen und vier Säulen aufgelockert.

**BACCHUS-TEMPEL**
*Der Bacchus-Tempel (auch als kleiner Tempel oder Merkur-Tempel bekannt) von Baalbek ist eines der am besten erhaltenen Heiligtümer aus der Römerzeit.*

### VEREHRTE GOTTHEITEN

*Ursprünglich wurde in Baalbek der phönizische Gott Baal-Hadad, der Beherrscher von Blitz und Regen, gemeinsam mit Atargatis, der Göttin des unterirdischen Wassers, und einer dritten, nicht bekannten Gottheit verehrt. Die Griechen führten den Zeus-Kult ein (in hellenistischer Zeit wurde Hadad mit der Sonne gleichgestellt, daher der Name Heliopolis), die Römer machten Hadad-Atargatis zu Jupiter und Venus und ersetzten die uns heute unbekannte Gottheit durch Dionysos-Bacchus.*

# DIE WÜSTENSTADT PALMYRA

*Das antike Tadmor oder Palmyra, bereits seit Jahrtausenden Raststätte an einer Karawanen-
straße in der Syrischen Wüste, wurde im 1. Jh. n. Chr. zu einer blühenden römischen Stadt
und mit prächtigen Bauten in gemischtem Stil, wie Kolonnadengang und Baal-Tempel,
geschmückt. Die Skulpturen blieben jedoch stets eng mit der parthischen Kunst verbunden.*

**SÄULEN, DIE JAHR-
TAUSENDEN TROTZTEN**
Rechts: *der elegante
Tetrapylon. Jeder Sockel
trägt vier Säulen aus rosa
Granit, vermutlich
ägyptischer Herkunft.*

**VON EINEM REISENDEN
ENTDECKT**
*Die im Sand der Wüste ver-
sunkene Stadt wurde 1620
vom italienischen Reisenden
Pietro della Valle entdeckt;
erstmals erforscht wurde sie
jedoch erst von Robert
Wood, der die Ruinen 1751
gemeinsam mit James
Dawkins aufsuchte.
Unten: ein Teilstück des
Großen Kolonnadengangs
mit einem Monumental-
bogen.*

Palmyra entstand in einer Oase der Syrischen Wüste, auf
halbem Wege zwischen dem Mittelmeer und dem Euphrat; es entwickelte sich zu einem wichtigen Markt und bei der
Durchquerung der Region zu einer unumgänglichen Karawanenstation. Das Gebiet von Palmyra war, da auch eine Quelle
vorhanden war, bereits ab der Jungsteinzeit bewohnt; erstmals
zitiert wird die Siedlung in einer Keilschrifttafel von 1950 v.
Chr. unter dem Namen *Tadmor*, »Palmenstadt«. Dann gibt
es erst wieder zur hellenistischen Zeit Aufzeichnungen, wo
die Stadt ebenfalls als Handelszentrum und Karawanenstation
erwähnt wird. 17 v. Chr. wurde sie vermutlich von Ger-
manicus erobert, in jedem Fall wurden die ersten Beziehungen mit Rom geknüpft, die sich dann unter Tiberius (er ließ
den Baal-Tempel errichten) intensiviert wurden. Eine Blütezeit erlebte Palmyra unter Hadrian, der ihre strategische Rolle im Orienthandel förderte. 183 n. Chr. wurde die Stadt römische Kolonie; 261 n. Chr. erhielt sie unter Kaiser Gallienus
die volle Autonomie, als Anerkennung für den arabischen
Stadtfürsten Septimius Odaenathus. Dieser hatte den persi-
schen Großkönig Schapur I. besiegt, welcher ein Jahr zuvor
bei Carrhae ein Gemetzel an 70.000 römischen Legionären
unter dem Kommando Kaiser Valerians angerichtet hatte, wobei auch der Kaiser getötet wurde. Odaenathus, der sich »König der Könige« nannte, versuchte jedoch, Palmyra zur

Hauptstadt eines von Rom und den Persern unabhängigen
Reiches zu machen. Nach seinem Tod verfolgte seine Gattin
Zenobia diesen Plan weiter und veranlasste durch ihren
Machtanspruch Rom gegenüber Kaiser Aurelian dazu, einzu-
greifen und die Stadt zu unterwerfen (272 n. Chr.). Diokletian
machte die Stadt zum Sitz einer römischen Legion und ließ
hier ein Militärlager errichten. Im 6. Jh. wurde sie von den
Arabern erobert, von den Omaijaden dem Erdboden gleichgemacht und von den Einwohnern verlassen.

## DIE ANTIKE STADT

Die besondere Charakteristik der antiken Monumente von
Palmyra ist eine Vermischung der Stilrichtungen: basierend
auf einer hellenistisch-römischen Architektur in bestimmten, für die Ostprovinzen des Reiches typischen Varianten,
machen sich griechische, aramäische, semitische, iranische
und parthische Einflüsse bemerkbar. Jene Einflüsse zeigen
sich vor allem bei den Dekorationen und Kunstwerken, wie
etwa bei Grabreliefs, Gesichtern mit großen Ohren, realistisch dargestellten Personen in starrer Haltung und spätanti-
ken Formen Spätroms.
Quer durch Palmyra führt der spektakuläre Große Kolonnadengang, der den Baal-Tempel und das Diokletians-Lager
verbindet. Diese aus dem 2. Jh. n. Chr. stammende Straße
ist 1100 m lang, 11 m breit, gepflastert und von 7 m breiten

Portiken gesäumt, die von 9,5 m hohen Säulen getragen werden (viele davon stehen noch an Ort und Stelle). Die Prachtstraße besteht aus mehreren geraden Teilstücken mit zwei Richtungsänderungen, die durch monumentale Bögen kaschiert werden. Der mittlere, 300 m lange Teil wurde unter Septimius Severus fertig gestellt und ist der imposanteste Abschnitt, da hier die Hauptgebäude der Stadt standen: der erste Monumentalbogen mit dreieckigem Grundriss, der verschiedene Stile vereinende Nabu-Tempel, das Theater, die Thermen, der Senat, die große Agora und weitere Gebäude im römischen Stil. Dieser Abschnitt reicht bis zum *Tetrapylon*, der aus vier Sockeln mit jeweils vier hohen Säulen besteht und die zweite Straßenbiegung des Großen Kolonnadengangs kaschiert. Die Prachtstraße führt noch 600 m weiter bis zum Feldlager Diokletians, einem großen Stadtbereich, der auch den ältesten Tempel der Stadt (50 v. Chr.), welcher der Göttin Al-Lat geweiht war, beherbergt.

## DIE HEILIGTÜMER

Der grandiose Baal-Tempel ist im Hinblick auf die klassischen Normen das innovativste Gebäude Palmyras. Der zwischen 32 und 38 n. Chr. eingeweihte Tempelbau steht auf einem Sockel von 205 x 210 m und wurde von einer hohen Mauer eingefasst. Das eigentliche Heiligtum im Inneren ist von einer Säulenhalle umgeben (erst im 2. Jh. fertig gestellt). Der Eingang befindet sich an der Breitseite hinter dem Altar und einem Ritualbecken. Die Decke bestand aus einer Terrasse mit vier Ecktürmen und das Gesims war mit sägezahnartigen Zinnen verziert. Die *Cella*, die von 8 Säulen an der Breitseite und 15 an der Längsseite gestützt und durch Fenster erhellt wird, war der lokalen Göttertriade (Yarhibol, Aglibol und vielleicht Astarte) und dem Gott Baal in Gestalt eines Adlers geweiht. Auch der Tempel des Baalschamin (»Baal des Himmels«),

der 130 n. Chr. dem Gott der Sonne und des Mondes geweiht wurde, ist von vier Säulenportiken umgeben und besitzt eine Cella mit Fenstern; die Kapitelle sind mit korinthischen und ägyptischen Motiven geschmückt.

Die Totenstadt von Palmyra weist Grabtürme mit bis zu 400 Grabnischen (*Loculi*) sowie Hypogäen (unterirdische begehbare Gräber) auf, in welchen die Verstorbenen ebenfalls in Nischen bestattet wurden. Mitte des 2. Jh.s passte sich die Grabarchitektur den östlichen Traditionen an, die bei den *Loculi* üblichen Reliefs mit dem Bildnis der Verstorbenen auf dem Grabdeckel wurden jedoch getreu der parthischen Kunstform weiter gepflegt.

**BAAL, GOTT DES HIMMELS UND DER SONNE**
Unten: *das Heiligtum Baals, der ursprünglich als Gott des Regens und der Natur und später als Gott des Himmels und der Sonne verehrt wurde. Mit der Einführung der islamischen Religion wurde der Tempel in eine Moschee umgewandelt.*

**DIE TOTENSTADT**
*In Palmyra wurde der größte Gräberkomplex der hellenistischen Zeit entdeckt.*
Oben: *das Innere eines Grabes.*
Links: *der Eingang zum Theater (2. Jh. v. Chr.).*

# LEPTIS MAGNA, STADT AUS MARMOR

*Die Hauptstadt Tripolitaniens, Geburtsstadt von Kaiser Septimius Severus, pulsierender
Mittelmeerhafen und Markt für lokale Güter und Waren aus dem afrikanischen
Binnenland, glänzte mit prächtigen Bauten und Kunstwerken. Die später verlassene und im
Sand begrabene Stadt ist nunmehr wieder in alter Pracht erstanden.*

**LICHT- UND SCHATTEN-
SPIEL DER BÜHNE**
*Das Theater von Leptis
Magna wurde 1/2 n. Chr.
fertig gestellt und war eines
der ersten römischen
Theater.*

Leptis Magna entstand zwischen der Großen und Kleinen
Syrte an der libyschen Küste, östlich von Tripolis und nahe der heutigen Stadt Al-Khums (Homs) und lag im natürlichen Hafen der Flussmündung des Wadi Lebda. Die Stadt
wurde etwa im 6. Jh. v. Chr. von den Phöniziern von Sidon
oder Karthagern gegründet und entwickelte sich zum punischen Umschlagplatz für Produkte des Hinterlandes und Waren, die von weither über Karawanenwege gebracht wurden.
Nach dem 2. Punischen Krieg kam die Stadt unter die Herrschaft des mit den Römern verbündeten Numider-Königs

Massinissa; ab 46 v. Chr. war sie Teil der römischen Provinz
*Africa* und wurde unter Trajan römische Kolonie. Im 1./2. Jh.
n. Chr. erlebte es durch den regen Handelsverkehr im Hafen
eine wirtschaftliche Blüte und erreichte 100.000 Einwohner.
Kaiser Septimius Severus, der 146 n. Chr. hier geboren war,
verlieh der Stadt das *ius italicum*, was vor allem eine Befreiung von Tributzahlungen an Rom bedeutete. Nun entstanden auch zahlreiche Monumente, sodass Leptis Magna zur
berühmten »Marmormetropole« des Mittelmeeres wurde;
unter Diokletian wurde sie Hauptstadt der Provinz Tripolita-

nien. Neben der lateinischen wurde auch weiterhin lange Zeit die punische Sprache gesprochen. Einfälle von Stämmen aus dem Landesinneren leiteten im 4. Jh. n. Chr. den Verfall der Stadt ein, der durch die Versandung des Hafens und die Invasion der Wandalen (455 n. Chr.) noch beschleunigt wurde. Nach einer kurzen Zeit des Wiederaufschwungs unter Justinian, der eine neue Stadtmauer errichten ließ, verfiel die Stadt jedoch weiter. Als die Araber 641–643 das Gebiet eroberten, war die prächtige römische Stadt an der afrikanischen Küste bereits verlassen und mit Sand bedeckt.

Bei den 1921 begonnenen archäologischen Grabungen konnte vieles wieder ans Licht gebracht werden – Leptis Magna ist heute die größte erhaltene antike Stadt der Welt.

## DIE ANTIKE STADT

Leptis Magna erlebte drei Phasen der städtischen Expansion: die Stadtanlage stammt aus der Zeit des Augustus mit ersten Umbauten aus dem 1. Jh. n. Chr.; die zweite Phase beginnt 126 n. Chr. unter Hadrian; in einer dritten Phase wird die Stadt unter Septimius Severus und seiner Dynastie (193–217 n. Chr.) umgestaltet und auch unter Diokletian und Justinian entstehen bedeutende Bauwerke.

Die ältesten Baustrukturen der Stadt wurden entlang der beiden parallelen Hauptstraßen, die zum Hafen führten, angelegt. Zu den bedeutendsten gehören: das Alte Forum, das bereits ein punischer Handelsplatz war und 5–2 v. Chr. mit Kalksteinplatten gepflastert wurde; des Weiteren Kurie, Basilika, Liber-Pater-Tempel, Herkules-, Antonius-Pius-, Kybele-

sowie der Rom-und-Augustus-Tempel, die rund um das Forum angeordnet sind. In der Mitte des Markts, eines großen rechteckigen, von Portiken umgebenen Platzes, standen zwei runde Pavillons mit achteckigen Portiken, deren Bögen abwechselnd von Pfeilern und Säulen getragen wurden; diesen Bau ließ der reiche Händler Annobal Tapapius Rufus 9/8 v. Chr. auf eigene Kosten errichten. Von Augustus stammt das *Chalcidikum* (11 n. Chr.), ein elegantes Handelszentrum, und noch unter seiner Herrschaft finanzierte Annobal Tapa-

**GESCHENK EINES WOHLTÄTERS**
*Ruinen des Marktes. Dieser Bau wurde ebenso wie das prächtige Theater von einem reichen Bürger finanziert: Annobal Tapapius Rufus.*

### DAS GEHEIMNIS DES HAFENS

*Der von den Nordwestwinden geschützte 100.000 m² große Hafen von Leptis Magna lag direkt hinter dem Alten Forum. Da er versandete, sind heute nur noch die von Septimius Severus in Auftrag gegebenen Mauern (rechts) und Ruinen von Werkstätten und Lagern mit Portiken und Freitreppen vorhanden. Der erste Hafen aus der Zeit von Kaiser Nero war mit Kaimauern ausgestattet und durch zwei Hafenmolen geschützt, auf deren einen ein großer Leuchtturm stand. Aus dieser Zeit stammt auch ein Deich, der vor der natürlichen Bucht angelegt wurde. Der Reichtum Leptis Magnas war immer vom Schiffshandel bestimmt; man führte Weizen, Olivenöl, Fische und lokale Produkte aus – als besondere Delikatesse galt das Garum, eine Fischsauce, die aus vergorenen, mit Salz zerdrückten Fischinnereien bestand und mit altem Wein, Öl, Essig, Honig und verschiedenen Gewürzen vermischt wurde; aus dem afrikanischen Hinterland brachten Karawanen wilde Tiere für die Spiele in den Amphitheatern, Elfenbein, Felle, Edelsteine und Sklaven – dies alles wurde verladen und nach Rom und in andere Städte des Reiches verschifft. Und doch heißt es in Schriftstücken aus dem 3. Jh., in welchen die Schiffsrouten entlang der nordafrikanischen Küste präzise beschrieben werden, dass die »ganz aus Marmor bestehende Stadt Leptis keinen Hafen besitze«. Manche Wissenschafter vertreten die Ansicht, dass der unter Nero angelegte Deich den Abfluss des Wadi Lebda behindert habe, es so zu einer Versandung des Hafens gekommen sei und die Rettungsversuche Hadrians und Septimius Severus' nichts genützt hätten. Anderen Meinungen zufolge wurde der Schiffshandel der Stadt bis Ende des 4. Jh.s n. Chr. aufrecht erhalten, als dann zunehmende Nomadeneinfälle den Niedergang der Stadt bewirkten.*

pius Rufus das großartige Theater. Oberhalb des Zuschauerraums, der teilweise mit sehr kunstvollen Verstrebungen gestützt wurde, befand sich der Tempel von Kaiser Augustus;
Antonius Pius fügte im 2. Jh. hinter der Bühne noch einen
Tempel zu Ehren der Augustinischen Familie hinzu. Hadrian
sind die großartigen Thermen und der Zubau zur Palästra
(127 n. Chr.) zuzuschreiben, die zur Gänze mit Marmor oder
Mosaiken verkleidet sind.

## DIE STADT DES SEPTIMIUS SEVERUS

Ein architektonisches Schmuckstück wurde Leptis Magna
unter Septimius Severus, der zwischen *Cardo* und Hafen,
am neuen Lauf des Flusses, der in den Süden der Siedlung
umgeleitet worden war, zahlreiche Bauten errichten ließ. In
den ersten Jahren des 3. Jh.s n. Chr. entstand eine neue
Prachtstraße: sie war 20 m breit und von 125 Säulen
(zum Teil aus Marmor) von 6 m Höhe gesäumt und
verband die Hadrians-Thermen und ein prächtiges
Nymphäum, das den Quellgottheiten am Hafen-
becken geweiht war. An der Westseite lag das Se-
verische Forum, ein rechteckiger Platz von 120 x
60 m mit einem Portikus mit korinthischen Säulen und Medusenkopf-Skulpturen zwischen
den Bögen. Die zweistöckige, dreischiffige
Basilika wurde von zwei übereinander
liegenden Säulenreihen aus ägyptischem rosa
Granit getragen, die Kapitelle waren jedoch aus weißem Marmor. Sie wurde der
Basilika Ulpia des Trajan-Forums in Rom
nachempfunden, dessen Grundriss ebenfalls im Forum von Leptis Magna kopiert
wurde. Das Gebäude war mit Statuen,
Reliefs und herrlichen Skulpturen ausge-
staltet, die der Schule von Aphrodisias zu-

geschrieben werden; möglicherweise haben sich die Bildhauer, deren Namen auch in die Säulen eingraviert wurden,
in der Stadt niedergelassen. Auch an den Kalksteinbauten der
Stadt wurden Verkleidungen mit wertvollem Marmor aus der
Ägäis angebracht. Die Hochreliefs der Basilika stellen die
Zwölf Taten des Herkules, Zentauren, den Gott Pan, Szenen
mit Silenen und Bacchanten dar; sie sind im typischen spätan-
tiken Stil gehalten und zeigen überraschende Lichteffekte.
Gleichzeitig mit der Anerkennung des *ius italicum* (203 n.

**HEIMAT EINES KAISERS**
Oben links: *eine Statue
des Septimius Severus,
die bei den Grabungen
gefunden wurde. Leptis
Magna war die Geburts-
stadt dieses Kaisers und
entwickelte sich unter
seiner Herrschaft zu ei-
nem wahren architektoni-
schen Juwel.*
Links: *der Tetrapylon des
Septimius Severus.*
Rechts: *Ruinen der
Basilika.*

## DIE VORSTADTVILLEN

*Im 2./3. Jh. n. Chr. entstanden während der größten Blütezeit Leptis Magnas vor der Stadt entlang der Küste in Richtung Homs mehrere herrschaftliche Villen und Bauernhäuser. Zu den schönsten erhaltenen Anlagen gehört ein Herrenhaus aus dem 3. Jh. mit Mosaiken, die Allegorien des Nil-Flusses darstellen und an den vier Wänden angebracht sind. Ein angrenzender Gang enthielt drei Mosaiken einer späteren Epoche (4. Jh. n. Chr.) mit Szenen einer Jagd auf jene wilden Tiere, deren Handel eine der einträglichsten Geldquellen der Stadt war. Die Villa mit dem Orpheus-Mosaik enthält 22 geometrische Mosaike mit verschiedenen Motiven – vielleicht eine Art Musterkatalog; dazu gehörten auch Mosaikfußböden, die den Orpheus-Mythos, wilde Tiere, Haustiere, Vögel, Fische und Obst darstellen.*

Chr.) ließ Septimius Severus einen Triumphbogen errichten. Er liegt am Kreuzungspunkt der beiden Hauptstraßen von Leptis Magna, dem *Decumanus* und dem *Cardo*, besteht aus vier mit Marmor verkleideten Kalksteinbögen, ebenso vielen Pfeilern und acht korinthischen Säulen, welche die Kuppel tragen. Die Basreliefs erinnern an jene der Basilika; sie dienen der Verherrlichung des Römischen Reiches (vor allem Siege) oder haben religiöse Themen; die Paneele der Attika stellen große Feierlichkeiten im Beisein der Kaiserfamilie dar.

Häufige Motive der Ornamentskulpturen sind Pflanzen mit Tierköpfen.

Nahe der Basilika stand ein Tempel, der möglicherweise den Ahnen des Septimius geweiht war, und am Hafen ein Jupiter-Dolichenus-Heiligtum. Im Ostteil der Stadt lagen das Amphitheater (56 n. Chr.) mit 12.000 Sitzplätzen und der größte Zirkus (162 n. Chr.) des Römischen Reiches; er war 450 m lang und 100 m breit. Es gab auch einen erhöhten Gang, der die beiden aneinander grenzenden Anlagen verband.

### EINE VON DREIEN
*Leptis Magna war die östlichste der drei Städte, die Tripolitanien (vom griechischen tripolis für »drei Städte«) ihren Namen gaben. Die anderen beiden Städte waren Sabratha und Oea. Oben links: die unter Hadrian errichteten Thermen.*

### SKULPTUREN DES FORUMS
Links: *die großartigen, mit Skulpturen dekorierten Arkaden des Forums.* Oben: *Relief mit Nereidenkopf.*

141

# KULTUREN IN ASIEN UND AMERIKA

»Wir drangen durch das feuchte Gras vor und gruben unsere Finger in die Erde, um nicht abzurutschen. Unter uns dröhnte der Urubamba. Die Hitze war drückend (...)

Es schien wie ein Traum, nicht zu glauben. Was sollte hier an diesem Ort schon sein?

Warum hatte niemand etwas von dieser Stätte geahnt?

(...) Unversehens eröffnete sich mir ein unerwartetes Schauspiel: Mauer- und Häuserruinen im besten Inka-Stil.

Es war schwer, einen Überblick zu bekommen, da sie zum Teil im Laufe der Jahrhunderte von Bäumen und Moos überwachsen worden waren; im dichten Schatten, versteckt zwischen dichtem Bambus und verflochtenen Lianen sah man da und dort weiße Granitmauern aus perfekt geformten und genau zusammengesetzten Steinblöcken (...) Diese Mauern und ein daran anschließender halbkreisförmiger Tempel über der Grotte konnten mit den schönsten Bauten der Welt verglichen werden. So viel Glanz raubte mir den Atem (...)«.

Hiram Bingham, die Entdeckung Machu Picchus am 24. Juli 1911,
in *The Wonderland of Peru, National Geographic Magazine*, April 1913

# ANTIKE STÄTTEN VON TAXILA

*Taxila im West-Pandschab beherbergte vom 5. Jh. v. Chr. bis zum 5. Jh. n. Chr. vier
unterschiedliche Stadtansiedlungen, von welchen zahlreiche Ruinen erhalten sind.
Bedeutend sind jedoch auch die Zeugnisse der buddhistischen Religion und Kultur:
eine Fülle von Stupas, Klöstern und Skulpturen in Stein oder Stuck.*

**SIRKAP, DIE VIERTE STADT
VON TAXILA**

*Die zuletzt errichtete städti-
sche Ansiedlung Taxilas liegt
im südlichen Bereich. Die
Archäologen konnten bei
Grabungen mehrere Stupas
oder deren Fundamente
freilegen.*

Die ausgedehnte archäologische Fundstätte in der pakistanischen Provinz Gandhara, etwas nordwestlich von Ra-
walpindi, beherbergte vier verschiedene Städte, die nacheinander im Laufe eines Jahrtausends existierten. Die älteste,
Bhir Mound, wurde von den Achämeniden im 5. Jh. v. Chr.
gegründet. Sie ähnelte den heutigen pakistanischen Dörfern;
die niedrigen, fensterlosen Häuser aus unbearbeiteten, mit
Schlamm-Mörtel zusammengesetzten Steinblöcken waren an
engen Gassen oder kleinen Plätzen aneinander gereiht. Das
Dorf entwickelte sich unter der Maurya-Dynastie (322–185 v.
Chr.) zur Stadt Takshashila. Die Maurya-Herrscher schufen
hier eine für jene Zeit einzigartige »Universität«, an der Kunst,
Mathematik, Religion, Medizin und weitere Fächer unterrich-
tet wurden. Alexander der Große (er war von Baktrien an der
heutigen russisch-afghanischen Grenze über den Hindukusch
gezogen und ins Kabul-Tal abgestiegen) konnte die Stadt 326
v. Chr. kampflos einnehmen, da sich der herrschende Fürst
der Provinz bereits unterworfen hatte. Die Maurya eroberten
unter ihrem König Bindusara (etwa 298–273 v. Chr.) die Halbinsel Dekhan. Sein Sohn Ashoka war kurze Zeit Statthalter
von Taxila und eroberte später weitere große Teile des indischen Subkontinents. Er trug während seiner Regierungszeit
(268–232 v. Chr.) durch die Errichtung Hunderter Stupas und
Klöster dazu bei, dass sich der Buddhismus und die Prinzipien
von Gewaltlosigkeit, Frieden und Gerechtigkeit im ganzen
Land verbreiteten. In den religiösen Bauwerken jener Zeit
wurden viele Skulpturen aus Stein und Stuck im hellenisch-
buddhistischen Stil gefunden, die von Experten der afghani-
schen Hadda-Kultur zugeschrieben wurden.

Um 175 v. Chr. wurde Taxila von Eukrates, dem Statthalter
von Baktrien, in eine indisch-hellenische Stadt verwandelt,
die seine Nachfolger bis 75 v. Chr. autonom regierten. Die
letzte Stadt, Sirkap, wurde etwas südlich davon von den Sa-
ken in rechtwinkeligem Schema angelegt; sie war in höher
und niedriger gelegene Stadtbereiche unterteilt und von einer Mauer umgeben. Die Ruinen Sirkaps sind die am besten
erhaltenen und können besichtigt werden; hier wurden 1885
vom britischen Archäologen Hubert Marshall, dann
1913–1934, 1944–1948 von Mortimer Wheeler, später von
einheimischen Archäologen und besonders intensiv ab 1980
Grabungen durchgeführt.

**EINE STADT MIT VIELEN
GESICHTERN**

*Taxila birgt außer Stupas
die Überreste zahlreicher
Bauten, wie vom Königs-
palast, von Geschäften,
Privathäusern mit Höfen
und der Akropolis.*

**BUDDHISTISCHE
»UNIVERSITÄT«**
*Taxila beherbergte ein bud-
dhistisches Lehrzentrum,
zahlreiche Stupas (oben
links), Heiligtümer und
Klöster. Die religiösen Gebäude waren mit Basreliefs
und Buddha-Skulpturen
(oben) geschmückt.*

Taxila wurde 20 n. Chr. von den Parthern besetzt und zehn
Jahre später – nach einem schwerem Erdbeben, bei dem es
stark beschädigt wurde – wieder aufgebaut. Im 2. Jh. n. Chr.
wurde es von den Kuschanen erobert, die hier die Stadt Sir-
sukh gründeten. Im 5. Jh. wurde Taxila vermutlich durch die
Weißen Hunnen (Hephtaliten) zerstört.

## TAXILA – SIRKAP

Die Stadt mit rechteckigem Grundriss war von einer fast
5 km langen Mauer mit quadratischen Türmen umgeben, die
den etwa 10 m hohen Akropolis-Hügel und einen weiteren
Hügel umfasste. Entlang der Hauptstraße standen zweige-
schossige Gebäude mit Geschäften im Erdgeschoss sowie
Wohnungen und Höfen im hinteren Bereich. Jeder Häuserblock verfügte über einen eigenen Stupa. Der Königspalast
hatte drei Tore, die zum privaten Audienzsaal, zum öffentlichen Audienzsaal und zum Hof der Wache führten; in die etwa 20 Räume des Palastes gelangte man entweder über die
Audienzsäle oder den Hof. Besonders schön ist der Stupa
des Zweiköpfigen Adlers (benannt nach einem Relief über
einer Tempelnische), der von korinthischen Säulen gestützt
und mit helleno-indischen Motiven geschmückt ist.
Um die vier städtischen Ansiedlungen lagen zahlreiche Heiligtümer, so der Dharmarajika-Stupa (Stupa des »Herrn des
Rechts«), der möglicherweise unter Ashoka errichtet wurde.
Er war 15 m hoch, hatte 50 m Durchmesser und konnte über
zwei mit Basreliefs und Buddhastatuen geschmückte Zeremo-
nialgänge erreicht werden. Der Dharmarajika-Stupa war von
einer Reihe kleinerer Votivstupas umgeben, die im 4. Jh. n.
Chr. entweder restauriert oder erst hinzugefügt wurden. In
einem jener Stupas sind die ältesten bisher bekannten Stuck-
Kunstwerke der Gandhara-Kultur erhalten; dargestellt sind
Buddhas Hengst Kathaka und eine Szene von der Abreise
Buddhas, wie sie auch in den Fresken der Höhle von Ajanta
vorkommt. Der Dharmarajika-Stupa liegt inmitten einer der
größten Klosteranlagen Taxilas mit Hunderten von Zellen, die
auf vier Höfe gehen. Auch das Kloster Jaulian schließt einen
Hauptstupa und 21 kleine Votivstupas ein, die mit Statuen
Buddhas und des Bodhisattva geschmückt sind.

## STUPAS

*Die buddhistischen Stupas sind Gedenk-
oder Grabhügel, die Reliquien Buddhas
oder heiliger Mönche enthalten oder an ein
wichtiges Ereignis im Leben des Erleuchteten erinnern. Sie bestehen aus einer
runden oder elliptischen Basis und einer
halbkugelförmigen Kuppel, sind mit Ziegeln oder Steinplatten verkleidet und von
einer, an vier Seiten offenen, mit Reliefs
und Statuen geschmückten Balustrade
umgeben. Sie können isoliert stehen, meist
sind sie aber Teil eines religiösen Bereichs,
der einen quadratischen Hof für religiöse
Zeremonien und einen zweiten für das
Kloster umfasst. Mittelpunkt des Stupa ist
die Cella, ein kleiner quadratischer,
dunkler Raum (»Garbhagriha« –
»Schlosshaus«), der Sitz der Gottheit und
von der Welt verborgenes Symbol.
Beispielgebend ist der Große Stupa von
Sanchi (unten) im indischen Staat Madhya
Pradesh, den König Ashoka im 3. Jh. v.
Chr. errichten ließ.*

# FELSENTEMPEL VON AJANTA

*In einem vom Fluss geformten, felsigen »Amphitheater« wurden zwischen dem 2. Jh. v. Chr. und dem 5. Jh. n. Chr. von Mönchen 30 Höhlen in den Fels gehauen, die dann als Kultstätten oder buddhistische Klöster dienten. Die Dekorationen umfassen Skulpturen und die einzigen Bilderzyklen, die heute aus der Gupta-Vakataka-Periode erhalten sind.*

**TAUSENDJÄHRIGER SCHLAF**
*Die 30 Höhlen von Ajanta, deren älteste aus dem 2. Jh. v. Chr. stammt, wurden Anfang des 19. Jh.s entdeckt.*

I m Westen Indiens, im Staat Maharashtra, hat das U-förmig verlaufende Flüsschen Waghora den Basaltfelsen nahezu trichterförmig eingeschnitten, sodass eine natürliche Arena von etwa 550 m Länge und 80 m Breite entstanden ist. Am Fuß der steil abfallenden Wände des abgelegenen, Ajanta bezeichneten Orts wurden vom 2. Jh. v. Chr. bis zum 5. Jh. n. Chr. 30 Höhlen in den Fels getrieben – 25 buddhistische Klöster (*Vihara*) und fünf Kultstätten oder Heiligtümer (*Caityagriha*). Die buddhistischen Mönche hatten diesen Ort ausgewählt, um sich hier während der Monsunzeit zurückzuziehen. Die Kosten für die Herstellung der Höhlen sowie ihrer Skulpturen und Malereien wurden von einflussreichen Gönnern und vermögenden Händlern getragen. Die Höhlen wurden in zwei Abschnitten angelegt: die ersten sechs Grotten im 2./1. Jh. v. Chr.; die übrigen mehr als vier Jh.e später im 4./5. Jh. n. Chr. zur Zeit der Vakataka (jener Dynastie, die gemeinsam mit der Gupta-Dynastie die indische Kultur zur Blüte brachte), vor allem unter der Herrschaft von König Harishena (460–477).

Die Höhlen von Ajanta weisen eine einzigartige Harmonie von Religion, Kunst und Natur auf: die in den Felsen getriebene, detailgetreu reelle Formen nachbildende Scheinarchitektur, der Skulpturenschmuck und ein außerordentlicher Zyklus von Wandmalereien, das einzige heute erhaltene Beispiel indischer Malkunst aus der klassischen Gupta-Zeit. Die Darstellungen zeigen Buddha, seine früheren Existenzen (*Jataka*) und Episoden seines letzten öffentlichen Auftretens (*Avadana*); Skulpturen wurden sowohl außerhalb als auch innerhalb angebracht und in einer Höhle wurde ein Stupa als Negativarchitektur angefertigt.

## DIE HÖHLEN

Die Höhlen von Ajanta sind heute – zur leichteren Besichtigung – durch einen befestigten Weg verbunden und sind eine der spektakulärsten archäologischen Stätten Indiens. Sie wurden von Osten beginnend nummeriert und man teilte sie nach ihrem Verwendungszweck in zwei verschiedene Gruppen ein. Die ältesten Höhlen liegen im mittleren Sektor des Talbogens. Fast die Hälfte der Höhlen wurde nicht fertig gestellt, ein Teil wurde bis zum 8. oder 9. Jh. genutzt. Gleichzeitig mit der Aushöhlung der Felsen wurden bereits die Skulpturen hergestellt, Verputz und Wandmalereien angebracht und nur die Feinarbeiten zuletzt vorgenommen.

Die fünf *Caityagriha* oder Heiligtümer (Höhlen Nr. 9., 10, 19, 26 und 29) haben großteils Eingangsportale in Hufeisenform, ein breites Vestibül und einen dreischiffigen Kultraum: das Mittelschiff mit Apsis und Tonnengewölbe, die Seiten-

schiffe mit Halbtonnengewölbe, die von Scheinbalken getragen werden. Im hinteren Teil ist ein Stupa mit großer Buddhastatue aus dem Fels gemeißelt – frei stehend, sodass die Gläubigen, der scheinbaren Richtung der Sonne folgend, um den Stupa herumgehen können. Höhle Nr. 26, eine der zuletzt fertig gestellten und prächtigsten, hat oberseits der Fassade eine Öffnung mit kleinen Fenstern; im Stupa dieser Höhle ist eine Buddhastatue eingemeißelt, die auf einem von Elefanten, Löwen und fliegenden Kobolden getragenen Thron sitzt; eine weitere riesige, auf der Seite liegende Buddhastatue symbolisiert das Dahinscheiden des Erleuchteten. Die *Vihara* (Klöster) bestehen meist aus reich mit Skulpturen geschmückter Fassade mit einem oder mehreren Ein-

gängen, einem von Pfeilern getragenen Portikus, Vestibül und einem großen, länglichen Raum, an dessen Seiten die mit einer Steinbank (sie diente als Bett) ausgestatteten Zellen liegen. Die ältesten Klöster (Höhlen Nr. 12, 13 und 15a) sind sehr einfach, haben keine Säulen im Inneren und nur an den Türen Reliefs. Die am reichsten ausgestattete Höhle Nr. 1 wurde von König Harishena gespendet. Am Ende einer Säulenflucht kommt man zu einer Kapelle mit großer, auf einem Thron sitzender Buddhaskulptur; die Wandmalereien stellen Bodhisattva (Buddha in einem früheren Leben vor der »Erleuchtung«) dar, sowie den Prinzen Mahajanaka mit bemerkenswerten Szenen vom Hofleben, in welchen besonders die sinnliche »schwarze Prinzessin« hervorsticht.

**VERBORGENE TEMPEL**
Oben: *Eingang zur Höhle Nr. 26, eine der prächtigsten und zuletzt fertig gestellten.* Oben links: *ein Relief aus der Grotte Nr. 19.*

**EIN TRESOR FÜR RELIQUIEN**
*Der Stupa der Grotte Nr. 26 war für die Aufbewahrung der Buddha-Reliquien vorgesehen.*

## WIEDERENTDECKUNG UND KONSERVIERUNG DER FELSENTEMPEL

*Nachdem die Mönche die Höhlen im 6. Jh. verlassen hatten, waren diese durch den dichten Pflanzenwuchs bald nicht mehr sichtbar. 1819 wurden sie durch Zufall von John Smith, einem Offizier der britischen Kavallerie, entdeckt. Die ersten Forschungen gehen auf James Fergusson (1843) zurück, der Robert Gill dazu veranlasste, Kopien der Gemälde herzustellen; sie wurden 1866 in London ausgestellt, fielen aber später einem Brand zum Opfer. 1918, als die Höhlen von Ajanta bereits weltweit bekannt waren, wurden Lorenzo Cecconi und Graf Orsini mit der professionellen Restaurierung der Malereien betraut; ihre erstklassige Arbeit wurde jedoch innerhalb weniger Jahre durch die Feuchtigkeit und pflanzliche Parasiten wieder zunichte gemacht. 1930-1955 wurden Restaurierungsarbeiten an den Höhlen und Kunstwerken unter der Leitung des Direktors der Archäologischen Abteilung von Hyderabad, Yazdani, durchgeführt. Trotz der Plünderungen und Beschädigungen von Höhlen und Schätzen, die sich im Laufe der Zeit ereigneten, sind die Höhlen von Ajanta auch heute noch von unschätzbarem künstlerischen Wert und wurden daher 1983 in das Weltkulturerbe der UNESCO aufgenommen.*

**UNTER DEM SCHUTZ DES
SCHÖNEN**
Rechts: *Buddhastatue am
Eingang der Grotte Nr. 17.
Rechts und gegenüberlie-
gende Seite: Fresko vom
Portal derselben Höhle.*

## MALEREIEN

Der besondere Schatz Ajantas sind die Wandmalereien, die
auch die Entwicklung der antiken indischen Malkunst von
der Amaravati-Tradition (2./1. Jh. v. Chr.) bis zum Ende der
Gupta-Dynastie (5. Jh. n. Chr.) zeigen. Die ältesten Bilder
sind in den Höhlen Nr. 9 und 10, die am besten erhaltenen
in den Höhlen Nr. 1, 2, 16 und 17, wobei jene in Nr. 17 von
der künstlerischen Gestaltung her als die wertvollsten betrachtet werden.

**EINFACHHEIT UND
SAMMLUNG**
*Das Innere der Grotte Nr. 9,
im Hintergrund der Stupa.
In dieser Grotte wurden
einige der ältesten Bilder
gefunden.*

Die Malereien von Ajanta, die dicht an dicht an den Höhlen-
wänden angebracht sind, geben symbolische Szenen und
Personengruppen wieder. Um die Bilder und den tieferen
Sinn ihrer religiösen Botschaft zu deuten, muss man auch die
subtile Sprache der Gestik und der Blicke erkennen. Häufig
sind die Szenen einer Geschichte nicht in chronologischer
Reihenfolge angeordnet, wodurch ihr Sinn noch schwerer erfasst werden kann. Themen der Malereien sind menschliche
oder göttliche Buddhafiguren und Bodhisattvas mit mythologischen Wesen der indischen Kultur, wie Nymphen, Kobolden, Musikern, Mensch-Tierfiguren etc. Vor allem kommen
Szenen aus Legenden um die früheren Existenzen Buddhas
und seiner Reinkarnationen vor, die sein Leben in fürstlicher
Umgebung oder im Alltagsleben schildern. Malereien,
Skulpturen sowie Säulen- und Deckendekorationen sind
künstlerische Darstellungen verschiedener Aspekte des Lebens und der buddhistischen Glaubensauffassung.

Die linken Wände der Höhle Nr. 17 beschreiben die Geschichte des Prinzen Vessantara (letzte Reinkarnation Buddhas, bevor er als Siddhartha wiedergeboren wird) und seiner Gattin, die wegen ihrer Freigiebigkeit vom Hof verjagt
werden. Hauptthema des Zyklus ist die Barmherzigkeit des
Erleuchteten, begleitet von himmlischen Nymphen, die aus
dem Paradies heruntersteigen, und von Szenen aus Volksle-
genden, deren Hauptfiguren sehr sinnliche Frauengestalten
sind (wie die »Prinzessin, die in den Spiegel blickt«). Die Erzählung endet mit der Rückkehr des Prinzen, um seine Reli-
gionslehren zu verbreiten. An der rechten Wand sind die
Abenteuer des Kaufmanns Simhala abgebildet. Die beiden
Zyklen erstrecken sich auf 14 m Länge, sind 4,5 m hoch und
umfassen 30 verschiedenen Szenen.

## MALTECHNIKEN

*Bevor die Künstler von Ajanta ihre Bilder malten, kitteten und glätteten sie die entsprechende Stelle an der Felswand mit einer Erdmasse; darüber brachten sie eine dünne Schicht vajralepa (Pulvermischung aus Ziegel, Ton, Sand, Harz, Bienenwachs, Zuckersirup, Lakritze und weiteren Pflanzen) an, die von einer zweiten aus Ton, Harz und Öl überzogen wurde. Dann skizzierte man die Zeichnung, brachte die Hintergrundfarbe auf, verteilte auf trockenem Verputz die Farben für die verschiedenen Figuren, führte schließlich Schattierungen aus und machte Nachbesserungen bei den Umrissen und Farbtönen. Zuletzt presste man das Gemälde, um die Feuchtigkeit zu entziehen und eine Kristallisierung des Kalkanteils zu erreichen und dem Bild Leuchtkraft zu verleihen. Grundsätzlich verwendete man fünf Farben: Ockerrot, Ockergelb, Rauchschwarz, Lapislazuliblau (musste aus Afghanistan eingeführt werden) und Grün. Gold wurde nicht verwendet, für den Heiligenschein Buddhas nahm man eine Mischung aus Gelb und Grün. Die Bilder waren von den sechs kanonischen Prinzipien der indischen Malkunst bestimmt: Form, Proportion, Gefühl, Ästhetik, Ausdruck und Technik; die Harmonie der Formen war durch ein Gleichgewicht der drei Werte, die das Leben eines Menschen regelten, bestimmt: ethische Pflicht (Dharma), Wohlstand (Artha) und Lust (Kama).*

**UNVERGLEICHLICHES ERBE**
*Die Malereien von Ajanta stellen ein kulturelles, religiöses und künstlerisches Erbe von unschätzbarem Wert dar.*
Links: *Detail aus der Höhle Nr. 10.*
Unten: *Fresko der Grotte Nr. 1.*

# DIE TERRAKOTTA-ARMEE VON SIAN

*In der Nähe der chinesischen Hauptstadt der Antike, Sian, ließ Kaiser Qin Shi Huangdi (259–210 v. Chr.) ein riesiges Mausoleum errichten, das symbolisch von einer einzigartigen Armee Tausender Tonstatuen von Soldaten und Pferden in Lebensgröße verteidigt wurde, die man mit echten Bronzewaffen und Streitwagen ausstattete.*

Sian (»Stadt des westlichen Friedens«) ist die Hauptstadt der chinesischen Provinz Schensi. In der Antike hieß sie Chang'an, war unter neun Kaisern der Qin-, Han- und Tang-Dynastie Hauptstadt des Chinesischen Reiches und lange Zeit die bevölkerungsreichste Stadt der Welt. 30 km östlich fanden am 29. März 1974 einige Bauern, die im Dorf Xiyang des Kreises Lintong einen Brunnen gruben, den Kopf eines Terrakotta-Soldaten. Die chinesischen Archäologen vermuteten bald, dass man auf die in antiken Quellen zitierte legendäre Armee gestoßen war. Hier, zwischen dem Berg Li im Süden und dem Fluss Wei im Norden war auch ein

nach der Fengshui-Kultur, die in der Antike sehr beliebt war, ein günstiger Ort. Tatsächlich konnte man 1225 m weiter nördlich das riesige Mausoleum des Kaisers Qin Shi Huangdi feststellen, man entschied jedoch, es vorerst nicht anzutasten. Gegraben wurde hingegen am gesamten äußeren Ring, wo man 1974–1995 nacheinander vier Gräben freilegte, in welchen Tausende von lebensgroßen Soldatenstatuen aus Terrakotta mit Bronzewaffen und Streitwagen noch in perfekter Anordnung aufgestellt waren. Nach mehr als 30 Jahren Forschung konnte man im 56 km² großen Grabkomplex von Qin Shi Huangdi 8000 Krieger- und Pferdestatuen (von 10.630, die nach schriftlichen Quellen hier sein sollten), mehr als 100 Streitwagen, Tausende Bronzewaffen, 50.000

**PORTRÄT EINES OFFIZIERS**
Links: *Detail der Statue eines niederrangigen Offiziers, erkennbar an der einfachen Kopfbedeckung und der Plattenrüstung. Die Kopfhaare sind in einem Haarknoten zusammengefasst.*

**BEREIT ZUM KAMPF**
Ganz links: *ein Armbrustschütze in Kampfposition, kniend und bereit zum Schuss (die Waffe wurde ihm 206 v. Chr. von den Rebellen abgenommen). Er ist durch einen Panzer aus Lederplatten geschützt.*

verschiedene Gegenstände, Ruinen riesiger Gebäude und mehr als 600 Opfergräben auffinden. 1987 wurde die Terrakotta-Armee von Sian ins Weltkulturerbe der UNESCO aufgenommen.

## TERRAKOTTA-STATUEN

Die bis heute geborgenen Statuen stellen, etwas über Lebensgröße, das kaiserliche Heer in der für Ende der Zhou-Dynastie und zu Beginn der Qin-Dynastie typischen militärischen Aufstellung dar. Es gibt verschiedene Formationen und Spezialtruppen, einschließlich Pferde und Streitwagen. Die Fußsoldaten sind meist 175–197 cm, teilweise aber über 2 m groß, die knienden Bogenschützen 1,2 m hoch und wiegen jeweils 150 kg. Für die Herstellung dieses außergewöhnlichen Heeres beschäftigte man 87 Bauleiter (ihre Namen sind in den Statuen verewigt), denen jeweils 18 Assistenten zur Seite standen und die Arbeit von je 1500 Handwerkern koordinierten. Die Tonstatuen wurden in vier Schritten angefertigt: Modellierung, verfeinerte Ausarbeitung, Brennen und Bemalen. Gewisse Teile der Statuen wurden mithilfe von Formen, andere von Hand modelliert und mit dem vorgefertigten Teil verbunden; dann überzog man die Figur mit zwei Schichten grauen Lehms vom Berg Li. Man trocknete die Statuen im Schatten, bevor sie bei einer Temperatur von 950–1050 Grad gebrannt wurden. Danach füllte man das Innere bis zur Taille mit Erde, um die Standfestigkeit zu ver-

### DER ERSTE KAISER CHINAS

*Qin Shi Huangdi wurde 259 v. Chr. geboren und wurde im Alter von 13 Jahren, 246 v. Chr., König des Staates Qin. Nach einer Reihe militärischer Eroberungen vereinte er das Chinesische Kaiserreich, reorganisierte die Verwaltung des Gebietes, vereinheitlichte Schriftsystem, Geld und Maßeinheiten und gab eine Gesetzessammlung heraus, die 2000 Jahre lang ihre Gültigkeit bewahrte. Er ließ gigantische Werke fertig stellen, wie sein eigenes Mausoleum, an dem 700.000 Arbeiter 40 Jahre lang beschäftigt waren, verstärkte und verlängerte die Große Mauer auf mehr als 3000 km und ließ ein weites Straßennetz von fast 7000 km errichten. Qin herrschte 221–210 v. Chr.; seine Dynastie endete 206 v. Chr. nach einer Revolte, welche die Han-Dynastie an die Macht brachte. Qin Shi Huangdi, der zeit seines Lebens von der Idee besessen war, ermordet zu werden, hatte 300 Astrologen in seinem Dienst; er starb eines natürlichen Todes bei einer Reise in die östlichen Provinzen des Kaiserreichs. Da bei seinem Tod das Mausoleum noch nicht fertig gestellt war, musste man mit seinem Begräbnis bis zum Ende der Arbeiten warten.*

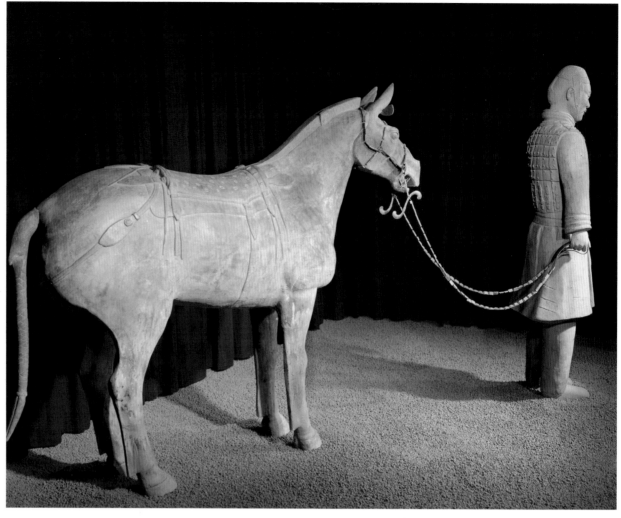

WÜRDE UND STOLZ
*Statue eines hohen Offiziers.
Sein Rang ist an der
Kopfbedeckung und dem
langen Rock zu erkennen.*

152

bessern. Keine Statue gleicht der anderen – alle Figuren sind individuell gestaltet, sodass man die Armee auch als »größte Porträtgalerie der Antike« bezeichnet hat. Die Statuen zeigen einen kriegerischen, realistischen Ausdruck von feierlicher Gemessenheit, geprägt von Kraft und Tapferkeit, wie es sich für ein kaiserliches Heer ziemt, wobei auch auf kleinste Details geachtet wurde. Am Aussehen der Krieger ist auch ihre unterschiedliche ethnische Herkunft, das Alter und der militärische Rang zu erkennen. Die Statuen wurden mit lebhaften Farben bemalt (Schwarz, Blau, Gelb, Grün, Rot und Violett), von welchen noch Spuren vorhanden sind.

## SCHÄTZE AUS DEN GRUBEN

Die ersten archäologischen Grabungen wurden im Graben Nr. 1 vorgenommen. Mit 210 m Länge und 60 m Breite ist er der größte der vier Gräben und hat elf parallele, 3 m breite Gänge, die voneinander durch Mauern aus gestampfter Erde getrennt und außen durch zwei Galerien verbunden sind. Hier war der rechte Flügel des Heers aufgestellt: Fußtruppen, Bogen- und Armbrustschützen, Streitwagen – insgesamt mehr als 6000 Statuen. Die Vorhut wurde durch drei Reihen von je 68 Bogenschützen und Lanzenträgern gebildet, ge-

folgt von 38 Reihen, in welchen sich Wagen und Fußtruppen abwechselten; die Nachhut bestand aus drei Reihen von Fußsoldaten. Die hölzernen Streitwagen (davon sind nur Abdrücke verblieben) mit vier Zugpferden trugen den Wagenlenker und zwei Soldaten. Der Boden in 4,8 m Tiefe wurde mit Ziegeln ausgelegt, die Decke bestand ursprünglich aus mit Erde überdeckten Holzkonstruktionen, die bei einem Brand zerstört wurden.

Der linke Flügel des Heeres im Graben Nr. 2 war in komplexerer Schlachtformation aufgestellt und bestand aus hölzernen Streitwagen, Reiterei sowie aufrecht stehenden und knienden Bogenschützen. Der Graben erstreckt sich auf eine Fläche von 6000 m² und soll einst 1300 Krieger, 450 Pferde und 90 Wagen enthalten haben. Hier fand man Bronzewaffen – Äxte, Hellebarden, Spieße, Armbrüste, Pfeile und lange Rundsicheln.

Graben Nr. 3 ist nur 500 m² groß und war das Generalhauptquartier des Heeres. Er gleicht einer Galerie und enthielt 68 Statuen von unbewaffneten Offizieren und Offiziersdienern, vier Pferde und Wagenreste. Unteroffiziere sind mit einem Mantel bekleidet und tragen Speer und Hellebarde; Offiziere sind von Panzern oder Rüstungen geschützt, Generäle tragen eine bis zu den Füßen reichende Kleidung, eine Schuppenrüstung und eine Kopfbedeckung in Form eines Hahnenkamms.

Der 4600 m² große Graben Nr. 4 enthielt keine Statuen und ist mit Erde gefüllt.

## DIE GRUBEN DER GESPANNE

Beim Tumulus des Mausoleums wurden in einigen Gräben sechs mehrfarbig bemalte Holzwagen und zwei Bronzewagen gefunden. Sie sind die frühesten, größten und technisch fortgeschrittensten Bronzegespanne, die aus der chinesischen Antike bekannt sind. Die beiden Bronzegespanne mit Wagenlenker und Pferden sind in gutem Erhaltungszustand und wurden etwa in halber Lebensgröße gefertigt. Der erste Wagen (2,25 m lang und 1061 kg schwer) ist ein so genannter »Hoher Wagen« mit einem aufrecht stehenden Wagenlenker; ein schön verzierter runder Schirm bildet das Dach. Der größere Wagen (3,17 m lang, 1,06 m hoch und 1241 kg schwer) ist ein »angenehmer Wagen« für sitzend untergebrachte Reisende. Er war aus 3462 einzelnen Metallteilen zusammengefügt: 1742 in Bronze, 737 in Gold und 983 in Silber. Dieser Wagen ist nicht nur ein außergewöhnliches Zeugnis von der metallurgischen und technischen Fähigkeit seiner Hersteller, sondern auch eine wertvolle Dokumentation jenes Wagentyps von vor mehr als 2000 Jahren.

**SOLDATEN UND PFERDE**
Oben: *ein wieherndes Zugpferd mit abrasierter Mähne. Jeder Streitwagen war mit zwei vorgespannten und zwei frei laufenden Pferden ausgestattet.*
*Gegenüberliegende Seite, oben: ein Reiter aus Graben Nr. 2 mit gesatteltem Pferd. Die Feinarbeiten sind in Kupfer ausgeführt.*

**DIE STILLE ARMEE**
*Die Zeichnung zeigt die Phase der Fertigstellung und Aufstellung der Terrakotta-Armee von Kaiser Qin Shi Huangdi.*

## GEHEIMNISSE DES MAUSOLEUMS

*Das einst pyramidenartige Mausoleum von Qin Shi Huangdi ist heute ein großer kegelförmiger mit Obstbäumen bewachsener Hügel; er hat einen Umfang von 1400 m, einen Durchmesser von 350 m, ist 50–76 m hoch und schließt zwei große rechteckige Einfriedungen aus gestampfter Erde ein, an deren Rand Opfergräben mit Pferdeskeletten entdeckt wurden. Gemäß dem Historiker Sima Qian aus der Zeit der Han-Dynastie werde die Grabkammer des Kaisers durch ein Sicherheitssystem von abschussbereiten Armbrüsten vor eventuellen Eindringlingen geschützt; sein Körper befinde sich in einem Sarkophag in der Mitte eines dreidimensionalen Modells Chinas, in welchem der Gelbe und der Blaue Fluss durch ständig fließende Quecksilberkanäle dargestellt seien. Die Kupferkuppel der Grabkammer stelle das Himmelszelt dar und sei mit wertvollen Juwelen (Sternen) verziert. Die Erbauer des Mausoleums und die kinderlosen Konkubinen des Kaisers seien getötet worden, um den Kaiser zu begleiten. In der Nähe wurden Überreste eines riesigen Gebäudekomplexes entdeckt – vielleicht der von den rebellierenden Truppen 206 v. Chr. geplünderte Palast; möglicherweise wurde auch das Mausoleum von den Truppen geplündert. Bei kürzlichen geologischen Sondierungen wurde eine ungewöhnlich hohe Quecksilberkonzentration innerhalb des Mausoleums (12.000 m² Grundfläche) gemessen. Eine Ausgrabung des Mausoleums wurde noch nicht eingeleitet.*

# DIE CHINESISCHE MAUER

*Die Große Mauer, ein Symbol des chinesischen Nationalstolzes, ist ein Werk gigantischen Ausmaßes, das vor 2100 Jahren in mehreren Abschnitten geschaffen wurde, um das Land vor Einfällen aus dem Norden zu schützen. Seine tatsächliche Länge ist nicht bekannt – Schätzungen reichen von 2400 bis 6700 km.*

**FESTUNSMAUER GEGEN INVASOREEN**

Rechts: *Skizze mit dem Verlauf der Großen Mauer, die zum Schutz der Nordgrenzen Chinas angelegt wurde.* Unten: *einer der am besten erhaltenen Abschnitte der mächtigen Mauer, die in regelmäßigen Abständen mit Wachtürmen versehen ist.*

D ie imposanteste, je vom Menschen errichtete Mauer, die chinesische *Wanli Changcheng* (»10.000 Li große Mauer«; ein Li entspricht etwa 500 m), Nationalsymbol Chinas, wurde als Bollwerk gegen Invasoren aus dem Norden errichtet. Heute ist etwa ein Drittel seiner Gesamtlänge erhalten (große Teile sind jedoch in schlechtem Zustand), ein weiteres Drittel ist nicht mehr zu retten und der restliche Teil ist kaum noch erkennbar. Die Mauer wurde unter

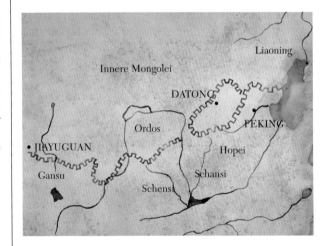

verschiedenen Dynastien innerhalb von 2100 Jahren errichtet und umschließt ein weites Reich vom heutigen Nordkorea im Osten bis zum Jadetor (*Jiayuguan*) im Westen, jenseits der Wüste Gobi. Der Verlauf ihrer einzelnen, nicht immer verbundenen Abschnitte an der Nordgrenze Chinas ähnelt der Figur eines liegenden Drachen. Wenn auch imposant, so soll sie entgegen mancher Aussagen nicht vom Mond aus zu sehen sein. Die heute (vielleicht auch nur aus geringerer Entfernung) sichtbaren Mauern stammen hauptsächlich aus der Ming-Epoche (14.–17. Jh. n. Chr.) – Rekonstruktionen der Grenzbefestigung, deren erste Teile bereits im 7. Jh. v. Chr. entstanden.

Die Berechnung der Länge der verschiedenen Abschnitte wurde nach verschiedenen Kriterien unternommen, weswegen die Gesamtlänge nicht genau bekannt ist. Der unter der Ming-Dynastie errichtete Teil erstreckt sich auf 2400–2700 km, fügt man die zusätzlichen noch erkennbaren (jedoch zerstörten) Teile hinzu, so kommt man auf 5760 km; gemeinsam mit vermuteten oder in alten Schriftstücken zitierten, jedoch nicht mehr vorhandenen Abschnitten, errechnet sich eine Gesamtlänge von 6700 km. Für das in jedem Fall gigantische Werk wurden erstmals Millionen von Menschen gleichzeitig beschäftigt. Die Opfer waren groß – allein während 10 Jahren der Bauzeit starben 500.000 Soldaten und Bauern, deren Leichname in die Fundamente der Mauer geworfen wurden. Nicht zufällig wird sie auch als »längster Friedhof der Welt« bezeichnet.

## FORSCHUNGEN, GRABUNGEN UND RESTAURIERUNGEN

*Die Archäologie hat sich erst in jüngster Zeit mit der Großen Mauer beschäftigt. Die chinesische Regierung hat erst einen Teil des Gebietes vermessen lassen, sodass es noch keine kompletten Daten der Großen Mauer gibt. Die neueste Studie, die bis zum Beginn des Mauerbaus im 1. Jahrtausend v. Chr. zurückreicht, stammt vom amerikanischen Historiker Arthur Waldron (1990). Bedeutende Restaurierungsarbeiten wurden in dem Peking am nächsten gelegenen Abschnitt, bei Badaling (50 km nördlich, auf einer Länge von 30 km) durchgeführt, wo die in der Ming-Epoche angelegte Befestigungsanlage im herrlichen Bergpanorama zum Symbol für die gesamte gigantische Anlage geworden ist. Auch ein aus dem 6. Jh. stammender Abschnitt bei Mutianyu (80 km von Peking) und der letzte Abschnitt von Jiayuguan, ebenfalls aus der Ming-Periode, der das westliche Ende der Großen Mauer abschließt, wurden restauriert. Hier befand sich die Zollstelle für die Einreise nach China: eine 33.500 m² große Anlage mit quadratischem Grundriss, 10 m hohen Mauern aus gestampfter Erde, Wachtürmen und Toren, über welchen sich 17 m hohe Wände erhoben. Dieser »uneinnehmbare Pass unter dem Himmel« kann heute besichtigt werden und stellt ein weiteres Beispiel der grandiosen Vergangenheit der Chinesischen Mauer dar. Aufgrund von Probegrabungen in den letzten 20 Jahren konnten die Konstruktionstechniken und die in verschiedenen Epochen verwendeten Materialien aufgezeigt werden: Steine aus Steinbrüchen und in felsigen Gegenden aus der Umgebung; Baumstämme mit gepresster Erde in baumreichen Zonen; ein Gemisch von Schotter, Sand und Erde in der Wüste Gobi; und schließlich Ziegel. Wenn man alle in der Großen Mauer verbauten Ziegel weiterverwenden würde, könnte man die Erde am Äquator mit einer 5 m hohen und 1 m breiten Mauer zehnmal umgürten.*

## DIE ERSTEN BAUPHASEN

Verschiedene Mauerteile wurden ab der Periode »Frühling und Herbst« (770–476 v. Chr.) im Zhou-Reich (Süden des heutigen Henan) errichtet, wo Archäologen eine 1,5 km lange Trasse aus gestampfter Erde von 656 v. Chr. freilegen konnten. Während der Periode der »Streitenden Reiche« (481–221 v. Chr.) waren die Herrscher der Zhou-Feudalstaaten, insbesondere der Königreiche Qi, Yan, Wei und des heutigen Nord-Hebei, lange Zeit damit beschäftigt, die Einfälle von Steppennomaden abzuwehren. Auch sie erbauten Barrieren aus gestampfter Erde, die so genannten »langen Mauern«. Die einzelnen Segmente waren jedoch untereinander nicht verbunden, weswegen sie bei den Streifzügen auch leicht umgangen werden konnten. 221–207 v. Chr., während der Dynastie des ersten Kaisers Qin Shi Huangdi (er ließ das große Mausoleum mit der Terrakotta-Armee anlegen) wurden die bereits vorhandenen Abschnitte verbunden. Man festigte die Mauern mit verschiedenen Materialien und fügte noch ein kurzes Stück am Ordos-Plateau hinzu. Bei jenen Arbeiten wurden erstmals 500.000 Mann gleichzeitig bei der schätzungsweise 3000 km langen Baustelle beschäftigt. Unter der Han-Dynastie (206 v. Chr.–220 n. Chr.) wurden die Erdwälle mit Baumstämmen, Steinblöcken und Schotter verstärkt, entlang ihres Verlaufs Türme und Bunker angelegt und die Mauer von Liaodong im Osten bis Lintao in der Provinz Gansu im Westen, bis zum Beginn der Wüste Gobi, ver-

**STEINERNER DRACHE**
Oben links: *die Große Mauer bei Nan K'ou in der Nähe von Peking. Die Befestigung verläuft über eine unwegsame, malerische Gebirgslandschaft.*

**WACHTÜRME**
*Unter der Han-Dynastie, zwischen 2. Jh. v. Chr. und 2. Jh. n. Chr., begann man Festungen und Wachtürme an der Mauer anzulegen.*

155

längert. Während der darauf folgenden Zeit der Drei Reiche wurde unter den Südlichen und Nördlichen Dynastien und der Sui-Dynastie (221–618) der Verlauf der Mauer etwas abgeändert und die Stabilität der Barrieren verbessert, indem man Entwässerungskanäle zog und Weidenwäldchen anlegte. Für die Tang-Dynastie (618–907) war die Mauer nicht mehr interessant, da die Tang-Kaiser das größte asiatische Reich kontrollierten und mit allen umliegenden Völkern Handel trieben. Die nachfolgenden Dynastien Song und Yuan (960–1368) hatten nach einer sehr turbulenten Periode keinen Zugriff mehr auf die nördlichen Gebiete, da diese unter die Herrschaft der Mongolen gelangt waren, die unter Kublai Chan (Marco Polo lebte jahrelang an dessen Hof) 1280 das gesamte Land beherrschten.

### DIE INVASOREN AUS DEM NORDEN

*Da sich die Verwaltung des Kaiserreichs wenig um die nördlichen Gebiete kümmerte und die Große Mauer im 7.–13. Jh. wenig wartete, kam es zu Einfällen von mongolischen Stämmen, die 1280 in der Eroberung des Landes durch Kublai Chan (rechts) gipfelten.*

## ZEIT DER MING-DYNASTIE

Nachdem sie die Mongolen aus Peking und China wieder vertrieben hatten, restaurierten und rekonstruierten die Kaiser der Ming-Dynastie (1388–1644) Teile der Großen Mauer. Ab 1421 verkleidete man die Bollwerke mit Steinplatten oder Ziegeln und errichtete entlang von 2700 km in regelmäßigen Abständen Wachtürme. Die Trasse verläuft vom Yalu-Fluss an der Grenze Chinas mit dem heutigen Nordkorea über Simatai bis nördlich von Peking; dann sind sowohl im Norden als auch im Süden mehrere Einzelabschnitte vorhanden; ab der Gegend von Badaling bis Laoying ist die Mauer wieder durchgehend und biegt dann nach Südosten ab, um ein Gebiet, in dessen Zentrum die Stadt Datong liegt, zu verteidigen. Dann verläuft sie nach Westen, macht eine weitere Biegung zur chinesischen Löss-Hochebene, um dann an der Südgrenze zur Tengger-Wüste der Seidenstraße bis nach Jiayuguan (Gansu) am Jadetor-Pass zu folgen.

Die Ming führten dieses Werk sowohl aus Prestigegründen als auch für Verteidigungszwecke aus. Sie hatten sich entschlossen, sich innerhalb ihrer Grenzen zurückzuziehen und auf Eroberungsfeldzüge zu verzichten. Nach der Fertigstellung der grandiosen Arbeiten kam jedoch zur militärischen Funktion noch eine weitere hinzu. Auf der Mauer konnten nicht Truppen, sondern auch Waren sehr rasch von einem Ort zum anderen gelangen, wodurch auch der Handel beträchtlich gefördert wurde.

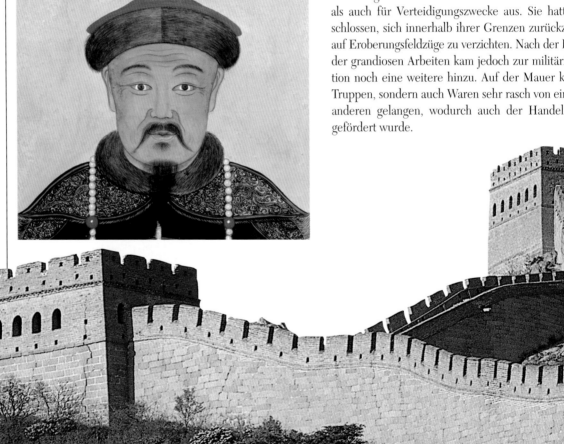

# DIE GROSSE MAUER DER MING

Einen besonders spektakulären Eindruck hinterlässt die Große Mauer an den schwerer zugänglichen Geländestellen, wo sie sich, eingepasst in die Landschaft, mit steilen Auf- und Abstiegen von einem Gipfel zum anderen schlängelt. Hier präsentiert sie den Blicken der Besucher ein prachtvolles Panorama und viele Details der Mauerkonstruktion. Die Mauer ist durchschnittlich 7–8 m hoch, unten 7 m und oben 5–6 m breit. Auf der Mauerkrone verläuft eine gepflasterte Straße, die an der Nordseite von 1,5 m hohen Zinnen und an der gegenüberliegenden Seite von einer Brüstung begrenzt ist. Auf der mehr als 5 m breiten Straße konnten sich nebeneinander vier Reiter oder fünf Fußsoldaten fortbewegen. In regelmäßigen Abständen von 100–200 m befinden sich Wachtürme mit quadratischem Grundriss von meist 13 m Seitenlänge – insgesamt wurden 25.000 Türme errichtet. Größere, zweistöckige Türme, die der Unterbringung von Truppen und als Waffendepots dienten, waren höchstens 17,5 km voneinander entfernt. Wenn von den Türmen aus kodierte Feuer- und Rauchzeichen, sei es am Tag oder in der Nacht, gesendet wurden, konnte diese Nachricht innerhalb von 24 Stunden von einem zum anderen Ende der Großen Mauer übermittelt werden. Einfachere Türme waren von vornherein nur als Signaltürme vorgesehen und nur von wenigen Wachen besetzt. Der Abstieg auf der Innenseite (Südseite) der Mauer war über Stiegen möglich, die alle 180 m angelegt waren.

**BEQUEMER REISEWEG**
*Die Straße auf der Großen Mauer ist etwa 5 m breit; hier konnten fünf Personen nebeneinander marschieren.*

# DER BOROBUDUR-STUPA

*Der riesige Borobudur-Stupa auf der Insel Java ist zum Symbol des Mahajana-Buddhismus geworden. Der komplett restaurierte Komplex präsentiert auf seinen neun stufenartig angelegten Terrassen Tausende von Basreliefs, Dekorationen, Statuen und kleine Stupas, die vom Leben des Erleuchteten erzählen.*

**STATUEN DES BOROBUDUR**
*Die hohe Anzahl seiner Statuen haben dem Borobudur den Namen »Stadt der 1000 Statuen« eingebracht, obwohl er in Wirklichkeit noch viel mehr Skulpturen enthält.*

**STEINERNER UMGANG**
*Aus architektonischer Sicht ist der Borobudur-Stupa nicht als Tempel zu bezeichnen, da er keine zugänglichen Innenräume besitzt. Die Religiosität des Bauwerks drückt sich durch eine Reihe von spirituellen Umgängen aus, die entlang der Stufen angelegt sind.*

Mitten auf der Insel Java, etwa 30 km von Yogyakarta, Provinz Kedu, steht der größte Stupa des südostasiatischen Raums, der Borobudur (Abkürzung für *Bhumisam Bharabuhara* – »Berg der Anhäufung der Tugend«). Er ist ein architektonisches Abbild eines Mandala – ein mystisches Kreis- oder Vieleckbild, das die Ordnung des Kosmos und des menschlichen Geistes gemäß den Lehren des Mahajana-Buddhismus symbolisiert. Der Bau begann unter König Vishnu aus der Sailendra-Dynastie 778 n. Chr. und wurde unter seinem Neffen Samaratunga 825 oder 842 fertig gestellt. Ursprünglich war er als hinduistischer Tempel geplant und sollte König Indra als Grab dienen. Als jedoch die ersten Terrassen fertig waren, verbreitete sich der Buddhismus und der Bau wurde der neuen Religion gewidmet. 856 wurde die Sailendra-Dynastie gestürzt und ein Jh. später begann der Verfall des Stupa, der beim Ausbruch des nahen Vulkans Merapi teilweise in die Erde einsank und durch den Vormarsch des Dschungels bald nicht mehr zu sehen war. Nachdem man den Borobudur im 18. Jh. wieder entdeckt hatte, setzte der Gouverneur Javas erste Maßnahmen und ließ ihn von Pflanzen und Lavasteinen befreien. 1907 begannen die ersten Restaurierungs- und Konsolidierungsarbeiten unter der Leitung des Holländers Theodor van Erp. 1973–1983 wurde von einem internationalen Konsortium unter der Leitung der UNESCO eine definitive Restaurierung vorgenommen, sodass der Stupa heute wieder in seiner einstigen Pracht zu sehen ist. 1991 wurde er von der UNESCO zum Weltkulturerbe erklärt.

## DIE BAUSTRUKTUR

Der gigantische Stupa von Borobudur erhebt sich auf einer quadratischen Grundfläche von 123 m Seitenlänge, war ursprünglich 42 m, ist heute aber nur noch 33 m hoch. Im Stupa wurden 55.000 m³ Andesit, ein dunkelgraues vulkanisches Gestein, verbaut. Der Erdwall allein, der den Borobudur umgibt, hat ein Volumen von 11.600 m³. Von der Basis erheben sich neun immer kleiner werdende Terrassen: die sechs unteren mit quadratischem Grundriss haben mit Reliefs verzierte Gänge, die drei oberen mit rundem Grundriss besitzen keine Brüstungen und erlauben einen freien Blick auf die umgebende Landschaft. Auf den kreisförmigen Terrassen sind 72 kleine, 3,5 m hohe, glockenförmige Stupas und ein größerer Stupa in der Mitte der obersten Terrasse angeordnet. Von allen vier Seiten führen Stiegen durch mehrere dekorierte Monumentaltore zum höchsten Punkt.

## BEDEUTUNG DER RELIEFS

Die gigantische Dimension des Stupa lässt an einen »Initiationsberg« im Sinne der buddhistischen Lehren denken. Von oben gesehen wirkt er wie eine Lotosknospe, die gerade

vor dem Aufblühen ist. Beim Anstieg begibt sich der Gläubige, wenn er an der Stiege der Ostseite beginnt und im Uhrzeigersinn dem Lauf der Sonne folgt, auf einen Weg der Umwandlung und Reinigung (*Pradaksinapatha* – der »Weg nach Süden«), und huldigt gleichzeitig der hier verehrten Gottheit. Auf den insgesamt 5,5 km der Terrassen-Umgänge können 2500 m² Reliefs bewundert werden. Sie bestehen aus 1460 je 2 m großen Metopen, 1212 kleineren Paneelen, welche die 2 m breiten Galerien schmücken, und zahllosen kleineren Dekorationselementen. Die Dekorationen der unteren Terrassen, dem *Kamadhatu*, der »Welt der Wünsche«, stellen die negativen Auswirkungen des Begehrens dar; die Reliefs der mittleren Terrassen, dem *Rupadhatu* (»Sphäre der Formen«) zeigen den Sieg des Geistes über die negativen Instinkte; die obersten kreisförmigen Terrassen mit den kleinen Stupas führen schließlich zum 8 m hohen, 11 m breiten Zentralstupa, dem Symbol des *Arupadhatu*, der »formlosen Sphäre«. Von der moralischen Botschaft geht man in die Verherrlichung jenes Zustands über, in dem der Mensch seine eigene Spiritualität erlangt und die körperlichen Wünsche beiseite lässt. Nach dem Beispiel Buddhas, seinen Reinkarnationen und Meditationsszenen, erlangt der Gläubige die richtige Einstellung, um den Weg, der zur Erleuchtung führt, zu gehen.

Die Kunstwerke der Terrassen wurden im klassischen Gupta-Stil ausgeführt, mit runden, vollen Formen und Figuren, die je nach Erzählung dynamisch, statisch oder feierlich dargestellt sind. Die Reliefs stellen auch ein wertvolles Bilderarchiv mit interessanten Szenen vom täglichen Leben der Bevölkerung Mitteljavas im 8./9. Jh. dar. Der Borobudur ist mit 504 Buddhastatuen geschmückt. Auf jeder Seite der mittleren Terrasse befinden sich 92 Stupas, in die jeweils eine Buddhafigur eingemeißelt ist, deren Haltung sich je nach Himmelsrichtung ändert: nach Osten die Geste »als Zeuge der Welt gerufen«, nach Süden segnend, nach Westen meditierend, nach Norden mit dem Ausdruck der Furchtlosigkeit und im Zentrum (nach indischer Tradition ebenfalls eine Himmelsrichtung) die Geste des Lehrens (*Mudra*).

**HEILIGER BERG**
*Die Seiten des Monuments (oben links) sind genau nach den Himmelsrichtungen ausgerichtet, an jeder Seite ist eine Zugangstreppe.*
*Oben: eine der Buddhastatuen (insgesamt 500), mit welchen der Borobudur übersät ist.*

**GLOCKEN UND RELIEFS**
Links: *kleine Stupas in Glockenform, die auf den oberen Terrassen aufgestellt sind.*
Unten: *eines der Gesimsreliefs.*

# DIE LETZTEN GEHEIM-NISSE DER OSTERINSEL

*Die weitab von Kontinenten und anderen bewohnten Inseln im Pazifischen Ozean gelegene Osterinsel, die um 380 n. Chr. von den ersten unerschrockenen Seefahrern erreicht wurde, ist aufgrund ihrer* Moais *bekannt, seiner großen Büsten aus Lavagestein, die am Rand der Klippen aufgestellt und bereits weitgehend erforscht sind. Rätselhaft sind jedoch nach wie vor die* Rongorongo, Tafeln, *in die Zeichen einer bisher unbekannten Schrift eingeritzt wurden.*

Die nackte, vulkanische und von Felsriffen umgebene Osterinsel ist 162,5 km² groß und 3706 km von der Küste ihres Mutterlandes Chile und 2200 km von der nächsten besiedelten Insel, Pitcairn, entfernt. Die Osterinsel wurde an einem Ostersonntag, den 5. April 1722, vom niederländischen Admiral Jakob Roggeveen angelaufen und erforscht. 1744 besuchte James Cook die Insel und erfuhr von den Insulanern (600 Männer und nur 30 Frauen), dass sie Nachfahren des Stammes der »Kurzohren« wären, die die Schlacht gegen die rivalisierenden »Langohren« gewonnen hätten. Der besiegte Stammesverband hatte einst die großen Steinstatuen, die *Moais*, errichtet, die nun großteils umgestürzt oder ins Meer geworfen worden waren. 1862 kamen Sklavenhändler auf die Insel und verschleppten etwa 1000 Menschen, die in den Bergwerken von Peru arbeiten sollten. Nur 15 der Sklaven überlebten und brachten bei ihrer Rückkehr die Pocken mit, wodurch es zu einem dramatischen Bevölkerungsrückgang kam. Ende des 19. Jh.s lebten nur noch 110 Bewohner auf der Insel. Dadurch ging auch nahezu die gesamte, mündlich überlieferte Geschichte der Insel verloren; die geschichtlichen Ereignisse konnten zum Teil aufgrund von Studien rekonstruiert werden, die vom Anthropologen Alfred Métraux und dem Archäologen Henri Lavachery 1934 begonnen und bis in jüngste Zeit fortgeführt wurden. Zur Bekanntheit der Geschichte der Osterinsel hat auch der Film *Rapa Nui* von Kevin Reynolds, produziert unter Kevin Costner 1994, beigetragen. Die Insel ist seit 1995 Weltkulturerbe der UNESCO.

**SKULPTUREN DES VULKANS**
*Felsgravuren beim Dorf Orongo am Hang des erloschenen Vulkans Rano Kao.*

## BESIEDLUNG DER INSEL IN LEGENDE UND WIRKLICHKEIT

*Die Osterinsel wird in der lokalen Sprache* Rapa Nui, *»große Insel« (in der Bedeutung »wichtig«) genannt. Nach einer Legende sollen die ersten Bewohner, geführt vom mythischen König Hotu Matua, von einer weit entfernt im Westen liegenden Insel mit dem Namen Marae Renga oder Hiva gekommen sein. Ihre neue Heimat nannten sie wegen seiner weiten Entfernung zu allen anderen Ländern Te Pito o te Henua, »Nabel der Welt«. Später wurde die Insel unter zehn Stammesverbänden aufgeteilt, die aber einen gemeinsamen Herrscher, dem sie göttliche Macht zubilligten, anerkannten. Die soziale Hierarchie umfasste Priester, Adelige, Krieger und Handwerker. Die Menschen wohnten in bootsförmigen Gemeinschaftshäusern (Hare Paenga), die sie aus Steinblöcken errichteten und mit Stangen und Bananenblättern deckten. Im 12.–15. Jh. folgten 30 Generationen historischer Könige aufeinander, wobei die Stammesverbände in ständigen Konflikt standen. Der letzte Zusammenstoß ereignete sich um 1500. Die einen wollten weitere Moais errichten, für deren Transport jedoch die letzten Palmen (die ohnehin durch die Praxis der Brandrodung bereits sehr dezimiert waren) hätten gefällt werden müssen – ihre Gegner, die dies verhindern wollten, erwiesen sich jedoch als siegreich. Möglicherweise fraßen die Sieger die Frauen und Kinder des besiegten Stammes auf, um dessen totale Vernichtung zu erreichen.*

*Die Herkunft der Osterinsel-Bewohner war immer wieder Objekt vertiefter Forschungen. 1947 unternahm der norwegische Archäologe und Ethnologe Thor Heyerdahl die abenteuerliche, 101 Tage dauernde Reise auf dem Floß Kon Tiki von der Küste Perus zur Osterinsel, und bewies, dass eine einstige Einwanderung von Mittelamerika möglich war. Er wies auch auf bauliche und religiöse Ähnlichkeiten mit der Vor-Inka-Kultur hin. Kürzliche wissenschaftliche Untersuchungen alter Skelettreste haben ergeben, dass die erste Besiedlung der Osterinseln 380 n. Chr. vermutlich von den Marquesasinseln oder der Insel Mangareva des polynesischen Gambier-Archipels aus stattgefunden hat. Die höchste Bevölkerungszahl (7000 Einwohner) hatte die Insel im 10.-12. Jh. Um 1500 kamen neue Einwanderer, die den »Vogelmann«, die Inkarnation des Fruchtbarkeitsgotts Tangata Manu, verehrten. In jedem Frühjahr schwammen junge Männer zu einer vorgelagerten Insel, um das erste Ei der Rußseeschwalbe zu finden. Wer als Erster ein unbeschädigtes Ei zurückbrachte, wurde für ein Jahr zum Vogelmann. Das letzte Mal wurde dieser Bewerb 1878 durchgeführt.*

**AUGEN AUS KORALLEN**
*Für die Statuen wurden drei Materialien verwendet: graues Vulkangestein, roter Tuff für den Kopfschmuck sowie weiße und rote Korallen für die Augen, die bei der Moai-Gruppe von Anakena (oben links) und von Tahai wieder eingesetzt wurden.*

161

# ARCHÄOLOGISCHE FUNDSTÜCKE

Bald nach der Ankunft der ersten Siedler wurden entlang der Steilküste fast 300 *Ahus* angelegt. Dies waren rechteckige, etwa 100 m lange, bis zu 7 m hohe Plattformen für Begräbnisrituale, die mit gemeißelten Statuen aus Vulkangestein geschmückt waren, welche menschliche Figuren in verschiedenen Haltungen darstellten. Ab dem 10. Jh. n. Chr.

wurden auf den Plattformen *Moais* errichtet, Männerbüsten mit lang gezogenem Kopf, vorstehender Stirn, großer Nase, flachen Wangen, tief liegenden Augen (ursprünglich wurden sie aus weißen Korallen, sowie einigen roten für die Iris, gefertigt) und einer zylindrischen Kopfbedeckung aus rotem Tuff. Heute kennt man etwa 600 *Moais*, deren Hälfte während des Aufstandes der »Kurzohren« umgestürzt oder zerbrochen wurden und heute zum Teil wieder aufgestellt und restauriert sind. Sie verkörpern verstorbene Helden und Stammesführer, die in Gruppen (bis zu 15 in einer Reihe) vom Rand des Kliffs zum Dorf im Inneren der Insel blicken, um es zu beschützen.

Die Blöcke aus Vulkangestein wurden am Krater des Vulkans Rano-Raraku, besonders während des 15. Jh.s, abgebaut; die Kopfbedeckungen aus rotem Tuff stammen vom Vulkan Punapau. Vor dem Abbau der Steinblöcke erweichte man den Tuff mit Wasser; nun meißelte man mit Obsidianwerkzeugen die Vorderseite und die Seitenflächen, dann löste man sie aus dem Felsen, ließ sie in ein Loch gleiten und vervollständigte die Skulptur. Für den Transport wurde die Statue – vermutlich in aufrechter Position – auf einen Schlitten gebunden und dann mit hölzernen Rollen und Tauen zur ausgewählten Plattform gebracht. Nach dem Aufstellen der Statue wurden die Korallenaugen eingesetzt, um ihr einen bedrohlichen, durchdringenden Blick zu verleihen. Die Schätzungen über die Herstellungszeit eines *Moai* waren sehr unterschiedlich und man diskutierte über eine Zeit von vier Monaten bis zu einem Jahr. Thor Heyerdahl bewies jedoch mit der Hilfe von zwölf Insulanern 1986, dass ein *Moai* in nur 18 Tagen abgebaut, behauen und aufgestellt werden konnte. Die Statuen sind durchschnittlich 5 m, häufig jedoch auch 10 m hoch und wiegen 40–80 t.

**GEOPFERTE BÄUME**
Oben: *Zeichnung, in der die Errichtung eines* Moai *gezeigt wird. Da man für den Transport Baumstämme und Taue aus Pflanzenfasern benötigte, führte die Herstellung immer neuer Statuen zur Zerstörung der natürlichen Ressourcen der Insel.*

**LAND DER GIGANTEN**
*Die riesigen* Moai *von Rapa Nui* (rechts und links) *weisen eine Ähnlichkeit mit anderen polynesischen Statuen, wie jenen der Marquesasinseln, auf.*

Man fand auch einen nicht fertig gestellten *Moai*, der 21 m hoch war und 150 t wog.

## Das Geheimnis der *Rongorongo*

Das Volk von *Rapa Nui* war es gewohnt, von gestrandeten Schiffen Baumstämme oder Holzteile zu sammeln, und bewahrte diese wegen ihrer Seltenheit sorgfältig auf. Aus dem Holz fertigten sie Statuen ihrer Ahnen und rechteckige Tafeln (die größten waren bis zu 2 m lang), in die sie mit Haifischzähnen in mehreren Zeilen Zeichenfolgen einritzten. Diese, als *Rongorongo* (in der lokalen, im Polynesischen wurzelnden Sprache bedeutet es »sprechende Hölzer«) bezeichneten Holztafeln wurden von Königen und Priestern benutzt, um während einer Zeremonie Gebete und Gesänge anzustimmen, indem sie die erste Zeile von rechts nach links und die zweite von links nach rechts lasen und so weiter. Die Missionare, die in der Folge auf die Insel kamen, hielten jedoch die *Rongorongo* für heidnische Kultobjekte und verbrannten sie gemeinsam mit den Statuen. Heute sind nur noch 24 übrig. Sie enthalten mehrmals wiederholte geritzte Zeichen – insgesamt 14.021 und 3000 verschiedene Zeichen, welche Figuren des Vogelmanns, Vögel, Schild, Bogen oder andere Waffen tragende Krieger, Paare von Kriegern, Bäume, Scheiben, »U«-Zeichen, Kreise und viele weitere Dinge darstellen. Man ist sich bis heute nicht darüber einig, ob es sich um eine primitive autonome ideographische Schrift (von einer Schrift dieser Art ist jedoch aus jener Zeit aus dem gesamten Pazifik nichts bekannt) oder eher um eine Gedächtnisstütze handelte, mithilfe deren man nach einiger Zeit die Abfolge der Rituale bei den heiligen Zeremonien

abrufen konnte. Bis heute konnte eine Tafel als einfacher Mondkalender identifiziert werden, der Großteil der Zeichen ist jedoch nach wie vor unbekannt. Die Überprüfung der Ähnlichkeit verschiedener *Rongorongo*-Zeichen mit den Piktogrammen der Mohenjo-Daro-Siegel (2000 v. Chr. im Industal) hat sich als Zufall herausgestellt. Die Felsgravuren auf den *Ahus* und Felswänden der Osterinsel sind ebenso wie Bildergruppen, die in einigen Höhlen gefunden wurden, noch nicht ausreichend erforscht.

**SCHUTZGÖTTER**
*Die* Moai-*Reihen haben Ritual- und Schutzfunktion, weshalb die Statuen in Richtung der Dörfer blicken. Auf dem Foto scheinen sie sich vom offenen Meer abzuwenden, in Wirklichkeit beschützen sie das hinter einem Vorsprung verborgene Dorf.*

**DER VOGELMANN**
*Eine Felsgravur des Vogelmanns, dem Gott der Fruchtbarkeit.*

# Cahokia und die grossen Erdpyramiden

*Charakteristisch für die größte Ansiedlung der präkolumbischen Einwohner Amerikas sind die großen Erdhügel, deren größter, der* Monk's Mound, *fast so hoch ist wie die Cheopspyramide.*

**Der künstliche Hügel**
Oben: *Sandsteintafel aus Cahokia, in die eine Gottheit eingraviert ist.*
Unten: *Luftaufnahme von* Monk's Mound.

Cahokia (»Wildente«) liegt im Staat Illinois, 13 km südöstlich von St. Louis (Mississippi). Sie war 1050–1250 die größte Stadt der nördlich vom Rio Grande lebenden Indianer und erlebte ihre größte Blüte um 1150, als sie sich über 13 km² erstreckte und 20.000 Einwohner hatte. Sie wurde um 800 von Völkern der Mississippi-Kultur gegründet, die große, terrassierte Erdhügel und obenauf Holztempel errichteten. Diese Völker lebten von der Landwirtschaft (Getreideanbau), stellten Keramiken her, flochten Matten, schnitzten Holzmasken, bearbeiteten Kupfer, Obsidian, Glimmer und Perlmutt, trieben Handel mit den benachbarten Stämmen und kontrollierten etwa 50 angrenzende Dörfer. Schrift kannten sie keine, waren jedoch hervorragende

Astronomen. Ihr Niedergang begann um 1250, vielleicht aufgrund einer Hungersnot oder allzu großer Abholzung. Danach wurde der Ort von den Natchez-Indianern bewohnt, deren Lebensart sehr ähnlich war. Beide brachten Menschenopfer dar und verehrten den Priesterkönig der Großen Sonne, den irdischen Vertreter des Goldenen Sterns. Die Natchez gehörten der Muskogee-Sprachfamilie an, waren sesshafte Ackerbauern, tätowierten sich am ganzen Körper und durchbohrten die Nasenscheidewand. Sie verließen Cahokia um 1550, als die Stadt ihre Stellung als einflussreiches politisches, wirtschaftliches und religiöses Zentrum der Region verloren hatte. Cahokia ist seit 1982 Weltkulturerbe der UNESCO.

**STADT OHNE NAMEN**
*Der Name des antiken
Cahokia ist nicht bekannt.
Der heutige Name stammt
von einer Volksgruppe, die
Ende des 17. Jh.s von
einigen Jesuitenpatern in
einer Mission versammelt
wurde.*
Links: *Rekonstruktion von
Cahokia, wie es vermutlich
1150–1200 ausgesehen hat.*

# DIE ERDHÜGEL VON CAHOKIA

Die Siedlung Cahokia war von einem Holzpfahlzaun in Form
eines »D« umgeben, innerhalb dessen sich 120 Erdhügel verschiedener Größe und Form befanden. Die Hügel waren
nach den Himmelsrichtungen, vorwiegend in der Ost-West-
Achse am großen zentralen Platz (16 ha) jenseits der privaten
Wohnhäuser aufgereiht. Der größte Teil der Erdhügel weist
flache Böschungen und Hügelkuppen auf, einige haben jedoch einen spitzen Kamm und sehr steile Hänge mit zwei
längeren und zwei sehr kurzen Seiten; wieder andere Erdhügel sind pyramiden-, kegel- oder halbkreisförmig. Einige, die
Zwillingshügel innerhalb des Zauns und noch weitere Hügel
außerhalb, wurden für Bestattungen verwendet. *Monk's
Mound*, der größte Erdhügel des präkolumbischen Amerika,
ist von außergewöhnlichen Dimensionen; er wurde im 9. Jh.
angelegt und bis ins 14. Jh. mehrmals vergrößert. Er besteht
aus 623.000 m³ Erde, hat eine rechteckige Basis von 240 x
316 m, ist 30 m hoch, hat abfallende Wände, weist vier Terrassen auf vier verschiedenen Ebenen auf und erstreckt sich
insgesamt auf mehr als 6 ha. Auf der obersten Plattform
stand eine mit einem Strohdach gedeckte Holzkonstruktion
mit rechteckigem Grundriss (30 x 15 m); sie diente als königlicher Tempel-Palast, in dem der Herrscher seines Amtes
waltete. 1150–1250 verwandelte sich der ursprünglich nur
für religiöse Zwecke errichtete Erdhügel auch in ein politisches
Machtzentrum.

Die Wohnhäuser waren eher klein, hatten Wände aus Pfählen und Matten oder aus Ästen, die mit einer Gras-Lehm-
Mischung verschmiert wurden; die Dächer waren aus Stroh.
Cahokia verfügte über einen Flusshafen und ein Feld für das
Pelota-Spiel, das vermutlich von mittelamerikanischen Kulturen übernommen wurde. Außerhalb des Pfahlzauns errichtete man weitere 16 Erdhügel mit Terrassen. Etwa 1 km entfernt lag das *Woodhenge*, ein Kreis aus Zedernpfählen mit

125 m Durchmesser, der im Laufe der Jh.e mehrmals erweitert wurde. Die zuletzt errichtete Anlage, in der astronomische Messungen durchgeführt wurden, um einen Sonnenkalender zu erstellen, bestand aus 48 einen Kreis bildenden
Pfählen und einem Pfahl in der Mitte, deren Pfahllöcher von
den Archäologen nachgewiesen werden konnten.

## ENTDECKUNG UND GRABUNGEN

*Die Stadt wurde um 1800 von französischen
Forschungsreisenden entdeckt; 1809–1813
siedelte sich eine kleine Gemeinschaft von
französischen Trappistenmönchen auf dem
Gipfel des größten Erdhügels an, der dann
nach ihnen »Monk's Mound« (Erdhügel der
Mönche) bezeichnet wurde. Danach
wohnte ein Bauer auf dem Hügel und
erst 1925 wurde er zur historischen
Stätte erklärt und geschützt. 1961 fanden von Warren Wittry geleitete archäologische Grabungen in Cahokia
und Umgebung statt; dabei wurden
Dutzende von Erdhügeln, der Pfahl-
kreis von Woodhenge und verschiedene Gräber entdeckt. Grabhügel Nr. 72
enthielt das Grab eines Häuptlings,
der, auf ein Bett aus 20.000 Perlen gebettet, mit reichen Grabbeigaben bestattet worden war (Kupferklingen,
steinerne Pfeilspitzen, große Mengen
an Glimmer). Der Körper des Häuptlings war von weiteren sechs Skeletten
umgeben, während in einem etwas abseits gelegenen Graben die Überreste von 53 Frauen
(die Konkubinen) und vier Männern (Diener)
gefunden wurden. Ihnen fehlten Kopf und
Hände, wie es bei den grausamen Riten jenes
Totenkults üblich war.*

**ANTIKE SYMBOLE**
*Muschelanhänger mit
kreisförmigen Motiven und
einem Kreuz in der Mitte.*

# DIE *CLIFF-DWELLINGS* VON MESA VERDE

*Im Mesa-Verde-Nationalpark befinden sich über 4000 archäologische Stätten. Am bekanntesten sind die etwa 600 Cliff-Dwellings, spektakuläre Felsendörfer, die 1000–1300 n. Chr. von den Anasazi-Indianern in den Canyonwänden angelegt wurden. Die größte dieser Siedlungen ist der Cliff Palace mit mehr als 200 Zimmern und 23 runden, unterirdischen Kivas.*

**DIE FELSENHÄUSER**
*Das spektakuläre Cliff Palace ist das größte Felsendorf der Anasazi. Man kann verschiedene Türme, Terrassen und Kivas erkennen.*

Der Mesa-Verde-Nationalpark liegt im Südwesten Colorados, an der Grenze zu New Mexico, in der Nähe der Stadt Cortez zwischen 2100 und 2600 m Seehöhe in den San Juan Mountains. Er erstreckt sich auf 211 km² der *Mesas* (Sandsteinhochebenen), deren bis zu 600 m hohe Felswände senkrecht zu den Canyons abfallen. In dieser majestätischen und wilden Landschaft ist die Temperatur im Sommer glühend heiß und das Klima im Winter äußerst rau; die Vegetation besteht aus niedrigem Buschwald. Die bekanntesten der 4000 als »archäologisch bedeutend« klassifizierten Stätten sind die *Cliff-Dwellings*, Dörfer aus mehrgeschossigen »Felsenhäusern«, die in den weiten Einbuchtungen und natürli-

**IN DER FELSENSCHLUCHT**
*Im Mesa-Verde-National-park befinden sich in hori-zontalen Einbuchtungen der Felswände zahlreiche Dör-fer. Rund 20 Cliff-Dwellings können besichtigt werden.*

chen Höhlen unterhalb des ein großes Gewölbe bildenden Felsvorsprungs gleich Adlerhorsten angelegt sind. Sie wur-den 1000–1300 von den Anasazi-Indianern erbaut, die be-reits ab dem 2. Jh. v. Chr. immer wieder durch diese Gegend wanderten und deren Nachkommen auch heute noch hier le-ben. Man kann 20 Stätten besichtigen; die bekanntesten sind Cliff Palace (die größte), Balcony House, Long House, Spruce Tree House und Step House. Der Park wurde 1978 in die Liste des UNESCO-Weltkulturerbes aufgenommen.

Das erste *Cliff-Dwelling* wurde durch Zufall im Dezember 1888 von zwei Viehzüchtern gefunden, die auf der Suche nach verlaufenen Tieren waren. Die ersten Grabungen wur-den 1891 heimlich vom schwedischen Geologen Gustaf Nordenskiöld durchgeführt, der dann wegen »Verwüstung« inhaftiert wurde. Er ging jedoch bei seinen Forschungen äußerst genau und systematisch vor und publizierte die Re-sultate seiner Untersuchungen. Nach der Schaffung des Parks 1906 wurden offizielle archäologische Grabungen un-ternommen, die vor allem 1959–1972 intensiviert wurden, als Douglas Osborne die Phasen des lokalen Klimas rekonstruie-ren und eine Chronologie der Besiedlung erstellen konnte. 1976 entdeckte Ray Williamson einige Bauten, die als astro-nomische Observatorien zur Berechnung des Sonnenzyklus und der Sonnenwenden gedient hatten.

## DIE ANASAZI-INDIANER

*Die Kultur der Anasazi (»die Alten«), die seit 2000 Jahren im San-Juan-Becken leben, ist die erste große indianische Kulturtradition Nordamerikas. Sie wurde von den Archäologen in sechs Abschnitte, zwei Basketmaker- und vier Pueblo-Perioden, eingeteilt. Während der ersten nachgewiesenen Basket-maker-Periode (185 v. Chr.–400 n. Chr.) stellten die Anasazi Korbflecht-arbeiten aus Yucca her, zur Zeit der modifizierten Basketmaker-Kultur (400–750) begannen sie, auch Keramiken zu fertigen. Die ersten Ansiedlun-gen waren nicht ständig bewohnt, später wurden auch dauerhafte Gruben-haussiedlungen errichtet. Die Anasazi bauten Mais, Bohnen und Baumwolle auf bewässerten Feldern der Hochebene an und jagten Bisons, deren Wande-rungen sie folgten. Während der Abschnitte Pueblo I und II (750–1050) be-gann man, die Häuser am Rand der Canyons anzulegen. Jedes Dorf verfügte über mindestens eine Kiva, den unterirdischen Versammlungsort. Während der klassischen Pueblo-Periode (Stufe III; 1050–1300), dem Höhepunkt der Anasazi-Kultur, kam es zu einem großen Bevölkerungszuwachs; die Dörfer wurden in Felsnischen verlegt, meist unter einem großen Felsvorsprung im obersten Felsband der Canyonwände, wo man nur mit Leitern und Seilen hingelangen konnte. Das Leben spielte sich in den offenen Höfen vor den Häusern ab. Für die Jahre 1276–1299 konnte eine lange Dürrezeit nach-gewiesen werden, die für die Anasazi vielleicht der Grund für das plötzliche Verlassen des Gebietes war. Während der Periode Pueblo IV (1300–1600) erreichten die Navajo-Indianer, die Apachen und schließlich auch die Spanier die Mesa Verde. Die wenigen Nachkommen jener Indianer leiteten eine weitere Pueblo-Kultur ein, die sich bis heute erhalten konnte.*

**REIHENHÄUSER**
*Die Hausdächer dienten als Terrassen für die darüber liegenden Häuser. Nachdem viele Dächer eingestürzt sind, führen die Eingänge der darüber liegenden Wohnungen ins Leere, wie in einem der am besten erhaltenen Dörfer des Nationalparks, dem Spruce Tree House.*

# CLIFF PALACE

Cliff Palace ist die größte *Cliff-Dwelling*-Siedlung des Mesa-Verde-Nationalparks und liegt in 2073 m Seehöhe in einer Nische am oberen Felsband der Sandsteinwand zwischen Cliff Canyon und Soda Canyon. Die Nische ist über 120 m lang, 25 m tief und hat als Dach einen 15 m hohen Felsvorsprung. Die Siedlung bestand aus gemauerten Häusern mit 2–3 Stockwerken, insgesamt mehr als 200 Räumen (jeweils 6–8 m² groß), zwei Türmen und gut 23 *Kivas*. Die Anasazi-Indianer siedelten sich (nach den Daten der Dendrochronologie) 1073 hier an. Der gewählte Standort hatte vor allem zwei Vorteile – einerseits konnte man sich hier vor Einfällen der kriegerischen Stämme der Hochebene, andererseits aber auch vor dem Unbill der Witterung sehr gut schützen. Die Lage in der Felswand bot im Sommer Schatten, da die hoch stehende Sonne höchstens noch die Vorderseite der Häuser erreichte, und außerdem wehte ständig eine frische Brise, die vom Canyon aufstieg. Im Winter jedoch konnte die niedriger stehende Sonne auf alle Häuser des Dorfes fallen und sie erwärmen.

**WARM IM WINTER, KÜHL IM SOMMER**
*Die Anasazi-Dörfer von Mesa Verde liegen, da sie durch das darüberliegende Felsdach geschützt sind, im Sommer im Schatten und im Winter in der Sonne.*

**ALS HIMMEL EIN FELSENDACH**
*Die Siedlung Long House* (oben und rechts) *umfasste 150 Räume und 21* Kivas.

Vor dem Dorf, am Rand der Felswand, wurden zwei Terrassen *(plazas)* angelegt, wo sich die 250 Dorfbewohner rund um ein offenes Feuer versammeln konnten. Die Häuser scheinen in Gruppen für die einzelnen Sippen angeordnet zu sein, die jeweils über einen kleinen gedeckten Hof und eine eigene *Kiva* unterhalb der *plaza* verfügten. Die ebenerdigen Räume haben von außen keine Eingänge und dienten als Lagerräume; in den oberen Stockwerken sind kleine Fenster in »T«-Form angebracht – sie waren oben breiter, damit Personen mit einer Last auf der Schulter der Durchstieg erleichtert wurde. Diese Eingänge konnten über Stiegen oder Vorsprünge erreicht werden. In den Räumen der oberen Stockwerke wohnte man, stellte Keramiken her und mahlte Getreide. Hinter den Häusern befanden sich Getreidespeicher und kleine Truthahnställe.

In den *Kivas*, unterirdischen, runden Räumen, trafen sich die Männer des Stammes, um zu beratschlagen oder religiöse Riten zu vollziehen. Die Anasazi-Indianer betrachteten die *Kivas* als den Bauch der Erdmutter und eine Vertiefung in der Mitte als Eingang zur Unterwelt und auch den Weg, durch den die Menschen in diese Welt gekommen waren. *Kivas* hatten 4,6–6 m Durchmesser, waren nicht ganz 2 m hoch, rundherum mit 60 cm hohen Steinsitzbänken umgeben, hatten Nischen an den Wänden und wurden meist von sechs Pfeilern gestützt. Einige *Kivas* waren untereinander verbunden und ihre Eingänge waren nach dem Sonnenaufgang oder Sonnenuntergang zur Zeit der Son-

## BAUTECHNIKEN UND MATERIALIEN

*Für den Bau ihrer Felsendörfer verwendeten die Anasazi lokalen Sandstein, Mörtel und Tannenpflöcke. Der Stein wurde im Flussbett abgebaut, bearbeitet und mit Mörtel aus Lehm, Asche und Wasser sowie kleinen Steinfragmenten (Chinking) zusammengefügt, um den Häusern noch mehr Stabilität zu verleihen. Die Mauern waren meist an der Basis 1 m und oben 30 cm dick; an den Außenmauern verwendete man abwechselnd Sandsteinblöcke und Kieselsteine und brachte darüber noch einen Verputz (plaster) an, von dem aber heute nichts mehr vorhanden ist. Die Dächer wurden von Pfeilern gestützt und mit Baumstämmen, Zweigen und Rinde gedeckt und dann mit einer dicken Lehmschicht überzogen. Einige Löcher im Dach sorgten für die Durchlüftung der Räume, während der Rauch durch die Eingänge abzog. Auch die aus sonnengetrockneten Ziegeln errichteten Wände wurden mit Verputz versehen, den die Kinder mit ihren Händen verteilten (wie aus Abdrücken erkennbar ist). Die Anasazi-Indianer kannten keine Schrift; Wandmalereien tauchen nur in den Kivas jener Gebiete auf, die von den Hopi-Indianern (Nachfahren der Anasazi-Kultur) bewohnt wurden.*

nenwenden ausgerichtet. Die hohe Anzahl der *Kivas* (23) des Cliff Palace hat unter den Archäologen zur Annahme geführt, dass diese Felsensiedlung ein Zeremonialzentrum für die gesamte Anasazi-Gesellschaft war und dass sich ihre Mitglieder regelmäßig hier versammelten. Hier wurden vermutlich auch astronomische Beobachtungen vorgenommen, was sehr wichtig für eine Bauerngesellschaft war, die mühevoll die Hochebene und die etwas fruchtbareren Gebiete am Ufer des Wildbachs am Canyongrund bebaute.

## DIE AUFGABE DES CLIFF PALACE

Um 1300 (nach Berechnungen aufgrund der Jahresringe der für das Dorf verwendeten Tannenstämme 1272) wurde Cliff Palace plötzlich verlassen. Die Flucht scheint derart überhastet gewesen zu sein, dass die Bewohner alle Haushaltsgegenstände und Lebensmittelreserven zurückließen. Über die Ursache dieses Ereignisses, das auch andere Dörfer der Region betraf, wurden mehrere Hypothesen aufgestellt. Man dachte an Angriffe durch andere Stämme – allerdings wurde die Siedlung bis 1500 nicht mehr genutzt und es wurde auch nichts weggetragen. Nach anderen Vermutungen hätte sich die Bevölkerung zu rasch vermehrt, aber in diesem Fall wären nur die überzähligen Gruppen abgewandert. Auch eine mögliche Epidemie, wovon jedoch keine Spuren vorhanden sind, hätte keine derartig plötzlichen Auswirkungen gehabt.

Am wahrscheinlichsten erscheint den Wissenschaftlern noch eine Dürrekatastrophe. Sicher ist, dass es in 23 aufeinander folgenden Jahren, 1276–1299, eine lange Periode der Trockenheit gab, die eine Flucht zweier Gruppen, die sich in entgegengesetzte Richtungen begaben, bewirkt haben könnte. Ungeklärt ist jedoch, warum wertvolle Lebensmittelvorräte und Objekte des täglichen Bedarfs zurückgelassen wurden. Das Rätsel wird vielleicht nie gelöst werden können.

**DER »FELSENPALAST«**
*Cliff Palace* (unten einer der Türme) *wies 200 Räume und 23 runde* Kivas *auf.*

# La Venta, religiöses Zentrum der Olmeken

*Im Zeremonialzentrum der Olmeken, der ältesten mesoamerikanischen Hochkultur, fand man eine große Erdpyramide, Kolossalköpfe aus Basalt, Stelen, Basreliefs und Jadestatuetten. Einige der Monumente wurden in das Freilichtmuseum von Villahermosa verlegt.*

Die Olmeken siedelten ab 1500 v. Chr. entlang der Küste des Golfs von Mexiko. Sie errichteten um 1200 v. Chr. in San Lorenzo ein primitives Kultzentrum, das 300 Jahre später zerstört wurde. Als Ersatz legten sie auf der 1100 v. Chr. entstandenen, 4,5 km langen, inmitten der Sumpf- und Flusslandschaft des Tonala liegenden Insel La Venta eine neue Kultstätte an. Dieses neue religiöse und politische Zentrum der Olmeken lag rund um eine große Erdpyramide, die heute vom Tropenwald überwachsen ist. La Venta erlebte 900–400 v. Chr. eine Blütezeit und wurde dann verlassen und teilweise zerstört, vermutlich nach einer Revolte seiner 18.000 Bewohner, die nicht länger der anspruchsvollen Priesterkaste dienen wollten. Die archäologischen Untersuchungen wurden gefährdet, da direkt auf der Fundstätte ein großes petrochemisches Werk errichtet wurde. Daher übersiedelte man alle transportfähigen Monumente in das Freilichtmuseum von Villahermosa, der Hauptstadt des mexikanischen Bundesstaates Tabasco.

## Das Herz La Ventas

Zu den in einer Länge von 2,5 km in Nord-Süd-Richtung aufgereihten religiösen Bauten gehört die Große Pyramide aus gestampftem Lehm; sie hat die Form eines kannelierten Kegels, dessen Wände Einbuchtungen und Vorsprünge auf-

**DAS REICH DES JAGUARS**
Oben: *Statuette eines Jaguars, dem heiligen Tier der Olmeken.*
Rechts: *Struktur aus Basaltplatten, deren Zweck unbekannt ist.*

**KÖPFE OHNE KÖRPER**
Oben rechts: *einer der Kolossalköpfe von La Venta.* Oben links: *Relief eines zelebrierenden Priesters mit einer Schlange auf der Schulter.*

**KIND MIT MANDELAUGEN**
Unten: *Terrakotta-Statuette eines Kindes mit deutlichen asiatischen Körpermerkmalen.*
Unten: *einer der so genannten »Altäre«, deren Zweck nach wie vor nicht geklärt ist.*

weisen. Die Erdpyramide ist 34 m hoch, hat einen Durchmesser von 140 m und sollte vielleicht einen Vulkan darstellen (das Gebiet von Tuxtla, aus dem die Olmeken stammten, ist ein Land von Vulkanen). Die Pyramide wurde nicht ausgegraben und man weiß auch nicht, ob sie Gräber enthält. Des Weiteren wurden auf La Venta Ruinen eines Säulenbaus und drei Höfe mit Mosaikfußböden aus Serpentin gefunden, die eine Jaguarschnauze darstellen. Das dafür notwendige Material wurde aus 160 km Entfernung herbeigeschafft.
Im Norden der Großen Pyramide befindet sich ein rechteckiger Platz (40 x 50 m), wo religiöse Zeremonien stattfanden. Unweit davon fand man den ältesten bislang bekannten Ballspielplatz von 1000 v. Chr. Die heilige Stätte wurde mit Skulpturen geschmückt, zu deren Füßen Jadestatuen von grünlicher bis intensiv blauer Farbe, Zeremonialäxte, Masken und weitere Gegenstände vergraben wurden, die von der hohen Bildhauerkunst der Olmeken zeugen. Besonders zu erwähnen sind Parabolspiegel aus Magnetit und Ilmenit, die vermutlich zum Entzünden des heiligen Feuers verwendet wurden.

## DIE OLMEKEN-KÖPFE

Die olmekischen Kolossalköpfe aus Basalt sind für die Wissenschaftler noch immer ein Rätsel. Sie sind 180–250 cm hoch, haben einen Umfang von 550–650 cm, wiegen mehrere Tonnen, haben kräftige, fast viereckige Gesichter, massive Unterkiefer, runde Wangen, mandelförmige Augen, fleischige Lippen, abfallende Mundwinkel, flache, breite Nasen und tragen Helme, die mit Hieroglyphen verziert sind. Man könnte sagen, negroide oder asiatische Züge, die man sich aber nur schwer als realistische Darstellungen olmekischer Herrscher oder Kriegshelden vorstellen kann. Bislang wurden 12 solcher Köpfe gefunden – vier in La Venta, zwei in Tres Zapotes und sechs in San Lorenzo Tenochtitlán.
Ein analoges Aussehen konnte auch bei kleineren Olmeken-Statuen festgestellt werden. Die als *baby faces* bezeichneten Terrakotta-Figurinen haben orientalische Züge; die menschlichen Statuen, bei welchen unterhalb der Oberlippe auch Zähne zu sehen sind, erinnern hingegen eher an das Gesicht eines Jaguars (*jaguar-face*).

Im Freilichtmuseum sind auch so genannte »Altäre« (vielleicht Throne), große, behauene Monolithen, zu sehen. Die verwendeten Motive sind vorwiegend Figuren von Menschen oder Jaguaren im unteren Teil der Steinblöcke. In einem Fall befindet sich auf einem Steinblock eine sitzende meditierende Figur. Auch die Stelen wurden mit ähnlichen Skulpturen geschmückt. Das Monument Nr. 19 zeigt erstmals die Gestalt einer gefiederten Schlange, die später auch bei den Tolteken, Maya und Azteken vorkommt.

171

# DIE PYRAMIDEN DER MAYA-STADT TIKAL

*Der große Maya-Stadtstaat der klassischen Periode (200–900 n. Chr.) ist heute vom Regenwald bedeckt, aus dem Dutzende von Stufenpyramiden hervorragen, die einst als Tempel und Königsgräber dienten. Hier fand man auch weitere Gebäude und Stelen, deren Reliefs die Geschichte, ihre genauen Daten und die Namen der Herrscher preisgaben.*

**MAJESTÄTISCHER BAU**
*Der spektakuläre Gebäudekomplex der* Nördlichen Akropolis *umfasst die höchsten Pyramiden des Gebiets.*

Tikal lag im Gebiet von Petén und war die flächenmäßig größte Maya-Stadt Guatemalas. Die Stadt war ein Jahrtausend lang ein einflussreiches religiöses Zentrum und wurde dann plötzlich verlassen. Erst 1696 wurde sie im Regenwald wiederentdeckt, der auch heute noch einen großen Teil der Stadt bedeckt. Die Ursprünge Tikals gehen auf etwa 600 v. Chr. zurück, als sich hier ein bescheidenes Dorf befand. Um 200 v. Chr. errichtete man erstmals Monumentalgebäude (Nord-Akropolis) und die damals *Mutul* genannte Stadt machte während der klassischen Periode eine bedeutende Entwicklung durch. Aus den Inschriften geht hervor, dass die Hauptgebäude in der Zeit zwischen 292 n. Chr. und 869 n.

**TREPPE IN DEN HIMMEL**
*Tempel I oder Tempel des Großen Jaguars, mit seiner äußerst steilen, 97-stufigen Treppe. Er befindet sich im Zentrum Tikals, wo zahlreiche mit Basreliefs verzierte Stelen aufgestellt sind.*

Chr. entstanden. Die Ergebnisse der letzten archäologischen Grabungen, die ab 1955 bis heute andauern, haben bestätigt, dass das religiöse Zentrum zwischen 600 und 700 n. Chr. entstand. Die gesamte Siedlung bedeckte 63 km², das Zeremonialzentrum allein 16 km². 45.000 Menschen lebten in der Stadt und etwa gleich viele in den umliegenden Satellitenstädten. Die Anzahl der im Regenwald verstreuten Gebäude beläuft sich auf etwa 3000. Ausgegraben wurden die großen, von Tempeln gekrönten Pyramiden, die auf Terrassen angelegten Akropolen, Paläste, Privathäuser, breite, gepflasterte Straßen, Ballspielplätze, Wasserspeicher, 200 Stelen und Altäre, Hunderte Gräber, 300 unterirdische Lebensmittellager, 100.000 Schmuckgegenstände, Werkzeuge, Kultgegenstände und mehr als 1 Mio. Keramiken, die vollständig oder in Scherben geborgen werden konnten. Aufgrund der Inschriften konnte man das Alter dieser im wahrsten Sinne des Wortes majestätischen »Dschungelmetropole« sehr genau datieren, die auch für die Archäologen einer der aufregendsten Orte des präkolumbischen Amerika ist. Tikal wurde um das Jahr 1000 aus unbekannten Gründen verlassen.

## STADT DER PYRAMIDEN

Das religiöse Zentrum Tikals war ein rechteckiger Bereich von 1200 x 600 m, auf welchen eine breite Straße zuführte. An den Ost- und Westseiten der zentralen, mit zahlreichen Opferaltären und Gedenkstelen aus behauenem Stein geschmückten *Gran Plaza* liegen die beiden Haupttempel. Der Tempel I oder Tempel des Großen Jaguars ist eine 45 m hohe Pyramidenstruktur aus neun übereinander gesetzten Stufen; eine äußerst steile Treppe führt auf die oberste Plattform und zum Sanktuar, das seinerseits wiederum von einer Spitze gekrönt ist. Das Heiligtum ist in drei parallele, mit Kraggewöl-

### DIE MAYA

*Dieses alte Volk herrschte nach den Olmeken, von denen sie auch beeinflusst worden waren, auf der Halbinsel Yucatán. Die Maya-Kultur prägte zwischen 3. und 10. Jh. n. Chr. das Leben der Halbinsel und wirkte sich auf mehrere Städte aus, die außer der gemeinsamen Religion auch wechselweise militärische Bündnisse schlossen, aber auch häufig in Konflikt untereinander standen. Die Maya waren fähige Konstrukteure und Steinmetze, verwendeten eine aus Ideogrammen bestehende Hieroglyphenschrift und interessierten sich für Astronomie, Mathematik und den Kalender. Die Maya-Religion basierte wie jene der Olmeken auf dem Jaguarkult. Die Hauptgottheiten waren Itzamná, der große Schöpfer, Kinich Ahau, der Sonnengott (»Herr der Sonnenaugen« am Tag, während das nächtliche Pendant durch den Jaguar repräsentiert wurde), Chac, der Regengott (er wohnte in den Cenotes, schachtartigen Wasserlöchern) und der Maisgott Yum Xac. Die Städte wurden vom Halach Uinic, dem obersten Priester, vom Tempel auf der Spitze der Pyramiden aus regiert, die häufig auch Gräber verstorbener Herrscher enthielten. Außer Reliefs fertigten die Maya auch Gemäldezyklen an, wie in Uaxactún und Bonampak. Das plötzliche Verschwinden der Maya-Kultur könnte durch eine Revolte der Bevölkerung gegen die Priesterkaste verursacht worden sein, ist jedoch nach wie vor nicht geklärt.*

**LEBHAFTE KERAMIKEN**
*Mehrfarbige Tonurne mit reichen geometrischen und zoomorphen Verzierungen. Einige Vögel, wie der Truthahn, waren den Maya heilig.*

173

**MAYA-KUNST FÜR JEDEN GESCHMACK**
Rechts: *ein hervorragendes Beispiel der Maya-Malerei – ein Detail einer Huldigungsszene einer im Archäologischen Nationalmuseum von Guatemala ausgestellten Vase.* Unten: *geschnitztes Holzpaneel aus dem Tempel IV von Tikal.*

**DAS RELIGIÖSE ZENTRUM VON TIKAL**
*Die* Nördliche Akropolis *war der Sitz der höchsten Priester Tikals. Strohdächer, wie die hier abgebildeten, dienen als Schutz bei Grabungs- und Restaurierungsarbeiten.*

ben gedeckte Zellen unterteilt. Die auf seinem Dach ruhende Spitze ist ausgehöhlt, um das Gewicht geringer zu halten. Der Tempel wurde nach dem Tod des Herrschers Ah Cacau (682–734) errichtet, der hier begraben wurde. Seine Grabkammer liegt 7 m unterhalb des Erdniveaus und enthielt mehrfarbiges Geschirr, Jade-Ornamente sowie Muscheln und Tierknochen mit eingeritzten Hieroglyphen.

Der Tempel II ist analog aufgebaut, jedoch nur 40 m hoch; vielleicht war er für das Grab der Königsgemahlin von Ah Cacau bestimmt. An der nördlichen Längsseite des Platzes stehen die 15 Pyramiden der Nord-Akropolis; die symmetrisch auf einer 12 m hohen Plattform von 100 x 80 m errichteten Pyramiden konnten auf 300–600 n. Chr. datiert werden. An dieser Stelle stand 200 v. Chr. ein Gebäudekomplex, der später mit Seitenterrassen und weiteren, kleineren Tempeln versehen wurde, die man durch Stiegen mit der *Plaza* verband.

Weitere Pyramiden des Zentrums: der 60 m hohe Tempel III von 810; der 57 m hohe Tempel V sowie der 30 m hohe Tempel VI oder Tempel der Inschriften von 766. Außerhalb der Einfriedung, im Regenwald, liegen der mächtige 70 m hohe Tempel IV oder der Zweiköpfigen Schlange von 741, in dem König Yax Kin Chaan Kanil begraben wurde, und der 30 m hohe Tempel *Mundo Perdido,* vermutlich das älteste astronomische Observatorium der Maya.

Charakteristisch für Tikal sind die Zwillingspyramiden (insgesamt sieben): zwei identische, nebeneinander stehende Bauten, die man über rechwinkelig angelegte Stiegen und Rampen erreichen konnte; hier waren auch neun Stelen

### DER MAYA-KALENDER

*Die wichtigste Erfindung der Maya-Kultur war der Kalender. Er diente religiösen Zwecken und wurde mithilfe äußerst komplexer Berechnungen auch für die Zeitmessung verwendet. Er basierte auf dem Tzolkin-Kalender (religiöses Jahr mit 260 Tagen) und dem Haab-Kalender (ziviles Jahr mit 360 Tagen – 18 »Monate« zu je 20 Tagen), die nach 52 Jahren wieder mit denselben Daten begannen. Außerdem gab es so genannte »namenlose Jahre« von 365 Tagen, indem am Ende fünf Tage (uayeb) hinzugefügt wurden. Die Maya perfektionierten auch die »Lange Zählung«, ein aus fünf Zeiteinheiten bestehender Kalender für die Geschichtsaufzeichnung und die Berechnung längerer Zeiträume. Man begann mit dem Jahr Null (13. August 3114 v. Chr.), die Zeiteinheiten waren das bactún von 144.000, ein katún von 7200, ein tun von 360, ein uinal von 20 Tagen und ein kin von der Dauer eines Tages. Mit diesen Werten konnte man bis zum Jahr 2012 n. Chr. rechnen. Mithilfe der in den Gedenkstelen eingravierten Daten konnte die Chronologie der Tikal-Herrscher und der wichtigsten Maya-Städte rekonstruiert werden. Unten: ein Stein mit vier Schriftzeichen eines Maya-Kalenders.*

aufgereiht (nach der Weltsicht der Maya bestand die Unterwelt aus neun Ebenen). Auf den Reliefs und Hieroglyphen des doppelten Stelen-Altars konnte das Datum der Fertigstellung gefunden werden. Man weiß auch, dass solche Bauten alle 20 Jahre errichtet wurden.

Ursprünglich waren die Tempel mit von lebhaftem Rot bemaltem Stuck verziert. Es gab auch mehrfarbige Paneele mit stilisierten Tierfiguren, Masken, geometrischen Mustern und Pflanzenmotiven sowie geschnitzte Holztüren.

**STELEN UND SCHRIFT**
Oben: *eine Stele aus Tikal; das Basrelief stellt eine königliche Figur dar.* Zeichnungen: *Details einiger Hieroglyphen der Maya-Schrift*

## BAUTEN UND INSCHRIFTEN

Im Zentrum Tikals wurden außer Pyramiden auch weitere Gebäude restauriert. Auf der Zentralen Akropolis steht ein grandioser fünfstöckiger Palast, der vermutlich als Verwaltungssitz der Stadt diente; vom Gebäude sind noch sechs untereinander mit Gängen verbundene Höfe, große Räume mit Kraggewölben, Steinbänke und gut erhaltene Holzteile erhalten. Weitere Bauten stehen auf dem Platz der Sieben Tempel. Die Archäologen haben die verschiedenen Bauwerke in sieben Gruppen unterteilt und mit fortlaufenden alphabetischen Buchstaben bezeichnet. Auch verschiedene Ballspielplätze, Thermen, Dampfbäder und Wohnquartiere sind vorhanden, die im Gegensatz zur Regelmäßigkeit und Symmetrie der Sakralgebäude eher ungeordnet nebeneinander stehen.

Steinerne Gedenkstelen an den zu den Tempeln führenden Treppen und an Altären tragen Schriftzeichen und Reliefs, welche Taten und Siege der Maya-Herrscher verherrlichen. Dank der angegebenen Daten konnte die Folge von 39 Maya-Herrschern in Tikal rekonstruiert werden. Der erste belegte König war Yax Moch Xoc (219–238), des Weiteren waren König Jaguarpranke (320), König Stürmischer Himmel (426–435) und Yax Kin (734–768) erwähnt. Unter den Grabbeigaben tauchen weitere Namen auf, wie Mond-Null-Vogel, der auf einem Jade-Geschmeide von 320 zitiert wird. In den Schriften wird auch auf eine erste Blüte der Stadt 534 n. Chr. hingewiesen, worauf ein kurzer kultureller Stillstand und dann eine weitere Periode der Expansion von Beginn des 7. Jh.s bis ins 9. Jh. folgte. Der Niedergang begann ab 830.

# CHICHÉN ITZÁ, DIE VERGESSENE STADT

*Die antike Maya-Siedlung und Hauptstadt der Tolteken, Chichén Itzá in Yucatán, gilt heute als architektonisches Juwel der Postklassischen Periode – ein religiöses Zentrum reich an Monumentalbauten verschiedener Stilrichtungen und einst Schauplatz grausamer Opferrituale, die am Altar des Chac-Mool durchgeführt wurden.*

**CASTILLO UND HALLE DER 1000 SÄULEN**
*Luftansicht der Stätte Chichén Itzá. Im unteren Teil des Bildes ist die Stufenpyramide Castillo zu sehen, oben rechts der Kriegertempel und die Halle der 1000 Säulen.*

Chichén Itzá liegt im mexikanischen Staat Yucatán, 110 km von Mérida entfernt. Seine Geschichte, aus einem Geflecht von Wirklichkeit und Legende zusammengesetzt, weist Episoden und Daten auf, die nicht immer übereinstimmen. Seine Ursprünge gehen auf etwa 455 n. Chr. zurück, als es von den Nachfahren eines 200 Jahre zuvor aus dem Süden Peténs (Guatemala) zugewanderten Maya-Stammes gegründet wurde. 987 wurde der Ort von Tolteken der Itzá-Dynastie eingenommen, die aus der Stadt Tula geflüchtet waren. Angeführt wurden sie vom legendären, weisen König Quetzalcóatl,

den die Maya Kukulcan, »gefiederte Schlange«, nannten. Chichén Itzá wurde zur Hauptstadt eines neuen, militärisch kontrollierten Königreiches, aber auch religiöses Zentrum mit zahlreichen künstlerisch wertvollen Bauten, die Schauplätze blutiger Riten waren. Bis etwa 1250 war Chichén Itza auf der Halbinsel Yucatán politisch und kulturell tonangebend, wurde aber dann von der Cocom-Dynastie Mayapáns eingenommen, worauf die Stadt verfiel und die Bewohner auswanderten. Bei der Ankunft der Spanier (1254) war es nur noch ein kleines namenloses Dorf.

# Die ersten Monumente der Maya

Das Stadtgebiet von Chichén Itzá entstand in einer weiten, ebenen Lichtung. Es verfügte über zwei *Cenotes* – einer wurde von unterirdischen Quellen gespeist und diente der Wasserversorgung der Stadt, der andere, 20 m tief und 60 m breit, mit stehendem Wasser, diente Menschenopfern zu Ehren des Regengottes Chac. Tempel und andere Bauten sind auf einer weiten, offenen Fläche verteilt und weisen deutliche Einflüsse der verschiedenen Kulturstile der Maya und Tolteken auf.

Aus der Maya-Zeit sind einige Bauten von einfacher Struktur im Puuc-Stil erhalten, der für seine prächtigen Außendekorationen bekannt ist – Basreliefs, die horizontal über die Wände verlaufen und jeden freien Platz mit geometrischen Motiven oder stilisierten Figuren bedecken. Das Rote Haus hat einen rechteckigen Grundriss und wurde auf einer hohen Terrasse errichtet; auf dem Dach sind noch Teile der kammartigen Spitzen im Puuc-Stil, mit geometrischen Motiven dekorierte Steinpaneele, Mäanderbänder und Masken zu sehen.

Auch das »Nonnenkloster« ist ein niedriges Gebäude mit rechteckigem Grundriss, dessen Fassade zur Gänze mit Masken der Götter Chac und Tlaltecuhtli (Erdmonster) bedeckt ist. Ein quadratischer Anbau mit nur einem Eingang ist neben der Tür und an den Ecken der Fassade mit großen Masken geschmückt; im oberen Teil verläuft ein Friesband. Über dem Eingang ist in einem ovalen Basrelief eine königliche Figur mit gekreuzten Beinen auf dem Thron sitzend dargestellt, die auf dem Kopf ein Diadem mit Feder trägt.

**1000 Säulen**
Oben: *die Halle der 1000 Säulen war vielleicht einst ein Versammlungssaal.*

**Das Maya-»Nonnenkloster«**
Links: *das »Nonnenkloster«. Der Name wurde von den ersten Erforschern der Stätte gewählt, da sie dieses heilige Gebäude für eine Art Kloster hielten.*

**Unbequeme Position**
*Chac-Mool-Statuen sind Statuen liegender menschlicher Figuren mit halb aufgerichtetem Oberkörper und angezogenen Beinen, die sich zur besseren Standfestigkeit der Skulptur auf die Ellbogen stützt.*

177

**GENAUE SYMMETRIE**
*Die Pyramide Castillo besteht aus neun übereinander gesetzten quadratischen Terrassen. Im Vordergrund ist eine Chac-Mool-Statue zu sehen.*

**DIE SCHLANGE DES CASTILLO**
*Das Treppengeländer des Castillo hat die Form einer Schlange, deren Köpfe mit aufgesperrten Mäulern am Fuß der Pyramide liegen.*

## DIE PYRAMIDEN

Charakteristisch für die toltekische Architektur sind abgeschnittene Stufenpyramiden, auf deren Plattform ein Tempel steht. Als Dekoration dienen Säulen in Form der Gefiederten Schlange und Basreliefs mit Scharen von Kriegern, Jaguaren und Adlern (diese Tiere waren gemeinsam mit dem Kojoten Kennzeichen der lokalen militärischen Orden). Aus derselben Zeit sind auch Reste farbenprächtiger Wandmalereien erhalten.

In der Mitte des Hauptplatzes steht die majestätische, 30 m hohe Pyramide Castillo (auch: Tempel des Kukulcan). Sie wird aus neun, stufenförmig übereinander gesetzten quadratischen Terrassen gebildet; an allen vier Seiten führen steile Treppen zum Tempel auf der obersten Plattform, dessen Eingang von zwei schlangenförmigen Säulen flankiert wird. Die von einem Kraggewölbe gedeckte *Cella* ist in drei Schiffe unterteilt und wird von quadratischen, mit Basreliefs verzierten Pfeilern gestützt. Die beeindruckende Pyramide enthält in ihrem Inneren eine ähnliche, kleinere Pyramide aus dem 11. Jh., zu der ein Gang führt; in der Kammer an deren Spitze wurde ein Altar Chac-Mools und ein Thron in Form eines Jaguars gefunden. Die Pyramide Castillo hat außer ihrer Erhabenheit und Schönheit noch eine weitere Besonderheit aufzuweisen: ihre Ausrichtung und die Zahl der Stufen. Die jeweils 91 Stufen der vier Treppen, zuzüglich jener vor dem Tempel ergeben insgesamt 365 – die Tage eines Jahres. Außerdem entsteht am Tag der Tag-und-Nacht-Gleiche durch den Schatten eine Schlangenfigur, welche die Pyramide hinabgleitet und sich zum Heiligen Brunnen begibt.

Der Kriegertempel ist eine massive Pyramide mit vier Ebenen und hat ihren Namen von den davor stehenden Pfeilern des Portikus, deren Basreliefs toltekische Krieger darstellen. Den Eingang zum oberen Tempel bilden zwei Säulen aus Schlangen, deren weit aufgesperrte Mäuler am Boden stehen und die mit ihrem Körper und Schwanz das Dach stützen. Die Fassade ist mit Motiven des Schlangengottes geschmückt. Im Inneren befindet sich ein großer Altar, auf dem die Opfer getötet wurden; ihre noch pulsierenden Herzen wurden auf die Opferschale des Chac-Mool gelegt – er ist auf dem Rücken liegend mit angezogenen Beinen, halb aufgerichtetem Oberkörper, den Kopf auf die Seite gedreht und auf die Ellbogen gestützt dargestellt. Die Hände halten die erwähnte, auf dem Bauch stehende Schale für die schauderhaften Opfergaben.

Rechts vom Tempel liegt die Halle der 1000 Säulen, ein Wald quadratischer und runder, mit Basreliefs verzierter Pfeiler, welche die Dächer der großen Versammlungsräume trugen. Weitere Säulen sind vom *Patio* des nahen Marktplatzes erhalten.

## ASTRONOMISCHES OBSERVATORIUM

Der Caracol oder Schneckenturm ist ein ungewöhnliches zweigeschossiges Bauwerk in Form eines runden Turmes und steht auf zwei übereinander liegenden rechteckigen Plattformen. Seinen Namen bekam er wegen der schmalen Wendeltreppe, die im Inneren zu dem für astronomische Beobachtungen bestimmten Raum führt. Dieser Raum hatte sieben Öffnungen (drei davon sind noch vorhanden), mithilfe deren man Sonnenwenden, Tag-und-Nacht-Gleichen und die Bewegungen des Planeten Venus bestimmen konnte. Skulpturen gefiederter Schlangen schmücken die Zugangsstiege, Masken des Gottes Chac markieren die vier Himmelsrichtungen.

Beobachtungen des »Abend- und Morgensterns« wurden auch auf der oberen Plattform des Venustempels (der Planet Venus wurde mit Kukulcan gleichgesetzt) durchgeführt. Auf der Plattform der Adler und Jaguare befindet sich eine ähnliche Struktur, die mit gefiederten Schlangen und Scharen Menschenherzen fressender Tiere geschmückt ist.

## BALLSPIELPLATZ UND TEMPEL DER JAGUARE

Der größte Ballspielplatz Mesoamerikas ist 166 m lang, 68 m breit und hat die Form des Buchstaben »I« oder zweier gegeneinander gestellter »T«. Er wird von zwei hohen Steinmauern, die auch für die Zuschauer gedacht waren, begrenzt. Etwa in der Mitte der Wände wurden in der Höhe von 7 m Steinringe als »Ziele« fixiert. Einige Reliefs zeigen zwei Gruppen von sieben Spielern, die in der Mitte des Feldes um einen Ball kämpfen. Einer der Sieger, bewaffnet mit einem Messer, hält den soeben abgeschlagenen Kopf eines Gegners hoch, von dessen Hals sechs schlangenförmige Blutströme und ein blühender Zweig hervorquellen – eine äußerst makabre Allegorie auf den Kampf zwischen Tag und Nacht. In der Nähe befindet sich der Tzompantli (Schädelgerüst oder Schädelmauer), eine Plattform, an deren Wänden Reihen von Schädeln eingemeißelt sind, die an das grausame Ende eines jeden Ballspiels erinnern: die Tötung der Verlierer und das Aufreihen ihrer Köpfe auf dem Schädelgerüst.

Der an den Ballspielplatz angrenzende Tempel der Jaguare besteht aus einem Pyramidenstumpf mit aufgesetztem Quader. Der Portikus am Fuß der Pyramide enthält einen Altar in Jaguarform; die Basreliefs seiner Wände und Pfeiler zeigen religiöse Szenen. Im Inneren des Oberen Tempels stellt eines der seltenen Freskos eine Schlachtszene zwischen Maya- und Toltekenkriegern in der Nähe eines Dorfes dar.

**STERNBEOBACHTUNG**
Oben: *Der Caracol (»Schnecke«) diente als astronomisches Observatorium. Außer diesem ist kein weiteres Gebäude der Maya-Architektur mit rundem Grundriss bekannt.*

**EINE FINSTERE MAUER**
*Detailansicht der Reliefs an der als »Schädelgerüst« bezeichneten Mauer, ein finsteres und sprechendes Sinnbild der Bedeutung des Ballspiels bei den Maya.*

### DAS BALLSPIEL

*Erstmals ist dieses Spiel etwa um 1000 v. Chr. an der Küste des Golfs von Mexiko nachgewiesen. Es wurde von den Olmeken der La-Venta-Kultur praktiziert und verbreitete sich im gesamten mesoamerikanischen Gebiet. Man spielte es in rechteckigen Feldern mit seitlichen Steinwänden; die Mannschaften bestanden aus zumeist 2-3 Spielern adeliger Herkunft oder waren Kriegsgefangene. Der Ball war aus massivem Kautschuk, wog 5-7 kg und musste in das gegnerische Spielfeld geworfen werden, ohne dass er im eigenen den Boden berührte. Der Ball wurde nur mit Kopf, Ellbogen oder Hüfte gespielt, Hände oder Füße durften nicht zu Hilfe genommen werden. Die Mannschaft, der es gelang, den Ball durch den Ring (rechts) ins gegnerische Spielfeld zu werfen, war Sieger. Der Ball durfte nicht zu Boden fallen, da er die Sonne symbolisierte, welche die Spieler am Himmel halten sollten. Die Verlierer wurden möglicherweise enthauptet.*

# TULA, STADT DES QUETZALCÓATL

*Die Hauptstadt der Tolteken wird sowohl mit dem Mythos der Gefiederten Schlange Quetzalcóatl als auch mit dem gleichnamigen Priesterkönig, der die Stadt 968 n. Chr. gründete, verbunden. In der Ruinenstätte sind mit Kriegerstatuen geschmückte Pyramiden-Tempel, Opferaltäre in Form menschlicher Figuren und Skulpturen von besonderer symbolischer Bedeutung erhalten.*

Tula, das antike *Tollan*, lag im Gebiet des heutigen mexikanischen Bundesstaates Hidalgo, 60 km nordwestlich der Stadt Mexiko. Sie war Hauptstadt der Tolteken, einem präkolumbischen Volk, das aus den Nomaden und kriegerischen Chichimeken im Norden Mexikos hervorging. Um 950 n. Chr. fielen die Tolteken unter Mixcoatl Ce Tecpatl (»Wolkenschlange ein Steinmesser«) in der zentralen Hochebene ein und gründeten die Siedlung Colhuacán am östlichen Ufer des Texcoco-Sees. Nach der Heirat mit einer lokalen Prinzessin wurde Ce Acatl Topiltzin (»Unser Prinz ein Rohr«) geboren, der Priester des gefiederten Schlangengottes Quetzalcóatl wurde und 968 die neue Hauptstadt Tula gründete.

Die Tolteken vereinten das ganze westliche Gebiet Mexikos bis zur Halbinsel Yucatán militärisch und politisch. Ihr Name, abstammend von *Toltecatl*, »großer Künstler«, weist auf ihre beträchtliche Bau- und Bildhauerkunst hin. Erstmals taucht in den toltekischen Tempeln ein Altar Chac-Mools auf.

## DIE BAUTEN

Auch wenn Tula eine große, prächtige Stadt war, wirken seine heute erhaltenen Bauwerke verglichen mit jenen von Chichén Itzá eher bescheiden. Die Stadt Tula lag gut geschützt auf einem Vorgebirge und war rund um zwei große Plätze angelegt; der nördliche mit einer Seitenlänge von 120 m wurde vom Ballspielplatz und der Pyramide B begrenzt, in der Mitte des südlichen Platzes stand die Hauptpyramide und davor ein Altar. Der bedeutendste Bau Tulas ist die Pyramide B oder Tempel des Tlahuizcalpantecuhtli (»Mor-

**BLUTRÜNSTIGE SCHLANGEN**
*Detail der Tezcatlipoca (»Schlangenmauer«) mit Reliefs von Schlangen, die Menschenskelette in ihren Mäulern haben.*

**STERN DES HIMMELS**
*Der Tempel des Morgensterns ist das bedeutendste Gebäude der archäologischen Stätte Tula. Oben links: Statue des Quetzalcóatl in Tula.*

genstern«), der kriegerischen Gottheit, die mit dem Planeten Venus gleichgesetzt wurde. Es ist eine Pyramide mit abgestumpfter Spitze, deren fünf Steinterrassen auf einer Plattform von 43 m Seitenlänge errichtet wurden. Eine Treppe führt bis zur Plattform auf der Spitze, wo ein Tempel, bestehend aus Vestibül und *Cella*, stand; er wurde von runden Pfeilern gestützt, die mit geflügelten Schlangen, mit Pfeil und Bogen bewaffneten Kriegern und mit Pflanzenmotiven verziert waren. Daneben stehen vier 4,6 m hohe Atlanten – Monolith-Statuen aus Basalt, die Krieger mit strengem Gesichtsausdruck darstellen; auf dem Kopf tragen sie Federkrone und Stirnband und auf ihrer Brust ist ein stilisierter Schmetterling abgebildet. Unweit der Atlanten wurden weitere, 80 cm hohe Statuen gefunden: Personen mit erhobenen Armen, langen Kleidern, Halsketten und Kopfbedeckung – vermutlich Priester. Entlang der Stufenverkleidung laufen zwei Friese, das obere mit Reihen von Jaguaren und Kojoten, das untere mit Adlern und Geiern, die in ihren Fängen Menschenherzen halten. Zur Vervollständigung des makabren Bildes, das auf die blutrünstige Natur der Tolteken hinweist, passt auch die Gefiederte Schlange, in deren Maul ein menschliches Gesicht zu sehen ist.

Vor der Pyramide B verläuft der breite Säulengang des Verbrannten Palasts. Er wird aus drei Reihen von je 14 quadratischen Pfeilern gebildet, die nach Süden abbiegen und dann im rechten Winkel zum nahen Haupttempel oder Sonnentempel (dem größten der Stadt, der jedoch noch nicht ausgegraben wurde) führen. Ein zweiter Portikus im Osten enthält Reliefs mit einem Aufmarsch von Kriegern und ein Dekorationsband aus kleinen Schlangen, das noch die originalen orangen und blaugrünen Farben auf dunkelrotem Grund

zeigt. Die Portiken waren mit Dächern gedeckt, die beim Brand von 1168 mit der ganzen Stadt vernichtet wurden. Zu den Ruinen Tulas gehören auch zwei Ballspielplätze und eine Monumentalmauer. Auf der Fassade der von einem Zinnenkranz gekrönten Mauer sind Reliefs von hoher Qualität auf drei horizontal verlaufenden, parallelen Bändern zu sehen. Sie stellen Schlangenfiguren, die menschliche Skelette ausspucken, dar – eine symbolische Allegorie des Planeten Venus, der nach dem nächtlichen Weg durch die Welt der Toten am Morgen wieder am Himmel erscheint.

**EIN HEILIGES SPIEL**

*In Tula gab es mindestens zwei Ballspielplätze. Das Ballspiel und auch die Orte, an denen es stattfand, hatte für die Maya sakralen Charakter.*
Unten: *die ernsten und rätselhaften Atlanten.*

## LEGENDEN UM QUETZALCÓATL

*Der legendäre Gründer Tulas und der toltekischen Kultur, der Priesterkönig Ce Acatl Topiltzin, führte den Kult um die Gefiederte Schlange Quetzalcóatl-Kukulcan ein, deren Namen er seinem eigenen hinzufügte. Gemäß der mündlichen Überlieferung war jener Herrscher mit heller Haut und bärtigem Gesicht ein weiser, gebildeter Mann, der jede Form von Architektur, Kunst und Wissenschaft lehrte. Er wurde als Vater aller Künste, der Medizin und des Windes gesehen. Letztlich wurde er von seinem kriegerischen und gewalttätigen Bruder Tezcatlipoca entthront und zur Flucht gezwungen. Als er an der Küste des Golfs von Mexiko ankam, entschloss er sich, in den Himmel aufzusteigen, wo er sich in den Planeten Venus als Morgenstern verwandelte.*

*Nach einer anderen Version fuhr Quetzalcóatl von der Atlantikküste mit einem Floß voller Schlangen in Richtung Osten und versprach seinen Anhängern, dass er eines Tages zurückkehren würde. Er landete in Yucatán und teilte seine Kenntnisse mit den Bewohnern von Chichén Itzá. In den darauf folgenden Jahrhunderten übernahmen die Azteken den Kult um die Gefiederte Schlange und glaubten einer Weissagung, dass ihre Kultur nach dem Ablauf von 104 Jahren zu Ende wäre. Aufgrund dieser Prophezeiung glaubte der Azteken-Herrscher Moctezuma II. 1519 bei der Ankunft von Hernán Cortés, Quetzalcóatl-Kukulcan vor sich zu haben.*

# TENOCHTITLÁN, HAUPT-STADT DER AZTEKEN

*Die alte Azteken-Hauptstadt im Texcoco-See war eine prächtige, blühende Stadt und wurde 1521 von den Spaniern dem Erdboden gleichgemacht. Von seinen herrlichen Bauwerken sind in der heutigen mexikanischen Hauptstadt Mexiko noch Reste der Pyramide* Templo Mayor *und die Fundamente einiger weiterer Gebäude erhalten.*

**EIN MONUMENTALER KALENDER**
*Der Sonnenstein, Kalender und Kosmogonie der Azteken, hat einen Durchmesser von 3,5 m und wiegt mehr als 24 t.*

1325 erreichte eine Gruppe nomadischer Stämme, die sich *Mexica* nannten, unter ihrem Priester Tenoch das legendäre Gebiet von Aztlan. Sie nahmen eine Insel im Texcoco-See, nahe der bereits von den Tepaneken bewohnten Insel Tlatelolco, in Besitz und gründeten hier die Stadt Tenochtitlán. Im Laufe der folgenden zwei Jahrhunderte weitete sich die Stadt aus und nahm sämtliche umliegende Gebiete in sich auf. Es entstanden neue Handelswege und ein mächtiges Imperium. Der Zwillingsstadt Tlatelolco, mit der Tenochtitlán zusammenwuchs, kam die Rolle eines Emporiums und Marktes zu. Die riesige Hauptstadt war von einem mit Kanus befahrbaren Netz von Kanälen durchzogen und in vier symmetrische Sektoren geteilt. Im Zentrum war der heilige Bereich mit großartigen Tempeln, Ballspielplätzen, Palästen, Thermen, Schulen und zahlreichen blühenden Gärten, in welchen sich alle Arten von Haustieren und Geflügel tummelten. Drei Dammstraßen verbanden die Inselstadt mit dem Festland. Anfang des 16. Jh.s, zur Zeit seiner größten Blüte, zählte Tenochtitlán 300.000 Einwohner.

Als am 8. November 1519 die Konquistadoren unter Hernán Cortés hier ankamen, präsentierte sich die aztekische Metropole in ihrer ganzen Pracht. Was dann passierte, ist bekannt: Die Spanier wurden mit großen Ehren empfangen, hintergingen jedoch arglistig die Gastfreundschaft Moctezumas II., der am 13. August 1521 gemeinsam mit Tausenden seiner Untertanen ermordet wurde. Danach wurde die Stadt bis auf die Grundmauern niedergerissen. Auf ihren Ruinen wurde Mexiko als Hauptstadt des spanischen Kolonialreiches errichtet, unter der nahezu alle Spuren der Azteken-Stadt verschwanden. Durch einige zufällige Funde (1780 stieß man auf die Statue der Muttergottheit Coatlicue und den Sonnenstein, der als Kalender diente) konnte man jedoch den Standort des *Templo Mayor* identifizieren. Diese Pyramide konnte bei den von Eduardo Matos Moctezuma geleiteten Grabungen (1978–1982) im Gebiet des heutigen Platzes der Drei Kulturen freigelegt werden.

**IM HERZ DER METROPOLE**
*Auf dem heutigen Platz der Drei Kulturen in der Stadt Mexiko standen einst die zwei großen Tempelpyramiden von Tenochtitlán.*

**GOTT DES FEUERS**
Oben rechts: *Xiuhtecuhtli,
der aztekische Gott des
Feuers und des Jahres.*
Oben links: *Ausschnitt aus
dem Gemälde »Das große
Tenochtitlán« von Diego
Rivera (1950).*

# DER HEILIGE BEREICH TENOCHTITLÁNS

Der heilige Bereich der alten Azteken-Hauptstadt umfasste auf einer Fläche von 350 x 300 m mit dem *Templo Mayor* in der Mitte 78 Gebäude. Der *Templo Mayor* stand als Symbol für das Universum und war religiöses Zentrum des Reiches. Von hier führten Straßen in die vier Himmelsrichtungen, die jeweils von einer eigenen Gottheit beherrscht wurden. Der Tempel stand auch für die Dualität von Leben und Tod; die beiden Sanktuare auf der oberen Plattform der Pyramide waren Tlaloc, dem Gott des Wassers, des Regens und der Fruchtbarkeit, sowie Huitzilopochtli, dem Sonnen- und Kriegsgott, geweiht.

Der sakrale Bereich wurde zwischen 1325 und 1521 mehrmals verändert. Der Tempel stand auf einer rechteckigen Plattform, hatte die Form einer Pyramide mit vier oder fünf Stufen, war 30 m hoch und seine Hauptfassade war nach Westen gerichtet. Zwei nebeneinander verlaufende, äußerst steile Treppen führten zu den Sanktuaren auf der Spitze. In spanischen Chroniken wird berichtet, dass auf dem Altar des Chac-Mool Menschenopfer dargebracht und dann die Opfer die Treppen hinuntergeworfen wurden, wo sie zu Füßen der Zuschauer landeten. An der Basis der Pyramide standen mehrfarbige Kupferstatuen und geflügelte Schlangen aus Stein. Gegenüber befand sich ein runder, Quetzalcóatl geweihter Tempel und an der Ostseite zwei kleinere, die für Tezcatlipoca (dem bösen Bruder der Gefiederten Schlange) und Xipe Totec (»Unser Herr, der Geschundene«) bestimmt waren. Auf der anderen Seite des Platzes befand sich der Adlertempel, der mit Reliefs eines Aufmarsches von Kriegern geschmückt war. Im Hof im Norden des Tempels stand die Schädelmauer des Ballspielplatzes. Unweit davon lagen die mit Portiken versehenen Paläste von Axayacatl und Moctezuma, umgeben von blühenden Gärten.

**GOTT IN BLAU**
Seitenmitte: *Amphore mit
Abbildung des Tlaloc, dem
Gott des Regens und der
Fruchtbarkeit, der hier wie
üblich ganz in Blau und mit
Stoßzähnen dargestellt
wird.*

## AUSGRABUNGEN AM *TEMPLO MAYOR*

*Der einfache, erste Tempelbau aus Rohr und Schlamm wurde 1325 im Zusammenhang mit einer Sonnenfinsternis errichtet. 1390 entstand die erste steinerne Stufenpyramide; sie war 15 m hoch und trug an der Spitze zwei Heiligtümer. 1431 wurde die Pyramide erweitert und ihre Stufen mit Skulpturen geschmückt. 1454 vergrößerte man die Hauptfassade und hinterlegte zahlreiche Opfergaben in dafür vorgesehenen Kammern am unteren Ende der Stufen. Die Plattform wurde mit Statuen, Altären und Schlangenskulpturen geschmückt. 1482 erbaute man im Norden des Tempels den Adlertempel, der für kriegerische Rituale vorgesehen war. 1486 vergrößerte man die Pyramide an allen Seiten und errichtete rundherum zwei weitere Tempel und vier Sanktuare, deren eines mit Skulpturen von 240 wie in den Schädelgerüsten aufgereihten Totenköpfen dekoriert war. 1502, nach seinem letzten Umbau, war der Templo Mayor 45 m hoch und die Plattform mit den Sanktuaren auf der Spitze umfasste 82 m². Nach der Zerstörung durch die Spanier blieb nur noch die Basisplattform erhalten. Bei Grabungen konnten auch einige Statuen des Xochipilli (Gott der Blumen und der Poesie), von Adlern (Totemvogel), Adler-Kriegern, zahlreichen weiteren aztekischen Gottheiten und andere Gegenstände freigelegt werden.
Rechts: ein Terrakotta-Kohlenbecken aus dem Templo Mayor.*

# CUZCO, HAUPTSTADT DES INKA-REICHS

*Die prächtige Hauptstadt des Inka-Reichs wurde als Mittelpunkt der vier Teile der Welt und als städtisches Symbol des Reiches angelegt, dessen geografische Gebiete sich auch in den verschiedenen Stadtteilen widerspiegelten. Der jährliche Umlauf der Sonne konnte auch aufgrund der rechtwinkeligen Stadtanlage bestimmt werden und im Sonnentempel wurden ihr zu Ehren große Feiern veranstaltet.*

**NICHT NUR ZUR VERTEIDIGUNG**
*Vermutlich diente die Festung Saqsaywaman (unten) nicht nur der Verteidigung, sondern auch religiösen Zwecken.*

Nach einer Inka-Legende waren die mythischen Vorfahren, Manco Cápac und seine Schwestergemahlin Mama Ocllo, von ihrem Vater, dem Sonnengott Inti-Viracocha, hierher geschickt worden. Sie sollen dem Titicaca-See entstiegen sein und Qosqo (Cuzco), den »Nabel der Welt«, gegründet haben. Die Gegend Cuzcos, ein vom Fluss Huatanay in die Hochebene gegrabener Kessel in der Cordillera Vilcanota in 3399 m Seehöhe, wurde um 750 n. Chr. von den Huari und ab 1200 von den Inka bewohnt, welche die Stadt gründeten. Im 15. Jh., einer großen Blütezeit, ließ sie der neunte Inka-König Pachacutec (1438–1471) nach einem strengen rechtwinkeligen Plan neu errichten; er machte Cuzco zum politischen, religiösen und administrativen Zentrum des Reiches, das sich von Ecuador bis Chile und Nordwest-Argentinien erstreckte, und schuf damit ein Symbol der Inka-Kosmologie.

Als Francisco Pizarro am 15. November 1533 mit 180 Mann die Hauptstadt erreichte, fand er eine kosmopolitische Stadt mit 100.000 Einwohnern vor. Er sah herrliche Gebäude aus großen Steinblöcken, die perfekt zugeschnitten, ohne Mörtel zusammengesetzt und zum Teil mit Goldplatten verkleidet waren. Im Laufe der Zeit wurden über den Tempeln und Palästen der Inka Kolonialbauten errichtet; Cuzco konnte jedoch seine Rolle bis zur Verlegung der peruanischen Hauptstadt nach Lima beibehalten. Auch heute noch sind Spuren der ursprünglichen Stadtanlage zu erkennen, wie etwa die mächtigsten Mauern der Inka-Zeit und in der Umgebung die

**ERDBEBENSICHERE BAUWEISE**
*Von der Festung Saqsaywaman (rechts) sind drei mächtige, im Zickzack angelegte Mauern erhalten. Für die Inka-Bauten wurden keine Bindemittel verwendet. Aufgrund der Perfektion, mit der jedoch die Steinblöcke (links) zusammengefügt sind, konnten viele Bauwerke die Jahrhunderte trotz der häufigen Erdbeben überdauern.*

beeindruckende Megalith-Festung Saqsaywaman, die aus drei zahnförmig verlaufenden Zyklopenmauern gebildet wird.

## Eine »Kalenderstadt«

1450 verlieh Pachacutec Cuzco seine von symbolischen Werten geprägte städtische Anlage. Der streng rechtwinkelige Plan der Stadt ergibt die Figur eines Pumas, einem Totemtier der Inka, das auch in den Ortsnamen vorkommt. Den Kopf bildet die Festung Saqsaywaman, die Wirbelsäule die Pumakurku-Gasse, den Schwanz das Stadtviertel Pumachupan. Der große trapezförmige Zeremonialplatz Huacaypata (»Ort der Freude«) stellte gemeinsam mit einem kleineren Platz (die heutigen *Plaza de las Armas* und *Regocjio*) jenen Bereich dar, von dem vier Straßen in die jeweiligen Gebiete der Erde (Tahuantinsuyu) führten. Von hier aus waren schachbrettartig 12 *Kanchas* angeordnet: in sich geschlossene Stadtteile, die jeweils über einen eigenen Tempel verfügten, um einen quadratischen Platz angelegt waren und von vier geraden, gepflasterten Straßen durchzogen wurden. Die Stadtteile waren durch ein Straßennetz von 36 kleinen Gassen in Wohnblocks unterteilt und nahmen jeweils eine bestimmte Volksgruppe oder Dynastie auf, die ihrer geografischen Herkunft nach im entsprechenden Stadtteil untergebracht wurde. Von der Natur des Geländes war die Stadt zweigeteilt: in die obere Wohnstadt (Hanán Cuzco) und die untere Monumentalstadt (Hurin Cuzco).

Die Ausrichtung Cuzcos, seine Unterteilung in regelmäßige Sektoren, Stadtteile und Wohnblocks und die mächtige Anlage des Sonnentempels haben, ebenso wie die nachgewiesene Bedeutung der astronomischen Beobachtungen für die Inka und die allmonatliche Zelebrierung der Reinigung der Erde und ihrer Wiedergeburt, die Wissenschaftler veranlasst, eventuelle Zusammenhänge der Stadtanlage mit der Weltsicht der Inka zu erforschen. Man hat beobachtet, dass der Sonnentempel oder Coricancha das einzige Gebäude Cuzcos ist, das das ganze Jahr über von der Sonne voll beschienen wird. Während eines Monats im Jahr sind neben dem Tempel auch die Hauptstraßen aller zwölf Stadtviertel voll beschienen. Man konnte in Cuzco, dem »Nabel der Welt«, auch die jährliche Wanderung der Sonne nachvollziehen. Nach Meinung mancher Autoren könnte man das antike Cuzco als riesigen Gnomon betrachten, durch dessen Schattenprojektion auf den Straßen und Häusern der Ablauf der Zeit bestimmt werden konnte – eine ganze Stadt als Kalender. Nicht zufällig fällt das bedeutendste Fest der Inka, das Sonnenfest Inti Raymi, das auch heute noch am 24. Juni auf dem Saqsaywaman-Platz gefeiert wird, nahezu mit der Sommersonnenwende zusammen.

**Zu Ehren der Sonne**
*Inti Raymi, das Fest, mit dem die Inka ihrem Sonnengott huldigten, wird auch heute noch in Cuzco vollzogen (links) und ist zu einer internationalen Touristenattraktion geworden.*
*Unten: Vase in Affenform; sie wurde in Cuzco gefunden.*

### DER SONNENTEMPEL CORICANCHA

*Die wichtigste religiöse Stätte Cuzcos war Coricancha, die von Pachacutec 1438 gegründete »goldene Einfriedung«. Innerhalb der Einfriedung von 400 m Seitenlänge standen Bauten, die als Sonnenheiligtum und als Tempel des Mondes, der Venus und der Sterne, des Blitzes und Donners und des Regenbogens dienten, sowie Priesterwohnungen. Im Sonnenheiligtum waren die Mumien der Inka-Könige, im Mondtempel jene ihrer Gattinnen aufgebahrt. Im prächtigen zentralen Garten war alles, was das Reich bot, in Gold nachgebildet: Statuen, Brunnen, Darstellungen von Tieren, Blumen, aber auch Erdschollen und Pflanzenreihen. Auch die Dächer waren aus Gold – der Sonnentempel war außen mit 700 Goldplatten verkleidet, die jeweils 2–5 kg wogen. Alles musste bei Sonnenaufgang und Sonnenuntergang – als Huldigung für die Hauptgottheit der Inka – im Licht erstrahlen. 1534 wurden diese Kostbarkeiten von unschätzbarem Wert von den Leuten Pizarros geraubt und in nur einer Nacht eingeschmolzen.*
*Links: Mauer des Coricancha und Santo-Domingo-Kirche.*

**Eine geometrische Stadt**
*Cuzco in einem Stich von Georg Braun aus dem 16. Jh. Der rechtwinkelige Stadtplan ist gut erkennbar.*

# MACHU PICCHU UND DIE VERGESSENEN INKA-STÄDTE

*Die berühmteste und spektakulärste archäologische Stätte Südamerikas wirft noch immer eine Vielzahl von Fragen auf. Die Konquistadoren Pizarros kannten sie nicht, sie war aber auch nicht das einzige Refugium in der Cordillera Vilcabamba.*

**SCHATZTRUHE DER ALTEN KULTUREN**
Unten: *die Cordillera Vilcabamba, die zahlreiche Spuren vergangener Kulturen bewahrt hat.*
Unten rechts: *eine Schleife des reißenden Urubamba-Flusses.*

Die berühmteste Inka-Festung und eine der bekanntesten archäologischen Stätten der Welt hat eine außergewöhnliche Lage: auf einem schmalen Sattel zwischen den beiden felsigen Berggipfeln Machu Picchu (»alte Bergspitze«) und Huayna Picchu (»junge Bergspitze«), in einer Seehöhe von 2400 m am Osthang der Cordillera Vilcabamba in den Anden, auf einem äußerst steilen Grat, dessen Wände 500 m in den vom Urubamba-Fluss gegrabenen Canyon abfallen. Die spektakuläre Stadt, die 112 km nordwestlich der alten Hauptstadt Cuzco liegt, wurde unter dem Inka-Herrscher Pachacutec (1438–1471) erbaut. Als die Spanier 1533 Cuzco einnahmen, blieb ihnen Machu Picchu verborgen. Nach ihrer Aufgabe wurde die Bergfestung von der Vegetation überwuchert, bis ihre Ruinen am 24. Juli 1911 vom Archäologen Hiram Bingham entdeckt wurden, der sie in der ganzen Welt bekannt machte. Das »Nest des Kondors« Machu Picchu ist äußerst gut erhalten. Die etwa 200 Gebäude mit mächtigen Mauern aus perfekt zurechtgeschnittenen und zusammengesetzten rosa Granitblöcken befinden sich in zwei Anlagen – einem oberen Teil mit Monumentalbauten und einem unteren Teil mit den Wohngebäuden. Sie waren durch große Plätze voneinander getrennt und von Mauern und *Andenes*, terrassenförmig angelegten Feldern, umgeben. Treppen mit mehr als 3200 Stufen verbinden die verschiedenen Bauten, von Tempeln, Palästen und Observatorien der herrschenden Schicht bis zum Monolithaltar im am höchsten

**STADT IM HIMMEL**
*Die stummen Ruinen von Machu Picchu scheinen von der Hand eines Riesen am Himmel angebracht worden zu sein.*

gelegenen Teil der Festung: einem Steinblock mit einem als *Intiwatana* (»Ort, wo die Sonne angebunden wird«) bezeichneten Pfeiler, der für astronomische Messungen bestimmt war. Machu Picchu ist das am höchsten gelegene *Waka* der Inka, eine ungewöhnlich schöne Landschaft, welche die Inka als Sitz von übernatürlichen Mächten und Schutzgottheiten betrachteten.

## HYPOTHESEN ÜBER MACHU PICCHU

Der eigentliche Name der Inka-Bergfestung, die wir heute Machu Picchu nennen, ist nicht bekannt. Ebenso weiß man nicht, warum sie erbaut und von wem sie bewohnt und aufgesucht wurde. Im Laufe der Zeit haben sich mehrere Hypothesen entwickelt:

Manche Wissenschaftler halten sie für eine der zahlreichen kleinen Siedlungen an der Königsstraße, die autonom große Teile des Inka-Reiches verwalteten und kontrollierten (*Llactas*). Anderen Meinungen zufolge war sie ein militärischer Stützpunkt, um das ruhelose Volk der Kordilleren zu kontrollieren. Wieder andere denken an einen Ort, der als letzte Zufluchtsstätte der von den Spaniern unterworfenen Inka und ihres Königshofes war (jedoch nicht die letzte Hauptstadt Vilcabamba). Oder war es eine heilige Festung, um die Sonnenjungfrauen zu verstecken und ihre Entweihung durch die Konquistadoren zu verhindern? Vielleicht war der Ort aber auch für astronomische Beobachtungen reserviert, die beim Altar-Gnomon Intihuatana und im etwas tiefer liegenden Torreón durchgeführt wurden, dessen Fenster auf den Sonnenaufgang während der Sommersonnenwende ausgerichtet sind.

Auch von den lokalen Historikern wurden interessante Vermutungen angestellt. Nach Manuel Chavez Ballón wurden Cuzco und Machu Picchu gemeinsam nach einer genauen

**EIN ALTAR FÜR DIE SONNE**
Oben: *Intihuatana, ein steinerner Altar, an dem die Sonne symbolisch festgebunden wurde; dieses Ritual sollte die Rückkehr der Sonne begünstigen.*
Links: *terrassenförmig angelegte Felder* (Andenes).

187

### WOHNSTADT ODER KULTSTÄTTE?

*Wofür Machu Picchu angelegt wurde, ist nach wie vor ein Rätsel. Aufgrund der Fundstücke vermutet man, dass es nicht eine Stadt mit gewohntem Tagesablauf war, sondern eher eine heilige Stätte, wie auch die geografische Position vermuten lässt.*

### AN DEN STRASSEN DES GEDENKENS

*Religiöse Bauten aus präkolumbischer Zeit bei Pisac, unweit von Machu Picchu. Es gibt noch viele vergessene Inkastädte, deren Schätze vielleicht noch zu entdecken sind.*

Stadtplanung angelegt. Victor Angeles stellte fest, dass der Grundriss Machu Picchus einem Vogel mit ausgebreiteten Flügeln (dem heiligen Kondor) gleicht. Fernando Cabieses zufolge entsprechen die Altäre Machu Picchus in einem pyramidenförmig aufgebauten Gefüge den drei Welten *hanan* (obere Welt), *hurin* (Unterwelt) und *cay* (Erde), wodurch der religiöse Zweck der Stätte bestätigt würde. Unter den vielen Autoren, die über Machu Picchu schrieben, befand sich auch Ernesto Che Guevara, der es 1952 bei seiner berühmt gewordenen Motorradreise mit Alberto Granado besuchte.

Viele Inka-Forscher neigen heute zur Annahme, dass Machu Picchu ganz einfach die Rolle einer Königsresidenz innehatte – eines Vorpostens, den König Pachacutec um 1450 (die frei gelegten Keramiken würden diese Datierung bestätigen) als Winterresidenz errichten ließ, da hier das Klima, verglichen mit Cuzco, milder war. Die Siedlung wurde etwa 1 Jh. später verlassen, da sie zur Zeit der spanischen Invasion nicht mehr sicher schien, und blieb glücklicherweise nahezu vollständig erhalten.

## WEITERE »VERGESSENE STÄDTE«

Im Zuge der Grabungen Gene Savoys bei Espiritu Pampa (1964/65) konnte die letzte Hauptstadt des Inka-Reichs, Vilcabamba, freigelegt werden. Diese Stadt, die in einem weiten, ebenen Tal in nur 1000 m Seehöhe lag, war »wegen ihres warmen Klimas« von Manco Inca als Hauptresidenz gewählt worden. Die Stadtanlage bestand aus 300 Gebäuden, die aufgrund häufiger Überschwemmungen auf Terrassen standen. Sie umfasste große Tempel und Paläste, deren Fassaden bis zu 100 m lang waren und die an schnurgeraden Straßen aufgereiht waren. Als die Spanier 1572 Vilcabamba erreichten, hatten die Bewohner die Stadt bereits angezündet und waren mit allem, was sie mitnehmen konnten, geflohen. Nach den Chroniken Antonio de la Calanchas hatte Vilcabamba ein politisches, aber auch ein religiöses Zentrum, das Bingham in Rosaspata (das antike *Vitcos*) auffiel: ein Sonnentempel mit einem großen weißen Granitblock, in den Bänke und Terrassen geschnitten waren und an dessen Fuß eine Quelle hervorsprudelte.

Choquequirau liegt auf 3085 m Seehöhe in einer spektakulären, vom Río Apurímac eingeschnittenen Schlucht. Es besteht aus neun Häusergruppen, typischen Steinbauten der

Inka (rechteckiger Grundriss, trapezförmige Türen und Nischen; strohgedeckte Häuser), Terrassen und Kanälen für die Wasserversorgung. Die Siedlung wurde bereits 1790 erwähnt, 1834 erstmals besichtigt und 1909 von Hiram Bingham besucht. Die Ruinen sind zu einem Drittel freigelegt und können seit 2003 besichtigt werden.

In der Cordillera Vilcabamba, 35 km von Machu Picchu, in der Nähe des heutigen Dorfes Corihuayrachina (»wo mit dem Wind Gold gemacht wurde«), hat man zwölf archäologische Stätten entdeckt. Sieben davon liegen zwischen 2760 und 3502 m hoch an den Westhängen des Cerro Victoria (3885 m). Das 42 km² große Gebiet umfasst eine Bergfestung mit 200 Gebäuden: runde Hütten, Lagerräume für Lebensmittel, Grabtürme, Zeremonialplattformen und Nekropolen in der Nähe von bis 1970 ausgebeuteten Silberbergwerken. Die Plattformen dienten Feiern zur Huldigung der heiligen Berggipfel und astronomischen Beobachtungen. In den Gräbern fand man Gegenstände aus sehr weit zurückreichender Zeit (400 v. Chr.–540 n. Chr.), aus der Zeit der Inka (1400–1450) und aus der Kolonialzeit. Die Gegend lieferte Silber, Wolle und Fleisch von Lamas und Alpakas, man baute aber auch Kartoffeln, Bohnen, Mais, Avocados, Papayas und Koka an.

Auf einer kleinen Ebene am Grund der Yanama-Schlucht liegen in 1850 m Seehöhe die Ruinen von Cota Coca. Diese Siedlung umfasste 30 Steinbauten, die um einen Platz angeordnet waren, weitere daran angrenzende Gebäude, zwei Einfriedungen (vielleicht für Lamas) und einen großen Versammlungsraum. Die Siedlung war durch einen Pfad mit Choquequirau verbunden.

## FORSCHUNGEN GESTERN UND HEUTE

*Der Name Machu Picchu, der sich auf eine Bergspitze und nicht auf eine Siedlung bezog, tauchte bereits im 16. Jh. auf einigen Landkarten der Kolonialherren auf. Die Existenz einer verlassenen Stadt auf der Cordillera war bereits dem Mailänder Forschungsreisenden Antonio Raimondi bekannt, der Ende des 19. Jh.s Peru besuchte und dies in seinen Berichten notierte. Etwas später erfuhr auch der Franzose Charles Wiener davon, fand jedoch niemanden, der ihn zu jenem Ort begleitete. 1906–1915 unternahm der Amerikaner Hiram Bingham verschiedene Forschungsreisen in den peruanischen Anden, die von der National Geographic Society finanziert wurden. Er suchte nach der antiken Stadt Vilcabamba, dem letzten Fluchtort des Herrschers Manco Inca, der von den Spaniern 1572 getötet wurde. 1911 entdeckte Bingham Machu Picchu (das er für Vilcabamba hielt) und die Inka-Siedlungen Choquequirau und Rosaspata. Bingham ließ die Ruinen von der Pflanzendecke befreien und unternahm die ersten archäologischen Grabungen. In der Nekropole fand man die Gräber von 170 Personen, davon 150 Frauen. Deswegen wurde auch die Vermutung aufgestellt, dass Machu Picchu von den Ajillas, den heiligen Sonnenjungfrauen, bewohnt wurde. Bingham konnte 555 Keramikvasen, 200 Gebrauchsgegenstände aus Bronze, Gegenstände aus Kupfer und Silber und verschiedene Artefakte aus Stein sicherstellen. Er füllte 200 Kisten mit Materialien und schickte sie an die Universität Yale, der er angehörte. Das Aufsehen um diese Entdeckung führte zu weiteren Forschungsreisen in das Herz der Anden, wo auch noch weitere antike Siedlungen entdeckt wurden. Bei einer kürzlichen, ebenfalls von der National Geographic Society finanzierten Kampagne entdeckten unter anderem Peter Frost und Alfred Valencia 2002 die abgelegene Siedlung Corihuayrachina auf dem Cerro Victoria, sowie Hugh Thomson und Gary Ziegler das darunter liegende Cota Coca. Eine der zuletzt entdeckten Stätten ist, in einem Wald in 2650 m Seehöhe, Wiñay Wayna, in der Nähe der Inka-Ruinen von Runkuracay und Sayacmarca.*

**BAUERNVIERTEL**
Oben links: *Häuser des landwirtschaftlichen Bereichs von Machu Picchu im südlichen Teil der Stadt.*

**VON EINEM MYSTERIUM VERSCHLUCKT**
*Gebäude Machu Picchus aus behauenen Blöcken, die exakt zusammengepasst sind. In Zusammenhang mit dieser archäologischen Stätte sind noch viele Fragen offen.*
*Sie wurde Mitte des 15. Jh.s gegründet und war bereits 80 Jahre später, als die Spanier ankamen (die jedoch nichts von ihrer Existenz wussten), wieder verlassen.*

# MITTELALTER UND NEUZEIT

»Als der Tag kam, an dem der Tote und seine Sklavin verbrannt werden sollten, ging ich zum Flussufer, wo das Schiff stand. Es war an Land hochgezogen und wurde durch vier Holzpfähle gestützt (...) dann setzten sie eine Bahre auf das Schiff, legten den Mann darauf und bedeckten ihn mit Brokat. Dann kamen sie mit *Nabid*, Früchten, Brot und wohlriechenden Pflanzen und legten diese zu seinen Seiten nieder. Sie führten zwei Pferde und zwei Kühe herbei, hackten sie in Stücke und warfen das Fleisch auf das Schiff (...)

Am Nachmittag wurde die Sklavin herbeigeführt, die danach verlangte, ihrem Herrn nach Walhalla zu folgen (...) Dann kam der nächste Verwandte des Verstorbenen. Er nahm ein Holzstück und zündete es an (...) Nun kam das Volk und warf Zunder und weitere Holzstücke auf den brennenden Holzstapel unter dem Schiff. Nach kurzer Zeit hüllten die Flammen das Schiff ein (...) Nach nicht mehr als einer Stunde waren das Schiff, das Holz, die junge Sklavin und ihr Herr zu Kohlenstücken und Asche geworden. Endlich erbaute man da, wo das Schiff gestanden war, einen runden Erdhügel ...«

Aus »*Ar-Risala*«, einem Reisebericht des arabischen Diplomaten Ibn Fadlan über ein Wikingerbegräbnis an der Wolga, 922 n. Chr.

# DAS OSEBERG-SCHIFF

*Die Wikinger waren große Seefahrer und bauten leichte, wendige, elastische Schiffe,
mit denen sie jeden Winkel Europas, aber auch weiter entfernte Ziele ansteuern konnten.
Schiffe wurden auch für die Bestattung hoch gestellter Persönlichkeiten und ihrer
Grabbeigaben verwendet, einige davon sind im Museum von Oslo ausgestellt.*

**GESCHICHTEN UM DIE
WIKINGER**
Oben: *Statuette des Frucht-
barkeitsgottes der Wikinger
aus dem 11. Jh.*
Rechts: *das Oseberg-Schiff,
wie es sich 1903 bei seiner
Freilegung präsentierte.*
Unten: *der Bug nach der
Restaurierung.*

Die Wikinger (oder Normannen) waren skandinavische
Stämme, die ab dem 8. Jh. bis Anfang des 12. Jh.s mit
ihren Schiffen viele Punkte in ganz Europa ansteuerten. Sie
errichteten Herrschaften in der Normandie, England, Sizilien
und Süditalien, fuhren auf den russischen Flüssen bis nach
Kiew, ins Schwarze Meer und ins Kaspische Meer, erreichten
aber auch Grönland und die Insel Neufundland. Sie galten als
grausame und blutrünstige Piraten, die durch ihre militärischen Unternehmungen Ruhm und Reichtum erlangen wollten. Sie betrieben aber auch Seehandel und waren künstlerisch begabt, wobei ihre besondere Dekorationskunst
hervorsticht. Sie verfügten über ein spezielles Schriftsystem,
die Runen, von welchen in Nordeuropa Tausende Beispiele in
Inschriften gefunden wurden. Verstorbene höher gestellte
Persönlichkeiten wurden meist auf ans Land gezogene Schiffe
gelegt, die dann verbrannt oder mit einem Erdhügel bedeckt
wurden; man stellte aber auch Gräber in Form von Barken
her, die an der Erdoberfläche durch Steinzeilen eingefriedet
wurden. Durch den Fund der Schiffe von Oseberg, Gokstad
und Tune in der Nähe von Oslo konnte man das Bestattungs-
zeremoniell rekonstruieren, aber auch die Konstruktionstechniken und die geschnitzten Dekorationen studieren.

## DAS SCHIFF DER KÖNIGIN

Im August 1903 versuchten einige Bauern des Ortes Oseberg, 65 km südlich von Oslo, einen 6 m hohen Hügel von

36 m Durchmesser abzugraben, um ein Feld zu planieren und dann bebauen zu können. Der Direktor des Archäologischen Museums von Oslo intervenierte und konnte im Laufe der Grabungen ein Wikingerschiff in sehr gutem Erhaltungszustand freilegen. Der Grabhügel aus blauem Ton und Torf hatte das mit einer Pechschicht bestrichene Schiff und seinen Inhalt tatsächlich sehr gut konserviert. Die Grabbeigaben bestanden aus einem vierrädrigen Holzwagen, vier Schlitten, Betten, Fässern, Eimern, einem Stuhl, einem Sattel sowie Pfählen, die mit geschnitzten Tierköpfen mit weit aufgerissenen Mäulern, mit mäanderförmig verflochtenen Motiven und flachen geometrischen Zeichen dekoriert waren. Eine Truhe war aus einem Eichenstumpf gefertigt und mit Silbernägeln verziert; sie enthielt verschiedene Gegenstände sowie rote, schwarze und gelbe Stoffe, die mit Hunde- und Pferdefiguren bestickt waren. Außer Holzgegenständen fand man auch ein Eisenschwert, Lebensmittelreste (Getreide, Nüsse und wilde Äpfel) und die Skelette von zwei Rindern und zehn Pferden.

Im Heck waren die Körper zweier Frauen aufgebahrt: eine junge Frau im Alter von 25–30 Jahren und eine ältere. Die erste wurde als Königin Asa identifiziert, Mutter von Halfdan dem Schwarzen und Großmutter des Feldherrn Harald Finehair; sie war Herrscherin über Norwegen und starb 850 n. Chr. Die ältere Frau war vermutlich ihre Amme oder Gesellschaftsdame, die gemäß dem üblichen Begräbniszeremoniell geopfert wurde.

Das Schiff wurde etwa um 820 gebaut; es war 21,44 m lang, 5,1 m breit, hatte einen Tiefgang von 1,6 m und war in Klinkerbauweise mit 12 Planken je Seite ausgeführt. Für das Begräbnis wurde das Schiff mit 15 Ruderpaaren aus Kiefernholz ausgestattet. Nach der Begräbnisfeier wurde das Schiff

### KÖNIGIN DER MEERE

Links: *das Oseberg-Schiff im Museum der Wikingerschiffe von Bygdøy.*
Unten: *Stein aus einer Wikingerschmiede von 800–1000 n. Chr.; die Darstellung zeigt den Kopf des schelmischen und arglistigen Gottes Loki, der von Odin verjagt und in die Unterwelt verbannt wurde.*

an einem Felsblock befestigt, mit Pech überzogen und mit einem Erdhügel bedeckt. Das Oseberg-Schiff ist im Museum der Wikingerschiffe auf der Insel Bygdøy bei Oslo gemeinsam mit dem Kiel des Tune-Schiffs und dem Gokstad-Schiff ausgestellt. Letzteres ist 26,6 m lang, 5,24 m breit, vom Kiel bis zur Reling 2 m hoch, an beiden Seiten durch 32 Schilde geschützt, hatte einen 12 m hohen Mast und war mit Segeln und Riemen ausgestattet.

## WIKINGERSCHIFFE

*Die Wikinger hatten schlanke, leichte und wendige Ruderboote (etwa 20 m lang, etwa 5 m breit) mit niedrigem Tiefgang (1,5 m), mit denen sie viele Flüsse Europas bis in die Mitte des Kontinents befahren konnten. Die Schiffe waren aus Eichenholz, hatten nahezu kein Deck, waren an Vor- und Achtersteven stark hochgezogen und mit sehr fantasievollen Schnitzereien versehen. Die Achsen des Schiffskörpers wurden mit Fasern zusammengebunden, die Planken waren überlappt und mit Sehnen oder Metallnieten zusammengehalten; sie wurden an den Bodenwrangen (Verstärkungsteile in der Mitte des Schiffsrahmens) und nicht am Kiel festgemacht. Dies verlieh den Schiffen eine außerordentliche Elastizität, sodass sie auch bei stärkeren Wellen nicht zerbrachen. Ein Mast trug das viereckige Segel, das an der Rah befestigt war, deren Arme innerhalb der Reling gesichert waren; die Schiffe waren mit 6–32 Ruderpaaren ausgestattet. Gesteuert wurde mit einem langen Steuerruder im Heck; an den Seiten waren runde Schilde zum Schutz vor Bogenschützen angebracht. Außer den Schiffen für Streifzüge (Schniggen) hatten die Wikinger auch Kampfschiffe (Langschiffe), Yachten (Karfi) und Transportschiffe (Knorren). Am Bug waren üblicherweise Monster-Skulpturen angebracht, welche die Mannschaft (4–100 Mann) vor den bösen Geistern des Meeres beschützen sollten.*
**Links:** **Relief auf einem Runenstein, auf dem das Schiff Odins dargestellt ist, das die in der Schlacht gefallenen Helden ins Jenseits trägt.**

# DIE WIKINGERSIEDLUNG ANSE-AUX-MEADOWS

*Die Wikinger legten um das Jahr 1000 einen nur im Sommer bewohnten Vorposten auf der kanadischen Insel Neufundland an, von wo aus sie bis nach New Brunswick vordrangen. Den Beweis dafür lieferte die Entdeckung eines Wikingerdorfes, in dem die Strukturen von acht Gebäuden und zahlreiche Fundstücke freigelegt werden konnten.*

**SOMMERWOHNSITZ**
*Die Grabungen haben ergeben, dass die Wikinger nur die Zeit zwischen Frühjahr und Winterbeginn in Anse-aux-Meadows verbrachten und dann wieder nach Grönland zurückkehrten.*

Anse-aux-Meadows liegt am nördlichsten Zipfel der Insel Neufundland an der kanadischen Atlantikküste, am südlichen Ufer der Belle-Isle-Straße gegenüber von Labrador. Heute ist Anse-aux-Meadows ein Historischer Nationalpark Kanadas und seit 1978 Weltkulturerbe der UNESCO. Offiziell wurde Neufundland von Sebastiano Caboto 1497 entdeckt, war aber in Wirklichkeit bereits im Jahr 1000 von den Wikingern aufgesucht worden. Die ersten Vermutungen über einen damaligen Aufenthalt der Wikinger in Amerika wurden bereits 1914 geäußert. Aber erst 1960 zeigte George Decker,

ein Bewohner des Dorfes, dem norwegischen Forschungsreisenden und Schriftsteller Helge Ingstad einige alte Ruinen. In den darauf folgenden acht Jahren gruben beide, gemeinsam mit Ingstads Gattin Anne Stine, die Stätte aus und brachten acht Bauten und 150 Wikinger-Artefakte ans Licht. Die Grabungen wurden 1973 wieder aufgenommen und 1984 wurde die Fundstätte für Besucher geöffnet. Seit 1997 ist sie in eine vollständige Rekonstruktion des Dorfes eingebaut, wo mithilfe von Kostüm-Animationen gezeigt wird, wie man vor 1000 Jahren an diesem Ort lebte und arbeitete.

# GRABUNGEN IN ANSE-AUX-MEADOWS

Bei der ersten Grabungskampagne (1960–1968) konnten die Mauern von acht Gebäuden freigelegt werden, die am Ostufer der Black-Duck-River-Mündung verstreut liegen. Sie waren unter einer dicken Erdschicht verborgen; die Dächer bestanden aus Holztafeln, die ursprünglich mit Pflanzenschollen bedeckt waren. Drei der Gebäude waren Wohnhäuser mit Feuerstellen in der Mitte, zusätzlich gab es kleine Nebengebäude und außerdem die Werkstatt eines Schmiedes und eine kleine Gießerei. Auch ein Schuppen, wo die Boote im Winter eingestellt wurden, war vorhanden. In einem Kohlenmeiler (nach der C-14-Methode mit 890–1060 n. Chr. datiert) fand man ein Stück Kupfer aus Wikinger-Fabrikation. Unter den 150 gefundenen Gegenständen befindet sich eine Bronzenadel als Mantelverschluss, eine Wollspindel, eine Knochenstricknadel (ein Hinweis, dass auch Frauen hier waren), eine steinerne Lampe, zahlreiche Eisennägel, einen Schleifstein für Metallklingen und noch weitere Artefakte, die alle mit etwa 1000 n. Chr. datiert werden konnten. Gräber wurden keine gefunden. Die zweite Grabung (1973–1976) vervollständigte die Erforschung des Geländes und erlaubte, die genau Funktion des Wikingerdorfes zu ermitteln. Es gab drei Häusergruppen, die

## ALTE ISLÄNDISCHE SAGEN

*Von den Wikingerschiffen an der Atlantikküste Nordamerikas weiß man auch aus einigen isländischen Sagen, die Ende des 11. Jh.s oder Anfang des 12. Jh.s aufgeschrieben wurden. Kopien dieser Texte wurden in Europa Ende des 14. Jh.s bekannt. Nach jenen Erzählungen fuhren nach der Kolonisierung Islands (870) und Südgrönlands durch Erich den Roten (985) einige Schiffe nach Norden und Westen. 995 versuchte Leif Erikson (Sohn des Erich) mit 35 Mann, ein ihm unbekanntes Land zu erreichen, von dem ihm berichtet worden war. Er traf zuerst auf weite Eislandschaften (Helluland, »Land der flachen Steine«), dann auf eine Waldlandschaft (Markland, »Land der Wälder«), landete schließlich in einer Gegend, die von Wiesen bedeckt war, und ließ Hütten errichten, um dort den Winter zu verbringen. Da in diesem Land wilder Wein gut gedieh, nannte er es Vinland, »Land der Weinrebe«. Nach ihm wurde das Dorf 998 von Thorwald, dem Bruder Leifs, bewohnt, und 1003 von Thorfinn, der mit drei Schiffen, 60 Männern, fünf Frauen und auch mit Haustieren hier siedelte. Zwei Jahre später waren die Wikinger gezwungen, wieder nach Grönland zurückzukehren, da es Zusammenstöße mit lokalen Stämmen der Skraelinger gegeben hatte. Vinland ist auch durch den Fund einer mit 1434 datierten Landkarte aus Pergament bekannt, wo die Lage sogar eingezeichnet ist, die Karte jedoch für eine Fälschung gehalten wurde.*

für die verschiedenen Berufsgruppen der Kolonisten bestimmt waren: in der unteren Gruppe die Schmiede, die auch über einen Schmelzofen verfügten; in der Mitte die Zimmerleute; in der oberen Häusergruppe Schiffbauer, die für die Instandhaltung der Schiffe zu sorgen hatten. Die Entdeckung von drei Schichten mit Holzabfällen (über 2000 Holzstücke) von der Bearbeitung von Balken und Baumstämmen, von Schlacken vom Schmelzofen und von zahlreichen Nägeln bestätigen, dass in Anse-aux-Meadows tatsächlich ein Wikinger-Vorposten eingerichtet war. In diesem Sommerquartier wurden Holz, Früchte und andere natürliche Ressourcen gesammelt; hier konnten die Schiffe leicht ans Ufer gezogen und vor der Heimfahrt ins Vaterland repariert werden. Es war auch ein Ausgangspunkt, um die Umgebung bis zum Sankt-Lorenz-Strom und New Brunswick zu erforschen. Die Wikinger kamen jeweils im Frühjahr im Dorf an und fuhren vor dem Winter nach Grönland zurück. Man weiß nicht, ob sie die Absicht hatten, das Gebiet zu kolonisieren.

**EIN VOLK DER SEEFAHRER**
*Die Wikinger waren großartige Seefahrer. Zwischen den Werkstätten durfte auch ein Schuppen für Reparatur und Instandhaltung der Schiffe nicht fehlen.*

**SO LEBTEN DIE WIKINGER**
*Rekonstruktion eines Wikinger-Wohnhauses aufgrund von Fundstücken der Siedlung von Anse-aux-Meadows.*

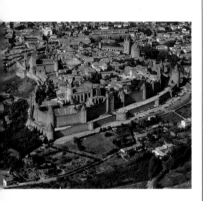

# CARCASSONNE, STADT DES MITTELALTERS

*Im französischen Mittelalter wurde die Oberstadt von Carcassonne ab dem 6. Jh. befestigt und im 11.–13. Jh. mit einer doppelten Ringmauer und einem Kastell versehen. Nachdem sie Ende des 19. Jh.s von Viollet-le-Duc restauriert wurde, gilt sie als französisches Musterbeispiel mittelalterlicher Militärarchitektur.*

**UMSTRITTENE RESTAURATION**

Fotos dieser Seite: *zwei Ansichten der Festungsstadt Carcassonne, deren Restaurierung manchen Kritikern allzu künstlich erschien.*

Carcassonne liegt in der Region Languedoc-Roussillon, in der weiten Schwemmlandebene des Flusses Aude zwischen Toulouse und Narbonne, an einem der Hauptverbindungswege zwischen Mittelmeer und Atlantik. Der mittelalterliche Kern der befestigten *Cité* befindet sich auf einem Hügel rechts des Flusses, während sich die Unterstadt in der Ebene am linken Aude-Ufer erstreckt. Möglicherweise wurde jener Hügel aufgrund seiner günstigen Lage bereits in prähistorischer Zeit bewohnt oder aufgesucht (in der Umgebung wurden jungsteinzeitliche Fundstücke der Bronzezeit freigelegt). Aus dem 5. Jh. v. Chr. wurden Indizien von der Präsenz eines Ibererstammes gefunden; die erste ständige Siedlung geht auf die Römerzeit zurück, als das *Oppidum Carcasso* gegründet wurde. 462 nahmen die Westgoten die Stadt ein und befestigten sie mit einem Erdwall, von dem noch einige Spuren vorhanden sind. Etwas später wurde der erste vollständige

Mauerring mit Türmen errichtet. Die Verteidigungsanlage konnte mehreren Angriffen der Franken widerstehen, hielt aber später den Einfällen der Sarazenen nicht stand, die 732 wiederum von Karl Martell verjagt wurden. Nach wechselnden Herrschaften konnte sich Ende des 9. Jh.s das Haus Trencavel durchsetzen. Unter der Trencavel-Dynastie wurden die Verteidigungsmauern verstärkt und das Kastell, die Kathedrale Saint-Nazaire und der Bischofspalast errichtet. Die Wohnviertel erstreckten sich in der darunter liegenden Ebene.

1208 begann der Kreuzzug gegen die Albigenser unter Simon IV. Montfort, dessen Heer am 15. August 1209 die *Cité* eroberte. Er ließ hier sein Hauptquartier (der Krieg gegen die Albigenser endete erst 1229) und neue Verteidigungsanlagen vor dem alten Ringwall der Westgoten errichten. 1240 versuchte Raimund II. Trencavel vergeblich, die Stadt zurückzuerobern. Während der Regierungszeit Ludwigs IX.

des Heiligen und seines Sohnes Philipps III. des Kühnen wurden die Befestigungen gänzlich erneuert und die an seinem Fuße liegende Siedlung jenseits des Flusses Aude verlegt, wo sehr schnell die neue Unterstadt entstand. 1260 wurden zwei Mauerringe fertig gestellt und mit neuen Toren versehen (Vade-Tor und Tréseau-Tor), während innerhalb der *Cité* die romanische Kathedrale zum Teil im gotischen Stil umgebaut und mit einem prächtigen Chor versehen wurde. In den folgenden Jahrhunderten schreckten die großartigen Verteidigungsanlagen potenzielle Angreifer ab; 1453 wurden auf den Mauern auch Geschütze aufgestellt. Die meisten Ämter wurden nach und nach in die Unterstadt ausgelagert, wohin man 1745 auch den Bischofssitz verlegte. Während der Französischen Revolution besetzte die Garnison mehrere Gebäude; Mauer und Türme wurden dem Verfall preisgegeben und dienten als Steinbruch für neue Bauwerke. Dies änderte sich erst 1835, als Prosper Mérimée, der das Amt des obersten französischen Denkmalschützers übernahm, zur Rettung des mittelalterlichen Carcassonne aufrief. Einige Jahre später beauftragte er den Architekten Eugène Viollet-le-Duc mit der Rettung der Kathedrale und 1853 mit der Restaurierung der gesamten Stadtfestung – eine Aufgabe, der sich Viollet bis zu seinem Tod widmete.

## RESTAURIERUNGEN VIOLLET-LE-DUCS

Der Architekt Eugène Viollet-le-Duc nahm sich ab 1844 eine der umfangreichsten und ambitioniertesten Restaurierungsaufgaben des 19. Jh.s vor. Sein Ziel war die Wiederherstellung der Feststungsstadt Carcassonne, so wie sie von den königlichen Baumeistern des 13. Jh.s konzipiert worden war. Zu diesem Zweck studierte er alle Mauerreste und antiken Gebäude äußerst genau, katalogisierte auch die kleinsten Indizien, wie Öffnungen, Dächer, Eisenelemente, vorgenommene Umbauten und die verwendeten Materialien. Auf diese Weise konnte er 1853 ein Gesamtprojekt vorstellen, das gemeinsam mit den Vorstudien als Fachtraktat der mittelalterlichen Archäologie gelten kann, das zu einer Zeit erarbeitet wurde, als es diesen Ausdruck noch gar nicht gab. Außer der Restaurierung der Kathedrale Saint-Nazaire (1844–1864), bemühte er sich 1855–1879 um eine Restaurierung der Mauer, einiger Türme und der beiden Stadttore der *Cité*. Nach seinem Tod wurden die Arbeiten an den beiden Umfassungsmauern, am Kastell und den anderen Türmen von Paul Boeswillwald (1879–1910) zu Ende geführt.

**AUF DEN RUINEN DER VERGANGENHEIT**
*Der erste Kern des Kastells wurde auf den Resten bereits bestehender Gebäude errichtet. Bei archäologischen Forschungen konnten auch Mosaikfragmente aus der Römerzeit sichergestellt werden.*

Die Restaurierung Viollet-le-Ducs wurde jedoch nicht nur mit Wohlwollen betrachtet. Einwände richteten sich vor allem auf die übertriebene Anzahl der rekonstruierten Türme und ihre kegelförmigen Dächer, die mit Schieferplatten gedeckt wurden. Weitere Kritik gab es gegenüber der Armee, die einige schlecht durchgeführte Restaurierungen in den Stellungen vornahm. Um 1960 wurden an einigen Dächern die Schieferplatten durch Ziegel ersetzt, ab 1980 wurde jedoch wieder der Interpretation Viollet-le-Ducs Recht gegeben. Auch die UNESCO hat diese Entscheidung gebilligt und 1997 die Altstadt von Carcassonne zum Weltkulturerbe erklärt.

**DIE IDEALE KATHEDRALE**
Unten links: *geometrischer Entwurf einer perfekten Kathedrale nach Eugène Viollet-le-Duc.*

### VIOLLET-LE-DUC (1814–1879)

*Der in Paris ausgebildete Architekt widmete sich ab 1838 Restaurierungsprojekten, die nicht selten einem Neubau nach alten Plänen gleichkamen. Nach genauen theoretischen Studien renovierte oder rekonstruierte er mittelalterliche Monumentalbauten, wie die Pilgerkirche Sainte Madeleine von Vézelay, Sainte-Chapelle und Nôtre-Dame in Paris, die Altstädte von Narbonne, Amiens, Chartres, Reims, Toulouse und die Cité von Carcassonne. Seine Art der Denkmalpflege ist bis heute umstritten, da »restaurierte« Bauten in einem Zustand enden konnten, der nie zuvor existiert hatte. Gewisse Änderungen wurden als »unhistorisch« empfunden, haben jedoch spätere Restauratoren in großem Maße beeinflusst. Die größte Anerkennung erfuhr Viollet-le-Duc vor allem für seine theoretische Arbeit. Er führte eine konsequente Methodologie der architektonischen Stile des Mittelalters ein und veröffentlichte sie in seinen Werken: Dictionnaire raisonné de l'architecture française du XIe au XVIe siècle (1854–1868), Dictionnaire raisonné du mobilier français de l'èpoque carlovingienne à la Renaissance (1858–1875) und Entretiens sur l'architecture (1863).*

197

# DIE *CITÉ* VON CARCASSONNE

Die befestigte Stadt nahm den gesamten Hügel ein, der von zwei elliptischen Ringmauern umfasst wurde, innerhalb deren sich 10.000 Menschen aufhalten konnten. Der äußere Ring hat einen Umfang von 1150 m, der innere von 1110 m; in die Mauern sind 52 Türme eingebaut, die voneinander etwa 20–35 m entfernt sind. Im mindestens 10 m breiten Raum zwischen den beiden Mauern, dem *Lices*, wurden Turniere und Wettkämpfe wie Armbrustschießen ausgetragen. Die Mauern sind bis zu 4 m breit, haben eine Höhe von 7–8 m bei den Toren, aber nur von 5–6 m im Nordosten, wo

der Felsen bereits selbst einen natürlichen Schutz vor Überfällen darstellte. Die *Cité* bietet von unten gesehen einen spektakulären Anblick, da sie dem heutigen Betrachter den Eindruck vermittelt, vor einer authentischen mittelalterlichen Burgfestung zu stehen: die mächtigen Ringmauern, ein Wald von Türmen und dahinter die Umrisse des Kastells und der Kathedrale. Ein Bild aus alten Zeiten, das sich auf zauberhafte Weise bis heute bewahrt hat.

Narbonne- und Aude-Tor wurden 1280 von Philipp III. dem Kühnen in Auftrag gegeben und bildeten die beiden Zugänge zur Stadtfestung. Außerhalb des Außenringes befindet sich die Bastide Saint-Louis, von wo aus man über das Vorwerk und die über den Graben führende Zugbrücke zum Innenring gelangt. Dieser ist wiederum durch ein eigenes Vorwerk (mit Räumen und Lagern für die Garnison) geschützt; dahinter kommen zwei aus Sandsteinquadern errichtete Türme mit Schießscharten unter den kegelförmigen Ziegeldächern. Am Ende des Flurs befinden sich zwei mächtige Eisen-Fallgitter, die unabhängig voneinander geöffnet werden können.

Das Kastell (Château Comtal) liegt im Nordwesten an der zum Fluss gerichteten Mauer gegenüber dem Haupttor der Stadt, dem Narbonne-Tor. Es wurde ab 1125 als Palastresi-

**EIN KASTELL INNERHALB
VON MAUERN**
Oben: *Ansicht des Kastells.*
Rechts: *Graben mit Zugangsbrücke; am oberen
Rand der Mauer ist ein
Holzgang für die Verteidiger
zu sehen.*
Links: *ein Abschnitt der
Verteidigungsmauer der
Cité.*

**ZWISCHEN DEN MAUERN**
*Der Bereich zwischen den inneren und äußeren Mauern der Altstadt diente nicht nur der Verteidigung – er wurde auch für Turniere, Wettkämpfe und als Lager genutzt.*

denz für das Haus Trencavel errichtet und im 13. Jh. unter König Ludwig IX. und dessen Sohn in eine Festung mit fünf Rundtürmen umgebaut und von einem Graben umgeben. Heute hat die Mauer neun Türme, vorwiegend Rundtürme (wie der Saint-Paul-Turm im Süden), einige eckige Türme (wie der Pinte-Turm im Westen) und auch der Eingang des Kastells ist von zwei Türmen flankiert. Im Zentrum befindet sich der weite Ehrenhof, an dem die Garnisonsunterkünfte lagen. Die oberen Stockwerke dienten als Herrscherresidenzen. Eine Wendeltreppe führt auf die Stadtmauer, auf der ein Rundgang möglich ist. Heute ist im Kastell ein Museum untergebracht.

Die Kathedrale Saint-Nazaire wurde im 11.–14. Jh. errichtet und ist ein Musterbeispiel einer romanischen Kirche mit nur einem Schiff und Querschiff, wobei die mehreckige Apsis im für die Île de France typischen hochgotischen Stil gehalten ist. Der Chor ist mit 22 Statuen geschmückt. In die Mauer der Kathedrale ist der so genannte »Belagerungsstein« eingebaut, der an den Sieg der Kreuzfahrer (1209) unter Simon IV. Montfort erinnert.

**ZUFLUCHTSORT DER KETZER**
Unten links: *Der Belagerungsstein erinnert an den von Innozenz III. befohlenen Kreuzzug gegen die Stadt, die sich als Gastgeber und Beschützer der ketzerischen Katharer »schuldig« gemacht hatte.*
Unten: *Das Aude-Tor bildet den nordwestlichen Zugang zur Cité.*

# KRAK DES CHEVALIERS, CHRISTLICHE FESTUNG

*Zur Zeit der Kreuzzüge beherrschte und schützte dieses mächtige und gut organisierte christliche Kastell des Johanniterordens ein großes Gebiet im Nahen Osten. Dieses Meisterwerk der europäischen Militärarchitektur des 12. Jh.s wurde 1271 von Sultan Baibars zerstört.*

**VERTEIDIGER DES GLAUBENS**

*Auf einer Anhöhe etwa 200 km nördlich von Damaskus war Krak des Chevaliers mehr als ein Jahrhundert lang Hauptbollwerk der Verteidigung des Christentums im Land der Moslems.*

Die Festung mit dem Namen Krak des Chevaliers lag auf einem felsigen Gebirgsausläufer in 650 m Seehöhe über der fruchtbaren Ebene, die sich von Tripolis im Libanon bis Tartus in Syrien erstreckte und überwachte eine wichtige Handelsroute. Der ursprüngliche Name *crad, crat* oder *kerak* (»Festung«) bezog sich auf eine alte kurdische Anlage, die 1099–1110 von den Kreuzfahrern erobert und dann mehrmals erweitert und umgebaut wurde. Das kolossale Kastell erstreckte sich über 30.000 m² und war bereits aufgrund seiner strategischen Lage nahezu uneinnehmbar. Es konnte 2000 Soldaten und, wenn notwenig, auch die christlichen Siedler der Umgebung aufnehmen. Überdies war die Krak eine optimale Ausgangsbasis für militärische Operationen und gehörte zu einem Netz christlicher Festungen.

Das Kastell musste aufgrund von Erdbebenschäden mehrmals restauriert werden sowie zahlreiche Angriffe und Belagerungen über sich ergehen lassen. So belagerte 1163 Sultan Nur ed-Din die Festung, wurde aber durch einen Ausfall der Kreuzritter, die an den Feinden ein Blutbad anrichteten, zur Flucht gezwungen. Auch der berüchtigte Sultan Saladin versuchte ein Jahr nach der Einnahme Jerusalems (1187) eine Belagerung Krak des Chevaliers, musste sich aber dann zurückziehen. Im 13. Jh. kam es nach dem 7. Kreuzzug zur Rückeroberung Jerusalems durch die Moslems (1244) und trotz des Einsatzes der Streitkräfte des französischen Königs Ludwigs IX. des Heiligen zu einer Reihe militärischer Niederlagen für die Christen. Dadurch war die Rolle Krak des Chevaliers geschwächt und seine Truppen wagten nicht mehr, die Festung zu verlassen und den Christen in der Ebene zu Hilfe zu eilen. Die bewaffnete Stellung war zu dieser Zeit auf einige Dutzend Ordensritter und Servienten (gut ausgebildete berittene Soldaten) beschränkt. Nach dem Tod Ludwigs IX. eroberte der Mameluckensultan Baibars alle Kastelle der Umgebung und belagerte einen Monat lang Krak des Chevaliers.

Seine Soldaten konnten bis in den zentralen Hof vordringen, zögerten aber, die Kernburg anzugreifen. Baibars gelang es mit einem Trick, die Garnison zur Aufgabe zu bewegen. Er nahm Krak in seinen Besitz, das von seinem Nachfolger Qualaun restauriert wurde, der mittlerweile das letzte Johanniter-Kastell, Margat, zerstört hatte. 1291 fiel auch die letzte christliche Bastion, Akkon, wodurch die muslimische Wiedereroberung des Heiligen Landes abgeschlossen war. Das Kastell von Krak des Chevaliers wurde Ende des 19. Jh.s wieder entdeckt. Nach Forschungen und Restaurierungen der französischen Architekten Deschamps und Anus ist es heute zu einem der Hauptziele für den Tourismus geworden.

## DIE ENTSTEHUNG VON KRAK DE CHEVALIERS

Als Tankred von Hauteville 1110 Krak von den Moslems eroberte, war es eine bescheidene kurdische Festung des Emirs von Homs. Bald darauf wurde es in ein typisches christliches Kastell mit einer quadratischen Einfriedung (die heutige innere Umgebungsmauer) versehen, die den zentra-

**EINE GROSSARTIGE VERTEIDIGUNGSANLAGE**
*Der lange, gedeckte Gang zum Eingang in das Herz des Kastells. Im Gewölbe über dem Stiegengang befinden sich Gusslöcher, durch die heißes Öl gegossen und Steine auf eventuelle Angreifer geworfen werden konnten.*

**HOCH ENTWICKELTE ARCHITEKTUR**
*Der gedeckte Gang ist im Zickzack angelegt und führt zum zentralen Hof des Kastells. Die Decke wurde von einer Reihe von Bögen getragen.*

### DER JOHANNITERORDEN

*Der Ritterliche Orden Sankt Johannis vom Spital zu Jerusalem (auch: Hospitaliter) wurde 1113 durch eine Bulle von Papst Paschalis II. gegründet, nachdem die Johanniter bereits seit 1070 in Jerusalem ein Hospiz für die ins Heilige Land reisenden Pilger unterhalten hatten. Bald darauf gründete man weitere Orden, wie den Templerorden (1119), die sich das Ziel setzten, »die Straße der Pilger zu schützen« und deren Regeln erst etwas später festgelegt wurden. Zur anfänglichen Aufgabe der Ritterorden, die Pilger zu geleiten, zu verteidigen und zu pflegen, kam bald eine militärische hinzu, nämlich Stellung in den inzwischen errichteten Kastellen zu beziehen. Nachschub und Finanzmittel kamen von den Mitbrüdern aus ganz Europa, die über reiche Pfründe und Priorate verfügten. Die Ordensritter unterwarfen sich einer strengen Disziplin, führten ein sehr karges Leben und konnten die von den Kreuzfahrern im Heiligen Land gegründeten christlichen Staaten noch mehr als ein Jahrhundert halten. Nach der Einnahme Akkons durch die Moslems verlegten die Hospitaliter ihren Sitz zuerst nach Zypern, dann nach Rhodos (1310), nach Malta (1530) und wechselten dabei zweimal ihren Namen. Seit Anfang des 19. Jh.s befindet sich der Sitz des Souveränen Malteserordens (oben: das Wappen) in Rom.*

**STIL UND GRÖSSE**
Rechts: *der Portikus mit
elegantem Kreuzgewölbe
neben dem zentralen Hof.*
Unten: *die mächtige
geböschte, 26 m hohe
Mauer, welche die beiden
Südtürme der Kernburg
verbindet.*

len Hof begrenzte, welchem die beiden nördlichen Türme
zur Verteidigung dienten. Die Mauern waren geböscht und
über dem Eingang mit Pechnasen versehen. Auch die beiden riesigen Säle an der Westseite und die Kapelle waren
bereits vorhanden.

Das Kastell wurde 1170 von einem Erdbeben erschüttert,
wodurch umfangreiche Reparaturen und die Verstärkung der
Innenstruktur notwendig wurden. Bei dieser Gelegenheit
wurde die Kapelle vergrößert. Eine bedeutende Erweiterung
erfolgte Ende des 12. und Anfang des 13. Jh.s, indem man
eine mächtige äußere Umfassungsmauer errichtete. Über
den Haupteingang im Osten führte der Zugang über einen
langen gedeckten, im Zickzack angelegten Gang, an dessen
Gewölbe Gusslöcher angebracht waren, um Steinblöcke hi-
nunterzuwerfen oder siedendes Öl auf eventuelle Angreifer
zu gießen. Zusätzlich war der Zugang durch vier Fallgitter
und robuste Tore geschützt. Dieser großartige Durchgang
führte auf den zentralen Hof, der von einer sehr hohen
Mauer mit runden und eckigen Türmen umgeben war. Die
Kernburg bildete nun eine innere, als uneinnehmbar geltende Festung. Auch die Südseite wurde mit Rundtürmen und
einer doppelten Mauer verstärkt; zuletzt legte man noch

große Lagerräume für Lebensmittel an, deren Decke die südliche Esplanade bildete. Verantwortlich für diese Anordnung war Nicolas Lorgne, der spätere Großmeister der Johanniter.

Nach den letzten Umbauten präsentierte sich Krak des Chevaliers als rechteckige Gesamtanlage, die den Geländestufen des Hügels angepasst war, den sie nahezu zur Gänze einnahm. Die Hauptverteidigungsanlagen befanden sich an der Nordseite, die möglichen Angriffen von Kriegsmaschinen am ehesten ausgesetzt war. Nach der Eroberung durch Baibars sorgte sein Nachfolger Qualaun für eine Verstärkung des Kastells an der Südseite durch einen neuen Turm mit quadratischem Grundriss.

## EIN JUWEL DER MILITÄRARCHITEKTUR

Beim Bau der Festung Krak wurden alle zur Verfügung stehenden Mittel und die neuesten Techniken der Militärarchitektur jener Zeit genutzt: doppelte Umgebungsmauer, geböschte Türme mit Vorsprüngen, gedeckte Gänge, unvermeidliche Zugangswege, die im Zickzack verlegt waren, Pechnasen, Wassergräben an der Südseite, die mächtige Kernburg mit drei in die Wände eingefügten Wachtürmen, Schlupfpforten, Fallgitter, bis ins feinste Detail durchdachte Tore und weitere Anlagen.

Krak des Chevaliers ist aufgrund seiner Größe und Ausstrahlung ein herausragendes Baudenkmal und wurde in Vergangenheit und Gegenwart verklärt und romantisiert. Der äußere Mauerring hat einen Umfang von 700 m; die südlichen Schutzmauern der Kernburg, die auch durch einen Wassergraben (*Grande Berquil* – er wurde über Kanäle mit Wasser versorgt und hatte immer den gleichen Wasserstand) geschützt war, waren 26 m hoch; die Türme der Kernburg waren 36 m hoch und ihre Basismauern bis zu 9 m dick.

Um den zentralen Hof zeugen zwei weitere Anlagen von der Dimension des Komplexes: an der Westseite ein 120 m langer Saal mit einem 29 m tiefen Schacht, einem doppelten Ofen und 12 Latrinen; daneben ein 27 x 9 m großer Versammlungssaal der Ordensritter. Die Lebensmittelmagazine über dem Hof stützten gleichzeitig die Südterrasse; sie enthielten eine Traubenpresse und eine Olivenpresse, 142 Krüge mit Wein und Öl, vier Zisternen sowie riesige Reserven an trockenem Fleisch und Mehl.

## DIE LETZTE BELAGERUNG

Anfang März 1271 belagerte Sultan Baibars die Festung Krak des Chevaliers. Sein Heer von mehreren Tausenden gut ausgebildeten Soldaten bestand aus Mamelucken, Truppen des benachbarten Emirats Homs und Assassinen (*hashishin*) aus den Bergen. Es verfügte über Sappeure (Militäringenieure) für Sprengungen, Steinschleudermaschinen, Mauerbrecher, Reiter und Speerwerfer, die brennende Speere schleudern konnten.

In der Festung war eine geschwächte Garnison, bestehend aus etwa 50 Rittern und ebenso vielen Servienten, die jedoch gut bewaffnet waren und alle Finessen ihres Kastells nutzen konnten, sowie etwa 50 Kolonisten, die hierher geflüchtet waren. Sie waren sehr wohl in der Lage, einer langen Belagerung standzuhalten, da die Lebensmittelreserven für etwa fünf Jahre gereicht hätten. Baibars wollte jedoch sein Unternehmen schnell abschließen, da er fürchtete, dass sein Heer sich auflösen könnte. Außerdem wollte er dem Kastell so wenig wie möglich Schäden zufügen, da er sich selbst hier niederlassen wollte. Daher griff er an verschiedenen Punkten an, schlug eine Bresche in die Mauer neben dem Haupteingang, eroberte die Westtürme und gelangte zwischen die beiden Mauern. Einige Tage später ließ er die beiden Südtürme sprengen und drang bis in den zentralen Hof vor, hatte jedoch eine hohe Zahl an Gefallenen zu beklagen.

Baibars wagte nicht die Kernburg anzugreifen, in deren Türme sich die Christen verschanzt hatten. Er konnte indes mit einem Trick den Festungskommandanten zur Aufgabe bewegen, und zwar mit einer gefälschten Nachricht von dessen Befehlshaber in Tripolis, in der die Übergabe angeordnet wurde. Auf diese Weise konnte Sultan Baibars Anfang April Krak des Chevaliers in Besitz nehmen.

**EIN MÄCHTIGES KASTELL**
Oben links: *die Südseite des Kastells mit dem massiven viereckigen Turm, den Sultan Qualaun errichten ließ. Krak des Chevaliers verfügte über großartige Hallen, die als Versammlungssaal, Vorratslager und Kapelle (oben) dienten.*

**GEMEISSELTE WÖRTER**
*Im Kastell sind verschiedene Inschriften, sowohl in lateinischer als auch in arabischer Sprache, erhalten. Eine der zuletzt angebrachten (links) befindet sich auf einem Pfeiler eines Raumes, der an den zentralen Hof grenzt.*

# BLACK HILLS AM LITTLE BIGHORN RIVER

*Am 25. Juni 1876 richteten die von Häuptling Sitting Bull geführten Indianer am Little Bighorn River in der Nähe der Stadt Hardin in Montana ein Blutbad an mehreren Abteilungen der 7. US-Kavallerie General Custers an. Nur der italienische Trompeter konnte sich retten. Der Ort der berühmten Schlacht ist heute* National Monument.

**ZUM EWIGEN GEDENKEN**
Oben: *Der Grabstein zum Gedenken der Schlacht ist Symbol einer Geschichte geworden, die einem letzten Aufbäumen eines von der so genannten »zivilisierten Welt« geknechteten und unterdrückten Volkes gleichkam.*

**AUF DEM HÜGEL ZUR EWIGEN RUHE GEBETTET**
Unten links:
*General Custer.*
Unten rechts: *das Schlachtfeld; die Grabsteine wurden dort aufgestellt, wo die Körper der Gefallenen gefunden wurden.*

D as *Little Bighorn Battlefield National Monument* liegt in Montana, in der Nähe des Städtchens Hardin im Custer Country. Ein Rundweg führt zu den Plätzen, die bei den dramatischen Ereignissen eine Rolle spielten, die ein Massaker an 243 Soldaten der amerikanischen Armee zur Folge hatten: der Hügel des Reno-Benteen-Battlefield als Schauplatz der ersten Schlacht; der Beobachtungspunkt Custer Lookout; die Furt des Medicine Tail Ford; der Calhoun Hill, hinter dem neben der Straße die ersten Grabsteine auftauchen, die dort aufgestellt wurden, wo die Soldaten bei ihrem Versuch, Custer Hill zu erreichen, gefallen waren; Custer Hill, die Anhöhe, wo sich General Custer zurückzog – hier befindet sich heute das *Memorial* und der *Last Stand,* von wo aus ein letzter, vergeblicher Widerstand versucht wurde; das Monument, unter dem der Großteil der Gefallenen in einem Massengrab bestattet wurde. Beim Bau des Mausoleums und während der darauf folgenden Grabungsarbeiten konnten verschiedene Gegenstände geborgen werden; sie sind heute im Museum des Besucherzentrums ausgestellt, wo auch die letzten Phasen des Angriffs rekonstruiert wurden.

## KRIEGSVORBEREITUNGEN

Nach der Entscheidung der amerikanischen Regierung, die Indianerstämme aus dem Reservat im Black-Hill-Gebiet (das reich an nutzbaren Bodenschätzen war) zu vertreiben, wurde im Sommer 1876 eine Militärintervention gegen die »feindlichen« Indianer vorbereitet. Der erste Angriff auf die Dörfer sollte vom 7. Kavallerieregiment durchgeführt werden. Der Kommandeur war General Georg Armstrong Custer, der für seinen Mut und seine Kaltblütigkeit gegenüber den Indianern bekannt war. Die Indianer versammelten sich ihrerseits bei den ersten Anzeichen eines Krieges unter der Führung des Häuptlings Sitting Bull (Tatanka Yotanka) vom Stamm der Lakota-Sioux. Nach einem Ritual mit Sonnentanz und Opfergaben an den Großen Geist erwartete Sitting Bull mit seinen Kriegern siegessicher die Ereignisse.

Im großen Dorf am Little Bighorn hatten sich 7000 Indianer versammelt. Die Hälfte davon waren kampffähige Männer aus acht verschiedenen Stämmen. Das 7. Kavallerieregiment hingegen zählte 31 Offiziere, 566 Soldaten, 38 Kundschafter (Indianer), elf Führer und fünf Zivilpersonen und war in vier Kolonnen unterteilt, deren Kommandos Custer, Captain Frederick Benteen, Major Marcus Reno und Captain McDougall innehatten.

**DER GROSSE HÄUPTLING
IM KAMPFGETÜMMEL**
Oben rechts: *die Schlacht in
einem Druck aus jener Zeit.*
Oben links: *Sitting Bull.*

**VIERBEINIGER HELD**
*Außer dem Trompeter John
Martin hat von Custers
Regiment auch ein Pferd der
»weißen Männer« das Mas-
saker am Little Bighorn
überlebt, obwohl es von sieben Pfeilen getroffen wurde.
Es hieß Comanche und war
das Pferd von Captain
Keogh (in der Schlacht gefallen). Das Pferd wurde
ebenfalls ein »Nationalheld«
und wurde bei seinem Tod
einbalsamiert.*

# DIE SCHLACHT AM LITTLE BIGHORN

Bei Tagesanbruch des 25. Juni 1876 konnten die Kundschafter das Lager der Indianer von der Anhöhe *Crow Nest* (heute:
*Custer Lookout*) entdecken. Als Custer hinzukam, hinderte
ihn vermutlich die tief stehende Sonne daran, das ganze Ausmaß wahrzunehmen und gab Befehle, die sich später als tra-
gisch erwiesen. Er überließ den Tross McDougall, schickte
das Bataillon Benteens nach Süden, um den Indianern den
Rückzug abzuschneiden, gab Renos Leuten den Auftrag (11
Offiziere, 129 Soldaten, 33 Kundschafter), das Indianerdorf
anzugreifen und eilte selbst mit fünf Kompanien nach
Norden, um dem Feind in die Flanke zu fallen. Um 15 Uhr
überquerte Reno den Fluss und griff das Dorf an. Nach
anfänglicher Verwirrung drängten die Indianer die Soldaten
in einen angrenzenden Wald ab und zwangen sie, sich auf einen Hügel zurückzuziehen. In der Zwischenzeit fuhr Custer
mit seinem Plan fort, da er noch immer die tatsächliche Stär-
ke der indianischen Streitkräfte nicht erkannte. Er schickte
den Trompeter John Martin zu Captain Benteen mit dem
Auftrag, dass dieser mit seinen Truppen zu ihm stoßen solle.
Gleichzeitig schickte er zwei Kompanien in die Schlucht des
Medicine Tail, um das Dorf von dort aus anzugreifen – ein
Unternehmen, das von vornherein zum Scheitern verurteilt
war. Die Abteilungen Benteens hatten sich inzwischen verla-
gert, als sie jedoch die verzweifelte Situation Renos erkann-
ten, eilten sie ihm zu Hilfe, wurden aber ebenso umzingelt.
Custer, der von allen Seiten von etwa 1000 berittenen Indianern am Little Bighorn angegriffen wurde, versuchte sich mit
seinen Leuten auf die Hügelkuppe zurückzuziehen. Es wurden jedoch alle getötet, viele schwer verstümmelt. Nur der
Leichnam Custers (für die Indianer: »Long Hair«) blieb verschont. Zwei Tage später gaben die Indianer die Belagerung
der Abteilungen Renos und Benteens auf und zogen sich zurück. Die Schlacht hatte 243 amerikanischen Soldaten und etwa 50 Indianern das Leben gekostet. Der einzige Überleben-
de von Custers Truppe war der Trompeter John Martin.

## DER TROMPETER JOHN MARTIN

*Der Trompeter John Martin hieß in Wirklichkeit Giovanni Martini. Er war am
28. Januar 1853 in Sala Consilina (Salerno) zur Welt gekommen, hatte in
Garibaldis Freiwilligenkorps gekämpft und war 1874 in die Vereinigten Staa-
ten ausgewandert, wo er sich freiwillig zur amerikanischen Armee meldete.
Als ihn General Custer zu Captain Benteen schickte, schrieb Oberstleutnant
Cooke, da Martin schlecht Englisch sprach, die Instruktionen auf ein Blatt
Papier (es ist im Museum von West Point aufbewahrt): »Benteen, komm
schnell. Großes Dorf. Beeil dich, bring Munition mit.« Nachdem er gemeinsam
mit den Abteilungen Renos und Benteens die Belagerung überlebt hatte, blieb
Giovanni Martini bis 1887 beim 7. Kavallerieregiment, als er befördert und
zur Artillerie verlegt wurde. Nach seiner Verabschiedung 1904 übersiedelte er
nach Brooklyn, wo er am 24. Dezember 1922 starb. Martin erlangte als
einziger Überlebender des Massakers am Little Bighorn große Berühmtheit.
Seine Söhne George und John wurden Offiziere in der amerikanischen Armee.*

# IRONBRIDGE GORGE MUSEUM

*Das Ironbridge Gorge Museum, Symbol der Industriellen Revolution Englands, ist eine riesige Freilichtanlage, zu dem die erste Eisenbrücke der Welt und drei Museen gehören, in welchen Veränderungen im Arbeitsleben, in der Technologie und in der Gesellschaft des 18. Jh.s dokumentiert sind.*

**GEFRAGTES PORZELLAN**
Oben: *Porzellan-Obstschale im Coalport China Museum.*
Unten: *Industriekomplex Coalport und der Fluss Severn.*

In der englischen Grafschaft Shropshire, nahe der Grenze zu Wales, etwa 40 km nordwestlich von Birmingham, verläuft das tief eingeschnittene Tal des Severn-Flusses durch eine enge Schlucht nahe der Stadt Ironbridge. Unter dem Namen Ironbridge Gorge Museum können in einem mehrere Quadratkilometer großen Bereich eine Reihe bahnbrechender Erfindungen, bemerkenswerte Zeugnisse der Frühindustrialisierung im 18. Jh. und Auswirkungen der Industriellen Revolution an diesem Ort bestaunt werden: die erste Eisenbrücke der Welt, das Museum von Coalbrookdale mit dem ersten Kokshochofen, das Museum von Coalport, das sich der Porzellanherstellung gewidmet hat, und Blist Hill, eine spektakuläre, detailgetreue Rekonstruktion eines Bergwerksdorfes des ausgehenden 19. Jh.s. Der Ironbridge-Komplex ist auch ein Beispiel des kulturellen und touristischen Interesses an alten Industrieanlagen, womit sich vor allem die Industriearchäologie beschäftigt. Dieser Zweig der Archäologie erforscht nicht nur aufgelassene Werkstätten und Fabriken und rekonstruiert ihre Funktion und Organisation, sondern untersucht auch durch die Entwicklung der Technologie und Produktionsprozesse verursachte Veränderungen in der Gesellschaft.

## TAL DER MUSEEN

Hauptattraktion des Ironbridge Gorge Museums ist die berühmte Eisenbrücke über den Severn, die 1774 entworfen wurde. Drei Jahre später begann Abraham Darby III. in seiner Fabrik in Coalbrookdale mit dem Gießen verschiedener Teile. Für die Brücke mussten zwei jeweils 21 m lange halb-

### DIE DYNASTIE DER DARBYS

*Der Reichtum der Region von Ironbridge ist eng mit der Tätigkeit und dem Unternehmungsgeist der Familie Darby verbunden. Der Schmied Coalbrookdales, Abraham Darby, versuchte 1709 in seinen Öfen Koks (das er durch die Verkokung von Steinkohle gewann) anstatt der viel teureren Holzkohle zu verwenden. Da aber Koks sehr langsam verbrennt, wurde diese Erfindung anderswo kaum genutzt. Dies änderte sich erst, als sein Sohn Abraham Darby II. 1750 in der Lage war, Eisen von bester Qualität zu niedrigen Preisen herzustellen – denn nun konnte die Eisenverhüttung überall vorgenommen werden und war nicht mehr von der Nähe eines Waldes abhängig. Abraham Darby III., der Erbe der familiären Werkstatt, plante gemeinsam mit dem Architekten Thomas Farnolls Pritchard die erste Eisenbrücke der Welt, die 1781 die beiden Ufer des Severn verband. Die Zunahme des Verkehrs und industrielle Aktivitäten in der Zone führten zum Reichtum der neuen Stadt Ironbridge, die heute auch ein beliebtes Touristenziel geworden ist.*

**ZWISCHEN FLUSS UND HIMMEL**
Links: *die Eisenbrücke, die der Stadt ihren Namen gegeben hat, realisiert von Abraham Darby III. im Jahr 1779.*

kreisförmige Bögen vorgefertigt werden, die dann bei der Montage verklammert werden sollten. Die Fertigung der Teile dauerte einige Monate, aber erst im Sommer 1779 wurde mit der Montage der Eisenteile begonnen, die von einem Holzgerüst gestützt wurden. Die Verbindung der Brücke mit den Pfeilern an den Ufern und mit der Straße dauerte länger als vorgesehen, sodass die Brücke erst am Neujahrstag 1781 offiziell eröffnet werden konnte. Heute ist die Brücke nur noch für Fußgänger geöffnet, hat jedoch bis vor wenigen Jahren auch problemlos dem Autoverkehr standgehalten.

In der Fabrik Darbys in Coalbrookdale wurde das Eisenmuseum eingerichtet, wo der erste, 1709 entworfene Kokshochofen sowie zahlreiche Werkzeuge und Gegenstände aus Eisen und Gusseisen der vergangenen Jahrhunderte ausgestellt sind. Unweit davon liegt Rosehill House, das Wohnhaus der Darbys, umgeben von verschiedenen Bauten aus der Zeit der Industriellen Revolution in Shropshire.

In den benachbarten Dörfern Coalport und Jackfield wurden weitere Industrieanlagen in Museen der lokalen Produktion umgewandelt. In Coalport steht das China Museum, das bereits von weitem durch seinen ungewöhnlichen flaschenförmigen Ziegelkamin zu erkennen ist. Es erinnert an die Herstellung von Porzellan aus bestem lokalem Ton – Produkte aus dieser Fabrik sind wegen ihrer besonderen Dekorationsmotive und vielfältigen Farbtöne bekannt und bei Sammlern äußerst beliebt. In Jackfield wurden auch Keramikkacheln hergestellt.

Bei Madeley wurde in einem 20 ha großen Bereich eines aufgelassenen Bergwerks das Blist Hill Museum angelegt: eine grandiose Rekonstruktion eines Bergwerksdorfes aus Viktorianischer Zeit. Dafür nutzte man Gebäude aus jener Epoche und rekonstruierte weitere im Stil des ausgehenden 19. Jh.s. Neben Wohnhäusern und Bauernhöfen wurden auch Geschäfte (wo man lokale Produkte kaufen kann), Pubs, öffentliche Gebäude und die Schule rekonstruiert. Die Museumsmitarbeiter tragen Kostüme der Viktorianischen Epoche und vermitteln dem Besucher den Eindruck, dass in dieser ruhigen und grünen britischen Region die Zeit vor 200 Jahren stehen geblieben ist.

**ZWEI MUSEEN VON IRONBRIDGE**
Oben: *das Blist Hill Museum, eine Rekonstruktion eines Bergwerksdorfes aus Viktorianischer Zeit.*
Links: *das Coalport China Museum.*

# Geografisches Verzeichnis

**Abu Simbel** *(Ägypten)*
Abu Simbel liegt im Süden Ägyptens am Westufer des Assuan-Staudamms. Die beiden Felsentempel wurden unter Pharao Ramses II. (etwa 1290–1224 v. Chr.) errichtet und waren den Gottheiten Re-Harachte, Amun und Hathor sowie dem Pharao selbst gewidmet. Da sie beim Bau des Hochdamms im Nassersee zu versinken drohten, wurden die Tempel 1964–1968 in Einzelteile zerschnitten, abgetragen und etwas höher wieder aufgebaut. Die 30 m hohe und 36 m breite Fassade des großen Ramses-Tempels ist mit vier 21 m hohen Kolossalstatuen des Pharaos geschmückt. Das Atrium (18 x 17 m) wird von acht Statuenpfeilern des Königs getragen. An den Wänden der Halle befinden sich Reliefs mit Schlachtszenen; mehrere Türöffnungen führen in einen weiteren Saal und in verschiedene Nebenkammern. Der Hathor-Tempel ist etwas kleiner; an der Fassade sind sechs 10 m hohe Statuen angebracht – vier stellen den Pharao und zwei seine Gattin Nofretiri dar. Die Tempel wurden 1813 vom Schweizer Forschungsreisenden Johann Ludwig Burckhardt entdeckt.

**Afanasjevo** *(Russland)*
Auf dieser Erhebung in Zentralasien, die einer der Hauptkulturen der sibirischen Steppe des 3. Jahrtausends v. Chr. ihren Namen gegeben hat, wurde beim Dorf Bateni am Jenissei-Fluss ein großes Gräberfeld aus Jungsteinzeit und Kupfersteinzeit gefunden. Die Grabbeigaben umfassten eine spezielle Keramikart, die entweder rot bemalt oder mit stufenförmigen weißen Mustern verziert war – ähnlich den Keramiken aus Tepe Sialk und Susa im Iran. In den jüngeren Gräbern wurden auch roh bearbeitete Kupfergegenstände gefunden. Aus der Afanasjewo-Kultur, die zwischen Kelteminar- und Andronowo-Kultur einzureihen ist, stammten auch besondere Tierdarstellungen, die sich während der Shang-Dynastie in China verbreiteten und später Hauptschmuckelemente der asiatischen Steppenkunst waren.

**Agrigent** *(Italien)*
Das antike Akragas wurde von der griechischen Kolonie Gela aus 583/82 v. Chr. an der Südküste Siziliens gegründet und war Heimat des Philosophen Empedokles und des Historikers Philinos. 406 v. Chr. wurde es von den Karthagern zerstört und nach der Eroberung durch die Römer wieder aufgebaut (262 und 210 v. Chr.). Die Stadt ist vor allem für seine entlang des Meeres stehenden dorischen Tempel bekannt. Der älteste, Herakles geweihte Tempel (520 v. Chr.) ist 74 m lang. 480 v. Chr. entstand der kolossale Zeus-Tempel, auch Olympieion genannt (112 x 56 m), mit 7,65 m hohen Atlanten und Halbsäulen an der Außenseite. Aus der gleichen Zeit stammen der Demeter-Tempel mit zwei runden Altären und der zum Teil rekonstruierte Dioskuren-Tempel. 450–430 v. Chr. wurden der Tempel der Hera Lacinia und der Concordia-Tempel errichtet; Letzterer ist der am besten erhaltene Tempel und besteht aus einem sechssäuligen Peripteros. Die Tempel lagen am Südrand der antiken Stadt, noch innerhalb der Mauern, die sich auf 12 km erstreckten. Die griechische Stadt war rechtwinkelig angelegt und ist heute von Schichten aus hellenistischer und römischer Zeit überlagert.

**Akrotiri** *(Griechenland)*
Die antike griechische Stadt Akrotiri lag auf der Insel Thera (Santorin), wo infolge eines Vulkanausbruchs 1628 v. Chr. der Vulkankegel zerbarst, mit dem ein schweres Seebeben einherging, das auch noch auf der Insel Kreta schwere Zerstörungen verursachte und viele Menschenleben forderte. Dabei wurde Akrotiri unter einer Schicht von Lava und Asche begraben. Die vom griechischen Archäologen Spyridon Marinatos freigelegten Teile zeigen die ursprüngliche Struktur einer bronzezeitlichen Stadt mit schmalen Gassen, die sich auf mehr als 10 km² erstreckte. Die gut erhaltenen Häuser waren mit Holzbalken verstärkt und in mehrere Räume unterteilt. Auch viele Fresken mit köstlichen Szenen aus dem Alltagsleben wurden gefunden, wie das Gemälde vom erfolgreichen Fischer. Dass der gesamte Hausrat zurückgelassen wurde, weist auf eine plötzliche Flucht der Bewohner beim Vulkanausbruch hin. Das Fehlen menschlicher Überreste lässt vermuten, dass die Bewohner die Stadt noch rechtzeitig verlassen konnten – allerdings ist ungewiss, ob die Flüchtenden nicht danach Opfer des Seebebens wurden.

**Alexandria** *(Ägypten)*
Die von Alexander dem Großen 332/31 v. Chr. im Nordwesten des Nildeltas gegründete Stadt lag an der

*Grabstele aus Alexandria mit einer Darstellung des Gottes Anubis, der einen Verstorbenen einbalsamiert.*

Mittelmeerküste und wurde vom Architekten Deinokrates von Rhodos entworfen, der Alexandria eine streng rechtwinkelige Struktur verlieh. Sie wurde in kurzer Zeit zu einer großen kosmopolitischen Metropole und politisches, religiöses, kulturelles und künstlerisches Zentrum der antiken Welt. Gemäß Diodorus Siculus war sie von 300.000 »freien Bürgern« bewohnt. Von den einstigen prächtigen Gebäuden ist heute nur mehr wenig übrig: auf dem Hügel Kom el-Dik ein kleines spätrömisches Theater aus dem 5. Jh., ein Bad und weitere kleine Bauwerke; in der Umgebung der Stadt zahlreiche Nekropolen mit unterirdischen Gräbern, die den Wohngebäuden nachempfunden waren. In antiken Quellen ist auch der 120 m hohe Leuchtturm auf der vorgelagerten Insel Pharos erwähnt. Er gehörte zu den Sieben Weltwundern und sein Licht konnte bereits aus 30 km Entfernung gesehen werden. Weltberühmt war auch die reich ausgestattete Bibliothek der Ptolemäer, die um 275 n. Chr. zerstört wurde. Die Bibliothek des Serapeums fiel 391 einem Brand zum Opfer.

**Angkor** *(Kambodscha)*
Angkor war 900–1431 Hauptstadt des Khmer-Reiches. Hier, in der Nähe des Tonle-Lap-Sees im Mekong-Becken, 242 km nordwestlich von Phnom Penh, wurden im Laufe der Jahrhunderte nacheinander mehrere Städte und in deren Zentrum jeweils ein großer Haupttempel errichtet. Bis heute wurden bereits mehr als 1000 Tempel und Heiligtümer gefunden. Nach dem Verlassen der Stadt wurden Häuser und Tempelanlage vom Tropenwald überwachsen. Derzeit sind etwa 100 Tempel, die großartigen Wasserspeicher und die schachbrettartig angelegten Kanäle, die auch die Reisfelder bewässerten, restauriert. Die Tempel, architektonische und bildhauerische Meisterwerke der Khmer-Kultur, sind entweder als Tempelberge (fächerförmige Pyramiden) oder als vollständig dekorierte Galerien angelegt. Der Tempelkomplex von Angkor Wat (1025 x 800 m, 82 ha) ist von einem 190 m breiten, mehr als 5 km langen Graben umgeben und kann über eine Dammstraße erreicht werden. Der gigantische Haupttempel besteht aus drei Terrassen, von Galerien umgeben, und fünf Türmen in Form von Lotosknospen. Die Reliefs im Inneren schildern die Heldentaten sowie die mythische und religiöse Weltsicht der Khmer. Besonders beeindruckend ist das Relief vom »Quirlen des Milchozeans« mit Hunderten von Göttern, Dämonen, Tänzern und Nymphen.

**Aosta** *(Italien)*
Das mitten in den Alpen gelegene Aosta, am Ausgangspunkt der Passstraßen über den Kleinen und Großen Sankt Bernhard, kann bereits auf eine sehr lange Geschichte zurückblicken. Das Gräberfeld und die Megalith-Kultstätte von Saint-Martin-de-Corléans mit Ganggräbern und Figuren-Stelen stammen aus 2650–2200 v. Chr. Die Römer gründeten 25 v. Chr. die Kolonie *Augusta Praetoria* und machten daraus eine kleine alpine Hauptstadt, die sie mit herrlichen Monumenten

schmückten. Die Stadt wurde von einer etwa 2600 m langen Außenmauer im rechtwinkeligen Verlauf (754 x 572 m) umgeben. Zur Verteidigung errichtete man vier Wachtürme und legte zusätzlich 16 Beobachtungsposten am Ende der Hauptstraßen an. Die schachbrettartige Stadtanlage bestand aus 32 *Insulae* (jeweils 75 x 57,50 m), in der Mitte kreuzten sich *Decumanus* und *Cardo*. Im 2. Jh. v. Chr. hatte die Stadt 12.000 Einwohner. Erhalten sind das Theater (1. Jh. v. Chr.–1. Jh. n. Chr.) mit hoher Monumentalfassade, das gewaltige Doppeltor Porta Pretoria, das Forum mit großem Kryptoportikus, die gegenüberliegenden Reste eines Tempels, der mächtige Augustus-Bogen, die römische Brücke über den Buthier-Bach und einige Vorstadtvillen. Das Amphitheater wurde noch nicht freigelegt.

### Avebury (Großbritannien)

Der größte bekannte Megalith-Steinkreis liegt in Wiltshire (Südengland), 26 km von Stonehenge entfernt. Der Steinkreis von Avebury besteht aus einem mächtigen 11,3 m breiten Erdwall und hat einen Durchmesser von 427 m. Ursprünglich waren darauf 98 Sarsensteine angeordnet, die in jeweils 11 m langen Abständen in der Erde fixiert wurden. Heute sind nur noch 27 vorhanden. Innerhalb des Kreises befanden sich an der Nord- und Südseite zwei von 27 bzw. 29 Monolithen begrenzte *Kromlechs* mit einem Durchmesser von etwa 95 m und einem Altar in der Mitte. Als Erbauer gelten Völker aus der Jungsteinzeit und Bronzezeit (2600–2000 v. Chr.). Vermutlich war es eine religiöse Anlage (verbunden mit einem Fruchtbarkeitskult), die auch für astronomische Beobachtungen genutzt wurde. Vom Südeingang führt die West Kennet Avenue, 2,4 km lang, 15 m breit und von 100 Paaren großer Sarsensteinblöcke flankiert, zum Overton Hill, auf dem sich ein Heiligtum befindet. Zum Zeremonialkomplex gehören auch die *Henge* des Windmill Hill, der künstlich aufgeschüttete Silbury Hill und das größte Megalithgrab Englands, West Kennet Long Barrow.

### Ayers Rock (Australien)

In der Simpsonwüste im Zentrum Australiens, 320 km südwestlich von Alice Springs, erhebt sich die riesige rote Felskuppel des Ayers Rock (oder: Uluru). Er ist 348 m hoch und hat einen Umfang von 9 km. Für das Ureinwohnervolk der Anangu ist er heilige Stätte und Sitz der Geister der Traumzeit, die einst aus dem Inneren der Erde hervorgestiegen sind und die Welt, die Menschen und die Natur geschaffen haben sollen. Hier sollen auch mythische Wesen, wie die Regenbogenschlange, der Känguru-Mann, die Laubenvogel-Frau und der Eidechsen-Mann wohnen. Rund um den Felshügel aus rotem Sandstein, unter Vorsprüngen oder in Höhlen wurden zwölf Felsbilder-Komplexe und etwa 100 weitere Bilder gefunden, die männliche und weibliche Figuren in verschiedenen Haltungen einzeln stehend oder in Gruppen, aber auch geometrische Zeichen und verschiedene Gegenstände darstellen. Die Figuren, die nach Meinung der Aborigines von Geistern der Traumzeit stammen, wurden regelmäßig nachgemalt, wodurch eine Datierung nur sehr schwer möglich ist. Man vermutet, dass die Bilder ab 4000 v. Chr. bis zur heutigen Zeit entstanden.

### Babylon (Irak)

Die bedeutendste antike Stadt Mesopotamiens liegt 100 km südlich von Bagdad und wird vom Euphrat durchflossen. Sie stammt aus dem 3. Jahrtausend v. Chr., wuchs ab 1900 v. Chr. weiter an und wurde unter Nebukadnezar II. (604–561 v. Chr.) zu einer prächtigen Stadt. Nebukadnezar ließ das schachbrettartige Muster mit 24 Hauptstraßen und eine 6 km lange Verteidigungsmauer anlegen. Zu beiden Seiten der 300 m langen und 22 m breiten Prozessionsstraße befanden sich Mauern mit Türmen und Löwenreliefs; sie führte zum heute rekonstruierten doppelbogigen Ischtartor (580 v. Chr.), das mit farbig glasierten Ziegelreliefs (weiße Stiere und gelbe Drachen auf dunkelblauem Grund) geschmückt wurde. Die große, als biblischer »Turm zu Babel« bekannte Zikkurat mit angrenzendem Marduk-Tempel und die Hängenden Gärten galten als Weltwunder der Antike. Bei Grabungen konnte ein quadratischer Ziegelbau mit 91,6 m Seitenlänge, die erste Terrasse und Spuren der drei Zugangsrampen zum Turm freigelegt werden. 2003 wurde Babylon amerikanisches Militärlager (Camp Babylon). Anhand von Luftaufnahmen konnten erhebliche Beschädigungen an den archäologischen Stätten festgestellt werden.

### Barumini (Italien)

1949 entdeckte Giovanni Lilliu 60 km nördlich von Cagliari am Rand der Hochebene Giara di Gesturi das größte Nuraghendorf Sardiniens, *Su Nuraxi*, und legte den Nuraghen und das Dorf frei. Mit dem Bau des Nuraghen wurde ab etwa 1500 v. Chr. begonnen; dann wurde ein mächtiger Mauerring mit eckigen Türmen (bis zu 13) angelegt. Mitte des 6. Jh.s v. Chr. wurde das Dorf von den Karthagern zerstört. An der Ostseite des Nuraghen befand sich das Dorf mit zahlreichen runden Steinhütten, die zum Teil von punisch-römischen Häusern überbaut wurden; insgesamt hatte das Dorf 250 Räume und konnte 2000 Menschen beherbergen. Die größte Hütte war für die Versammlung des Ältestenrats bestimmt und verfügte über eine steinerne Sitzbank, die entlang der Innenwand verlief. Hier wurden ein Modell eines Nuraghenturms, eine Schale und eine Waschschüssel aus Stein gefunden. Su Nuraxi war vermutlich einer der Verteidigungsstützpunkte, die auf der gesamten Insel verteilt waren. Insgesamt gab es auf Sardinien mindestens 7000 Nuraghen.

### Cerveteri (Italien)

Die monumentalste etruskische Nekropole liegt 30 km nordwestlich von Rom, auf der Tuffebene von Cerveteri; der mächtige antike Stadtstaat *Caere* ist von zahlreichen Gräberfeldern, wie jenem von Banditaccia umgeben. Die Grabanlage umfasste 80 ha (heute sind etwa 10 ha freigelegt), wurde vom 7.–4. Jh. v. Chr. genutzt und war wie eine echte Stadt mit möblierten Häusern gestaltet. Es gab Straßen, platzartige Erweiterungen, unterirdische Gräber mit runden Grabhügeln von bis zu 30 m Durchmesser und Würfelgräber, die etruskischen Häusern nachempfunden waren – mit Pechnasen bei den Eingängen, gedecktem Zugang, Atrium, Vestibül und Grabkammer. Die reichen Grabbeigaben umfassten importierte Keramiken und Goldschmuck. Einige Gräber wurden nach den Hausgeräten benannt, die man im In-

neren fand (Grab der Schilde und Stühle, Grab der Betten und Sarkophage, Grab der griechischen Vasen etc.). Im Reliefgrab der Familie Matuna aus Mitte des 4. Jh.s. v. Chr. wurden an den Pfeilern und Wänden Waffen und Hausrat in mehrfarbig bemaltem Stuck nachgebildet – ein wahrer Musterkatalog des täglichen Lebens der Etrusker zu jener Zeit.

### Chaco Canyon (Vereinigte Staaten)

Die trockenen, felsigen Hochebenen im Südwesten der Vereinigten Staaten wurden 185 v. Chr.–1300 n. Chr. von Anasazi-Indianern bewohnt, die spektakuläre Felsdörfer in den Canyonwänden und *Pueblos* im Canyongrund errichteten. In Chaco Canyon (New Mexico) entstanden 75 *Pueblos*; der größte, Pueblo Bonito, erstreckte sich in »D«-Form über etwa 1 ha, war von hohen Felswänden umgeben und nur über wegnehmbare Leitern zugänglich. Die Häuser waren im Halbkreis in vier Ebenen mit absteigenden Terrassen angelegt; es gab 800 Räume, in denen 1200 Menschen wohnen konnten. Am weiten zentralen Hof waren Lagerräume und 37 Kivas – kreisrunde unterirdische Räume, in denen sich die Clans versammelten, wo aber auch Stoffe oder Keramik bearbeitet oder astronomische Beobachtungen durchgeführt wurden. Der *Pueblo* wurde Ende des 13. Jh.s aus unbekannten Gründen verlassen, vielleicht aufgrund einer längeren Trockenperiode.

### Delos (Griechenland)

Auf dieser kleinen, Apoll und Artemis heiligen Kykladeninsel hatte vermutlich auch die Verehrung dieser beiden Götter ihren Ursprung. Die Stadt Delos nahm den Großteil der Insel ein und wurde vom 3. Jahrtausend v. Chr. bis zur Römerzeit, als sie den Status eines Freihafens hatte, mehrmals umgestaltet oder überbaut. Zu den bedeutendsten Monumenten gehörte der Apollo-Tempel, von dem heute nur noch das Fundament vorhanden ist. Daneben befanden sich der Dionysos-Tempel und das Heiligtum der Stiere – vermutlich ein Portikus (67 x 9 m), in dem eine heilige Barke aufbewahrt wurde. Zu erwähnen sind auch: die Agora der Italiker, ein großer rechteckiger, von Säulen gesäumter Platz (100 x 70 m), an dem sich der Großteil der Monumentalgebäude der Stadt befanden; der 125 m lange Portikus des Antigonos Gonatas; sowie in der Nähe des Sanktuars zahlreiche, häufig mit Wandmalereien und Mosaikböden geschmückte Privatvillen von Gesandten der griechischen Städte. Auch von Artemis-Tempel, Theater, Gymnasion und Stadion sind Spuren erhalten. Die Löwenterrasse (8. Jh. v. Chr.) war von neun Löwenstatuen begrenzt, die aber aufgrund ihres schlechten Erhaltungszustandes abgetragen wurden.

### Delphi (Griechenland)

Das Sanktuar von Delphi, unter steilen Felswänden an den Hängen des Parnass unweit des Golfs von Korinth gelegen, war eine der bekanntesten Kultstätten der Antike. Das Heiligtum befand sich auf künstlichen Terrassen innerhalb einer Einfriedung und konnte über die mit 3000 Statuen geschmückte Heilige Straße erreicht werden. Unter dem Sanktuar im Apollo-Tempel befand sich eine Erdspalte, aus der Vulkangase entwichen – hier sprach Pythia, die Wahrsagerin, ihre Orakel. Die Ursprünge des Heiligtums gehen auf 1500 v. Chr. zurück, der erste steinerne Tempel wurde aber erst um 800 v. Chr. errichtet. In der Folge wurde er mehrmals umgebaut. Daneben waren der Tempel der Athene Pronaia (»vor dem Tempel«) und der elegante, runde Tholos von Marmaria (390 v. Chr.). Er hatte außen 20 dorische und innen 20 korinthische Säulen. Für die Griechen war Delphi der Nabel der Welt, da hier der Sage nach zwei von Zeus freigelassene Adler den zentralen Punkt der Erde ausgewählt hatten. Das Heiligtum wurde mehr als 1000 Jahre besucht und verfiel zunehmends, als die Prophezeiungen immer weniger sorgsam und oft zweideutig ausfielen. Die Befragung des Orakels wurde von Kaiser Theodosius 385 n. Chr. verboten und der Ort fiel nahezu der Vergessenheit anheim.

## Dunhuang (China)

Im 4.–14. Jh. wurden entlang der Seidenstraße am südwestlichen Rand der Wüste Gobi Hunderte von Grotten mit Buddha-Heiligtümern in die Kalkfelswände getrieben. Heute sind noch 496 erhalten, in denen sich 45.000 m² Wandmalereien, 2415 Statuen und verschiedene Manuskripte erhalten haben. Die Heiligtümer haben verschiedenste Größen und bestehen meist aus Portikus, anschließendem Hauptraum und mitunter einem Atrium. Auch die nahebei, etwas weiter im Westen liegenden, ausgezeichnet erhaltenen Grotten von Mogao aus dem 4. Jh. n. Chr. enthalten wertvolle Wandmalereien; es sind die ältesten Höhlentempelanlagen Chinas. Hier wurde auch ein Schriftstück gefunden, das als ältester Buchdruck der Welt gilt. Die Gemälde stellen Szenen aus dem Leben Buddhas und seiner Reinkarnationen dar.

## Ellora (Indien)

Das Dorf Ellora liegt 60 km südwestlich von Ajanta im Bundesstaat Maharashtra und ist für seine 36 Höhlen bekannt, die an einem Hang aus Lavafelsen angelegt wurden. Die Felsgrotten sind alle mit einem kleinen Vorplatz versehen und wurden im 7.–10. Jh. von brahmanischen, dschainistischen und buddhistischen Mönchen in den Felsen getrieben. Besonders sehenswert ist das Kloster des Mahavira mit einem Hypogäum von 35 x 17,5 m und der Grotte des Vishvakarma (7./8. Jh.). In einer Apsis im großen Versammlungssaal des Klosters befindet sich eine kolossale Buddha-Statue. Die Grotten Do-Thal und Tin-Thal erstrecken sich über mehrere Ebenen und weisen breite Monumentalfassaden auf. Von brahmanischen Mönchen stammt der an abgelegener Stelle in den Felsen getriebene Tempelkomplex Kailasa, ein 100 x 75 m großes, dem Gott Shiva geweihtes Sanktuar. Der Hauptsaal wird von einem 30 m hohen Turm gekrönt und entlang der Basis des Tempels verläuft ein großartiges Skulpturenfries mit der Darstellung einer Elefantenschlacht – ein Meisterwerk der indischen Kunst des 8. Jh.s.

## Évora (Portugal)

Die 150 km östlich von Lissabon am Guadiana gelegene portugiesische Stadt war ein bedeutender römischer Stützpunkt in der Provinz Lusitania. Von jener Zeit gibt es noch Überreste der Stadtmauer, eines Aquädukts und des Diana-Tempels (2. Jh. n. Chr.), von dem noch 14 korinthische Säulen stehen. In der Umgebung wurde eines

*Die verbliebenen Säulen des Diana-Tempels von Évora; die korinthischen Kapitelle sind mit Akanthusblättern geschmückt.*

der ältesten europäischen prähistorischen Gräberfelder gefunden; die sieben Megalithgräber mit Grabkammern wurden etwa 4000 v. Chr. von einem Volk angelegt, dessen Kultur möglicherweise in der bretonischen wurzelte. Die Grabkammern waren rund und wurden aus 1,5 m hohen Steinblöcken gebildet, auf die man leicht gewölbte riesige Steinplatten setzte; man konnte auch Grabbeigaben, bestehend aus Keramiken und Feuerstein-Werkzeugen, zutage fördern.

## Giseh (Ägypten)

Die weltberühmten Pyramiden von Giseh liegen am linken Nilufer, 15 km südwestlich von Kairo, und sind Zentrum einer riesigen Nekropole, in der Pharaonen und hohe Beamte des Alten und Mittleren Reiches begraben wurden. Am bekanntesten sind die drei Pyramiden des Cheops (Chufu), seines Sohnes Chephren (Chaefre) und des Mykerinos (Menkaure), Pharaonen der 4. Dynastie (2575–2465 v. Chr.), die mit kleineren Pyramiden und Grabtempeln verbunden sind. Die größte ist die Cheops-Pyramide mit einer Grundfläche von 5,2 ha und Seitenlängen von 230 m. Bei ihrer Fertigstellung war sie mit ihrer Verkleidung aus weißem, poliertem Kalkstein 146,5 m hoch. Im Inneren befinden sich Gänge und Grabkammern, von welchen schmale Schächte nach oben führen, die vermutlich der Seele des Pharaos ermöglichen sollten, zu den Sternen aufzusteigen. Am Fuß der Pyramide wurde eine heilige Sonnenbarke gefunden. An der Prozessionsstraße, die von der Chephren-Pyramide ins Tal führt, befindet sich die Sphinx, eine 73 m lange und 20 m hohe Kolossalstatue, die den Pharao mit Löwenkörper, menschlichem Gesicht und königlicher Kopfbedeckung darstellt. Sie wurde im Mittelalter mehrmals beschädigt.

## Hadrianswall (Großbritannien)

122 n. Chr. wurde auf Befehl des römischen Kaisers Hadrian im Norden der Britischen Insel zwischen der Ortschaft Wallsend am Fluss Tyne im Osten und Bowness-on-Solway an der Westküste ein grandioser, 118 km

langer Wall angelegt. Er bestand aus einer Mauer aus Steinen und Torfschollen und war je nach landschaftlichen Gegebenheiten 4,6–8 m hoch. Daneben verliefen ein Graben und eine 6 m breite Militärstraße. Im Abstand von je 1000 Schritten wurden hölzerne Wachtürme errichtet. Der Verteidigungswall wurde in vier Phasen fertig gestellt, unter Septimius Severus und Constantius Chlorus restauriert und war bis zum Ende des 4. Jh.s eine relativ stabile Grenze. 139 und 367 wurde er von Völkern aus dem Norden angegriffen und überschritten. Am Wall wurden elf Kastelle mit Legionärsstellungen und sechs für die Reiterei errichtet, sodass die römischen Truppen schnell gegen die ruhelosen Stämme des heutigen Schottland eingreifen konnten. Aus den Militärstellungen entstanden neue Städte wie Newcastle und Chesters; das am besten erhaltene Fort befindet sich in Housesteads. Am Wall, der für die Öffentlichkeit zugänglich ist und beschritten werden kann, ist es in letzter Zeit zu schweren Schäden gekommen.

## Herkulaneum (Italien)

Die antike römische Stadt Herkulaneum lag an den Ausläufern des Vesuv, 6 km östlich von Neapel. Beim Ausbruch des Vulkans 79 n. Chr. wurde die Stadt von einem 20 m dicken Lavastrom bedeckt, der die Ruinen während der letzten zwei Jahrtausende bedeckt und vor dem Verfall bewahrt hat. Die Ruinen wurden 1709 entdeckt und ab 1738 ausgegraben. Man konnte nur einen Teil freilegen, da darüber die moderne Stadt entstanden ist. Das rechtwinkelig angelegte Herkulaneum hatte zur Zeit des Ausbruchs weniger als 5000 Einwohner. Zu den bedeutendsten Bauten gehören die Villa der Papyri mit einer großen Bibliothek, in der Kunstwerke und philosophische Schriften gefunden wurden, das Theater des Architekten Numisius, die Thermen, eine Palästra, Werkstätten und viele Privathäuser. Bekannt sind vor allem die *Casa del Grande Albergo*, die *Casa del Tramezzo di Legno* (Haus mit der hölzernen Scheidewand), das Haus mit dem Mosaik von Neptun und Amphitrite, das Haus der Hirsche, das Haus mit dem Telephos-Relief und das Haus der Zweihundertjahrfeier, wo Holzgegenstände, Möbel, Statuen und herrliche Mosaiken freigelegt werden konnten.

## Heuneburg (Deutschland)

In Süddeutschland liegt bei Binzwangen am linken Donauufer ein Felshügel, auf dem zwischen Ende des 7. bis zum 5. Jh. v. Chr., während des Übergangs zwischen Hallstatt-Kultur und der La-Tène-Kultur der Eisenzeit eine keltische Befestigungsanlage entstand. Anfang des 6. Jh.s v. Chr. wurde eine 3–4 m hohe Mauer aus rohen Ziegeln mit vorspringenden Türmen errichtet, die auch bewohnt waren. Die Konstruktionsweise ist typisch für den mediterranen Raum – vielleicht zeichnet auch ein Baumeister der *Magna Graecia* für die Anlage verantwortlich. Nachdem in späterer Zeit Teile der Mauer einstürzten, wurde sie von der lokalen Bevölkerung repariert, indem man die noch vorhandenen, mit Ziegeln errichteten Mauerteile mit Baumstämmen und Balken verband. Bei archäologischen Grabungen wurden auch in der Nähe liegende Hügelgräber freigelegt, in denen schwarz bemalte attische Keramiken sowie Gold- und Bronzegegenstände gefunden werden konnten.

## Hierapolis (Türkei)

Die antike phrygische Stadt im Norden von Laodikeia in Kleinasien wurde 190 v. Chr. vom pergamesischen König Eumenes II. gegründet. Sie lag auf einer Kalkhochfläche mit Kalksteinterrassen, die sich durch Ausscheidung von Kalkstein aus dem warmen, kohlensäurereichen Quellwasser gebildet hatten. 133 v. Chr. wurde Hierapolis von den Römern erobert, wuchs zu einer bedeutenden Stadt an und war Bischofssitz, bevor es verfiel und verlassen wurde. Bei Ausgrabungen konnte die römische Stadt mit rechteckigem Grundriss freigelegt werden; sie war an drei Seiten von Mauern umgeben, die Hauptstraße verlief in Nord-Süd-Richtung. Teilweise erhalten sind das Nordtor mit drei Bögen und Rundtürmen, das Theater aus antoninischer Zeit und die Thermen mit Tonnengewölben aus dem 1. Jh. n. Chr. Weitere antike Bauten sind die Basilika, ein Nymphäum, außerhalb der Mauer ein großes achteckiges Gebäude aus christlicher Zeit und ein dreischiffiger Bau mit zwei Eingangsbögen; die Nekropolen enthalten Nischengräber, einen Grabhügel mit Hypogäen und zahlreiche Sarkophage.

*Das Theater von Hierapolis hatte im Zuschauerraum eine charakteristische Exedra (eine Art Apsis), vermutlich die Königsloge.*

## Jericho (Palästina)

Die vielleicht älteste Stadt der Welt lag am westlichen Jordan-Ufer nördlich des Toten Meeres, 22 km nordöstlich von Jerusalem. Die untersten seiner 20 archäologischen Schichten gehen bis auf 6000 v. Chr. zurück. Damals erstreckte sich auf dem am Fluss gelegenen *Tell* (Hügel) eine jungsteinzeitliche Siedlung, die bereits städtischen Charakter aufwies und an einer Seite befestigt war. Die ersten Keramiken gleichen jenen von Ugarit. In den darüber liegenden Schichten der Kupfersteinzeit konnten Reste von Häusern mit Apsis festgestellt werden. In der Bronzezeit wurde die Umfassungsmauer am Fuß des Hügels vervollständigt. Die letzten Schichten stammen von 1750–1550 v. Chr., als Jericho im Besitz der Hyksos war. Da die späteren Schichten von Wind und Wetter abgetragen wurden, konnte man keine archäologischen Untersuchungen über die in der Bibel berichteten Fakten anstellen, wonach die Mauern durch den Ton der Posaunen des israelitischen Heeres unter Josua im 13. Jh. v. Chr. gefallen seien. Jericho wurde von König Ahab um 870 v. Chr. restauriert.

## Jerusalem (Israel)

Jerusalem, die Stadt, die zum Symbol der drei monotheistischen Religionen geworden ist, entstand im 3. Jahrtausend v. Chr. als kanaanäische Siedlung. 1000 v. Chr. wurde sie von König David erobert, der sie zur Hauptstadt und zum größten jüdischen Religionszentrum machte. 950 v. Chr. ließ sein Sohn Salomon den ersten Tempel errichten, der 587 von Nebukadnezar dem Boden gleichgemacht wurde. 519 v. Chr. wurde er etwas kleiner wieder aufgebaut, jedoch 63 v. Chr. von Pompeius ein zweites Mal zerstört. Unter Herodes dem Großen wurde die große Esplanade mit neuem Tempel und Palast errichtet und die Stadt mit einer Ringmauer umgeben. In Jerusalem ereigneten sich die bedeutendsten Abschnitte von Leben, Leiden und Sterben Christi, die in den Evangelien aufgeschrieben sind. 70/71 n. Chr. zerstörten die Römer nach einem Aufstand der Hebräer den Tempel Salomons abermals; heute sind nur noch Reste der einstmals 41 m hohen Stützmauer (Klagemauer) für die Esplanade vorhanden, die Menora, ein siebenarmiger Leuchter, wurde als wichtigstes Beutestück nach Rom gebracht. Jene Episode ist auch in den Reliefs des Titusbogens in Rom verewigt. Auf der Esplanade entstand 687–691 der Felsendom, eines der Hauptheiligtümer des Islam. 1149 errichteten die Kreuzritter über der Grabstätte Jesu die Grabeskirche.

## Knossos (Griechenland)

Die Stadt Knossos lag an der Nordküste der Insel Kreta, 5 km östlich von Heraklion. Sie erreichte während der Phase zwischen Minoischer Zeit und Bronzezeit (2000–1600 v. Chr.) 50.000 Einwohner und wurde mit einem großen, prächtigen Königspalast und Tempeln geschmückt. Die Stadt wurde nach Erdbebenschäden mehrmals rekonstruiert und schließlich durch einen Brand um 1450 v. Chr. zerstört, aber nie zur Gänze verlassen. Der von Sir Arthur John Evans freigelegte und teilweise rekonstruierte Palast wird dem legendären König Minos zugeschrieben. Der Bau erstreckt sich in vier Ebenen auf 20.000 m² um einen großen Hof, in dem möglicherweise Jünglinge und Mädchen akrobatische Kunststücke auf Stieren vorführten. Die Haupträume des Komplexes (Thronsaal, Haus der Doppelaxt, Königsgemächer, Kulträume etc.) wurden mit herrlichen Wandmalereien und Reliefs versehen, die unter anderem Menschen, Delfine und verschiedene Tiere zeigen. Stilisierte Stierhörner schmückten die Dachgiebel. Bei Grabungen konnten Statuetten der Schlangengöttin, Stierskulpturen und 4000 Siegel gefunden werden.

## Kyrene (Libyen)

Kyrene war die bedeutendste griechische Stadt in Nordafrika. Sie wurde 630 v. Chr. von Kolonisten der Insel Thera in der Kalkhochebene der Kyrenaika gegründet. Nachdem sie lange Zeit unabhängig bestehen konnte, wurde sie von Alexander dem Großen erobert und schließlich römisch. Zu den bedeutendsten Bauwerken gehören der große Tempel des Zeus Lykaios, der etwa 500 v. Chr. geschaffen wurde und einen ganzen Hügel einnahm, das 100 m lange, von Säulen begrenzte römische Forum oder Caesareum, die griechischen Tempel des Apoll und der Artemis (6. Jh. v. Chr.) im dorischen Stil, zahlreiche Bauten im hellenistisch-römischen Stil, das Theater und das Stadion. Besonders ausgedehnt waren die Nekropolen, die nicht weniger als 12.000 – teils in die Felsen gehauene, teils mit Tempeln und Sarko-phagen versehene – Gräber enthielten. Die antike Stadt war von einer Mauer umgeben und rechtwinklig in Ost-West-Richtung angelegt. Sehenswert sind auch das Haus des Jason von Kyrene und das Haus der Musen mit Mosaikböden.

## Kyrenia (Zypern)

1967 wurde bei Kyrenia an der Nordküste Zyperns in 30 m Tiefe das Wrack eines Handelsschiffes aus dem 4./3. Jh. v. Chr. entdeckt, dass mitsamt seiner Fracht untergegangen war. Die Bergung des Schiffes war eine der aufwändigsten Aufgaben des relativ jungen Zweiges der Unterwasserarchäologie. Man konnte in acht Jahren minutiöser Arbeit 70 % des Schiffswracks, 400 Amphoren mit Wein aus Rhodos und Mandeln aus Zypern (datiert mit 288 v. Chr.), Geschirr, sowie runde und eckige Eisenbarren aus Nisiros, die als Ballast dienten, bergen. Die Schiffsmannschaft bestand aus vier Personen. Das 13 m lange Schiff war bereits alt, verfügte über einen Mast und ein quadratisches Segel und wurde von zwei Rudern gesteuert. Mit der »Kyrenia II«, einer genauen Kopie des Schiffes, konnte 1986 eine erfolgreiche Seereise von Piräus nach Zypern unternommen werden. Die Reste des antiken Wracks können in der Kreuzfahrerburg von Kyrenia besichtigt werden.

## Lascaux (Frankreich)

Die Höhle von Lascaux im Vézère-Tal in der Dordogne, die 1940 von vier Kindern, die nach ihrem Hund suchten, gefunden wurde, birgt einen der größten Schätze der prähistorischen Kunst. In der 250 m langen Höhle sind Malereien von etwa 600 Tieren und eines Menschen sowie mehr als 1500 Felsgravuren angebracht. Am Beginn der Höhle trifft man in einem großen ovalen Saal auf einen Zyklus von vier Stieren (der größte ist 5 m lang); von diesem Saal gelangt man in verschiedene Gänge und Räume, deren Wände und Decken mit Pferden, Bisons, Auerochsen, Hirschen, Steinböcken, Bären, Nashörnern etc. dekoriert sind, bis man zuletzt einen Gang mit Katzendarstellungen erreicht. Die künstlerische Ausgestaltung stammt aus dem Magdalénien (vor 15.000–14.000 Jahren ) und hatte mit Jagdmagie zu tun. Die Höhle war nur Kultstätte und wurde nie von Menschen bewohnt. Um eine Beschädigung durch das von den Besuchern ausgestoßene Kohlendioxid zu vermeiden, wurde für die Besichtigung eine Nachbildung der Höhle und der wichtigsten Gemälde angefertigt.

## Mahón (Spanien)

Auf der Insel Menorca befindet sich auf dem 3 km von der Hauptstadt Mahón entfernten Talati de Dalt, einem bewaldeten Hügel, eine der größten Megalithanlagen der Balearen. Sie besteht aus fünf *Talayots* (bis zu 10 m hohen konischen Türmen aus übereinander geschichteten Steinblöcken mit einer Kammer), einer *Taula* (T-förmiges Steinmonument aus einem Monolithpfeiler und einer horizontalen Platte, das vielleicht als Altar diente) und einer *Naveta*, einem Grab in Form eines umgedrehten Schiffes. Diese Bauten entstanden etwa 1000 v. Chr.; sie sind der Talayot-Kultur zuzuschreiben, die etwa 1500–500 v. Chr. auf den Balearen herrschte und 500 *Talayots* auf Menorca sowie 1000 auf Mallorca errichtete. Der genaue Zweck dieser Türme ist ungeklärt – obwohl sie den sardischen Nuraghen (Verteidigungstürme) sehr ähnlich sind, könnten sie auch Kultstätten oder Gräber der Stammesführer gewesen sein. *Taulen* – sie kommen nur auf Menorca vor – stehen immer in der Nähe von *Talayots* und sind auf diese ausgerichtet, was auf eine Nutzung als Kultstätte hinweisen könnte. Woher die Träger der Talayot-Kultur kamen, ist nach wie vor unbekannt.

## Mari *(Syrien)*

Mari lag am rechten Euphrat-Ufer an der Stelle des heutigen Tell Hariri an der Grenze zwischen Syrien und Irak und war bereits in Protodynastischer Zeit (etwa 3000–2500 v. Chr.) eine große Stadt; in der Folge gelangte sie unter die Herrschaft von Ur, war Hauptstadt eines autonomen Reiches, später assyrisch und wurde schließlich von Hammurabi erobert und zerstört (1757 v. Chr.). Bei archäologischen Grabungen konnten acht verschiedene Besiedlungsschichten festgestellt werden. Besonders reich waren die Funde aus der Zeit der »Könige von Mari« (21.–18. Jh. v. Chr.): Tempelruinen der Gottheiten Ischtar, Ninhursag, Schamasch und Dagan sowie der Königspalast des Zimri-Lim, der sich auf eine Fläche von 200 x 120 m erstreckte, mehr als 300 Räume hatte und von dem bis zu 5 m hohe Mauern erhalten sind. Im Archiv fand man mehr als 20.000 Keilschrifttafeln mit Texten aller Art. Mari war bereits im 3. Jahrtausend v. Chr. ein bedeutendes Kunstzentrum, in dem geschnitzte Elfenbeinfiguren, Schmuck, Mosaike, Wandmalereien und so genannte »Beterfiguren« hergestellt wurden. Die Stadtanlage Maris basierte auf einem runden Grundriss mit einem Durchmesser von 1900 m.

## Mérida *(Spanien)*

Das antike *Emerita Augusta* am rechten Flussufer des Guadiana in der Estremadura wurde 25 v. Chr. von Au-

*Römisches Mosaik aus dem Haus des Amphitheaters von Mérida aus dem 1. Jh. n. Chr.*

gustus gegründet. Es war Hauptstadt der Provinz Lusitania und kann auch heute noch auf bedeutende Überreste der römischen Stadt verweisen. Ihr Verteidigungsring umfasste ein Gebiet von 90 ha und hatte vier Tore; im Süden der Stadt lag die 792 m lange Flussbrücke mit 60 Arkaden. Die Wasserversorgung erfolgte über drei Aquädukte. Erhalten sind Reste der beiden Foren, der 13 m hohe Trajansbogen, das grandiose Amphitheater (126 x 102 m, mit einer Arena von 64 x 51 m) aus der Zeit des Augustus, sowie das Theater von 16/15 v. Chr. für 6000 Zuschauer, dessen Bühnenkolonnade und der dahinter liegende Portikus. Auch ein korinthischer Diana-Tempel mit Überresten eines einstmaligen geschmückten Portikus ist vorhanden; unter dem Statuenschmuck befand sich auch eine Agrippa-Statue. Die bedeutendsten Werke jener Zeit sind die Marmorstatuen aus dem Mithraeum im Stadtteil San Albin und die dekorativen Friese der Santa-Eulalia-Kirche.

## Mezhirich *(Ukraine)*

Am Ufer des Dnjepr errichteten einige Gruppen von Elefantenjägern fünf stabile Hütten aus Mammutknochen und Fellen. Die Feuerstellen befanden sich in den Hütten, die auch getrennte Bereiche von Arbeits- und Ruheräumen aufwiesen – ein Hinweis, dass ihre Bewohner bereits über ein gewisses Organisationssystem verfügten. Die Art, in welcher die zur Verfügung stehenden Knochen zusammengesetzt wurden, variierte je nach Gebäudeteil. Besonders aufwändig wurde ein Eingangsbereich gestaltet, der aus 95 Unterkiefern und Stoßzähnen von Mammuten bestand. Bei Grabungen konnten weibliche Elfenbeinstatuetten, Steinwerkzeuge, persönlicher Schmuck (wie Muschel-Halsketten, die von einem 300 km entfernten Gebiet stammten) und Bernstein aus dem Baltikum (aus 100 km Entfernung) zutage gefördert werden. Die einzigartigen Hütten von Mezhirich stammen aus dem Jungpaläolithikum und sind die ältesten bekannten von Menschen errichteten Gemeinschaftswohnungen.

## Mohenjo-Daro *(Pakistan)*

Zwischen 2500 und 1500 v. Chr. entstand im Industal die so genannte Indus-Kultur, deren städtischer Charakter in den Zwillingsstätten Harappa und Mohenjo-Daro beobachtet werden kann. Die 40.000-Einwohner-Stadt Mohenjo-Daro war auf einem Hügel über dem Fluss errichtet und von einer 5 km langen Ringmauer umgeben worden. Die Akropolis, die öffentlichen Gebäuden vorbehalten war, lag 15 m über den elf jeweils 360 x 240 m großen Wohnblocks mit Wohnungen und Geschäften. Die Stadt war von einem dichten, rechtwinkeligen Straßennetz durchzogen. Die Häuser waren aus rohen, sonnengetrockneten Ziegeln erbaut; die größeren verfügten über zwei Geschosse, Dachterrasse, angrenzenden Hof und einen Schacht. Unter den Straßen verlief ein Kanalsystem und die Felder rund um die Stadt wurden bewässert. In der Zitadelle der Akropolis konnten das Becken des »Großen Bades«, der »Kornspeicher« und ein Versammlungshaus freigelegt werden. Man fand auch Statuetten männlicher und weiblicher Menschen- oder Götterfiguren aus Speckstein und Terrakotta, verzierte Keramiken, Schmuck und 2000 Steinsiegel mit Piktogrammen.

## Nazca *(Peru)*

In der südperuanischen Wüste (Pampa de San José), 400 km südlich von Lima, entdeckte man etwa 50 rätselhafte riesige Scharrbilder. Sie werden als »Nazca-Linien« bezeichnet und zeigen gigantische Tierfiguren und schnurgerade Linien, die sich untereinander kreuzen. Die 50–300 m großen Tierfiguren stellen Vögel (Kolibri, Pelikan, Kondor, Tukan, Elster mit Schlangenkopf), eine Schlange, eine fein detaillierte Kapuzenspinne, Lama, Affe, Hund, Wal, Eidechse und weitere Tiere dar. Auf den Hügeln am Rand der Wüste sind auch zwei menschliche Figuren mit runden Köpfen und erhobenen Armen (die so genannten »Astronauten«) zu sehen. Die Linien bilden riesige Dreiecke, Trapeze und bis zu 10 km lange »Pisten«, die in alle Richtungen führen. Letzten Vermutungen zufolge sollen die Figuren 500 v. Chr.–500 n. Chr. von dort siedelnden Indianerstämmen angefertigt worden sein und hatten vielleicht mit einem Kult um Wasser (das vom Himmel kam) und Fruchtbarkeit zu tun. Die Linien hätten als rituelle Pfade bei Zeremonien gedient und zu Brunnen oder Stellen mit unterirdischen Wasserreserven geführt.

## Newgrange *(Irland)*

Im Flussgebiet Boyne, 40 km nordwestlich von Dublin, wurden 3600–3300 v. Chr. 25 sogenannte *Passage tombs* angelegt. In die Steinplatten, welche die Grabwände bilden, sind geometrische und abstrakte Motive von vermutlich religiöser Bedeutung eingraviert. Das schönste ist das Hügelgrab von Newgrange; der Hügel besteht überwiegend aus mit Gras überwachsener Erde und Stein, hat eine elliptische Form von 76 m Durchmesser und war ursprünglich 14 m (heute 9 m) hoch. Er ist von einem Ring von 97 großen Steinblöcken begrenzt, die zum Teil Gravuren tragen. Der Trilith-Eingang, der sich hinter einem großen Steinblock mit Spiralfiguren befindet, enthält eine Einbuchtung mit kleiner Öffnung, durch die während der Wintersonnenwende ein Sonnenstrahl ins Innere gelangen konnte. Der innere Gang ist 19 m lang, von etwa 100 Steinplatten gedeckt und endet in einer Kammer mit Kraggewölbe. An allen aufrecht stehenden Steinquadern sind Gravuren, Vertiefungen, Rinnen oder regelmäßige Reihen von Löchern angebracht. Das Megalith-Monument von Newgrange war vermutlich ein unterirdischer Sonnentempel und wurde mit 3400–3300 v. Chr. datiert.

## Nintoku *(Japan)*

Im 100 km südlich von Osaka am Fluss Yamato liegenden Nintoku befindet sich das größte Hügelgrab Japans. Das Grab wurde im 5. Jh. n. Chr. für die sterblichen Überreste von Kaiser Nintoku errichtet, der nach einigen Wissenschaftlern 339 n. Chr. gestorben sein soll, von dessen Leben aber sehr wenig bekannt ist. Die Grabstätte ist ein so genannter *Kofun*-Grabhügel in »Schlüssellochform« – ein quadratischer Hügel vorne, eine mittlere Verengung und ein dahinter anschließender runder Hügel. Die Dimensionen der Grabanlage Nintokus sind gigantisch: 485 m lang, 35 m hoch, drei durch Erdwälle getrennte Ringgräben, die eine Fläche von 32 ha einfassen. Der Zugang zur Grabkammer erfolgt von den Seiten über mit Steinplatten ausgekleidete Gänge. Der Abhang der Rückseite war mit Statuen geschmückt. Der ausgezeichnet erhaltene *Tumulus* hat das doppelte Volumen der Cheops-Pyramide und ist nach der Pyramide des Qi Shi Huangdi in China der zweitgrößte Grabhügel der Welt.

### Orange (*Frankreich*)

Das antike Arausio lag 20 km nördlich von Avignon (Département Vaucluse), am linken Ufer des Aigues und wurde unter der Prinzipatszeit des Augustus römische Kolonie. Orange ist vor allem für seine gut erhaltenen römischen Bauten – Theater und Triumphbogen – bekannt. Vom Theater aus augustinischer Zeit sind Zuschauerraum, Bühne und die 103 m lange hintere Bühnenwand erhalten, wo heute wieder Konzerte, Theaterstücke und Opern aufgeführt werden. Der Triumphbogen aus der Zeit des Tiberius ist 18,8 m hoch, hat drei Bögen und zwei Attiken; Reliefbilder im hellenistischen Stil zeigen Schlachten zwischen Römern und Barbaren, Gefangene und Trophäen. Die römische Stadtanlage bestand aus einem großen Halbkreis mit Tempel in der Nähe des Theaters und einem streng rechtwinkelig verlaufenden Teil. Das Kapitol stand vermutlich auf der Anhöhe Saint-Eutrope. Aus den Inschriften des Katasters von Orange konnte auch die Besitzverteilung der Ländereien rund um die Stadt entnommen werden.

### Ostia Antica (*Italien*)

Diese Stadt lag 23 km südwestlich von Rom an der Tibermündung und war vermutlich von König Ancus Marcius (7. Jh. v. Chr.) als befestigter Vorposten Roms gegründet worden. Anfang des 4. Jh.s v. Chr. wurde sie Sitz der römischen Flotte und später Handelshafen. Die immer größer werdende Stadt erfreute sich ab der Kaiserzeit bis zum 4. Jh. n. Chr. großen Reichtums, verfiel jedoch, nachdem die Schiffe vermehrt die unter Claudius und Trajan angelegten künstlichen Häfen anliefen. Die Handelsmetropole Ostia Antica war von einer Ringmauer umgeben, die ein Gebiet von 69 ha umfasste und zählt heute zu den bedeutendsten Ausgrabungsstätten der Welt. Zu den überdurchschnittlich gut erhaltenen Resten gehören: Stadttore, Handelsvertretungen, ein ausgedehntes Netz von Straßen und Plätzen, das Forum mit dem Kapitol, Basilika, Kurie, der Tempel von Rom und Augustus, das Theater in einer Rekonstruktion aus dem 2. Jh. n. Chr., mindestens 16 Mithras-Heiligtümer, mehrere Thermen, Wachkaserne, Kaiserpalast, zahlreiche mit Mosaiken und Fresken dekorierte Privathäuser, sowie aus dem 2./3 Jh. n. Chr. vor allem mehrgeschossige (meist dreigeschossige) palastartige Ziegelbauten. Auch Werkstätten, Getreidespeicher und Gaststätten sind erhalten.

### Palenque (*Mexiko*)

Die Maya-Stadt befindet am Rande der Chiapas-Hochebene im Süden Mexikos. Hier schuf der Maya-Herrscher Pakal (603–683 n. Chr.) auf einem großen Platz ein religiöses Zentrum mit Pyramiden-Tempeln und vielen, heute noch nicht freigelegten weiteren Gebäuden. Der »Palast« (6.–9. Jh. n. Chr.) lag auf einer 100 x 75 m großen Terrasse und bestand aus mehreren Gebäuden und einem 15 m hohen zentralen Turm, der vielleicht als astronomisches Observatorium diente; die dekorierten Räume waren auf die Innenhöfe ausgerichtet. Die 22 m hohe »Pyramide der Inschriften« trägt auf der Spitze ein Sanktuar mit 620 Maya-Hieroglyphen. Im Inneren führt eine Treppe unter die Erde zur Grabkammer des Herrschers. Die Krypta enthielt einen Sarkophag, dessen Deckplatte mit Reliefs von der Reise ins Jenseits geschmückt war. Auf dem Gesicht des Verstorbenen lag eine Totenmaske aus 200 grünen Jadesteinen. Palenque wurde 835 verlassen, möglicherweise aufgrund eines Volksaufstandes gegen die Priesterkaste.

### Pazyryk (*Russland*)

Das skythische Gräberfeld von Pazyryk im Ostaltai in 1600 m Höhe umfasst sechs große *Tumuli* vom 5.-3. Jh. v. Chr., deren Gräber und Grabbeigaben durch den Permafrost gut erhalten sind. Die mit Holz ausgekleideten Grabkammern enthielten zerlegte Wagen, Artefakte aus Leder und Holz, bei welchen Einflüsse der Achämeniden-Kultur erkennbar sind, Pelze, mit Tierfiguren bestickte Decken und Überreste von Pferden, die bei der Bestattung geopfert wurden. Man konnte die Kleidung der Verstorbenen (Stammesführer oder deren Gattinnen) rekonstruieren: Hemden aus Hanf und Oberkleider aus Leder, Pelz oder Filz. Die Männer waren mit Hosen aus Lederstreifen, Stiefeln, einer Tunika mit langen bestickten Ärmeln und eine Filzkappe bekleidet; die Frauen trugen Rock, eine Tunika mit Brustlatz und Leopardenpelzstiefel, die auch an den Sohlen mit Perlen geschmückt waren. Man fand auch Spuren von Golddekorationen, die bereits in der Antike von Grabräubern entwendet worden waren.

### Pendschikent (*Usbekistan*)

Die asiatische Stadt und Zentrum der sogdischen Kultur entstand im 6./5. Jh. v. Chr., war später Teil des Achämeniden-Reichs und des Imperiums Alexander des Großen und wurde nach der Eroberung durch die Araber im 8. Jh. n. Chr. verlassen. Die Archäologen konnten einen Teil der Stadtmauer aus gestampftem Lehm und Schlammziegeln, eine Zitadelle, ein durch eine gepflasterte Straße mit einem Turm verbundenes Rathaus, einige Tempel, zahlreiche Wohnhäuser, ein Vorstadtviertel und ein Gräberfeld freilegen. Die Tempel waren untereinander durch offene Gänge verbunden, die mit großen hölzernen Götterskulpturen geschmückt waren. Die Häuser bestanden aus zwei Geschossen und waren mit Ziegeln gedeckt. Bis zu 50 m² der Wände waren mit Fresken dekoriert; die Szenen aus dem Alltagsleben der Stadt und der iranischen Heldentaten geben Aufschluss über Religion, Brauchtum und Gepflogenheiten der Bevölkerung Sogdianes.

### Pergamon (*Türkei*)

Die kleinasiatische Stadt, die 30 km von der ägäischen Küste und 110 km von Izmir entfernt lag, war im 3. Jh. v. Chr. Hauptstadt des mächtigen Pergamenischen Reiches, aber auch bedeutendes Zentrum der antiken Kunst und Kultur. Das von einer mit Türmen bewehrten Stadtmauer umgebene Pergamon erstreckte sich terrassenartig bis zur Akropolis hinauf, wo sich eine Agora mit Portiken, einige Tempel, der Königspalast und das Zeus-Heiligtum befanden. Der große, zwischen 181 und 159 v. Chr. unter König Eumenes II. errichtete Marmoraltar des Zeus-Heiligtums war ein rechteckiger Säulenportikus und stand auf einer hohen Plattform mit

*Akropolis von Pergamon mit dem in den Berghang eingepassten Theater aus dem 2. Jh. v. Chr.*

zwei Vorbauten, zwischen denen eine Freitreppe verlief. Die wertvollen Reliefs am Sockel (36 x 34 m) und das Fries der Hofmauer zeigen einen sehenswerten, sehr realistischen Kampf der Giganten und Szenen aus dem Leben des Telephos, dem mythischen Helden und Gründer der Stadt. Eine Kopie des Pergamon-Altars befindet sich im Museum von Berlin. In der Nähe liegt das Heiligtum der Athene Polias, das sich nahezu an die steile *Cavea* des darunterliegenden Theaters anlehnt; die hier angebrachten Skulpturen verherrlichen die Siege über die keltischen Galater. Am Fuß des Hügels erstreckte sich die Unterstadt, wo einst ein Amphitheater stand und ein Kolonnadengang zum Sanktuar und Heilzentrum des Äskulap führte. Die Bildhauerschule von Pergamon war eine der berühmtesten der Antike.

### Petra (*Jordanien*)

Die antike Karawanenstadt lag mitten in der Wüste zwischen den schroffen Felswänden des el-Khubtha, 190 km südlich von Amman. Die Ursprünge Petras gehen auf etwa 1000 v. Chr. zurück, die Stadt wurde jedoch im 6./5 Jh. v. Chr. unter den Nabatäern ausgebaut, die in drei Karawansereien durch Zwischenhandel und Zölle reiche Gewinne erzielten. In dieser Zeit verwandelte sich Petra in eine monumentale Felsenstadt, die nur durch den *Siq*, eine 1600 m lange schmale Felsenschlucht, zugänglich war. Die Schlucht endet direkt bei dem in den Sandstein geschnittenen so genannten »Schatzhaus des Pharao«. Seine Fassade (40 x 28 m) ist zweigeschossig und im hellenistischen Stil gehalten; der untere Teil besteht aus einem sechssäuligen Portikus, im Inneren befinden sich ein Vestibül und drei Räume. An den Felshängen Petras konnten auch 34 monumentale Grabanlagen und 600 kleinere Gräber gefunden werden. In der Römerzeit wurde die Heilige Straße mit doppelter Säulenreihe und Geschäften angelegt. Auf einer Anhöhe liegt der Grabtempel Ed-Deir (»Kloster«), dessen höchsten Teil der Fassade (50 x 39 m) mit zwei übereinander liegenden Reihen von je acht Säulen eine runde Urne bildet. 106 n. Chr., als Petra etwa 20.000 Einwohner zählte, eroberten die Römer die Stadt und errichteten ein Theater für 4000 Zuschauer.

### Piazza Armerina (*Italien*)

Zwischen Enna und Caltagirone befindet sich im Dorf Casale eine große römische Landvilla, die etwa Anfang des 4. Jh.s errichtet wurde und 3500 m² an Mosaikböden aufweisen kann. Die Villa umfasst Wohnräume, Säle, Thermen, ein elliptisches und ein rechteckiges Peristyl. Als Motive für die Mosaiken dienten Bilder des Alltagslebens, Darstellungen von Ackerbau, Jagd und Fischerei, sowie mythologische und erotische Szenen. Stilistisch sind enge Beziehungen mit nordafrikanischen Werkstätten zu beobachten. Die Mosaiken im Thermenbereich zeigen eine Jagd auf wilde Tiere, mythologische Episoden von Odysseus und Polyphem, von Orpheus, der die wilden Tiere zähmt, Zirkusszenen, die Massage des Herrn nach dem Bad und die berühmte Darstellung der zehn Bikinimädchen beim Ballspiel. Der Hintergrund der Mosaike stellte die Landschaft rund um die Villa dar.

## Sabratha (Libyen)

Das 70 km westlich von Tripolis liegende Sabratha war ursprünglich eine phönizische Stadt, wurde im 2./3. Jh. n. Chr. römisch und verdankte seinen Reichtum dem Seehandel. Die Römer vergrößerten die Stadt und überbauten die unregelmäßige Stadtstruktur des punischen Zentrums mit rechtwinkeligen Straßen und Wohnblocks. Westlich des Forums liegt das Kapitol, im Norden die Kurie und im Süden die Basilika, die mit einem prächtigen Mosaikboden ausgestattet und später in eine frühchristliche Kirche umgebaut wurde. Zu den zahlreichen Tempeln gehörten jene von Serapis, Isis und Herkules; das Theater (2./3. Jh. n. Chr.) hatte im hinteren Teil der Bühne drei Tore und Marmorsäulen in Form von Nymphen; die Nischen der eigentlichen Bühne (pulpitum) enthielten Statuen und Reliefs. Das Amphitheater wurde in einen ehemaligen Steinbruch gebaut und verfügte über eine Arena von 65 x 49 m. Die Privathäuser hatten von Säulen umgebene Innenhöfe und waren mit Mosaiken und Wandmalereien geschmückt. Sabratha erlebte Einfälle der Asturier (363–366) und der Wandalen, welche die Umfassungsmauer zerstörten. Nach einer Phase des Wiederaufbaus unter Justinian konnte der Verfall nicht mehr aufgehalten werden und Sabratha wurde verlassen.

## Sakkara (Ägypten)

Die größte Nekropole Ägyptens befindet sich nahe dem antiken Memphis, 25 km südlich von Kairo. Sie erstreckt sich über mehr als 7 km² und wird von der ersten der insgesamt sechs Stufenpyramiden des Alten Ägypten beherrscht. Diese ist 60 m hoch, hat eine Grundfläche von 121 x 109 m und ist von einer Einfriedung (550 x 275 m) umgeben; sie war die Grabpyramide von Pharao Djoser (2680–2660 v. Chr.) und diente als Modell für viele danach errichtete Pyramiden. In Sakkara befinden sich noch zwei weitere Pyramiden: jene von Pharao Sechemchet, die nach der zweiten Stufe nicht mehr fertig gestellt wurde, und die Unas-Pyramide mit den ältesten Reliefs und den ältesten gemeißelten Hieroglyphen, die bis heute gefunden wurden. Die zahlreichen umliegenden Gräber umfassen auch einige Mastabas hoher Beamter. Besonders prächtig waren jene des Ti und des Wesirs Mera (Mitte des 3. Jahrtausends v. Chr.); die Mastaba des Mera war mit großartigen mehrfarbigen Reliefs dekoriert, welche Bilder von Feldarbeit, Jagd, Fischfang und anderen täglichen Aktivitäten zeigen. Im Mai 2005 entdeckte man einen Sarkophag aus bemaltem Holz (etwa 380–342 v. Chr.), der als der schönste bisher in der Nekropole gefundene Sarg gilt.

*Der monumentale Aquädukt war unter Kaiser Trajan errichtet worden und lieferte Wasser vom Rio Frio in die Stadt Segovia.*

## Sarmizegetusa (Rumänien)

Dieser Ort in den Südkarpaten, 50 km von Diemrich entfernt, war einst Hauptstadt Dakiens, dem Gebiet jenseits Danubiens, das 106 n. Chr. von Trajan erobert und zur römischen Kolonie *Ulpia Traiana Sarmizegetusa* gemacht wurde. Durch archäologische Grabungen konnten die Ruinen der dakischen Stadt, bestehend aus Festungen, Wohnhäusern und Sanktuaren erschlossen werden. Aus der römischen Stadt sind die Einfriedung des Feldlagers von 600 x 540 m, das Forum mit dem Haus der Augustales, die Fundamente des 66 x 97 m großen Amphitheaters, Tempel, Mausoleen etc. erhalten. Besonders bedeutend sind zwei rechteckige und zwei runde Sanktuare der Daker, deren größeres einen Durchmesser von 60 m hatte und, ähnlich wie in Stonehenge, zwei konzentrische Steinkreise und eine hufeisenförmige Struktur im Zentrum aufwies. Der äußere Kreis bestand aus 360 Steinblöcken – ein deutliches Indiz für einen Sonnenkalender.

## Segovia (Spanien)

Das 70 km nördlich von Madrid liegende und von den Keltiberern gegründete Segovia wurde 80 v. Chr. eine römische Stadt. Berühmt geworden ist der römische Aquädukt aus der Zeit Trajans (Ende 1. Jh. n. Chr.). Es wurde aus Steinquadern ohne Verwendung von Mörtel in zwei Reihen von 128 teilweise übereinander liegenden Bögen errichtet, ist bis zu 28,5 m hoch und verläuft 818 m durch die moderne Stadt. Der Aquädukt gilt als eines der größten und schönsten Beispiele eines Zweckbaus aus der Römerzeit. Das Wasser floss in einem Gefälle von 1 % und die Anlage wurde bis 1974 für eine Wasserleitung verwendet. In einigen Gebäuden konnten Statuen und Inschriften aus der Römerzeit freigelegt werden; da jedoch im Laufe der Jahrhunderte viele Ruinen überbaut wurden, konnten nicht viele weitere römische Bauten gefunden werden.

## Selinunt (Italien)

628 v. Chr. gründeten dorische Kolonisten aus Megara Hyblaea 13 km von Castelvetrano (Provinz Trapani) entfernt die Stadt Selinus, die wegen ihrer großartigen griechischen Tempel bekannt ist. Sie lag zwischen zwei Flüssen und zwei Erhebungen und wurde mit einem rechtwinkeligen Straßennetz versehen. Die Akropolis, zu deren Verteidigung eine Ringmauer angelegt wurde, weist Überreste von sechs Tempeln auf. Der älteste (560 v. Chr.) hatte 42 Säulen (sechs an den Breit- und 17 an den Längsseiten) und Metopen mit Hochreliefs. Die übrigen fünf Tempel stammen aus einer Zeit vom 5.–3. Jh. v. Chr. Die Metopen des *Tempietto* zählen zu den großartigsten griechischen Plastiken auf Sizilien. Auf dem Hügel im Osten stehen in paralleler Anordnung drei dorische Tempel. Der kleinere, in der Mitte stehende, ist der älteste (550–540 v. Chr.) der drei Tempel; der südliche Tempel (460–450 v. Chr.) war der Göttin Hera geweiht und hatte einen Kranz von 10 m hohen Säulen (sechs an den Breit- und zwölf an den Längsseiten); der nördliche, 530 v. Chr. begonnene und unvollendet gebliebene Tempel ist der größte Selinunts (113 x 54 m, 6000 m², mit 16 m hohen Säulen). Auf dem Hügel im Westen befindet sich in einer viereckigen Einfriedung ein Heiligtum der Demeter Malophoros und daneben die Ruinen eines Sanktuars des Zeus Meilichios.

## Simbabwe (Republik Simbabwe)

Simbabwe war im Mittelalter Hauptstadt des Shona-Reichs und lag im Südosten Afrikas zwischen den Flüssen Sambesi und Limpopo an einem wichtigen Verbindungsweg zwischen den Goldminen von Matala und dem Indischen Ozean. Zwischen 1050 und 1450 errichteten die Shona große Einfriedungen und Bauwerke aus Granitquadern, die ohne Mörtel zusammengesetzt wurden. Anfangs bewohnten sie einen Felshügel (Akropolis), dessen bereits bestehende Felswände sie mit Befestigungsmauern verbanden und erbauten eine Königsresidenz sowie eine Anlage zum Schmelzen des Goldes. Im darunter liegenden Tal erstreckt sich die Große Einfriedung, bestehend aus einer 7–9 m hohen elliptischen Mauer mit einem Umfang von 250 m; in ihrem Schutz befinden sich einige Gebäude und ein konischer, fast 11 m hoher Turm ohne Maueröffnungen, dessen Zweck unbekannt ist. In der Umgebung liegen weitere Gebäude, Residenzen der Königsgemahlinnen und Lagerräume. Vermutlich wurde die Stadt aufgrund von Stammeskämpfen verlassen.

## Split (Kroatien)

In dieser dalmatinischen Küstenstadt ließ Kaiser Diokletian 295–305 n. Chr. seinen Palast errichten, in den er sich nach seiner Abdankung zurückzog. Der Palastkomplex umfasste über 3 ha und war von einer rechteckigen Umfassungsmauer (216 x 175 m) mit zehn Verteidigungstürmen und vier Toren umgeben. Im Inneren kreuzten sich zwei Straßen im rechten Winkel – *Cardo* und *Decumanus;* der *Cardo* verlief nach Norden zum Peristyl, einem großen von Säulen umgebenen Hof, und endete zum Meer hin bei einem 160 m langen Säulenportikus und dem Kaiserpalast. Seitlich standen der Jupiter-Tempel, die Garnisonskaserne sowie das außen achteckige und innen runde Mausoleum des Kaisers. 639 flüchteten die Bewohner des 5 km entfernten Solin nach Einfällen der Barbaren hierher und verwandelten die Palastanlage in eine kleine Stadtfestung. Das Mausoleum wurde zur Kathedrale, der Tempel ein Baptisterium, das Peristyl zum Stadtplatz. Die gut erhaltenen Überreste gelten als wertvolles Beispiel spätrömischer Architektur.

## Syrakus (Italien)

Die größte griechische Kolonie auf Sizilien wurde 734 v. Chr. von Kolonisten aus Korinth auf der kleinen Insel Ortygia an der sizilianischen Ostküste gegründet. In der Folge breitete sich Syrakus auch auf das Festland aus und wurde nach der Eroberung durch die Römer (212 v. Chr.) zu einem der bedeutendsten politischen und kulturellen Zentren des Mittelmeeres. Die ältesten erhaltenen Bauten liegen im Stadtteil Neapolis: das griechische Theater aus dem 3. Jh. v. Chr., das 15.000 Zuschauer fassen konnte; der Athene-Tempel, der bisher größte griechische Tempel, den man auf Sizilien gefunden hat; die grandiose Latomia del Paradiso (ein antiker Steinbruch); die Grotta dei Cordari; das Ohr des Dionysos mit perfekter Akustik und das römische Amphitheater (2./3. Jh. n. Chr.). In anderen Stadtteilen sind Ruinen der Agora, des Forums, des griechischen Apollo-Tempels (570–560 v. Chr.), der Thermen und der Stadtmauern zu besichtigen. 402–397 v. Chr. wurde die Umfassungsmauer bis zur Anhöhe von Epipoli erweitert und dort eine der grandiosesten Verteidigungsanlagen der Antike errichtet: das Fort Euryelos, ein rechteckig angelegter Bergfried mit drei Wassergräben, fünf Wachtürmen und einem Netz von Galerien und unterirdischen Gängen. Die gesamte Stadtmauer war mehr als 27 km lang.

## Timgad (Algerien)

100 n. Chr. wurde von Trajan im Norden des Aurès-Massivs für die Veteranen der Legio III Augusta die Militärkolonie Thamugadi errichtet. Sie wurde von einer im Quadrat verlaufenden Mauer (355 m Seitenlänge) umgeben, die mit vier Toren versehen war. Das Stadtgebiet war in jeweils gleich große Insulae unterteilt, die durch elf Straßen in Nord-Süd-Richtung und durch elf in Ost-West-Richtung getrennt waren. Das Westtor mit drei Bögen war mit auskragenden Säulen dekoriert und war wie ein Triumphbogen gestaltet. Bei Grabungen konnte das Forum freigelegt werden, an dem Basilika, Kurie, Schatzhaus, Theater, Markt, Bibliothek und einige der 14 Thermen lagen. Außerhalb der Stadtmauer wurde auf einer hohen Terrasse das monumentale Kapitol errichtet, sowie weitere Thermen und ein zweiter Marktplatz. Die Stadt verfügte über eine gut funktionierende Wasserversorgung und ein Kanalnetz. Die Privathäuser hatten meist die Form eines Peristyls und Mosaikböden; Skulpturen wurden nur wenige gefunden. Justinian ließ auf älteren Gebäuden eine Außenfestung errichten. In byzantinischer Zeit, als der Verfall Timgads bereits begonnen hatte, wurden noch einige christliche Kirchen errichtet.

## Tivoli (Italien)

Die Hadrians-Villa in Tivoli an der Via Tiburtina, 25 km östlich von Rom, ist einer der außergewöhnlichsten Wohnsitze der Antike. Sie wurde unter Kaiser Hadrian 118–133 n. Chr. auf einer Fläche von 120 ha errichtet und kopierte die wertvollsten Baudenkmäler der Provinzen des Reiches. Die imposanten Bauten des Komplexes waren durch Straßen untereinander verbunden; es gab aber auch unterirdische Gänge für die Diener. Zur Villa gehörte vor allem der Kaiserpalast, der aus mehreren Bauwerken bestand, die sich zu drei Höfen mit Säulenportiken öffneten, die ihrerseits mit einem Nymphäum verbunden waren. Bemerkenswert sind die Bibliothek

und weitere Gebäude mit reich dekorierten Räumen, ein kleiner Tempel und ein griechisches Theater. Erwähnt werden müssen auch: der Pecile, ein großer Quadriportikus (232 x 97 m) mit einem rechteckigen Wasserbecken in der Mitte; die Cento Camerelle, vermutlich Standort der kaiserlichen Wachen; das Teatro Marittimo, ein rundes Becken, in dessen Mitte auf einer Insel eine kleine Villa untergebracht war, in die sich Hadrian zurückziehen konnte; die kleinen und großen Thermen; der herrliche Canopus, ein Nachbau eines ägyptischen Kanals von 119 x 18 m, der von einer mit Statuen geschmückten Kolonnade umgeben war; das Serapeum, ein sommerlicher Festsaal und der Turm von Roccabruna.

## Toirano (Italien)

Am Ende des Vallone del Vero, 20 km von Albenga entfernt, liegen die Grotten von Toirano. In den Kalk-Dolomit-Felsen des Tales wurden 80 natürliche Höhlen gefunden. Die Grotta del Colombo wurde bereits vor 200.000 Jahren von Menschen besucht und in der noch berühmteren Grotta della Basura (»Hexengrotte«), die auch besichtigt werden kann, wurden Spuren steinzeitlichen Lebens gefunden. Im Corridoio dell'Impronte entdeckte man im Schlammboden die Abdrücke von Füßen, Händen und Knien von Jägern der Altsteinzeit, die auf allen vieren in die Höhle gelangten und diese mit Fackeln erleuchteten. Am Ende eines früheren Wasserlaufs wurde zahlreiche Knochen von Höhlenbären gefunden. Im Saal der Mysterien – auch hier sind Fingerabdrücke zu sehen – schleuderten Jäger Lehmkügelchen an die Wände, vielleicht im Zuge eines Zeremoniells, das mit Initiationsriten und Jagdmagie zu tun hatte. Die menschlichen Abdrücke konnten auf 12.340 Jahre, die Skelettreste der Höhlenbären auf 27.000 Jahre datiert werden.

## Uxmal (Mexiko)

Die antike Maya-Stadt Uxmal im Norden Yucatáns, die sich über 100 ha erstreckte, wurde archäologisch bisher nur wenig erforscht. Seine Bauten wurden vielmehr vom architektonischen und künstlerischen Standpunkt aus betrachtet, da sie als herausragendstes Beispiel des Puuc-Stils der klassischen Periode (600–900 n. Chr.) reich an fantastischen und kreativen Elementen sind und auch äußere Einflüsse erkennen lassen. Bisher wurden der Komplex des »Nonnenvierecks«, die Große Pyramide, das Schildkrötenhaus, die Pyramide des Zauberers mit ungewöhnlichem elliptischem Grundriss und der Gouverneurspalast freigelegt. Der Gouverneurspalast erhebt sich auf einer 12 m hohen künstlichen Plattform (180 x 154 m), die noch eine weitere 4 m hohe Terrasse (120 x 25 m) trägt. Seine Fassade ist 98 m lang und von einem Tempel mit hohem Kraggewölbe gekrönt. An der Spitze befindet sich ein 3,5 m hoher Fries im Puuc-Stil; die Friese über den elf Toren des Palasts weisen schön ausgearbeitete geometrische Muster, stilisierte Figuren und große Masken des Gottes Chac auf.

## Valcamonica (Italien)

Etwa 60 km von Brescia entfernt liegt am Mittellauf des Flusses Oglio das Gebiet von Valcamonica, in dem mehr als 250.000 Felsgravuren – die bedeutendsten des Alpenraums – gefunden wurden. Die ersten Bilder wur-

den von den Camunen vor 8000 Jahren, spätere bis zur Zeit der Eroberung durch die Römer (16 v. Chr.) eingeritzt. Zu den ältesten Gravuren gehören Hirschfiguren aus der Jungsteinzeit bei Boario. In der späteren Metallzeit tauchen typische Beterfiguren auf – einzeln stehend oder in Gruppen, wie sie vor allem im Gebiet von Capodiponte gefunden wurden. In monumentalen Bildern sind menschenähnliche Gottheiten, Tiere und Sonnenscheiben, aber auch Landschaften dargestellt (Landkarte von Bedolina). Während der Eisenzeit tauchen dynamische Darstellungen auf, vor allem von kämpfenden bewaffneten Männern (einzeln oder in Gruppen, reitend oder zu Fuß), aber auch Gravuren von Pfahlbauten (vielleicht Kultbauten), Scheiben (eine Art Talisman), Büsten von Betern (Schutzgeister) etc. Die außergewöhnlichen Felsbilder lassen den prähistorischen alpinen Alltags wieder aufleben.

## Varna (Bulgarien)

1972 fand man in Varna an der Westküste des Schwarzen Meeres ein jungsteinzeitliches Gräberfeld aus dem 5. Jahrtausend v. Chr. Man stieß auf Überreste von mehr als 200 Menschen – Männer waren auf dem Rücken und Frauen auf der Seite liegend bestattet worden. Die Grabbeigaben unterschieden sich je nach sozialer Zugehörigkeit. Das Vorhandensein von etwa 2000 Goldgegenständen (Halsketten, Ringe, Armschützer, Platten, Scheiben, tierförmige Goldplättchen, die auf die Kleidung genäht waren, etc.) in den reicheren Gräbern weist darauf hin, dass das Volk, das entlang der Küste siedelte, über ein komplexes Sozialsystem verfügte. Neben einigen Skeletten fand man zwischen anderem Schmuck ein goldenes Zepter – möglicherweise ein Hinweis darauf, dass hier eine kommandoführende Persönlichkeit bestattet wurde. Zu den Grabbeigaben gehörten auch seltene Kupfergegenstände, geschliffene Steinäxte, fein bearbeitete Feuersteinklingen sowie Statuetten und Masken aus Silber von religiöser Bedeutung.

## Volubilis (Marokko)

Im Westen von Meknès und Fès bestand bereits in der Jungsteinzeit eine Siedlung, die unter König Juba II. (13 v. Chr.–23 n. Chr.) westliche Hauptstadt Mauretaniens war. Anschließend war sie bis 285 Hauptstadt der römischen Provinz Mauretania Tingitana, danach autonome christliche Stadt, bis sie von den Arabern erobert wurde. Volubilis war von einer fast 2000 m langen Mauer umgeben, die von 34 Türmen aus verteidigt werden konnte und über acht Tore verfügte. Am unter Septimius Severus umgebauten Forum mit Portikus lagen eine große Basilika (42 x 23 m), unweit davon Zwillingstempel, ein Triumphbogen des Caracalla, das auf einer hohen Terrasse stehende Kapitol (217 n. Chr.) und einige Thermen. In den eleganten Wohnvierteln standen Häuser mit von Säulen umgebenen Innenhöfen und wertvollen mehrfarbigen Mosaikböden, die auch den so genannten Palast des Gordian (vermutlich ein Regierungsgebäude) zierten. Bei archäologischen Grabungen konnten zahlreiche Bronzestatuen (am bekanntesten ist der gekrönte Ephebe) in einem Art Museum König Jubas II. gefunden werden. Juba II. hatte analog dem Museum von Caesarea Mauretaniae (Skulpturen von Cherchell) eine eigene Sammlung angelegt.

215

# Glossar

## A

**Ädikula**

Tabernakel oder kleiner Tempel, der nur als Aufbewahrungsort für das Kultbildnis vorgesehen war. In der Architektur auch Bezeichnung für eine von Säulen flankierte Nische mit Tympanon.

**Adobe**

In der Sonne getrockneter Schlamm- oder Lehmziegel, wie er vor allem von den indianischen Stämmen Amerikas verwendet wurde.

**Adyton**

Wörtlich: »das Unzugängliche«; eigener Bereich für das Allerheiligste in der *Cella (s. d.)* des griechischen Tempels, Aufbewahrungsort der Götterstatue, zu der nur die Priester Zugang hatten.

**Aerophotogrammetrie**

Methode, bei der durch Luftbildaufnahmen gewonnene Daten für die Herstellung topografischer Landkarten verwendet werden. Gute Ergebnisse konnten mit Infrarotfilmen erzielt werden.

**Agora**

Hauptplatz der antiken griechischen Städte, wo politische, verwaltungstechnische und religiöse Handlungen vollzogen und Handel betrieben wurden; der entsprechende Platz in römischen Städten wurde als *Forum* bezeichnet.

**Ahnenkult**

Religiöse Verehrung der Verstorbenen, die ab der Vorgeschichte in vielen Kulturen in vielerlei Formen zum Ausdruck kommt.

**Ahu**

Heute zum größten Teil zerstörte Steinterrassen auf der Osterinsel, die als Basis für gigantische Statuen menschlicher Büsten mit langgezogenen Gesichtern, den *Moai (s. d.)* dienten.

**Akropolis**

Befestigter, auf einer Anhöhe errichteter Stadtteil mit Tempelanlagen und den wichtigsten öffentlichen Gebäuden in der griechischen Antike. Der Terminus wurde später auch auf alle Festungsstädte ausgeweitet.

**Akroterion**

Dekoratives Ton- oder Steinelement in der Bildhauerei, das sich häufig in der Mitte oder an den Ecken eines Giebels von griechischen, etruskischen oder römischen Tempeln oder anderen Gebäuden befindet.

**Archäoastronomie**

Sie beschäftigt sich auf wissenschaftlicher Basis mit der Beziehung antiker Kulturen zur Beobachtung himmlischer Phänomene, insbesondere von Sonnen- und Mondzyklus, um die Zeit innerhalb eines Jahres bestimmen und auch längere Zeiträume berechnen zu können. Auch das Studium der Monumente (Tempel und Mega-

lithbauten), der Ausrichtung von Städten (wie Cuzco) sowie die Erforschung antiker Texte und Darstellungen sind Teil dieser wissenschaftlichen Disziplin.

**Archäologische Ausgrabungen**

Technik, um Strukturen, Gebäude, Artefakte und weitere Zeugnisse, die von vergangenen Kulturen stammen, ans Licht zu bringen. Bei verschiedenen Sedimenten wird die Grabung gemäß stratigrafischen *(s. d.)* Schichten vorgenommen.

**Archäometrie**

Dieser Terminus bezieht sich auf alle quantitativen wissenschaftlichen Techniken, die bei der archäologischen Forschung für Prospektion *(s. d.)*, Analyse von Fundstücken und Datierung *(s. d.)* angewendet werden.

**Architektonische Ordnung**

Proportionssystem und Anordnung der tragenden Elemente (Säulen) und des Gebälks *(s. d.)* von Gebäuden in der griechischen Kultur. Je nach ihrer Charakteristik kann die Stilrichtung dorisch *(s. d.)*, korinthisch *(s. d.)*, ionisch, etruskisch oder auch von mehreren Ordnungen beeinflusst sein.

**Atlant**

Architektonisches Element einer männlichen Figur, auch Telamon genannt, das nicht nur als Dekoration, sondern auch anstatt einer Säule oder eines Pfeilers als Stütze dient.

**Atrium**

Eingangsbereich eines Privathauses, auch *Domus (s. d.)* genannt, oder eines öffentlichen Gebäudes aus der Römerzeit. Ein Atrium hatte gewöhnlich eine Dachöffnung *(Compluvium)* und ein Becken auf dem Boden *(Impluvium)*, in dem sich das Regenwasser sammeln konnte.

**Attika**

Aufsatz über dem Gebälk *(s. d.)* eines römischen Bauwerkes, der mit Paneelen und Reliefs verziert ist.

**Auskragung**

Bauelement (Steinplatten, Ziegel), das über das Hauptelement hinausragt. Beispiel dafür ist ein Kraggewölbe *(s. d.)* in einem *Tholos (s. d.)*.

## B

**Basilika**

Bei den Römern Gerichts- oder Markthalle mit rechteckigem Grundriss, die sich zum *Forum (s. d.)* öffnete. In christlicher Zeit wurden die Basiliken zu Kirchen umgebaut.

**Basrelief**

Aus ebener Fläche gearbeitetes Relief, das sich nur leicht über die Basis erhebt.

**Buleuterion**

Griechische Versammlungshalle, in der sich die Bürger oder die Ältesten *(boulé)* versammelten.

## C

**C-14-Methode**

Die C-14- oder Radiokarbon-Methode misst die Menge des in organischen Materialien vorhandenen radioaktiven Kohlenstoffisotops und kann so das Alter von Fundstücken bestimmen. Die Methode basiert auf der Halbwertzeit des C 14 von 5568 Jahren. Die Messungenauigkeit erhöht sich bei Datierungen ab 40.000 Jahren.

**Cardo**

Der *Cardo* war eine Hauptstraße römischer Städte in Nord-Süd-Richtung; er kreuzte sich rechtwinkelig mit dem *Decumanus*, der in Ost-West-Richtung verlief.

**Castrum**

Befestigtes römisches Militärlager; später wurde der Begriff auf jegliche befestigte, meist höher gelegene Siedlung ausgedehnt.

**Cavea**

Der in Stufen angelegte Zuschauerraum im römischen Amphitheater. In den Theatern war die *Cavea* halbkreisförmig.

**Cella**

Innerer, von Mauern eingeschlossener Teil eines griechischen Tempels, in dem die Statue der verehrten Gottheit aufbewahrt war; die *Cella* war außerhalb der Seitenmauern von Säulen umgeben.

**Chronologie**

Ordnung von Daten und Ereignissen in zeitlicher Abfolge: Wenn sich die Ordnung auf andere Ereignisse bezieht, spricht man von einer relativen Chronologie, wenn sich der Referenzpunkt mehr oder weniger genau auf das reale Datum bezieht, von einer absoluten Chronologie.

**Chryselephantin-Technik**

Technik, mit der im alten Griechenland Statuen teilweise mit Gold und teilweise mit Elfenbein verkleidet wurden. Diese Technik wendete Phidias für das Parthenon (Athene) und für das Heiligtum in Olympia (Zeus) an.

## D

**Datierungsmethoden**

In der Archäologie werden verschiedene Methoden herangezogen, um das Alter einer Probe zu bestimmen. Für organische Proben bis zu einem Alter von 40.000–50.000 Jahren wendet man vor allem die C-14-Methode *(s. d.)* an; für 50.000–500.000 Jahre alte Materialien die Uran-Thorium-Blei-Altersbestimmung *(s. d.)*; für millionenjährige Mineralien mit Vulkangestein die Kalium-Argon-Datierung *(s. d.)*; bei sehr alten geologischen Gesteinsproben, Glas und Keramik misst man die vorhandenen Uranisotopen (U 238); mithilfe der Thermolumineszanalyse *(s. d.)* können Keramik und einige Mineralien, die zuvor erhitzt wurden, datiert werden; die Spinresonanz-Methode funktioniert ähnlich und wird für Knochen- und Kalkproben angewandt.

**Dendrochronologie**
Methode zur Bestimmung des Alters und einstiger klimatischer Veränderungen durch Zählen der Jahresringe von Bäumen. Mithilfe dieser Methode konnte man durch die Radiokarbon-Methode gewonnene Ergebnisse noch genauer bestimmen.

**Dolmen**
Megalithgrab, das vor allem für kollektive Bestattungen verwendet wurde. Ein solches Grab besteht aus vertikalen Trägersteinen und einem oder mehren horizontalen Decksteinen. Darüber wurde meist ein Grabhügel aus Erde und anderen Materialien errichtet.

**Domus**
Römisches Herrenhaus mit rechteckigem Grundriss. Ursprünglich lagen die offenen Kammern um ein *Atrium* (Hof mit runder Dachöffnung), das man von außen durch das Vestibül (Eingang) erreichte. Später fügte man noch einen hinteren Teil rund um das *Peristyl*, den Säulenhof, hinzu, um den die Privatgemächer der Familie angelegt waren.

**Dorisch**
Die einfachste architektonische Ordnung des griechischen Altertums. Charakteristisch ist das Fries, das alternierend mit *Metopen (s. d.)* und *Triglyphen (s. d.)* geschmückt ist, sowie ein Kapitell in Form einer Schüssel (*Echinus*), auf dem die Deckplatte (*Abakus*) ruht.

**Dromos**
Meist langer, schmaler, nach oben offener Zugang zu einem unterirdischen Raum, wie etwa einer Grabkammer.

## E

**Eklipse**
Astronomisches Phänomen, das durch die totale oder teilweise Verdunkelung eines Himmelskörpers durch einen anderen entsteht. Bei einer Sonnenfinsternis geht der Mond genau zwischen Sonne und Erde durch, sodass der Mondschatten auf die Erde fällt; bei der Mondfinsternis tritt der Mond in den Erdschatten. Eklipsen sind seit prähistorischer Zeit bekannt und wurden in Sonnenobservatorien, wie jenem von Stonehenge, berechnet.

**Epigraph**
In Stein oder andere harte Oberfläche gravierte antike Inschrift.

**Esoterik**
Okkulte religiöse oder philosophische Weltsicht, die nur einen begrenzten Kreis von Eingeweihten vorsieht.

## F

**Felszeichnungen**
Zusammenfassender Ausdruck für frühe künstlerische Darstellungen, Felsmalereien oder Felsgravuren aus dem Jungpaläolithikum von Figuren mit religiösem und symbolhaftem Wert. Zyklen von mehreren Figuren, die komplexe Gesamtbilder ergeben, wurden auf der ganzen Welt gefunden.

**Forum**
Hauptplatz der römischen Stadt, in der die wichtigsten politischen, administrativen und religiösen Handlungen vollzogen und Handel betrieben wurde. Meist trafen der breiteste *Cardo* und *Decumanus* hier im rechten Winkel aufeinander. Das römische Forum entspricht der griechischen Agora.

## G

**Gebälk**
Gesamtheit von Balken (Architrav), Fries und Gesims, die auf den Säulen der griechischen Tempel ruhte.

**Giebel**
Dreieckige architektonische Struktur als Krönung einer Tempelfassade über dem Gebälk, das ein Satteldach trägt.

**Glockenbecher**
Zeremonialbecher in Form einer umgekehrten Glocke, der mit horizontalen Bändern von geometrischen Motiven verziert wurde. Seine charakteristische Form war namengebend für die prähistorische europäische Kultur der späten Jungsteinzeit (Kupferzeit, 2500–1800 v. Chr.).

**Gnomon**
Schattenstab, der, von der Sonne beschienen, seinen Schatten auf eine vorgezeichnete Fläche wirft, sodass die Regionalzeit abgelesen werden kann.

**Gymnasion**
Trainingsstätte in antiken griechischen Städten nach dem 5. Jh. v. Chr.; später auch Kulturzentrum, in dem Philosophen ihre Lehren vortrugen. Musterbeispiel ist das Gymnasion von Olympia (Ende 3. Jh. v. Chr.).

## H

**Haruspex**
Etruskischer Orakelpriester, der oft aus den Eingeweiden den Willen der Götter las.

**Heilige Barke**
Barke, die im alten Ägypten (wie jene am Fuß der Cheopspyramide) während der Begräbniszeremonie verwendet wurde; sie sollte dem Verstorbenen dazu dienen, über den Himmel zu fahren und zu den Göttern zu gelangen. Auch von den Wikingern wurden Barken für die Begräbnisse von Herrschern und Stammesführern verwendet.

**Hellenistische Zeit**
Periode zwischen dem Tod Alexanders des Großen (323 v. Chr.) und der Eroberung Ägyptens durch Rom (30. v. Chr.), die durch die Ausweitung der griechischen Kunst und Kultur im Mittelmeerraum und im Nahen Osten geprägt ist.

**Henge**
Typisches Neolith-Monument im antiken England: ein Kreis aus aufgerichteten Steinen auf einer eingeebneten runden oder ovalen Fläche, die von einem Graben umgeben ist.

**Hieroglyphen**
Ägyptische Piktogramm-Schrift, die vom 4. Jahrtausend v. Chr. bis in 4. Jh. n. Chr. gebräuchlich war. Die figurativen Zeichen standen für Objekte, die symbolischen Zeichen für Begriffe und später für einen Laut.

**Hypogäum**
Unterirdischer Raum, der als Begräbnis- oder Kultstätte diente. Die Bezeichnung wird mitunter auch für natürliche Höhlen verwendet.

## I

**Ideogramm**
Schriftzeichen, das keinen phonetischen Wert, sondern einen konkreten oder abstrakten Begriff darstellt. Ideogramme waren die ersten Schriftzeichen und wurden etwa ab dem Ende des 4. Jahrtausends v. Chr. verwendet.

**Insula**
Häuserblock in den Städten des Römischen Reiches, bestehend aus einer Gruppe von Gebäuden mit zentralem Hof. Eine *Insula* hatte meist einen rechteckigen Grundriss und war durch je zwei parallele *Cardi* und *Decumani* begrenzt.

## K

**Ka**
Lebenskraft oder »Seele« eines Menschen, die nach dem ägyptischen Glauben nach dem Tod den Körper verließ.

**Kalium-Argon-Datierung**
Chronologische Datierungsmethode, basierend auf der Berechnung des radioaktiven Zerfalls von Kalium und der relativen Zunahme von Argon. Sie kann zur Datierung von Vulkangestein verwendet werden, das 100.000 bis mehrere Mio. Jahre alt ist.

**Kapitol**
Tempel der Göttertriade Jupiter, Juno und Minerva (mitunter nur Jupiter-Tempel) in den römischen Städten. Der Name wurde vom Tempel auf dem Kapitolhügel in Rom übernommen.

**Karyatide**
Weibliche Gewandfigur, die in der Architektur nicht nur als dekoratives Element, sondern auch anstatt einer Säule oder eines Pfeilers als Gebälkstütze diente.

**Keilschrift**
Archaischer Schrifttyp mesopotamischer Völker (3.–1. Jahrtausend v. Chr.); man schrieb mit einer Keilspitze oder einem Stift auf rohe Tontafeln.

**Kernbohrung**
Technik, mit der aus Erde, Torfgruben, Meeresboden oder Eis ein zylinderförmiger Bohrkern herausgehoben wird; die stratigrafischen Schichten können dann auf archäologische, geologische und atmosphärische Inhalte oder eventuellen Blütenstaub untersucht werden.

**Kiva**
Unterirdische oder halb in die Erde eingesenkte Kammer der *Pueblos (s. d.)* der Indianer im Südwesten der USA. Sie dienten ab dem 7. Jh. n. Chr. für soziale und religiöse Versammlungen der Stammesmitglieder.

**Kore (*pl.* Korai) und Kouros (*pl.* Kouroi)**
Im antiken Griechenland waren *Korai* (»Mädchen«) große, mit einem Chiton bekleidete Frauenstatuen; sie wurden ab der Mitte des 7. Jh. v. Chr. (Archaische Zeit) hergestellt. Später tauchten auch *Kuroi*, nackte männliche

Figuren, auf. Die stehenden Figuren waren in feierlicher Haltung dargestellt und dienten als Ornamente bei Begräbnis- oder Votivfeiern.

## Korinthisch

Griechischer Architekturstil mit von stilisierten Akanthusblättern und eckigen Voluten geschmückten kelchartigen Kapitellen; der korinthische Stil entwickelte sich im 6. Jh. v. Chr.

## Kosmogonie

Begriff aus der Religionsgeschichte, der sämtliche Mythen von der Entstehung der Welt nach den jeweiligen regionalen Glaubensvorstellungen umfasst.

## Kraggewölbe

Als Kraggewölbe oder auch Falsches Gewölbe wird eine Vorform eines echten Gewölbes bezeichnet, bei der waagrechte Mauersteine auskragen, also aufeinander zugeschoben immer kleinere Kreise bilden, bis die Öffnung durch eine Deckplatte geschlossen werden kann. Auch ein griechischer *Tholos* (s. d.) ist meist mit Kraggewölbe gedeckt.

## Kromlech

Ein Kreis oder mehrere konzentrische Ringe von Menhiren (s. d.), die eine heilige Stätte nach außen begrenzten; vermutlich dienten die Kromlechs auch als astronomische Observatorien.

## Kryptoportikus

Unterirdischer Raum bei den Römern, der zur Aufbewahrung von Lebensmitteln und auch als Wandelgang im Sommer gedacht war. Er wurde aus mehreren gedeckten, mit Pfeilern und Arkaden gestützten Gängen gebildet, in die teilweise durch kleine Maueröffnungen Licht einfallen konnte.

## Kurgan

Runde Hügelgräber der südlichen russischen Steppe, ab dem 4. Jahrtausend v. Chr. Die ältesten sind Schachtgräber, in welchen zweirädrige und vierrädrige Wagen als Grabbeigaben gefunden wurden. Später wurden Gräber mit Katakomben oder Grotten errichtet und die Kammern mit Pinienholz ausgekleidet.

# M

## Mastaba

Grabbau mit rechteckigem Grundriss im alten Ägypten; als Baumaterial wurden rohe Ziegel und mitunter auch Steine verwendet. Danach nahmen die Bauten die Form von Stufenpyramiden an, die zur Zeit der echten Pyramiden (etwa 2700 v. Chr.) wieder verschwanden.

## Meeresarchäologie

Jener Zweig der Archäologie, der sich mit der Bergung von überfluteten Strukturen, von Schiffen und Schiffsladungen mithilfe geeigneter Ausrüstung beschäftigt. Sie kann auch auf Süßwasserseen und Flüsse (Unterwasserarchäologie) angewendet werden.

## Megalith-Bauweise

In der Kupfer- und Bronzezeit entstanden Monumente, die aus riesigen, auf verschiedene Weise angeordneten aufrecht stehenden Steinblöcken bestanden. In prähistorischer Zeit wurden auf diese Weise Tempel, Gräber, Kreise und Reihen von *Menhiren* (s. d.), aber auch Festungsanlagen errichtet.

## Megaron

Weitläufiger rechteckiger Saal in den Palästen des antiken Griechenland (besonders der mykenischen Kultur) mit von Säulen gestütztem Portikus und Vorkammer. Meist war es der Audienzsaal des Herrschers. In den griechischen Häusern wurde der Raum, in dem sich der Herd befand, so bezeichnet.

## Menhir

Menhire sind große, entweder einzeln oder in Reihe senkrecht aufgestellte längliche Monolithen, die in prähistorischer Zeit einen heiligen Ort oder ein Grab markierten. In Reihen angeordnete Menhire konnten Einfriedungen oder Alleen bilden, wie die *Alignements* bei Carnac in der Bretagne.

## Mesoamerika

Gebiet in Zentralamerika zwischen Mexiko und Guatemala, wo zwischen 2000 v. Chr. und dem Zeitpunkt der Eroberung durch die Spanier die Kultur von Teotihuacán und die Kulturen der Tolteken, der Maya und der Azteken entstanden.

## Metope

Bemalte oder mit einem Relief versehene Terrakotta- oder Marmorplatte, die abwechselnd mit Triglyphen (s. d.) vor allem in der hellenistischen Zeit die Friese der dorischen Tempel schmückte.

## Mithräum

Dem Gott Mithras geweihtes Heiligtum, ursprünglich in natürlichen Grotten, später in künstlich errichteten unterirdischen Räumen. Der Mithras-Kult war zur Römerzeit im 2. und 3. Jh. n. Chr. besonders unter den Soldaten sehr verbreitet.

## Moai

Aus vulkanischem Tuffgestein gefertigte Büsten mit riesigen Menschenköpfen, die 1100–1600 n. Chr. auf der Osterinsel aufgereiht wurden. Sie stellten verstorbene Stammesführer dar und blickten vom Kliff zu den Dörfern, um sie zu beschützen.

## Municipium

Nach dem römischen Recht eine Stadt mit administrativer Autonomie; ihre Bewohner genossen das Vorrecht, als römischer Bürger zu gelten, sie mussten aber auch ihren Verpflichtungen dem Staat gegenüber nachkommen.

## Myonen

Sekundäre Partikel der kosmischen Strahlung, von welchen 130 je Sekunde und Quadratmeter auf die Erde auftreffen und Dutzende Meter eindringen können. Mithilfe dieser Erkenntnis und den geeigneten Messgeräten kann man »sehen«, was tief in der Erde verborgen ist, ohne zu graben.

# N

## Naumachie

Aufführung einer Seeschlacht im antiken Rom, die oft in der mit Wasser gefluteten Arena eines Amphitheaters stattfand. Dieses Spektakel wurde von Julius Caesar eingeführt.

## Nuraghen

Megalith-Bauten in Form von runden, kegelstumpfartigen Türmen mit einem durch ein Kraggewölbe (s. d.) abgedeckten Innenraum. Nuraghen waren besonders für Sardinien typisch.

## Nymphäum

Natürliche oder künstliche Grotte mit einer Quelle oder einem Brunnen, die man für den Wohnort einer Nymphe oder einer anderen Gottheit hielt. Auch Nischen mit einem Halbrund, in dessen Mitte ein Brunnen steht, werden häufig als Nymphäen bezeichnet.

# O

## Obelisk

Ein aus einem Stein bestehendes, ägyptisches Monument in Form eines sich nach oben hin verjüngenden viereckigen Pfeilers und einer Pyramidenspitze. Ursprünglich waren Obelisken eher niedrig, wurden aber Anfang des 2. Jahrtausends v. Chr. immer höher und schlanker. Gewöhnlich trägt ein Obelisk den Namen des Pharaos, der ihn errichten ließ. In der römischen Kaiserzeit wurden einige Obelisken nach Rom transportiert, um verschiedene Plätze zu schmücken.

## Odeon

Kleines, gedecktes Gebäude für musikalische und deklamatorische Aufführungen im alten Griechenland und im alten Rom.

## Omphalos

Griechisches Wort für »Nabel«; nach den Glaubensvorstellungen der Antike der zentrale Punkt des Universums.

## Oppidum

Befestigte Siedlungen von regionaler Bedeutung in der Römerzeit. Auch Bezeichnung für typische Dörfer und Bergsiedlungen der Eisenzeit.

## Orchestra

Im griechischen Theater halbkreisförmiger Bereich für Chor und Tänzer zwischen *Cavea* und Proszenium.

## Orientalizzante

Orientalisierender Stil der etruskischen Kultur im 8. und 7. Jh. v. Chr., die von Kultur und Kunststil aus dem Vorderen Orient beeinflusst wurde und diesen weiter entwickelte.

# P

## Paläobotanik

Wissenschaft, die sich mit dem Vorkommen, der Entwicklung und der Nutzung von Pflanzen in der Vergangenheit beschäftigt. Dazu werden in älteren stratigrafischen Schichten gefundene Samen, Blütenstaub und Sporen untersucht.

## Paläomagnetismus

Zweig der Geophysik, der Spuren und Veränderungen des irdischen Magnetfeldes während der verschiedenen geologischen Zeitalter erforscht, um archäologische Fundstätten datieren zu können.

**Pronaos**
Im griechischen Tempel eine Vorhalle, die meist von zwei Säulen gestützt wird.

**Propyläen**
Monumentaler Eingang, bestehend aus Freitreppen und einem oder mehreren Portalen, zu Heiligtümern, Palästen oder öffentlichen Gebäuden im antiken Griechenland. Berühmt sind die Propyläen der Akropolis von Athen, die von Mnesikles 437–432 v. Chr. geschaffen wurden.

**Protome**
Ornamente, bestehend aus dem Kopf eines Menschen, eines Tieres oder eines fantastischen Wesens, die von einer Wand oder einem Kunstobjekt hervorstehen.

**Pueblo**
Auf mehreren stufenartigen Ebenen errichtetes Dorf aus Stein- oder Ziegelhäusern, das im 10.–14. Jh. typisch für die Anasazi-Kultur im Südwesten der Vereinigten Staaten war.

**Pylon**
Monumentaler Eingang der ägyptischen Tempel, der aus zwei sich turmartig nach innen verjüngenden (s. d.) Vorbauten besteht.

## S

**Sarkophag**
Sarg oder Urne aus behauenem Stein, Ton, Holz oder anderen Materialien; Sarkophage wurden von den antiken Ägyptern und anderen Völkern für Begräbnisse verwendet.

**Sarsen**
Bestimmte Sandsteinart, die in Südengland (Wiltshire) für den Bau von Tempeln und Megalithbauten, wie etwa Stonehenge, verwendet wurde.

**Sauerstoffisotope**
Die Radioisotope des im Wasser vorhandenen Sauerstoffs werden beim Trinken in den Zahnschmelz aufgenommen, wobei sich die Quantität in allen Teilen der Welt unterscheidet. Deshalb kann durch eine gleichzeitige Analyse von Sauerstoff- und Strontiumisotopen bestimmt werden, wo ein Individuum gelebt hat. Mit dieser Methode wurden die Zähne der kürzlich in der Nähe von Stonehenge gefundenen menschlichen Überreste untersucht.

**Sondierung**
Geophysische Forschung zur Erkundung geologischer, natürlicher und mitunter auch archäologischer Charakteristika innerhalb des untersuchten Gebietes. Die hauptsächlich verwendeten Methoden sind die Magnetometrie (Messung des Magnetfeldes) und des Widerstandes (der Widerstand, den der Untergrund einem elektrischen Strom entgegenbringt).

**Sonnenwende**
Die Sonnenwende oder *Solstitium* stellt den Zeitpunkt dar, bei dem die Sonne die größte nördliche oder südliche Deklination im Laufe eines Sonnenjahres erreicht. Die größte negative Deklination ergibt sich im Winter (21. Dezember), die größte positive Deklination im Sommer (21. Juni).

**Stele**
Vertikal aufgestellte Steinplatte oder -säule mit religiösem Zweck, die mit Skulpturen oder Gravuren verziert ist. Sie hat sich zur Statuen-Stele und zur runden Statue weiterentwickelt.

**Stoa**
Portikus mit Säulen vor dem Eingang zur *Cella* im klassischen griechischen Tempel.

**Stratigrafie**
Teil der historischen Geologie, der die Gesteinsschichten nach ihrer zeitlichen und räumlichen Bildungsfolge ordnet. Die stratigrafischen Schichten helfen bei der chronologischen Zuordnung von Formationen und Fundstücken.

**Stupa**
Hügelartiges buddhistisches Grabheiligtum zur Aufnahme von Reliquien, meist mit einer halbkugeligen oder glockenartigen Kuppel. Stupas können einen sehr monumentalen Aspekt annehmen, mit Skulpturen geschmückt sein und haben rundherum einen Gang, der von den Gläubigen im Uhrzeigersinn durchschritten wird.

## T

**Tag-und-Nacht-Gleiche**
Zeitpunkt, zu dem die Sonne den Himmelsäquator überschreitet. Dieses Phänomen ereignet sich zweimal im Jahr: um den 21. März (Frühjahrs-Tag-und-Nacht-Gleiche) und um den 23. September (Herbst-Tag-und-Nacht-Gleiche). An diesen Tagen sind Tag und Nacht gleich lang, und zwar je 12 Stunden.

**Tempel**
Meist monumentales Bauwerk, das der Aufbewahrung der Götterstatue und der Verehrung der Gottheit (häufig am außen angebrachten Altar) diente. Der klassische griechische Tempel konnte verschiedene Formen annehmen: beim Antentempel waren die Mauern der *Cella* bis zum *Pronaos* verlängert und in der Mitte befanden sich zwei Säulen; beim *Prostylos* gab es an der Vorderseite nur frei stehende Säulen; wenn auch die Rückseite mit einer frei stehenden Säulenreihe versehen wurde, entstand ein *Amphiprostylos*. Ein *Peripteros* war von einer ringsumlaufenden Säulenreihe umgeben, ein *Dipteros* von einer doppelten Säulenreihe.

**Terrakotta**
Gegenstände, die aus Ton geformt und gebrannt wurden.

**Thermolumineszenz-Analyse**
Datierungsmethode bei Keramiken und Terrakotta-Artefakten mittels Erwärmung, wobei die durch natürliche Strahlung gespeicherte Energie freigesetzt wird (Thermolumineszenz-Effekt). Durch Messen der Wärme- und Lichtemissionen kann auf das Alter eines Gegenstands geschlossen werden.

**Tholos**
Typisches kreisförmiges Monumentalgrab mit Kraggewölbe (s. d.) im antiken Griechenland. In das Grab gelangte man durch einen Gang (Dromos, s. d.); die Anlage war mit einem Tumulus bedeckt.

**Triglyph**
Dekoratives Element aus Blöcken mit drei vertikalen Vertiefungen, das abwechselnd mit Metopen (s. d.) das Fries von dorischen Tempeln schmückte.

**Tumulus**
Hügel aus Erde, Stein oder anderem Material in runder oder elliptischer Form über prähistorischen Kammern von einzelnen oder kollektiven Gräbern.

## U

**Uran-Thorium-Blei-Altersbestimmung**
Datierungsmethode für Knochenfragmente, bei der die vom umgebenden Sediment aufgenommene Menge an Uran und dessen Zerfall in Blei und Thorium gemessen wird. Diese Methode kann für Fundstücke mit einem Alter von 50.000–500.000 Jahren angewendet werden.

**Urnenfeld**
Gräberfeld der späten Bronze- und der frühen Eisenzeit (1300–800 v. Chr.) im südlichen Mitteleuropa, in dem Urnen mit der Asche der Verstorbenen beigesetzt wurden und viele Grabbeigaben gefunden werden konnten. Mitunter wurden Urnengräber mit kleinen Hügeln oder Grabsteinen gekennzeichnet.

## V

**Verjüngung**
Fortschreitende Verringerung des Durchmessers einer Säule oder einer Mauer, gewöhnlich nach oben hin, aus ästhetischen und optischen Gründen.

## W

**Werkstein**
Bearbeiteter, regelmäßig geformter Steinblock, der für die Errichtung verschiedener Bauwerke verwendet wurde.

## Z

**Zikkurat**
Stufenförmiger, sich nach oben hin verjüngender Turm mit einer Plattform an der Spitze, auf der sich das Heiligtum befand. Die Zikkurat ist typisch für Mesopotamien ab etwa 2000 v. Chr.

**Zirkus**
Römischer Bau in elliptischer Form mit Zuschauerreihen und einer Längstrennung (Spina) in der Mitte, wo vor allem Wagenrennen stattfanden. Der römische Zirkus ist ein Nachbau des griechischen Stadions.

**Zyklopen-Bauweise**
Bauweise für Tempel oder Verteidigungsmauern, bei der sehr große Steine ohne Verwendung von Mörtel zusammengesetzt wurden.

# Bibliografie

AA.VV., *Alla scoperta del passato*, Selezione R.D., Mailand 1992

AA.VV., *Capolavori del genio umano*, Selezione R.D., Mailand 1993

AA.VV., *Gli Egizi e le prime civiltà*, De Agostini, Novara 1998

AA.VV., *Gli Etruschi*, Catalogo della mostra di Palazzo Grassi, Venedig 2000

AA.VV., *Gli Etruschi e i Romani*, De Agostini, Novara 1998

AA.VV., *Guida ai luoghi etruschi*, De Agostini, Novara 1993

AA.VV., *I Celti*, Catalogo della mostra di Palazzo Grassi, Bompiani, Mailand 1991

AA.VV., *I Greci e la Magna Grecia*, De Agostini, Novara 1998

AA.VV., *Il Patrimonio dell'Umanità – I complessi monumentali*, Banca Intesa – Skira/Unesco, Mailand 2003

AA.VV., *Il Patrimonio dell'Umanità – Siti archeologici e centri urbani*, Banca Intesa – Skira/Unesco, Mailand 2004

AA.VV., *Il grande libro dell'archeologia*, White Star, Vercelli 2004

AA.VV., *I tesori degli Aztechi*, Katalog herausgegeben von Felipe Solís Olguín, Electa/L'Espresso, Rom 2004

AA.VV., *Le grandi civiltà perdute*, Selezione R.D., Mailand 1982

AA.VV., *Le grandi spedizioni di National Geographic – I viaggi e le avventure che hanno contribuito a tracciare i confini del mondo*, National Geographic/White Star, Vercelli 2001

AA.VV., *Le meraviglie del passato*, 2. Band, Mondadori, Mailand 1956

AA.VV., *Luoghi e mondi d'incanto e di mistero*, Selezione R.D., Mailand 1995

AA.VV., *Roselle. Gli scavi e la mostra*, Pisa 1975

Acanfora M.O., *Pittura dell'età preistorica*, Società Editrice Libraria, Mailand 1960

Albanese M., *Angkor*, White Star/L'Espresso, Vercelli/Rom, 2004

Albanese M., *Antica India*, White Star/L'Espresso, Vercelli/Rom 2004

Andronicos M., *Vergina, the Royal Tombs*, Ekdotike Athenon, Athen 1984

Aston M., Taylor T., *Atlante dell'Archeologia*, De Agostini, Novara 2000

Atkinsons R.J.C., *Stonehenge*, Penguin, Harmondsworth 1979

Bahn P., Renfrew C., *Archeologia. Teorie, metodi, pratica*, Zanichelli, Bologna 1995

Baines J., Malek J., *Atlante dell'antico Egitto*, De Agostini, Novara 1985

Bernardini E., *Guida alle civiltà megalitiche*, Vallecchi, Florenz 1977

Bernardini E., *Il libro dei luoghi misteriosi*, De Agostini, Novara 2004. (Deutscher Titel: *Die antiken Kulturstätten der Welt*, Kaiser, Klagenfurt 2006)

Bernardini E., *Itinerari archeologici – Liguria*, Newton Compton, Rom 1981

Bingham H., *La città perduta degli Incas*, Del Duca, Mailand 1959

Blunden C., Elvin M., *Atlante della Cina*, De Agostini, Novara 1990

Bongioanni A., *Atlante dell'antico Egitto*, De Agostini, Novara 2001. (Deutscher Titel: *Ägypten, das Land der Pharaonen*, Kaiser, Klagenfurt 2004)

Bongioanni A., *Luxor e la Valle dei Re*, White Star, Vercelli 2004

Bourbon F. (Hrsg.), *Splendori delle civiltà perdute – Viaggio nel mondo dell'archeologia*, White Star, Vercelli 2004

Breuil H., *Quatre cents siècles d'art pariétal*, Montignac 1952

Burland C., Forman W., *Aztechi, mito, storia, civiltà*, De Agostini, Novara 1978

Cattaneo M. u. Trifoni J., *Il Patrimonio mondiale dell'Unesco – Antiche civiltà*, White Star, Vercelli 2004

Ceschi C., *Architettura dei templi megalitici di Malta*, Fratelli Palombi, Roma 1939

Chang K., *Archaeology of Ancient China*, Yale University Press, 1986

Clarke P.B., *Le grandi religioni*, De Agostini, Novara 1995

Coe M., Snow D., Benson E., *Atlante dell'antica America*, De Agostini, Novara 1987

Conticello B., *Pompei, guida archeologica*, De Agostini, Novara 1987

Cornell T., Matthews J., *Atlante del mondo romano*, De Agostini, Novara 1984

De Lumley H., *Les fouilles de Terra Amata à Nice. Premiers résultats*, in »Bulletin du Musée d'Anthropologie Préhistorique de Monaco«, Nr. 13, Seiten 29–51, Monaco 1966

De Lumley H. (Hrsg.), *Origine ed evoluzione dell'uomo*, Jaca Book, Mailand 1986

De Marinis R., Brillante G., *Ötzi, l'uomo venuto dal ghiaccio*, Marseille, Mailand 1998

Donadoni Roveri A.M., Leospo E., Roccati A., *Splendori dell'antico Egitto*, De Agostini, Novara 1997

Durando F., *Antica Grecia*, White Star/L'Espresso, Vercelli/Rom 2004

Eluere C., *L'Europe des Celtes*, Gallimard, Paris 1992

Fischer R.E., *Buddhidst Art and Architecture*, Thames & Hudson, London 1993

Fischman J., *I nostri avi*, in »National Geographic Italia«, April 2005, Seiten 16–27

Fleckinger A., *Ötzi, l'uomo venuto dal ghiaccio*, Folio Editore, Bozen 2002

Gellman MINK C., *Cahokia: City of the Sun*, Cahokia Mounds Museum Society, Illinois 1992

Graziosi P., *L'arte dell'antica età della pietra*, Sansoni, Florenz 1962

Guaitoli M.T. u. Rambaldi S. (Hrsg.), *Le città perdute – Le grandi metropoli del mondo antico*, White Star, Vercelli 2004

Guevara De La Serna E., *Machu Picchu, enigma di pietra in America*, Buenos Aires 1953

Guzzo P.G., *D'Ambrosio A.*, Pompeji, Neapel 1998

Hachid M., *Le Tassili des Ajjer. Aux sources de l'Afrique, cinquante siècles avant les pyramides*, Editions Edif 2000, Paris – Méditerranée, Algier – Paris, 1998

Harpur J., *Atlante dei luoghi sacri*, Giorgio Mondadori, Mailand 1995

Hawkins G.S., *Stonehenge Decoded*, Fontana-Collins, London 1970

Hemming J., *La fine degli Incas*, Rizzoli, Mailand 1975

Kochava S., *Israele*, White Star/L'Espresso, Vercelli/Rom 2004

Kruta V., Forman W., *I Celti occidentali*, De Agostini, Novara 1986

Lajoux J.-D., *Le meraviglie del Tassili – Arte preistorica del Sahara*, Istituto d'Arti Grafiche, Bergamo 1964

Leroi-Gourhan A., *Les religions de la préhistoire*, Paris 1964

Leroi-Gourhan A., *Préhistoire de l'art occidental*, Paris 1965,

Levi P., *Atlante del mondo greco*, De Agostini, Novara 1986

Liberati A.M. u. Bourbon F., *Roma antica*, White Star/L'Espresso, Vercelli/Rom 2004

Longhena M., *Antico Messico*, White Star/L'Espresso, Vercelli/Rom 2004

Longhena M. u. ALVA W., *Antico Perú*, White Star/L'Espresso, Vercelli/Rom 2004

Luciani R., *Il Colosseo*, De Agostini, Novara 1990

Magnusson M., *Vichinghi, guerrieri del Nord*, De Agostini, Novara 1979

Matthiae P., *Ebla, un impero ritrovato. Dai primi scavi alle ultime scoperte*, Einaudi, Turin 1995

Menghi M., *Atlante dell'antica Grecia*, De Agostini, Novara 2003

Miller M.E., *L'arte della Mesoamerica. Olmechi, maya, aztechi*, Rusconi, Mailand 1988

Moorey P.R.S., *Un secolo di archeologia biblica*, Electa, Mailand 1998

Moretti M., *Pittura etrusca in Tarquinia*, Mailand 1974

Morwood M., Sutikna T., Roberts R., *Il mondo perduto di Flores*, in »National Geographic Italia«, April 2005, Seiten 2–15

Moscati S., *Italia archeologica*, De Agostini, Novara 1983

Moscati S., *La civiltà mediterranea*, Mondadori, Mailand 1980

Mulvaney D., *The Prehistory of Australia*, Thames & Hudson, London 1969

Peroncini G., *Il Grande Ovest – Montana*, Marlboro Country Books, Edimar, Mailand 1996

Pesce G., *Tharros*, Cagliari 1960

Pinnock F., Ur. *La città del dio-Luna*, Laterza, Bari 1995

Polidoro M., *Gli enigmi della storia*, Piemme, Casale Monferrato 2003

Proverbio E., *Archeoastronomia*, N. Teti, Mailand 1989

Ranieri Panetta R. (Hrsg.), *Pompei – Storia, vita e arte della città sepolta*, White Star, Vercelli 2004

Renfrew C., *Before Civilization*, J. Cape, London 1973

Roaf M., *Atlante della Mesopotamia e dell'antico Vicino Oriente*, De Agostini, Novara 1992

Rogerson J., *Atlante della Bibbia*, De Agostini, Novara 1988

Rouquette J.-M., *Provence Romane, Provence Rhodanienne*, »La pierre qui vire«, Zodiaque, 1974

Sansoni U., *Le più antiche pitture del Sahara. I Tassili, l'arte delle Teste rotonde*, Jaca Book, Mailand 1994

Sestieri P.C., *Paestum*, Rom 1968

Scarpari M., *Antica Cina*, White Star/L'Espresso, Vercelli/Rom 2004

Silotti A., *Egitto*, White Star/L'Espresso, Vercelli/Rom 2004

Spiteri S.C., *Fortresses of the Kinghts*, Book Distributors Ltd., Malta 1998

Trockmorton P. (Hrsg.), *Atlante di Archeologia subacquea – La storia raccontata dal mare*, De Agostini, Novara 1988

Trump D.H., *Malta: An Archaeological Guide*, Faber & Faber, London 1972

Ucko P.J. u. Rosenfeld A., *Arte paleolitica*, Il Saggiatore, Mailand 1967

Von Hagen V., *Alla ricerca dei Maya*, Rizzoli, Mailand 2000

Waldron A., *La Grande Muraglia*, Einaudi, Turin 1993

Weeks K.R. (Hrsg.), *La Valle dei Re – Le tombe e i templi funerari di Tebe ovest*, White Star, Vercelli 2004

Wheeler M., *The Indus Civilizations*, Cambridge University Press, Cambridge 1968

Wellard J., *The Search for Last Cities*, Constable, London 1980

# Index

## Bildnachweis

Alle Fotos des Bandes stammen von DeA Picture Library (2P, Baldizzone, G. Barone, G. Berengo, M. Bertinetti, M. Borchi, Bridgeman Art. Lib., W. Buss, G. Cappelli, G. Carfagna, R. Carnovalini, M. Carrieri, A. Castiglioni, J.L. Charmet, N. Cirani, G. Cozzi, A. Curzi, A. Dagli Orti, G. Dagli Orti, C. Dani-I. Jeske, A. De Gregorio, L. De Masi, M. Fantin, Foglia, E. Ganzerla, A. Garozzo, P. Jaccod, E. Lessing, S. Lombardi Vallauri, C. Marchelli, Ministero Cultura Madrid, G. Ni-matallah, C. Novara, L. Pedicini, Pubbli Aer Foto, Quasar, L. Romano, C. Sappa, M. Seemuller, G. Sioen, A. Tessore, S. Vannini, G. Veggi, A. Vergani, G. Wright), mit Ausnahme der folgenden:

G. Albertini 14o; Corbis/Contrasto 44/45; E. Andrighetto 14u, 15o, 201o, 202u, 203or, 203u; Il Papiro 16ul, 17o, 26/27, 40, 41M, 42o, 42M, 43, 109, 125o, 171u, 183o;
Il Papiro/E. Andrighetto 186r; Il Papiro/G. Vicino 41o, 41u, 42u;
Wessex Archaeology 35u.
Die Fotos der Seiten 206o, 207o und 207u wurden freundlicherweise vom Iron-bridge Gorge Museum Trust (www.ironbridge.org.uk) genehmigt.
Die Fotos der Seiten 164 und 165 wurden von Cahokia Mounds Historic Site (P. Bostrom 164o; W.R. Iseminger 165o) zur Verfügung gestellt.